교육의 힘으로
세상의 차이를 좁혀 갑니다

차이가 차별로 이어지지 않는 미래를 위해
EBS가 가장 든든한 친구가 되겠습니다.

모든 교재 정보와 다양한 이벤트가 가득!
EBS 교재사이트 book.ebs.co.kr

본 교재는 EBS 교재사이트에서
eBook으로도 구입하실 수 있습니다.

국어영역

# 독서 · 문학

**기획 및 개발**
EBS 교재 개발팀

**발행일** 2024. 5. 27. **1쇄 인쇄일** 2024. 5. 20. **신고번호** 제2017-000193호 **펴낸곳** 한국교육방송공사 경기도 고양시 일산동구 한류월드로 281
**표지디자인** ㈜무닉 **편집** ㈜하이테크컴 **인쇄** ㈜재능인쇄
인쇄 과정 중 잘못된 교재는 구입하신 곳에서 교환하여 드립니다. 신규 사업 및 교재 광고 문의 pub@ebs.co.kr

| 교재 내용 문의 | 교재 정오표 공지 | 교재 정정 신청 |
|---|---|---|
| 교재 및 강의 내용 문의는 EBS*i* 사이트(www.ebs*i*.co.kr)의 학습 Q&A 서비스를 활용하시기 바랍니다. | 발행 이후 발견된 정오 사항을 EBS*i* 사이트 정오표 코너에서 알려 드립니다. 교재 → 교재 자료실 → 교재 정오표 | 공지된 정오 내용 외에 발견된 정오 사항이 있다면 EBS*i* 사이트를 통해 알려 주세요. 교재 → 교재 정정 신청 |

국어영역

# 독서 · 문학

# 차 례



## 독서

### 유형편



### 실전편

# 차 례
## 문 학



### 유형편



### 실전편

# 차 례

## 문 학

### 실전편

## 2025학년도 수능완성

# 어떻게 공부할까?

효율적인 연계교재 공부법은 따로 있습니다.
문제가 점점 길고 복잡해지는 최근 수능 출제 경향을 생각하면, 더 빠르고 정확하게 지문과 자료를 분석하는 연습을 우선해야 합니다.
〈수능완성 사용설명서〉는 이러한 신경향 수능 대비에 최적화된 교재입니다.
EBS 연계교재에 담긴 지문의 수록 의도, 출제 포인트를 분석하는 연습을 꾸준히 지속해야 합니다.
2025학년도 수능, 〈수능완성 사용설명서〉와 함께 성공할 수 있습니다.

### 수험생이 기다렸던 교재

- 연계교재가 어려운 학생들을 위해 더 친절하고 자세하게 설명합니다.
- 수능완성에 수록된 지문을 그대로 싣고 개념의 이해를 도와주는 교재입니다.
- 수능완성의 어려운 내용을 자세히 설명해 주고, 자료 분석과 빈칸 문제, 확인 문제 등으로 연계교재 학습을 확실하게 마무리할 수 있도록 도와줍니다.

### 선생님이 기다렸던 교재

- 연계교재를 효율적으로 가르치고, 활용하는 방법을 보여 드립니다.
- 오개념 전달, 검증 안 된 변형 문항 등 잘못된 방법으로 공부하는 것을 안타까워하시는 선생님들께 꼭 필요한 교재입니다.
- 수능완성에 수록된 지문에 대한 쉬운 설명, 개념 자료, 심화 학습 자료 등을 제공합니다.

연계교재 수능완성의 문항을 분석하는 것이 어려운 학생을 위한 교재

## 지문과 자료 분석력 UP 프로젝트

수능완성을 공부하는 가장 쉽고 빠른 방법!
연계교재에 숨은 뜻,
'무엇을 · 어떻게' 풀고 찾아야 할까?
그 숨은 길을 보여 드립니다!

## 정답은 수능완성 사용설명서

**1단계**

### 연계교재 독해 포인트 / 연계교재 감상 포인트

연계교재 수록 지문에 대한 주요 내용, 핵심 키워드 등을 소개합니다. 제시된 지문을 어떻게 공부하면 좋을지 미리 방향을 안내하여, 더 빠르고 정확하게 학습할 수 있도록 구성하였습니다.

**2단계**

### 수능완성 지문 분석

수능완성에 제시된 지문의 모든 핵심 내용을 수록하였습니다. 정확하고 빠른 지문 분석과 문제 해결 방법을 보여 주기 위해서 풍부한 해설을 제공합니다. 선생님의 밀착 지도를 받는 듯한 생생한 학습으로 실력을 향상할 수 있습니다.

**3단계**

### 이것만은 꼭 익히자 / 만점 구조도

수능완성에 제시된 지문을 한눈에 파악할 수 있도록 핵심 개념을 요약하여 제시합니다. 또한 꼭 알아야 할 핵심 내용을 '포인트'로 정리하여 지문의 내용 구조와 특징을 파악하고, 수능완성의 문제도 쉽게 해결할 수 있습니다.

**4단계**

### 배경지식 더 알아보기 / EBS Q&A

'더 알아보기'에서는 제시된 지문과 관련된 다양한 자료를 수록하였습니다. 또한 'EBS Q&A'에서는 수험생들이 자주 궁금해하고 어려워하던 질문과 예상되는 질문을 모아 구성하였습니다.

# 독서

## 유형편

유형 연습 1

독서 이론 01~03번

# 문해력의 개념과 직업 문해력

EBS 수능완성 8쪽

독해 포인트 이 글은 문해력의 개념이 변화한 과정을 살펴보고 성인에게 필요한 능력인 '직업 문해력'에 대해 설명하고 있다. 전통적인 문해력은 텍스트를 그대로 해독하기와 문자로 표현하기를 중시했지만, 읽기를 텍스트와의 상호 작용으로 보는 관점이 등장하면서 '기능적 문해력'이라는 개념이 대두되었다. 기능적 문해력은 사회적 맥락 속에서 생각하고 공동체의 발전을 고려할 수 있어야 하기 때문에 문해력의 확장을 보여 주는 것이다. 확장된 의미의 문해력은 성인이 직업 생활을 하는 데에 반드시 필요한 능력이 되기 때문에 '직업 문해력'이라고도 한다.

주제 문해력 개념의 확장과 성인에게 필요한 직업 문해력

문해력의 영어 표현인 리터러시(literacy)의 어원인 라틴어 'litteratus'는 로마 시대에는 '지적 능력', 중세 초기에는 '라틴어를 읽을 수 있는 능력', 종교 개혁 이후에는 '모어(母語)로 읽고 쓸 줄 아는 능력'(리터러시의 라틴어 어원의 의미)이라는 의미로 사용되었다. 이는 문자 언어로 의사소통할 수 있는 능력을 의미하는 것으로, 읽기·쓰기에 대한 전통적 관점과 일맥상통한다. 읽기·쓰기에 대한 전통적 관점에서는 텍스트를 문자 사용법에 따라 문자 그대로 해독하는 능력을 갖춘 후 이를 활용하여 문자로 유창하게 표현하는 능력(읽기·쓰기에 대한 전통적인 관점 = 기초적 문해력)을 중시한다. 이러한 문자의 사용 능력은 지적 생활을 영위하는 데 기본이 되는 능력이기 때문에 '기초적 문해력'이라고 한다. ← 문해력의 어원과 기초적 문해력

읽기를 단순한 해독이 아닌, 텍스트와의 상호 작용을 통해 의미를 구성하는 행위(읽기에 대한 새로운 관점: 해독 → 의미 구성 행위)로 간주하는 관점이 등장하면서 문해력의 개념도 변화하였다. 의미 구성의 주체인 개인의 인지적, 정의적 능력에 관심을 두기 시작하면서 대두된 개념이 '기능적 문해력'이다. 기능적 문해력은 이전 문해력의 개념에 정보의 비판적 해석과 재구성 능력이 더해진 것(기능적 문해력 = 기초적 문해력 + 비판적 해석, 재구성 능력)이다. 기능적 문해력은 사회적 맥락 속에서 생각하고, 공동체의 발전을 고려할 수 있는 능력이 있어야 하기 때문에 개인의 자아실현, 직업 수행, 공동체의 구성원들과의 협력 등을 효율적으로 수행하는 데 필수적인 능력이 되고 있다. 확장된 문해력의 개념은 영화, 정치, 환경 등 사회적 대상들도 텍스트로 두고(문해력 개념의 확장: 문자 텍스트 → 영화, 정치, 환경 등의 텍스트) 의미를 구성하는 영화 문해력, 정치 문해력, 환경 문해력 등으로 나타나며 그 분야는 계속 확장되고 있다. 영화와 정치, 환경은 텍스트의 성격이 다르기 때문에 세부적으로 필요한 핵심 능력이 다를 수 있지만, 모두 사회적 맥락에서 텍스트를 해석하고 의미를 재구성(확장된 문해력의 공통점)한다는 점에서는 유사한 면이 있다. ← 문해력 개념의 확장과 기능적 문해력

확장된 의미의 문해력은 학생뿐만 아니라 사회 구성원 누구에게나 필요한 능력이지만, 특히 성인들의 직무 수행에 필요한 능력을 '직업 문해력'이라고도 한다. 직업 실무에서 요구되는 문제 해결, 의사 결정, 창의성, 리더십, 협상 등과 같은 핵심 역량(직업을 영위하는 데 필요한 역량)의 기본 토대가 바로 문해력이기 때문이다. 정보 통신 기술의 융합이 중심이 되는 4차 산업 혁명 시대에는 기술을 습득하고 데이터를 해석하고 가공하는 능력이 직무를 수행하는 데 필수적(직업 문해력의 중요성)인데, 이러한 능력에도 문해력이 핵심이 된다. ← 성인에게 필요한 직업 문해력

## 이것만은 꼭 익히자! 어휘

- 일맥상통(一脈相通): 사고방식, 상태, 성질 따위가 서로 통하거나 비슷해짐.
- 텍스트(text): 문장보다 더 큰 문법 단위. 문장이 모여서 이루어진 한 덩어리의 글을 이른다. 넓은 의미로는 분석하고 해석해야 하는 대상을 이른다.
- 유창(流暢)하다: 말을 하거나 글을 읽는 것이 물 흐르듯이 거침이 없다.
- 대두(擡頭)되다: 어떤 세력이나 현상이 새롭게 나타나게 되다. 머리를 쳐든다는 뜻에서 나온 말이다.
- 토대(土臺): 모든 건조물 따위의 가장 아랫도리가 되는 밑바탕. 어떤 사물이나 사업의 밑바탕이 되는 기초와 밑천을 비유적으로 이르는 말.

## 이것만은 꼭 익히자! 핵심 개념

### 핵심 개념 1 기초적 문해력

근대 이전까지는 문자를 사용한다는 것은 지식층의 전유물이었으며 문자로 기록된 것은 축자(逐字)적, 즉 글자 그대로 의미를 읽어내는 것이 중요했다. 문자를 읽고, 문자로 소통하는 능력은 지적 생활을 영위하는 데 기본이 되었다. 이후 문자를 통한 의사소통이 보편화되고, 다양한 디지털 매체가 등장하였지만 이 역시 문자의 해독이 기본이 되었다. 읽기를 텍스트와의 상호 작용을 통해 의미를 구성하는 과정이라는 구성주의적 관점이 등장했지만, 의미 구성의 기본은 문자 해독이며, 다양한 매체를 통해 소통을 하는 것도 기본은 문자 사용이기 때문에 문자 그대로 해독하는 능력은 확장된 문해력의 기초 능력이 된다.

### 핵심 개념 2 직업 문해력

직업 실무에서는 문제 해결, 의사 결정, 창의성, 리더십, 협상 등과 같은 핵심 역량이 필요하다. 이러한 능력을 발휘하기 위해서는 상황에 대한 해석과 판단, 결정의 영향력 등에 대한 종합적 예측 등이 기본이 되어야 하는데 여기에 필요한 것이 문해력이다. 따라서 직업 생활과 문해력은 뗄 수 없기 때문에 확장된 문해력의 개념 중 직업과 관련된 능력을 직업 문해력이라고 한다.

## 배경지식 더 알아보기

- **'탈진실' 현상과 미디어 문해력**

  인쇄 매체는 생산과 전파에 많은 비용이 들고 내용 오류를 수정하기 어렵기 때문에 출판 전에 다양한 검증 과정을 거쳐 세상에 나오게 된다. 이에 비해 디지털 매체는 정보의 구성, 수정, 전파가 쉽기 때문에 정보에 대한 검증의 과정이 적다. 또 진실 혹은 진실로 믿어지는 것들은 그 자체로 계속 존재하기보다는 재가공될 가능성이 한층 높아졌다. 이에 따라 실제 일어난 일보다 개인이나 집단의 정치적 입장이나 감정이 여론 형성에 더 큰 영향력을 미치는 '탈진실' 현상이 나타나기 시작했다. 탈진실 사회에서 중립적이고 객관적인 것처럼 보이는 정보들도 실상은 생산자와 전달 경로가 특정한 정파적 성향을 띠기 때문에 특정 정파의 입장이 내재되어 있다고 볼 수 있다. 또한 공론장을 통해 진실을 찾는 것을 중요하게 생각하지 않기 때문에 거짓 정보들이 넘치게 되고 그만큼 양질의 정보를 선별하기가 어렵게 된다. 따라서 메시지를 전하는 미디어 자체를 분석하고 비판적으로 수용하는 일이 중요해졌다. 이렇게 미디어의 맥락과 함께 메시지를 분석할 수 있는 능력이 미디어 문해력이다.

## 선생님의 만점 구조도

### 포인트 1 문해력 간의 관계 (문항 2 관련)

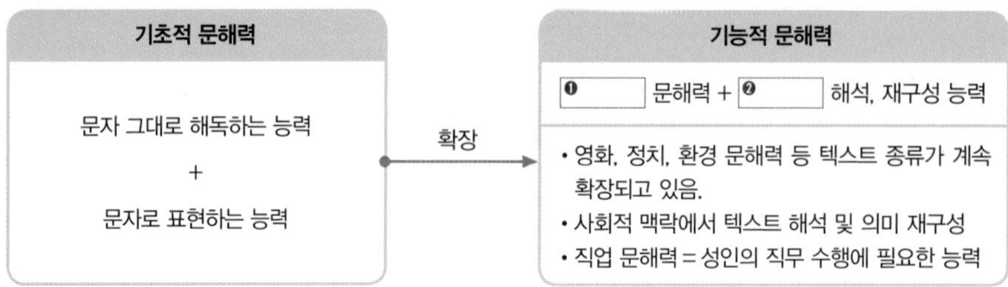

기초적 문해력
문자 그대로 해독하는 능력
+
문자로 표현하는 능력
확장
기능적 문해력
❶ ☐ 문해력 + ❷ ☐ 해석, 재구성 능력
• 영화, 정치, 환경 문해력 등 텍스트 종류가 계속 확장되고 있음.
• 사회적 맥락에서 텍스트 해석 및 의미 재구성
• 직업 문해력 = 성인의 직무 수행에 필요한 능력


### 포인트 2 르니 홉스의 디지털 매체 문해력 (문항 3 관련)

**❸ ☐ 와/과 네트워크를 통해 대량으로 정보가 유통되는 매체 환경**

↓

디지털 매체 문해력

| 접근 | 분석 및 평가 | 창조 | 성찰 | 행동 |
|---|---|---|---|---|
| 관련 서비스를 능숙하게 찾아 사용하고 다른 사람들과 관련 정보를 공유할 수 있는 능력 | 메시지의 품질, ❹ ☐, 관점을 분석할 수 있는 능력 | 창조적으로 콘텐츠를 구성 또는 생성할 수 있는 능력 | 자신의 커뮤니케이션 행위에 사회적 책임감과 윤리성을 적용하는 것 | 문제를 해결하기 위해 개인적 또는 다른 사람들과 함께 일하고 공동체의 일원으로 참여하는 것 |

정답 ❶ 기초적 ❷ 비판적 ❸ 디지털 기기 ❹ 신뢰성

유형 연습

# 2

인문 01~06번

# (가) 동아시아의 행복론 (나) 그리스 시대의 쾌락주의

EBS 수능완성 13쪽

독해 포인트

(가) 이 글은 동아시아 문화권에서 생각하는 행복에 대해 설명하고 있다. 동아시아 문화권의 민간에서 생각하는 행복은 오복을 누리고 육극을 피하는 것이다. 이는 행복의 근원이 외부에 있으며, 하늘이나 귀신이 내려 주는 것이라는 생각이 깔려 있는 것이다. 이와 달리 유가에서는 외부적 사건에 흔들리지 않는 정신 상태에 행복이 있으며, 외적 어려움에 흔들리지 않고 도덕을 추구해야 한다고 보았다. 도가에서는 인간적 즐거움을 자연적 즐거움이라는 큰 틀에서 보며, 양생을 통해 정신과 육체가 조화를 이루어야 행복에 이를 수 있다고 보았다.

(나) 이 글은 행복이 쾌락에 있다고 본 그리스 시대의 아리스티포스와 에피쿠로스의 쾌락주의에 대해 설명하고 있다. 아리스티포스는 행복이 쾌락의 총체라고 보고, 같은 상황에서도 쾌락을 찾아낼 수 있는 능력이 있는 사람은 더 많은 행복을 느낄 수 있다고 보았다. 하지만 순간적인 쾌락 때문에 고통이 올 수 있다는 것을 생각하고 절제할 수 있는 능력도 있어야 한다고 보았다. 에피쿠로스는 한정된 가치와 그를 차지하려는 경쟁 속에서는 성취를 통해 행복을 얻기 어렵기 때문에 욕망을 줄임으로써 행복을 최대화하고자 하였다.

주제

(가) 행복에 대한 동아시아 문화권 민간의 관점과 유가, 도가의 관점

(나) 아리스티포스와 에피쿠로스의 쾌락주의와 쾌락주의의 변천

(가) 인간 삶의 궁극적*인 목적을 '행복(幸福)'이라고 하는 것에 이의를 제기할 사람은 거의 없다. 행복은 일반적으로 만족, 즐거움, 보람, 쾌감 등의 좋은 감정이 있으며, 불안, 우울, 불쾌 등의 나쁜 감정이 없는 상태를 의미한다. 행복이 인간의 심리적 상태와 관련된다는 것은 행복이 어떤 절대적 상태가 아니라는 것을 의미한다. 부와 권력을 가졌다고 행복해지는 것은 아니며, 가난하다고 해서 불행한 것도 아니다. 가난 속에서도 자신의 일에 만족하고, 가족 간에 화목하다면 행복을 느낄 수도 있다. 이처럼 행복은 주관적이고 상대적인 특성을 가지고 있기 때문에 행복의 개념과 그에 이르는 방법에 대한 생각도 다양하다.

← 행복에 대한 다양한 관점

동아시아 문화권의 민간에서 생각하는 기본적인 행복은 누구나 바라는 오복(五福)*을 누리고, 절대로 당하고 싶지 않은 육극(六極)*과 같은 일은 피하는 것이었다. 행복이란 말에서 행(幸)은 운수가 좋은 것을 뜻하고, 복(福)은 착한 일에 대한 보상으로 하늘이나 귀신이 내려 주는 것이다. 이에 따르면 행복은 모두 인간의 영역이라기보다는 신의 영역에 가깝다. 인간이 행복을 위해 할 수 있는 일이라고는 '새옹지마(塞翁之馬)*'를 생각하며 지금 불행하더라도 행복을 기다리거나, 선(善)을 쌓고 악(惡)을 행하지 않는 정도에 그친다. '선을 쌓은 집안에 반드시 남은 경사가 있다.'라는 말이 있지만, 그 보상은 즉각적인 것이 아니며, 보상이 올 것이라고 막연히 기대하는 것이기 때문에 행복이 선과 직결되는 것은 아니었다.

(행복의 의미 → 인간 외부에서 오는 것)

(적선지가 필유여경(積善之家必有餘慶) → 좋은 일을 하면 후손에게까지 영향을 미침.)

(행복이 선행의 즉각적인 보상으로 오는 것은 아님.)

← 동아시아 문화권 민간의 행복관

이러한 민간의 행복관과 달리 유가에서는 행복을 인간이 적극적으로 만들어 갈 수 있다는 것에 방점*을 둔다. 공자는 행복과 비슷한 개념으로 즐거움[樂]이라는 말을 사용했는데, 여기에는 벗이 찾아오는 것과 같은 외부적 사건으로 인한 것도 있지만 진정한 즐거움은 도(道)를 알고 실천하는 즐거움이라고 보았다. 공자는 진정한 행복이 외부적 사건들에 흔들리지 않는 정신 상태에 있다고 생각했다. 특히 사람들이 불행하다고 생각하는 상황에 놓여 있어도 그것을 극복함으로써 행복을 느낄 수 있으며, 행복을 지속하기 위해서는 도덕적 의지와 수양이 필요하다고 생각했다. 공자는 제자인 안회가 누추한 거리에서 한 표주박의 물과 한 끼 밥으로 연명할 정도로 가난하게 살았지만 진정한 즐거움을 안다고 칭찬했다. 민간의 관점에서 보면 안

(단표누항(簞瓢陋巷))

회는 육극을 피하지 못한 매우 불행한 사람이었지만 공자는 안회의 도덕적 삶이 행복의 모범이 될 만하다고 평가한 것이다. 이는 공자가 '인(仁)'을 이루기 위해 강조한 '극기복례(克己復禮)', 즉 욕망을 의지력으로 억제하고 '예(禮)'를 지키는 것과 연결된다. ← 유가에서의 행복관

유가에서 말하는 즐거움에 이르는 방법

도가에서는 유가의 '예'가 인위적인 것이라고 보고 인간적 즐거움의 근원인 자연법칙을 거스르지 않으려 했다. 이를 위해 도가에서 강조하는 것이 '양생(養生)'이다. 일반적으로 양생에 대해 건강을 유지하거나 신선이 되기 위한 방법 정도로 생각을 하지만, 장자는 이렇게 몸을 기르는 것을 '양형(養形)'이라고 하고, 정신을 기르는 '양신(養神)'과 구분하였다. 장자는 양형만을 하는 것을 부정적으로 보았는데, 장자를 계승한 혜강은 '본성을 잘 닦아 정신을 보존하고, 마음을 편안하게 해서 몸을 온전하게 하라.'라고 하여, 정신과 육체의 조화를 양생의 요체로 보았다. 행복을 위해서는 고통이 없어야 하는데, 고통은 외부에서 육체로도 오고 정신에서도 일어나는 것이기 때문이다. 혜강은 자연법칙을 거스르지 않고 조용한 가운데 마음을 비우고 태평함을 얻어야 한다고 하였는데, 이는 결국 노자가 말했던 '사사로움을 줄이고 욕심을 적게 갖는 것[少私寡欲]'에로 귀결된다. ← 도가에서의 행복관

도가에서는 무위(無爲)를 추구함.

양생에 대한 통념

에피쿠로스학파와의 유사점

*오복: 『서경』에서는 장수, 부유, 건강, 덕을 닦음, 편안한 죽음을 이르지만 민간에서는 장수, 부유, 건강, 귀함, 자손 많음을 이름.

*육극: 변사(變死)와 요사(夭死), 질병, 근심, 가난, 악함, 약함을 이름.

(나) 고대 그리스의 여러 학파들은 인간 삶의 목적을 행복에 두고, 행복에 대한 다양한 논의를 펼쳤다. 그중 키레네학파와 에피쿠로스학파는 쾌락이 진정한 선(善)이고, 그 밖의 것들은 쾌락을 산출하는 데 효용이 있기 때문에 가치가 있다는 사상, 즉 쾌락주의 윤리를 옹호하였다는 점에서 공통점이 있다. 그렇지만 키레네학파에서 에피쿠로스학파로 이어지는 동안 쾌락주의의 성격은 달라졌다. ← 쾌락이 선이라고 본 그리스의 쾌락주의

쾌락주의의 핵심: 쾌락 = 행복

키레네학파의 아리스티포스는 행복이란 여러 원천에서 오는 쾌락의 총체라고 주장하였다. 따라서 행복을 얻기 위해서는 쾌락에 민감하여야 하고, 최대한의 쾌락을 얻을 수 있게 행동할 수 있어야 한다고 하였다. 같은 상황이라 하더라도 쾌락에 민감한 사람은 육체적 쾌락, 부와 명예를 얻는 데서 오는 쾌락, 지적 담론에서 얻는 쾌락 등의 다양한 쾌락을 찾아내어 쾌락을 크게 할 수 있다고 보았다. 그렇지만 그는 인간과 자연을 지배하는 법칙을 모르고 순간적인 충동에 이끌리는 사람은 행복할 수가 없다고 보았다. 순간적인 충동을 선택한 결과로 더 많은 고통이 온다면 총체적 결과로서의 쾌락은 현저하게 줄어들기 때문이다. 총체적 결과는 불확실한 먼 미래가 아닌, 충분히 계산 가능한 행복의 양을 말하기 때문에 행복을 위해서는 세속적 타산 능력과 함께 절제도 있어야 한다고 보았다. ← 쾌락의 양을 늘리려는 아리스티포스의 쾌락주의

같은 상황에서도 받아들이는 쾌락의 양은 다름.

다양한 쾌락 → 육체적 쾌락과 정신적 쾌락 모두 포함됨.

에피쿠로스의 학설은 병약과 가난, 정치적 추방 등의 불우한 삶을 겪으면서 결국 세상과의 절연 속에서 평온을 얻었던 개인적 경험에서 기인한 바가 크다. 어떤 사람들은 현재를 최대한 즐기라는 에피쿠로스의 말이 감각적 쾌락이나 방종을 선동한 것이라고 오해하기도 하지만, 실제 에피쿠로스의 사상은 금욕주의에 가까웠다. 에피쿠로스의 행복관을 도식화하면 '행복$=\frac{성취}{욕망}$'로 요약할 수 있다. 여기에서 에피쿠로스는 한정된 가치와 그것을 차지하려는 적의에 찬 세상에서 성취를 거듭해 간다는 것은 불가능하다고 여겼다. 따라서 행복을 늘리기 위해서는 분모인 욕망을 줄여야 한다고 보았다.

행복을 크게 하기 위해서는 분자를 크게 하거나 분모를 줄여야 함.

← 욕망을 줄이려는 에피쿠로스의 쾌락주의

아리스티포스에서 에피쿠로스에 이르는 동안 쾌락주의자들은 더 많은 성취를 통해 쾌락을 늘릴 수 있다는 자신감을 잃어 가는 모습을 보여 준다. 특히 에피쿠로스는 외적 변동이 큰 세속적 일을 통해서는 행복에 이르기 어렵다는 생각을 가지고 있었다. 하지만 그는 그런 좌절 속에서도 감정이 흔들리지 않는 상태를 추구함으로써 쾌락을 크게 할 수 있는 방법을 제시하였다.

키레네학파와의 차이점

← 쾌락주의의 변화와 에피쿠로스의 대응

## 이것만은 꼭 익히자! 어휘

- **궁극적(窮極的)**: 더할 나위 없는 지경에 도달하는 것.
- **새옹지마(塞翁之馬)**: 인생의 길흉화복은 변화가 많아서 예측하기가 어렵다는 말. 옛날 변방에 사는 노인이 기르던 말이 오랑캐 땅으로 달아나서 노인이 낙심하였는데, 그 후에 달아났던 말이 준마를 한 필 끌고 와서 그 덕분에 훌륭한 말을 얻게 되었으나 아들이 그 준마를 타다가 떨어져서 다리가 부러졌으므로 노인이 다시 낙심하였는데, 그로 인하여 아들이 전쟁에 끌려 나가지 아니하고 죽음을 면할 수 있었다는 이야기에서 유래한다. 중국 『회남자』의 「인간훈(人間訓)」에 나오는 말이다.
- **방점(傍點)**: 글 가운데에서 보는 사람의 주의를 끌기 위하여 글자 옆이나 위에 찍는 점.
- **양생(養生)**: 일반적으로는 병에 걸리지 아니하도록 건강 관리를 잘하여 오래 살기를 꾀하는 것으로 쓰이지만 장자는 그것이 양형(養形)에 해당한다고 보았다.
- **요체(要諦)**: 중요한 점.
- **효용(效用)**: 보람 있게 쓰거나 쓰임. 또는 그런 보람이나 쓸모. 경제학에서는 인간의 욕망을 만족시킬 수 있는 재화의 효능을 말함.
- **담론(談論)**: 이야기를 주고받으며 논의함.
- **총체적(總體的)**: 있는 것들을 모두 하나로 합치거나 묶은 것.
- **현저(顯著)하다**: 뚜렷이 드러나 있다.
- **타산(打算)**: 자신에게 도움이 되는지를 따져 헤아림.
- **방종(放縱)**: 제멋대로 행동하여 거리낌이 없음.
- **금욕주의(禁慾主義)**: 정신적·육체적 욕망이나 욕구 및 세속적 명예나 이익을 탐하는 모든 욕심을 억제하여 종교나 도덕에서 이상을 성취하려는 사상.
- **적의(敵意)**: 적대하는 마음.

## 이것만은 꼭 익히자! 핵심 개념

### 핵심 개념 ① 안회의 단표누항과 극기복례

안회는 공자가 가장 신임하였던 제자로, 『논어(論語)』의 「옹야(雍也)」 편에 안회에 대한 언급이 나온다.

> "공자(孔子)께서 말씀하셨다. '어질구나, 안회(顔回)여. 밥 한 그릇과 물 한 바가지를 먹고 마시면서 누추한 거리에 사는 근심을 남들은 견뎌 내지 못하는데, 안회는 그 즐거움을 고치지 않으니, 어질구나, 안회여.'[子曰: '賢哉回也. 一簞食, 一瓢飮, 在陋巷, 人不堪其憂, 回也, 不改其樂, 賢哉, 回也.']"

여기에서 유래된 말이 가난한 생활 속에서도 청빈하게 사는 즐거움을 뜻하는 '단표누항(簞瓢陋巷)'이다. 안회는 공자가 인(仁)을 실천하는 방법으로 제시한 극기복례(克己復禮), 즉 충동적이고 감성적인 자아를 의지로 극복하여 예법을 지킴으로써 군자(君子)가 되는 것을 실천했다. 공자는 안회를 가리켜 학문을 좋아하는 사람이라고 하였고, 또 가난한 생활을 이겨 내고 도(道)를 즐긴 것을 칭찬하였다.

### 핵심 개념 ② 도가의 양생

도가에서는 유가에서 즐거움을 위해 '극기복례'를 강조하는 데 대해 '예'가 인위적인 것이라고 보았다. 자연법칙을 거스르지 않고 인간적 즐거움을 얻기 위해 도가에서 강조하는 것이 '양생(養生)'이다. 장자는 양생이 건강한 신체를 유지하기 위한 방법인 '양형(養形)'과 건강한 정신을 유지하기 위한 방법인 '양신(養神)'으로 이루어져 있다고 보았다. 장자나 그를 계승한 혜강은 고통이 없고 즐거움을 얻기 위해서는 정신과 육체의 조화가 이루어져야 한다고 보았다. 혜강은 조용한 가운데 마음을 비우고 태평함을 얻어야 한다고 하였는데, 이는 결국 노자가 말했던 '사사로움을 줄이고 욕심을 적게 가지라'는 말과 일맥상통한다.

### 핵심 개념 ③ 쾌락주의

쾌락주의는 쾌락을 가장 가치 있는 인생의 목적이라 생각하고 모든 행동과 의무의 기준으로 보는 윤리학의 입장이다. 고대 그리스 키레네학파의 아리스티포스는 쾌락만이 선(善)이라 하고 다양한 방법을 통해 가능한 한 많은 쾌락을 취하는 데 행복이 있다고 보았다. 그 뒤를 이은 에피쿠로스학파는 쾌락이 선이라는 점에는 동의하지만 적의로 가득 찬 세상에서 성취를 늘리는 방법으로는 한계가 있기 때문에 욕망을 줄임으로써 행복을 늘리는 방법을 택했다. 그래서 욕심이 없는 상태를 뜻하는 아타락시아를 추구하였다.
고대의 이 두 학파는 쾌락주의의 두 전형이며 근대에 와서 벤담은 여기에 사회적 관점을 도입하여 '최대 다수의 최대 행복'이라는 공리주의를 주장하였다.

## 배경지식 더 알아보기

■ **오복과 육극**

『서경(書經)』「홍범(洪範)」 편에서는 인간이라면 누구나 바라는 다섯 가지 복인 오복(五福)과 피하고 싶은 여섯 가지인 육극(六極)을 설명하고 있다. 오복으로 수(壽, 장수함), 부(富, 부유함), 강녕(康寧, 건강함), 유호덕(攸好德, 덕을 좋아함), 고종명(考終命, 제명대로 살다가 편안하게 죽음)을 이야기한다. 이것은 지배층이나 학자들의 소망으로 민간에서 바라는 것과는 약간의 차이가 있다. 민간에서 바라는 오복은 「통속(通俗)」 편에 나오는데 유호덕과 고종명 대신 귀(貴, 귀하게 됨), 자손중다(子孫衆多, 자손이 많음)가 들어가 있다. 한편 민간에서는 치아 건강이 오복에 든다는 말도 있지만, 이가 좋아야 건강하고 고통도 적다는 생각에서 나온 말로 보인다.
육극은 흉단절(凶短折, 흉하게 죽는 것과 요절), 질(疾, 질병), 우(憂, 우환), 빈(貧, 가난), 악(惡, 악함), 약(弱, 나약함)을 의미한다. 임금은 백성들이 오복을 누릴 수 있게 하고 육극을 피하게 해야 한다는 말이 역사서에 자주 언급되고 있다.

■ **스토아학파와 에피쿠로스학파**

에피쿠로스학파와 같은 시대에 행복이라는 주제에 대해 대척점에 있었던 것이 스토아학파이다. 스토아학파는 플라톤과 아리스토텔레스의 전통을 이어받아 감각이나 욕망 대신 금욕적 이성을 강조하였다. 사사로운 욕망과 감정을 극복하고 오로지 이성적으로 판단하고 행동할 때 어떤 상황에서도 동요하지 않는 정신 상태인 아파테이아(부동심)의 경지에 도달하며, 진정으로 자유롭게 된다는 것이다. 스토아학파는 모든 사람들이 이성을 가지고 있기 때문에 만민이 평등하다는 사상을 가지고 있었다. 또한 가정 · 이웃 · 국가에 대한 의무를 중요하게 여겼고, 모든 인류가 서로 사랑해야 한다는 세계주의로 나아갔다. 이러한 만민 평등 사상은 로마의 만민법(萬民法)과 근대의 자연법 사상에 이론적 기초를 제공해 주었다. 이는 에피쿠로스학파에서 국가가 개인들의 편리를 위해 존재하는 것으로 계약에 의해 이루어진 것에 지나지 않는다고 본 것과는 다르다.
스토아학파는 에피쿠로스학파와 차이점도 있지만 공통점도 있다. 스토아학파와 에피쿠로스학파는 모두 인생의 목적을 행복에서 찾는다. 행복에 이르는 길이 다른 것처럼 보이지만 선을 달성하기 위한 수단으로 강조하는 아파테이아와 아타락시아는 결국 비슷한 모습을 보여 준다.

## 선생님의 만점 구조도

### 포인트 1 행복의 개념 (문항 2, 4 관련)

| 구분 | 행복의 개념 | 행복에 이르는 방법 |
|---|---|---|
| 동아시아 민간 | ❶ [ ]을/를 누리고 ❷ [ ]을/를 피하는 것 | • 착하게 살면서 행복이 올 때까지 기다리기 |
| 유가 | 도를 알고 실천하는 즐거움 | • 도덕적 의지와 수양<br>• ❸ [ ] = 욕망을 억제하고 예로 돌아감. |
| 도가 | 인간적 즐거움 | • ❹ [ ] = 본성을 잘 닦아 정신을 보존하고, 마음을 편안하게 해서 몸을 온전하게 함.<br>• 사사로움을 줄이고 욕심을 적게 갖는 것 |
| 키레네학파 | 쾌락 | • 쾌락에 민감하여 ❺ [ ] 결과로서의 쾌락의 양을 늘리는 것 → 순간적인 육체적 쾌락의 결과로 더 많은 고통이 온다면 쾌락이 줄어드는 것임. |
| 에피쿠로스학파 | 쾌락 | • ❻ [ ]을/를 줄임으로써 같은 성취에서도 더 큰 행복을 느낄 수 있음. |

### 포인트 2 에피쿠로스 행복의 도식화 (문항 3 관련)

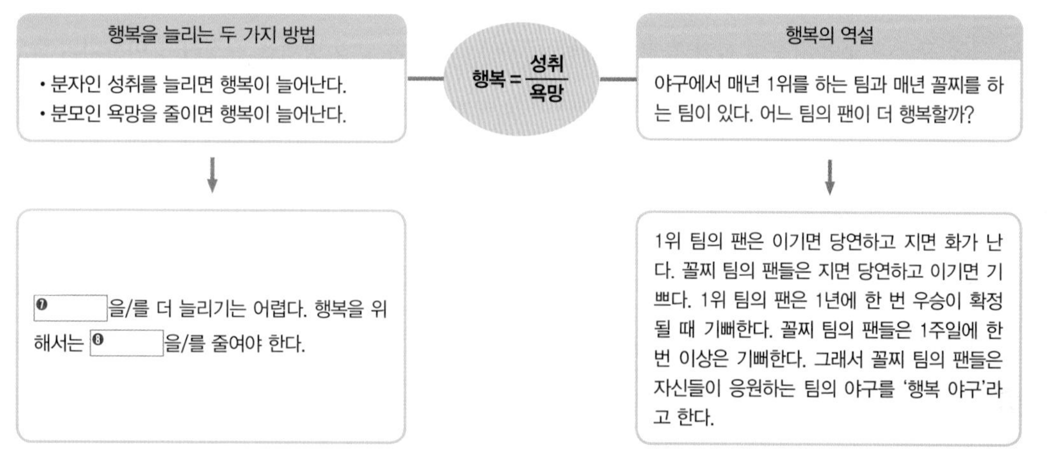

행복을 늘리는 두 가지 방법
• 분자인 성취를 늘리면 행복이 늘어난다.
• 분모인 욕망을 줄이면 행복이 늘어난다.
행복 = 성취 / 욕망
행복의 역설
야구에서 매년 1위를 하는 팀과 매년 꼴찌를 하는 팀이 있다. 어느 팀의 팬이 더 행복할까?
❼ [ ]을/를 더 늘리기는 어렵다. 행복을 위해서는 ❽ [ ]을/를 줄여야 한다.
1위 팀의 팬은 이기면 당연하고 지면 화가 난다. 꼴찌 팀의 팬들은 지면 당연하고 이기면 기쁘다. 1위 팀의 팬은 1년에 한 번 우승이 확정될 때 기뻐한다. 꼴찌 팀의 팬들은 1주일에 한 번 이상은 기뻐한다. 그래서 꼴찌 팀의 팬들은 자신들이 응원하는 팀의 야구를 '행복 야구'라고 한다.

정답 ❶ 오복 ❷ 육극 ❸ 극기복례 ❹ 양생 ❺ 총체적 ❻ 욕망 ❼ 성취 ❽ 욕망

## EBS Q&A

**Q** 〈보기〉에 여러 개의 진술을 두고 각 학자나 유파의 입장에서 판단하라는 유형이 상당히 어렵게 느껴집니다. 이러한 문항을 잘 풀어 갈 수 있는 방법이 없을까요? (문항 4 관련)

**A** 최근 킬러 문항이 없어지면서 변별력 강화를 위해 4번과 같은 유형의 문항이 출제되고 있습니다. 변별력을 높이기 위해 출제하는 문항이다 보니 〈보기〉의 진술에 여러 개의 판단 지점을 두고 있습니다. 그래서 답을 찾기가 어렵게 느껴질 수 있습니다. 이 유형의 문항을 풀기 위해서는 우선 여러 관점의 공통점과 차이점을 파악해야 합니다. 이것은 사실적 읽기 과정과 다르지 않기 때문에 공통점과 차이점을 찾아내는 것이 어렵지 않을 것입니다. 그런데 〈보기〉의 진술 중에는 특정 인물의 생각과 일부분은 부합할 수 있지만 부합하지 않는 부분도 있을 수 있습니다. 그러므로 〈보기〉의 진술들도 문장을 끊어서 부분별로 판단하면서 부합 여부를 표시한 후 선지와 비교하는 방식으로 풀어 가면 조금 더 쉽게 해결할 수 있습니다.

유형 연습

경제 01~05번

# 국제 통화 기금

EBS 수능완성 24쪽

**독해 포인트** 이 글은 국제 통화 및 금융 제도의 안정을 도모하기 위한 국제 금융 기구인 국제 통화 기금(IMF)의 운영에 대해 설명하고 있다. IMF는 가입을 원하는 국가가 신청을 할 경우 이사회의 승인과 총회의 투표로 가입을 승인한다. 회원국은 경제 규모에 따라 정해진 쿼터 납입금을 납부하고, 쿼터 지분만큼의 의결권을 가진다. 쿼터 납입금은 IMF 금융 지원의 주요 재원이지만 신용도가 떨어지는 회원국들의 통화는 사용하기가 어려웠고, 달러화의 지속적 공급이 달러화의 신용도를 떨어뜨리는 문제가 있었다. 이러한 문제를 해결하기 위해 나온 것이 특별 인출권(SDR)이다. SDR은 신용도가 높은 통화와 교환할 수 있는 대체 통화로, 통화 바스켓 방식을 적용하고 있다. IMF로부터 융자를 받은 회원국은 수수료와 함께 신용 공여 조건을 이행해야 한다. 신용 공여 조건은 융자금이 제대로 쓰이며, 정책 프로그램이 효과적으로 작동하는지 모니터링을 하기 위한 것인데, 2008년 글로벌 금융 위기 이후에는 경제 기초 여건을 고려하는 사전적 신용 공여 조건이 도입되었다.

**주제** IMF의 운영 방식과 융자금의 구성 및 신용 공여 조건

국제 통화 기금(IMF)은 국가 간 거래가 늘어나는 상황에서 국제 통화 및 금융 제도의 안정을 도모하기 위한 국제 금융 기구로서, 2023년 현재 190개국이 가입해 있다. IMF는 가입 희망국의 자격에 관하여 특별한 제한을 하고 있지 않으며, 질서 있고 안정적인 환율 제도 운용을 통해 국제 통화 문제에 협력할 의사가 있는 모든 나라에 대해 가입을 허용하고 있다. IMF 가입을 희망하는 나라가 가입 신청서를 제출하면 IMF는 신청국의 경제 규모나 교역량 등에 따라 출자 할당액인 쿼터(quota)와 납입 방법을 결정하고 이사회의 승인을 거쳐 총회에 회부한다. 가입을 위해서는 총투표권의 2/3 이상을 보유하는 과반수 회원국이 참가하여 이들이 행사한 투표권의 과반수 찬성을 얻어야 한다. 회원국으로 가입한 국가는 쿼터 지분만큼의 투표권을 가지게 된다.

IMF의 설립 목적 / IMF 가입 절차 / IMF 가입을 위한 득표 요건

← IMF의 설립 목적과 운영 방식

IMF에서는 국제 금융 위기 예방을 위한 감시 활동 등을 하고 있지만, 가장 중요한 기능은 금융 위기 국가에 대해 금융 지원을 하는 것이다. IMF의 금융 지원은 주로 쿼터 납입금을 활용하며 필요할 경우 회원국 또는 비회원국 및 민간으로부터 재원을 차입하기도 한다. 쿼터 납입금은 IMF의 가장 기본적인 융자 재원이며, IMF의 재원 중 90% 정도를 차지하는데, 쿼터 납입금으로 가맹국은 할당액의 25%를 금으로, 나머지 75%를 자국 통화로 납입해야 했다. 금으로 납입한 부분은 '골드 트랑슈'라고 하여 납입한 회원국이 특별한 조건 없이 인출할 수 있었지만, 신용도가 떨어지는 회원국의 통화는 융자 재원으로 사용하기는 어려웠다. 국제 거래에 사용되기 위해서는 금이나 달러화와 교환해야 했는데, 금의 경우 한정된 수량으로 인해 충분히 공급되기 어려웠으며, 달러화의 공급에는 한계가 있었다. 달러화가 전 세계에 공급되기 위해서는 미국의 국제 수지가 계속 적자 상태가 되어야 하며, 그럴 경우 달러화의 신용도가 떨어지는 문제가 있었다.

IMF의 활동 내용 / 쿼터 납입금의 납부 방법 / 금으로 납부한 부분. 조건 없이 인출 가능함. / 달러화로 융자를 계속할 경우 발생하는 문제점

← 쿼터 납입금의 구성과 금융 지원 시의 문제점

이러한 문제를 해결하기 위해 1970년에 채택된 것이 특별 인출권(SDR)이다. SDR은 IMF 회원국들이 담보 없이 외화를 인출할 수 있는 권리로, 금과 달러에 이은 제3의 국제 통화로 간주되고 있다. SDR은 추가 출자 없이 회원국의 합의에 의해 발행 총액이 결정되며, 회원국의 쿼터에 비례하여 배정된다. 자국의 국제 수지가 악화돼 외화가 부족할 때 SDR을 외화와 교환하고, 대신 외화를 제공한 회원국에게 이자를 지급하는 방식으로 사용된다. 과거 금으로 채웠던 골드 트랑슈는 금 본위제가 해체된 이후에는 금이나 달러화 외에 SDR로도

SDR은 외환 보유고에 합산이 됨. / SDR의 배정 방법 / SDR의 사용 방법 / SDR이 국제 통화로 인정됨.

채울 수 있게 되면서 '리저브 트랑슈'로 불리게 되었다. SDR의 가치는 처음에는 달러화와 등가(等價)로 정해졌지만 주요 선진국들이 변동 환율제를 도입하면서 달러 가치의 변동성이 커지게 되었다. 이에 따라 1974년에는 SDR의 가치를 세계 교역에서 1% 이상 차지하는 상위 16개국의 통화 시세에 가중치를 곱하여 산정하는 통화 바스켓 방식이 도입되었다. 이렇게 하면 통화 바스켓 통화 중 어느 한 통화의 상대적 가치가 저하되어도
SDR의 가치 산출 방식
다른 통화의 상대적 가치가 상승하면 영향이 상쇄되기 때문에 안정적으로 가치를 유지할 수 있다는 장점이 있다. 하지만 구성 통화가 많아 계산이 복잡했기 때문에 1980년 IMF 총회에서는 통화 바스켓을 미국 · 영국 · 프랑스 · 독일 · 일본 5개국의 통화로 구성된 표준 통화 바스켓으로 재편하였다. 이후 1999년 유로화가 도입되
달러화 41.73%, 유로화 30.93%, 위안화 10.92%, 엔화 8.33%, 파운드화 8.09%
고, 2016년 중국의 위안화가 표준 통화 바스켓에 들어오면서 현재는 달러화, 유로화, 위안화, 엔화, 파운드화 순의 비율로 구성되어 있다.

← 특별 인출권과 통화 바스켓

IMF로부터 융자를 받은 회원국은 기본 수수료, 약정 수수료, 인출 수수료를 내야 한다. 그리고 IMF와 정
융자를 받은 회원국이 납부해야 하는 금액
책 프로그램을 약속하고 이를 이행해야 하는데, 이를 신용 공여 조건이라고 한다. 신용 공여 조건은 IMF의 융자금이 수혜국의 문제 해결을 위해 제대로 쓰이고 있는지와 정책 프로그램이 효과적으로 작동하는지를 모
신용 공여 조건의 목적
니터링하기 위한 것이다. 신용 공여 조건을 두는 이유는 IMF 입장에서는 융자 수혜국의 경제가 하루빨리 회
신용 공여 조건을 두는 이유 ①
복되어야 융자금을 회수할 수 있으며, 융자 수혜국은 IMF와 정책 프로그램을 약속하는 것 자체만으로도 시
신용 공여 조건을 두는 이유 ②
장의 신뢰를 어느 정도 회복할 수 있기 때문이다. 그러나 신용 공여 조건이 각국의 경제적 기초 여건을 고려하지 않는 문제들로 인해 2008년 글로벌 금융 위기 이후에 이에 대한 개선이 논의되었다. 그 결과 경제적 기초 여건이 견실한 회원국에 대해서는 신용 공여 조건을 갖추었다고 간주하고 즉각 지원을 해 주는 '사전적 신
사전적 신용 공여 조건의 대상
용 공여 조건'이 도입되었다.
신용 공여 조건이 없어도 상환이 가능한 나라를 조기에 지원하기 위해 도입

← IMF의 신용 공여 조건

**이것만은 꼭 익히자!** 어휘

* **출자(出資)**: 자금을 내는 일.
* **쿼터(quota)**: 여럿으로 나누어 가지는 각 부분. 지분.
* **재원(財源)**: 재화나 자금이 나올 원천.
* **차입(借入)**: 돈이나 물건을 꾸어 들임.
* **융자(融資)**: 자금을 융통함. 또는 그 자금.
* **담보(擔保)**: 맡아서 보증함. 법률에서 채무 불이행 때 채무의 변제를 확보하는 수단으로 채권자에게 제공하는 것.
* **금 본위제(金本位制)**: 금의 일정량의 가치를 기준으로 단위 화폐의 가치를 재는 화폐 제도.
* **등가(等價)**: 같은 값이나 가치.
* **변동 환율제(變動換率制)**: 환율을 일정 비율에 고정하지 아니하고 외환 시장의 수요와 공급에 맡겨 자유롭게 변동하게 하는 제도.
* **통화 바스켓(通貨 basket)**: 국제 통화 제도에서 기준 환율을 정할 때, 적정 가중치에 따라 선정한 통화의 꾸러미.
* **신용 공여(信用供與)**: 금융 거래에서, 자기의 재산을 타인에게 빌려주어 일시적으로 이용하게 하는 일.
* **경제적 기초 여건**: 펀더멘털이라고도 하며 나라의 성장률, 물가 상승률, 실업률, 경상 수지 등 경제 상태를 나타내는 데 가장 기초적인 자료가 되는 주요한 거시 경제 지표.
* **견실(堅實)하다**: 하는 일이나 생각, 태도 따위가 믿음직스럽게 굳고 착실하다.

## 이것만은 꼭 익히자! 핵심 개념

### 핵심 개념 1 IMF의 쿼터 납입금

쿼터 납입금은 IMF 회원국의 국제 수지 불균형 조정 등을 위한 신용 공여 재원으로 사용될 뿐 아니라 투표권을 산출하고 IMF 신용 이용 한도 및 SDR 배분 규모를 결정하는 기준이 된다. 쿼터 납입금은 신청국의 경제 규모나 교역량 등에 따라 할당이 된다. 쿼터 납입금은 할당액의 25%를 금으로, 나머지 75%를 자국 통화로 납입하던 것을 금 본위제가 해체된 이후에는 달러화나 유로화, SDR 등 국제 통용 화폐로도 납입이 가능하다. 국제 통용 화폐로 납입한 부분은 특별한 조건 없이 일정 수수료만 내면 인출할 수 있는데, 이 부분을 리저브 트랑슈라고 한다.

### 핵심 개념 2 IMF의 특별 인출권

외화 거래에서 주로 통용되는 화폐는 미국의 달러화이다. 세계 교역량이 늘고, 경제 위기 국가에 대한 지원도 늘어나면서 달러화에 대한 수요는 계속 늘어나게 되었다. 세계적으로 달러화를 충분히 공급하기 위해서는 달러화가 미국 밖으로 유출이 되어야 하는데, 이는 미국의 국제 수지 적자를 통해 이루어지는 것이므로 달러화의 신용도를 떨어뜨리는 문제가 발생했다. 이를 해결하기 위해 1970년에 채택된 것이 특별 인출권(SDR) 제도이다. SDR은 IMF 회원국들이 담보 없이 외화를 인출할 수 있는 권리로 외화가 부족할 때 SDR을 외화와 교환하고, 대신 외화를 제공한 회원국에게 이자를 지급하는 방식으로 사용된다. SDR은 외화 보유액으로 인정이 되기 때문에 SDR 거래를 할 때 외화를 제공한 국가와 공여받은 국가의 외화 보유액에는 변동이 없으며, 이자가 오갈 뿐이다.

### 핵심 개념 3 IMF의 신용 공여 조건

IMF는 회원국에 융자를 할 때 IMF가 지정한 정책 프로그램을 이행할 것을 조건으로 내세우는데 이를 신용 공여 조건이라고 한다. 우리나라는 1997년 외환 위기 당시 IMF가 내건 구조 조정과 공기업의 민영화, 자본 시장의 추가 개방 등을 약속하고 구제 금융을 받았다. 이러한 신용 공여 조건은 융자를 받는 나라에게 가혹한 것이 될 수도 있었다. 2008년 글로벌 금융 위기 이후에는 신용 공여 조건의 개선에 대한 논의가 있었고, 경제적 기초 여건이 견실한 회원국에게는 신속한 지원을 위해 사전적 신용 공여 조건이 도입되었다.

## 배경지식 더 알아보기

■ **IMF 일반 인출권과 크레디트 트랑슈**

- **일반 인출권**: IMF의 쿼터 납입금에 비례하여 사용될 수 있는 인출권을 가리킨다. 국제적으로 통용되지 않는 통화를 사용하는 국가들은 자국의 통화를 국제적으로 통용 가능한 통화와 교환하는 형식을 취하게 된다. 예를 들어 우리나라에서 유로화가 긴급히 필요하다고 할 때 SDR 환율에 따라 원화를 지급하고 그에 해당하는 유로를 매입하는 방식이다. 약정한 기간이 되었을 때에는 유로화를 지급하고 다시 원화를 매입하는 방식으로 사용된다.
- **크레디트 트랑슈**: 일반 인출권으로 1년 쿼터 납입금의 200%, 총 쿼터 납입금의 600%까지 인출할 수 있는데, 이를 크레디트 트랑슈라고 한다. 쿼터 납입금의 25%까지는 하위 크레디트 트랑슈라고 하여 향후 국제 수지를 개선하겠다는 약속만으로 인출이 가능하다. 그렇지만 25%를 초과하는 부분은 상위 크레디트 트랑슈라고 하여 신용 인출을 위해서는 IMF와 협약을 맺고 신용 공여 조건을 이행하여야 한다. 크레디트 트랑슈의 금리는 통상 4~6%이며, 자금 사용 기간이 1년 증가함에 따라 금리가 0.5% 포인트씩 상승한다.

■ **우리나라의 IMF 융자**

우리나라는 1965년 환율 안정 유지 및 국제 수지 적자 보전을 위하여 930만 SDR 규모의 융자 협약을 체결한 이래 1987년까지 16차례에 걸쳐 모두 16.8억 SDR의 IMF 융자를 받았다. 그러나 1987년 이후 국제 수지가 호전됨에 따라 1988년에 융자액을 전액 상환하였다. 1997년 후반 들어 미국의 금리 인상으로 해외 투자자들이 아시아 시장에서 자본을 회수하기 시작하면서 우리나라의 외환 사정이 악화되고 국제 금융 시장에서 우리나라에 대한 신뢰가 급속히 하락하면서 외환 위기에 봉착하였다. 이에 따라 우리나라는 또다시 IMF와 총 155억 SDR(약 210억 달러) 규모의 협약을 체결하였다. 최초 협약의 기간은 1997년 12월 4일부터 2000년 12월 3일까지 3년이었으며, 1999년 5월까지 총 144.1억 SDR을 인출하였다. 인출액은 1998년 12월부터 상환을 시작하여 2001년 8월 상환을 완료하였다.

## 선생님의 만점 구조도

### 포인트 1 IMF의 가입 절차 (문항 1 관련)

| | |
|---|---|
| **가입 신청서 제출** | 질서 있고 안정적인 환율 제도 운용을 통해 국제 통화 문제에 협력할 의사가 있는 모든 나라 |
| ↓ | |
| **이사회 승인** | 경제 규모나 교역량에 따라 ❶ ______ 와/과 납입 방법 결정 |
| ↓ | |
| **총회 의결** | 총투표권의 2/3 이상을 보유하는 과반수 회원국이 참가 → 참가 투표권의 ❷ ______ 찬성 |

※ 현재 투표권은 미국 16.5%, 일본 6.14%, 중국 6.08%, 독일 5.31%, 프랑스 4.03%, 영국 4.03%, 이탈리아 3.02%, 러시아 2.59%, 캐나다 2.22%, 한국 1.73%임

### 포인트 2 특별 인출권 (문항 2 관련)

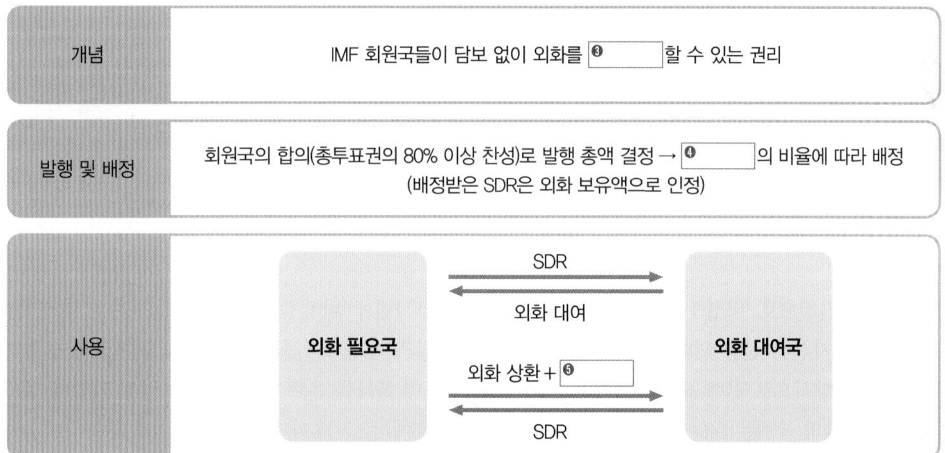

개념
IMF 회원국들이 담보 없이 외화를 ❸ 할 수 있는 권리
발행 및 배정
회원국의 합의(총투표권의 80% 이상 찬성)로 발행 총액 결정 → ❹ 의 비율에 따라 배정
(배정받은 SDR은 외화 보유액으로 인정)
사용
외화 필요국
SDR
외화 대여
외화 상환＋❺
SDR
외화 대여국


정답 ❶ 쿼터 ❷ 과반수 ❸ 인출 ❹ 쿼터 납입금 ❺ 이자

역어 읽기

## BIS 비율 규제로 살펴보는 국제적 기준의 규범성

국제법에서 일반적으로 조약은 국가나 국제기구들이 그들 사이에 지켜야 할 구체적인 권리와 의무를 명시적으로 합의하여 창출하는 규범이며, 국제 관습법은 조약 체결과 관계없이 국제 사회 일반이 받아들여 지키고 있는 보편적인 규범이다. 반면에 경제 관련 국제기구에서 어떤 결정을 하였을 경우, 이 결정 사항 자체는 권고적 효력만 있을 뿐 법적 구속력은 없는 것이 일반적이다. 그런데 국제 결제 은행 산하의 바젤 위원회가 결정한 BIS 비율 규제와 같은 것들이 비회원의 국가에서도 엄격히 준수되는 모습을 종종 보게 된다. 이처럼 일종의 규범적 성격이 나타나는 현실을 어떻게 이해할지에 대한 논의가 있다. 이는 위반에 대한 제재를 통해 국제법의 효력을 확보하는 데 주안점을 두는 일반적 경향을 되돌아보게 한다. 곧 신뢰가 형성하는 구속력에 주목하는 것이다.

BIS 비율은 은행의 재무 건전성을 유지하는 데 필요한 최소한의 자기 자본 비율을 설정하여 궁극적으로 예금자와 금융 시스템을 보호하기 위해 바젤 위원회에서 도입한 것이다. 바젤 위원회에서는 BIS 비율이 적어도 규제 비율인 8%는 되어야 한다는 기준을 제시하였다. 이에 대한 식은 다음과 같다.

$$\text{BIS 비율(\%)} = \frac{\text{자기 자본}}{\text{위험 가중 자산}} \times 100 \geq 8(\%)$$

여기서 자기 자본은 은행의 기본 자본, 보완 자본 및 단기 후순위 채무의 합으로, 위험 가중 자산은 보유 자산에 각 자산의 신용 위험에 대한 위험 가중치를 곱한 값들의 합으로 구하였다. 위험 가중치는 자산 유형별 신용 위험을 반영하는 것인데, OECD 국가의 국채는 0%, 회사채는 100%가 획일적으로 부여되었다. 이후 금융 자산의 가격 변동에 따른 시장 위험도 반영해야 한다는 요구가 커지자, 바젤 위원회는 위험 가중 자산을 신용 위험에 따른 부분과 시장 위험에 따른 부분의 합으로 새로 정의하여 BIS 비율을 산출하도록 하였다. 신용 위험의 경우와 달리 시장 위험의 측정 방식은 감독 기관의 승인하에 은행의 선택에 따라 사용할 수 있게 하여 '바젤Ⅰ' 협약이 1996년에 완성되었다.

금융 혁신의 진전으로 '바젤Ⅰ' 협약의 한계가 드러나자 2004년에 '바젤Ⅱ' 협약이 도입되었다. 여기에서 BIS 비율의 위험 가중 자산은 신용 위험에 대한 위험 가중치에 자산의 유형과 신용도를 모두 고려하도록 수정되었다. 신용 위험의 측정 방식으로 인해 표준 모형이나 내부 모형 가운데 하나를 은행이 이용할 수 있게 되었다. 표준 모형에서는 OECD 국가의 국채는 0%에서 150%까지, 회사채는 20%에서 150%까지 위험 가중치를 구분하여 신용도가 높을수록 낮게 부과한다. 예를 들어 실제 보유한 회사채가 100억 원인데 신용 위험 가중치가 20%라면 위험 가중 자산에서 그 회사채는 20억 원으로 계산된다. 내부 모형은 은행이 선택한 위험 측정 방식을 감독 기관의 승인하에 그 은행이 사용할 수 있도록 하는 것이다. 또한 감독 기관은 필요 시 위험 가중 자산에 대한 자기 자본의 최저 비율이 규제 비율을 초과하도록 자국 은행에 요구할 수 있게 함으로써 자기 자본의 경직된 기준을 보완하고자 했다.

최근에는 '바젤Ⅲ' 협약이 발표되면서 자기 자본에서 단기 후순위 채무가 제외되었다. 또한 위험 가중 자산에 대한 기본 자본의 비율이 최소 6%가 되게 보완하여 자기 자본의 손실 복원력을 강화하였다. 이처럼 새롭게 발표되는 바젤 협약은 이전 협약에 들어 있는 관련 기준을 개정하는 효과가 있다.

바젤 협약은 우리나라를 비롯한 수많은 국가에서 채택하여 제도화하고 있다. 현재 바젤 위원회에는 28개국의 금융 당국들이 회원으로 가입되어 있으며, 우리 금융 당국은 2009년에 가입하였다. 하지만 우리나라는 가입하기 훨씬 전부터 BIS 비율을 도입하여 시행하였으며, 현행 법제에도 이것이 반영되어 있다. 바젤 기준을 따름으로써 은행이 믿을 만하다는 징표를 국제 금융 시장에 보여 주어야 했던 것이다. 재무 건전성을 의심받는 은행은 국제 금융 시장에 자리를 잡지 못하거나, 심하면 아예 발을 들이지 못할 수도 있다.

바젤 위원회에서는 은행 감독 기준을 협의하여 제정한다. 그 헌장에서는 회원들에게 바젤 기준을 자국에 도입할 의무를 부과한다. 하지만 바젤 위원회가 초국가적 감독 권한이 없으며 그의 결정도 법적 구속력이 없다는 것 또한 밝히고 있다. 바젤 기준은 100개가 넘는 국가가 채택하여 따른다. 이는 국제기구의 결정에 형식적으로 구속을 받지 않는 국가에서까지 자발적으로 받아들여 시행하고 있다는 것인데, 이런 현실을 말랑말랑한 법(soft law)의 모습이라 설명하기도 한다. 이때 조약이나 국제 관습법은 그에 대비하여 딱딱한 법(hard law)이라 부르게 된다. 바젤 기준도 장래에 딱딱하게 응고될지 모른다.

이 글은 조약이나 보편적으로 받아들여 지키고 있는 규범인 국제 관습법과 대비하여 권고적 효력만 있을 뿐 법적 구속력이 없는 국제기구 결정의 사례로 BIS 비율 규제를 설명하고 있다. BIS 비율은 예금자와 금융 시스템 보호를 위해 바젤 위원회에서 도입한 것으로 '바젤 Ⅰ', '바젤 Ⅱ', '바젤 Ⅲ' 협약을 거치면서 보완되었는데, 위험 가중 자산 대비 자기 자본의 비율로 결정된다. 바젤 협약은 우리나라를 비롯한 수많은 국가에서 채택하여 제도화하고 있다. 바젤 위원회가 초국가적 감독 권한이 없고, 위원회의 결정이 법적 구속력이 없음에도 불구하고 국제기구의 결정에 형식적으로 구속을 받지 않는 국가에서까지 바젤 기준을 자발적으로 받아들여 시행하고 있는 이유는 재무 건전성에 대한 신뢰를 국제 금융 시장에 보여 주어야 할 필요성 때문이다.

주제 BIS 비율 규제와 관련한 바젤 협약의 변천과 국제 사회에 작용하는 국제적 기준의 규범성

유형 연습

# 4 기술 01~04번 운동량과 충격량

EBS 수능완성 32쪽

독해 포인트 이 글은 물체의 운동과 관련된 물리량인 운동량과 충격량에 대해 설명하고, 이 개념이 적용될 수 있는 사례들을 제시하고 있다. 운동량에 대해 데카르트는 물체의 질량과 속력의 곱으로 정의를 했지만, 스칼라양인 속도를 사용했기 때문에 실제 실험과 맞지 않는 사례가 있었다. 뉴턴은 속력 대신 벡터양인 속도를 사용하여 데카르트가 정의한 운동량의 문제를 해결했다. 뉴턴의 운동 제2 법칙을 이용하면 충격량은 힘과 작용 시간의 곱으로 나타낼 수 있다. 이 공식을 통해 같은 힘으로도 작용 시간을 길게 하면 충격량을 크게 할 수 있으며, 충격량이 같을 경우 작용 시간이 길면 힘은 작아진다는 것을 알 수 있다. 야구 글러브나 에어백 등이 충격을 완화해 주는 원리는 작용 시간을 길게 하여 사람에게 작용하는 힘을 줄인 것이다.

주제 운동량 및 충격량의 개념과 충격량 공식이 의미하는 것

야구나 축구와 같은 구기 스포츠에서는 공을 강하게 멀리 보내거나, 날아오는 공을 멈추게 하는 등의 기술이 필요하다. (운동 상태의 변화) 이를 역학*의 개념으로 본다면 정지해 있거나 운동을 하는 물체(공)에 신체나 기구로 충격을 가하여 물체의 운동 상태를 변화시키는 것이라고 할 수 있다. 실제 공을 배트로 치거나 발로 찰 때에는 공이 찌그러졌다가 원래대로 돌아오면서 생기는 탄성력, 충격을 줄 때의 속도와 시간, 공기 저항, 마찰력 등의 다양한 요인이 작용한다. 이 모든 요인을 고려하여 운동의 변화를 설명하는 것은 매우 복잡하고 어렵지만 운동하는 물체의 질량과 속도의 곱으로 표현되는 물리량인 운동량*을 사용하면 간단하게 설명할 수도 있다.

← 역학의 관점에서 본 구기 스포츠

운동의 양은 사용하는 물리량과 정의 방법에 따라 달라질 수 있지만, 데카르트는 운동하는 물체가 직선으로 운동을 계속하려 한다는 점(관성의 법칙)을 고려하여 질량과 속력의 곱으로 운동량을 정의했다. 데카르트가 정의한 운동량은 물체들 간의 충돌이 있어도 물체들의 운동량 총합은 보존되었기 때문에 물체의 운동을 나타내는 데 유용한 점이 있었다. 그런데 데카르트는 방향이 없는 스칼라양*인 속력을 사용하였기 때문에 실제 충돌 실험에서는 예측과 맞지 않는 사례들이 있었다. 뉴턴은 이런 문제를 해결하기 위해 속력 대신 방향이 있는 벡터양*인 속도를 사용하였다. 예컨대 1kg의 물체가 10m/s의 속력으로 날아간다면 운동량은 10kg · m/s로 표시할 수 있다. 이 물체가 다른 물체와 충돌 후 운동 방향만 반대가 되었다면 운동량은 −10kg · m/s로 표시할 수 있다. 운동량의 변화량, 즉 물체가 받은 충격량*은 충돌 후의 운동량에서 충돌 전의 운동량을 뺀 값(운동량의 변화량 = 충격량)이므로 −20kg · m/s로 표시할 수 있다. 뉴턴은 물체끼리 충돌할 때 모든 작용에는 크기가 같고 방향은 반대인 반작용이 존재한다는 법칙(뉴턴의 운동 제3 법칙 = 작용 반작용의 법칙)을 통해 물체끼리 충돌할 때 운동량의 총합은 보존된다고 보았다.

← 운동량에 대한 데카르트와 뉴턴의 정의와 운동량 보존 법칙

충격량은 뉴턴의 운동 제2 법칙을 이용해서도 나타낼 수 있다. 뉴턴의 운동 제2 법칙에서 $F$(힘)$=m$(질량)$\times a$(가속도)로 나타낸다. 이때 가속도 $a$는 속도 변화($\Delta v$)를 작용 시간($\Delta t$)으로 나눈 것이므로 $F=m\times a=m\times\frac{\Delta v}{\Delta t}$로 나타낼 수 있다. 이를 변형하면 $F\times\Delta t=m\times\Delta v$로 나타낼 수 있는데, 우변의 $m\times\Delta v$는 충격량을 나타내는 것(충격량이 힘과 작용 시간의 곱이라는 것의 도출 과정)이므로, 충격량은 힘과 작용 시간의 곱이라는 것을 알 수 있다. 이 식은 스포츠나 일상생활에서 볼 수 있는 여러 상황들을 이해하는 데 필요한 중요한 의미를 내포한다. 야구나 골프에서 공을 멀리 내보내기(운동량의 변화량이 큼.) 위

해서는 충격량이 커야 한다. 충격량을 크게 하기 위해서는 공에 작용하는 힘을 크게 하거나, 같은 힘으로도 작용 시간을 길게 하면 된다. 공을 친 후에도 자세가 흐트러지지 않고 타격 궤적을 유지하는 기술을 '폴로 스루'라고 하는데, 폴로 스루를 하면 작용 시간이 길어져 충격량을 늘릴 수 있다.

작용 시간을 늘리기 위한 기술

← 충격량 공식과 충격량을 늘리는 원리

이 식이 가진 또 다른 의미는 충격량이 같을 경우 작용 시간이 길면 충돌 시 받는 힘을 완화할 수 있다는 것이다. 예를 들어 날아오는 야구공을 받았다면 운동하던 공이 정지하게 되므로 맨손으로 받거나 글러브로 받거나 충격량은 같다. 포수 글러브의 경우 완충 재질로 되어 있기 때문에 작용하는 시간이 늘어나며, 이에 따라 손에 작용하는 힘의 크기가 줄어들게 된다. 이러한 원리는 일상생활에서도 흔히 볼 수 있다. 자동차의 에어백이나 운동화의 밑창 등은 충격을 흡수하여 인체를 보호해 준다. 이러한 것들은 모두 작용 시간을 늘릴 수 있는 재료를 사용하여 인체가 받는 힘을 최소화하는 것이다.

$\Delta t$가 길면 $F$가 작아짐.

작용 시간을 늘려 힘의 크기를 줄인 사례

← 충격량 공식과 충돌 시 받는 힘을 완화하는 원리

## 이것만은 꼭 익히자! 어휘

- 역학(力學): 물체의 운동에 관한 법칙을 연구하는 학문. 힘의 평형을 다루는 정역학, 힘과 운동의 관계를 다루는 동역학, 운동만을 다루는 운동학이 있다.
- 운동량(運動量): 물체의 질량과 속도의 곱으로 나타내는 물리량의 하나.
- 스칼라양(scalar量): 방향에 관계없이 숫잣값으로만 나타내는 양. 속력, 질량, 시간, 온도 등이 있다.
- 벡터양(vector量): 크기와 방향으로 정하여지는 양. 힘, 속도, 가속도 등이 있다.
- 충격량(衝擊量): 힘의 크기와 그 힘이 작용한 시간과의 곱.
- 폴로 스루(follow through): 테니스 · 골프 · 야구 · 볼링 따위에서, 타구나 던진 공의 효과를 더욱 올리기 위하여 공을 치거나 던진 후에 스트로크나 팔의 동작을 계속 진행하는 일.
- 완충(緩衝): 대립하는 것 사이에서 불화나 충돌을 누그러지게 함.

## 이것만은 꼭 익히자! 핵심 개념

### 핵심 개념 1 운동량 보존 법칙

운동량 보존 법칙은 닫힌 물리계에 작용하는 알짜 힘이 0이면, 그 물리계의 총운동량은 시간에 따라 변하지 않고 일정하다. 이를 운동량 보존 법칙이라고 한다. 운동량 보존 법칙을 이용하면 물체 사이에 작용하는 힘을 구체적으로 몰라도 충돌 현상, 붕괴 현상 등을 분석하는 데 유용하다. 데카르트는 운동량이 보존되는 이유가 물체들은 계속 운동하려는 관성을 가지고 있으며 운동하는 물체들이 다른 물체들과 충돌을 하더라도 힘이 줄어들거나 늘어나지 않기 때문이라고 하였다. 데카르트의 이론은 스칼라양인 속력을 사용하는 데 따른 문제점이 발생하였고, 뉴턴은 속력 대신 벡터양인 속도를 사용하여 운동량을 정의했다. 뉴턴은 운동량이 보존되는 이유가 물체끼리 충돌할 때 모든 작용에는 크기가 같고 방향은 반대인 반작용이 존재한다는 작용 반작용의 법칙을 통해 설명했다.

**핵심 개념 2** **충격량**

- 운동량 보존 법칙을 이용한 충격량

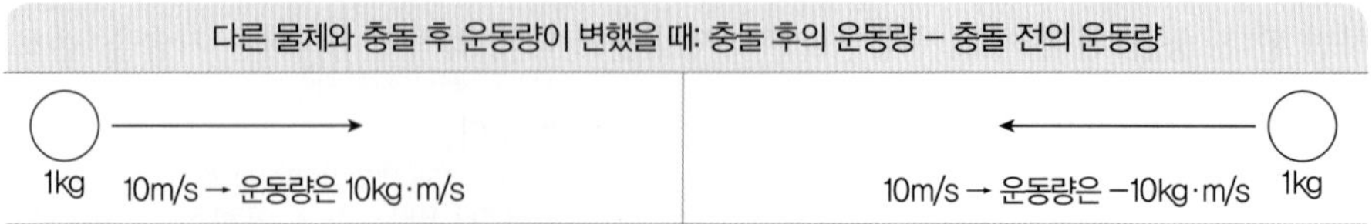


- 뉴턴의 운동 제2 법칙을 이용한 충격량

어떤 물체에 힘이 작용하여 물체의 운동량이 변하는 경우, 작용하는 힘($F$)과 작용 시간($\Delta t$)의 곱이 충격량이 된다.

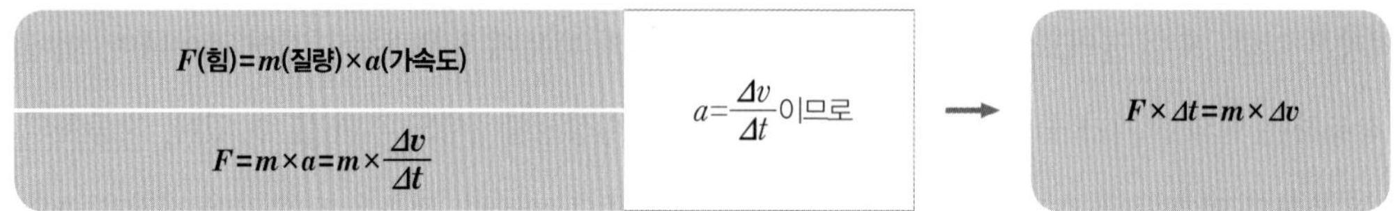

$F$(힘)$=m$(질량)$\times a$(가속도)
$F=m\times a=m\times\dfrac{\Delta v}{\Delta t}$
$a=\dfrac{\Delta v}{\Delta t}$이므로
$F\times\Delta t=m\times\Delta v$


아래 그림은 아주 짧은 시간에 힘이 작용하여 운동량이 변하는 것을 나타내는데 충격량은 면적 $S_1$, $S_2$ 값이 된다.

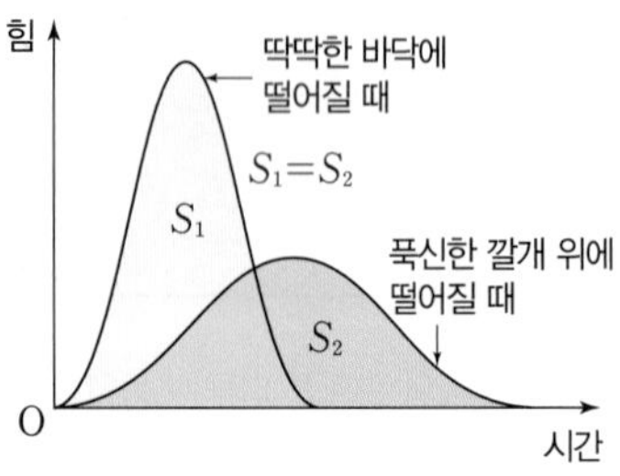


**배경지식 더 알아보기**

■ **데카르트의 운동론**

데카르트는 모든 자연의 변화가 물질세계를 이루는 입자들의 운동에 의해 이루어지며 입자들은 능동성을 가진 것이 아니라고 보았다. 그는 신이 물질세계를 창조하고 입자들에 최초의 이동과 정지를 부여하고 손을 떼었으며 입자들은 같은 운동 상태를 유지하려 한다고 보았다. 입자들 간의 충돌에도 운동량의 총합은 변화가 없다는 것이 전제되면 신의 완전성이나 물질세계의 영원성과도 모순되지 않는다는 것이다.

데카르트는 입자들 간의 충돌에도 운동량의 총합은 변함이 없다는 것을 설명하기 위해 '운동하는 물체가 자신보다 강한 물체와 충돌하면 운동을 잃지 않지만, 약한 물체와 충돌하면 약한 물체에 옮겨지는 만큼의 운동을 잃는다.'라는 명제를 제시했다. 이에 따르면 충돌에 따른 운동 변화를 다음과 같이 정리할 수 있다.

1. 운동량이 작은 물체 A가 큰 물체 B와 정면 충돌하는 경우
   - A는 B를 이겨 낼 수 없으므로 운동을 유지할 수 없음. → 방향을 바꾸어 운동 유지
   - B는 A를 이겨 낼 수 있으므로 운동을 유지함.

   → 운동량은 보존됨.
2. A와 B가 같은 방향으로 움직이고, B의 속력이 빠른 경우
   - B는 A에 막혀 운동을 유지할 수 없으므로 속력의 차이를 A에 전달함.
   - A는 B의 속력을 전달받아 A와 B의 속력은 같아짐.

   → 운동량은 보존됨.

## 선생님의 만점 구조도

### 포인트 1 데카르트와 뉴턴의 운동량 개념 (문항 2, 4 관련)

| 데카르트의 운동량 | 뉴턴의 운동량 |
|---|---|
| 질량 × ❶ [ ] | 질량 × 속도 |
| 방향성을 고려하지 않는 ❷ [ ]을/를 사용함. | 방향성을 가진 ❸ [ ]을/를 사용함. |
| 물체는 자발적으로 운동하지 않으므로 충돌 전후의 운동량은 변하지 않음. | ❹ [ ] 법칙을 따르므로 충돌 전후의 운동량은 변하지 않음. |
| 에너지 보존 법칙에 위배되는 사례가 있음. | 에너지 보존 법칙에 따름. |

### 포인트 2 충격량 공식 $F$(힘)$\times\Delta t$(작용 시간)$=m$(질량)$\times\Delta v$(속도 변화)의 해석 (문항 3 관련)

$m\times\Delta v$ = 운동의 변화량 = 충격량

$\Delta t$가 일정할 때 $F$가 클수록 충격량이 큼. → 야구나 골프에서 가한 힘이 크면 공을 더 멀리 보낼 수 있음.

$F$가 일정할 때 $\Delta t$가 길수록 충격량이 큼. → 스포츠에서 ❺ [ ] 기술은 $\Delta t$를 길게 하기 위한 기술임.

$m\times\Delta v$가 일정할 때 $\Delta t$가 길어질수록 $F$가 작아짐. → 자동차의 에어백은 $\Delta t$를 길게 하여 신체에 가해지는 ❻ [ ]을/를 줄이는 것임.

정답 ❶ 속력 ❷ 스칼라양 ❸ 벡터양 ❹ 작용 반작용(뉴턴의 운동 제3 법칙) ❺ 폴로 스루 ❻ F(힘, 충격)

## EBS Q&A

**Q** 사례가 들어 있는 〈보기〉가 있는 문항은 어떻게 접근해야 할까요? (문항 4 관련)

**A** 4번 문항은 과학 지문에서 고난도 유형으로 자주 출제되는 유형으로, 지문 내용과 관련된 자료를 제시하고 지문과 자료를 연결하여 사례에 대해 해석할 것을 요구합니다. 제시된 〈보기〉는 대개 지문에서 소개한 주요 정보와 직접적으로 관련된 것이므로, 우선 〈보기〉의 내용이 지문의 어떤 정보와 연관된 것인지를 파악해야 합니다. 그런 다음 지문의 핵심어나 개념어가 〈보기〉에 사용된 맥락을 살펴보면서 선지를 판단해야 합니다. 이 문항의 경우 〈보기〉에 새로운 정보가 나오는 것 같아 어렵고 복잡하게 느껴질 수도 있지만, 실제로는 지문에서 간단하게 설명했던 데카르트와 뉴턴의 운동량 개념을 부연 설명하고 있습니다. 지문에서 말한 핵심 내용, 즉 스칼라양과 벡터양의 차이에 대한 내용을 염두에 두고 〈보기〉를 읽어 나가면 의외로 쉽게 해결할 수도 있습니다.

# 독서

## 실전 모의고사

독서 이론 01~03번

# 교과서 제재의 선정

EBS 수능완성 134쪽

독해 포인트 이 글은 교과서에 수록되는 제재는 어떤 기준으로 선정되는지를 설명하고 있다. 교과서의 글은 기능에 따라 메타 텍스트, 서술 텍스트, 자료 텍스트로 나뉜다. 이때 자료 텍스트를 '제재'라고도 부르는데, 제재는 서술 텍스트에서 배운 내용을 적용해 볼 수 있고 학습을 위한 활동의 대상이 되는 글이다. 제재를 학년에 맞게 선정하기 위해서는 양적 평가와 질적 평가가 함께 사용되며, 제재를 선정할 때는 대자성, 균형성, 계열성도 함께 고려된다.

주제 교과서에 포함된 글의 분류와 제재의 선정 방법

교과서에 포함된 글은 기능에 따라 '메타 텍스트', '서술 텍스트', '자료 텍스트'로 나뉜다. 메타 텍스트는 교과서 전체나 단원이 어떻게 구성되어 있는지 안내하는 부분이라서 학습 내용 자체를 서술하고 있지는 않다. 서술 텍스트는 학습해야 하는 내용을 직접 서술한 글이다. 가령 요약하며 읽기 단원이라면 요약하기의 전략과 유의점에 대해 구체적으로 서술되어 있다. (예시를 통해 서술 텍스트의 의미를 구체적으로 설명함.) 자료 텍스트는 제재(題材)라고도 하며, 서술 텍스트에서 배운 내용을 적용해 볼 수 있고 학습을 위한 활동의 대상이 되는 글이다. 이러한 제재는 독자의 학년을 고려하여 선정이 된다. (다음 문단에서 설명할 내용)

← 기능에 따라 분류한 교과서에 포함된 글

제재를 학년에 맞게 선정하기 위해서는 읽기 쉬운 정도, 즉 수준을 측정해야 하는데 측정 방법으로는 양적 평가와 질적 평가를 함께 사용하는 것이 권장된다. (두 평가 방법 모두 단점이 있기 때문임.) 양적 평가에서는 글의 표면적 특성인 문장의 길이, 쉬운 단어의 비율만을 특정한 공식에 대입하여 나온 점수로 수준을 평가한다. 하지만 이 두 가지 요소만으로는 글의 수준을 완벽하게 평가하기 어렵다. 단어와 단어가 만나면 개별 단어의 의미를 넘어서는 이면적인 의미가 만들어지기도 하기 때문이다. (양적 평가의 단점) 한편 질적 평가에서는 전문가가 주관에 기초하여 글의 수준을 종합적으로 평가한다. 관습적인 글의 구조가 사용되었는지, 문장의 의미는 명료한지, 독자가 글을 읽는 목적은 무엇이며, 글을 이해하는 데 필요한 배경지식은 어느 정도인지를 종합하는 것이다. 하지만 이 방식은 전문가마다 측정한 결과의 편차가 클 수도 있다는 단점이 있다. (질적 평가의 단점)

← 제재의 수준을 측정할 때 사용되는 평가법

국어 교과서의 제재를 선정할 때는 수준뿐만 아니라 '대자성', '균형성', '계열성'도 함께 고려한다. 다양하게 해석할 수 있는 글은 대자성이 있다고 하며, 조립 설명서는 의미가 고정된 글이어서 대자성이 없다. (설명서가 다양하게 해석되면 제품 조립을 할 수 없기 때문임.) 대자성이 있는 글은 의견을 주고받는 수업에 활용할 수 있으므로 (문항 3의 <보기>에서 「진달래꽃」으로 토론한 내용과 관련됨.) 교과서에 일정 비율 수록된다. 균형성이란 다양한 유형의 제재가 수록되어야 한다는 것으로, 이를 갖추기 위해서는 설명문, 논설문, 문학이 모두 수록되어야 한다. 계열성이란 학습 순서의 선후 배치와 관련된 것인데, 이를 갖추기 위해서는 학년이 높아질수록 배우는 내용이 심화되거나 현재 배우는 것과 과거에 배운 것이 서로 관련되어야 한다.

← 제재를 선정할 때 고려하는 요소들

## 이것만은 꼭 익히자! 어휘

- 선정(選定): 여럿 가운데서 어떤 것을 뽑아 정함.
- 측정(測定): 일정한 양을 기준으로 하여 같은 종류의 다른 양의 크기를 잼.
- 편차(偏差): 수치, 위치, 방향 따위가 일정한 기준에서 벗어난 정도나 크기.
- 대자(對自): 헤겔의 변증법에서 즉자(卽自)의 직접 상태에서 발전한 제2의 단계. 의식적 존재자가 자기 안에 대상적 존재를 간직하여, 그것에 관계하고 있음을 이른다.
- 수록(收錄): 책이나 잡지에 실음.

## 이것만은 꼭 익히자! 핵심 개념

### 핵심 개념 1 기능에 따라 분류한 교과서에 포함된 글

교과서에 포함된 글은 기능에 따라 '메타 텍스트', '서술 텍스트', '자료 텍스트'로 나뉜다. 메타 텍스트는 교과서 전체나 단원이 어떻게 구성되어 있는지 안내하는 부분이라서 학습 내용 자체를 서술하고 있지는 않다. 서술 텍스트는 학습해야 하는 내용을 직접 서술한 글이다. 자료 텍스트는 제재(題材)라고도 하며, 서술 텍스트에서 배운 내용을 적용해 볼 수 있고 학습을 위한 활동의 대상이 되는 글이다.

### 핵심 개념 2 국어 교과서의 제재를 선정할 때 고려하는 요소들

국어 교과서의 제재를 선정할 때는 학년을 고려하여 수준에 맞는 제재를 선정할뿐만 아니라 '대자성', '균형성', '계열성'도 함께 고려한다. 대자성이 있는 글은 의견을 주고받는 수업에 활용할 수 있으므로 교과서에 일정 비율 수록된다. 균형성이란 다양한 유형의 제재가 수록되어야 한다는 것으로, 이를 갖추기 위해서는 설명문, 논설문, 문학이 모두 수록되어야 한다. 계열성이란 학습 순서의 선후 배치와 관련된 것인데, 이를 갖추기 위해서는 학년이 높아질수록 배우는 내용이 심화되거나 현재 배우는 것과 과거에 배운 것이 서로 관련되어야 한다.

## 배경지식 더 알아보기

- **재재(題材)**

  제재란 원래 '예술 작품이나 학술 연구의 바탕이 되는 재료'를 의미하며, 학교 교육에서는 '학습 활동의 바탕이 되는 재료 글'이라는 의미로 사용된다. 독서 교육을 할 때 제재는 학습 활동의 바탕이 되는 재료이며, 읽기의 대상이 되기 때문에 중요한 역할을 하게 된다.

- **양적 평가의 방식**

  양적 평가에서 사용하는 공식을 이독성 공식이라 한다. 이독성 공식에서 사용하는 변인은 어휘 목록과 문장의 길이이다. 어휘의 난이도 판별을 위해서는 개별 단어의 난이도에 대한 객관적인 등급이 마련되어야 한다. 그러나 수많은 단어에 모두 등급을 매기는 것은 사실상 불가능하기 때문에, 많은 연구자들은 쉬운 단어 목록을 만들어 놓고 그에 포함되지 않는 단어는 모두 어려운 단어로 간주하는 방식을 활용한다. 즉, 쉬운 단어의 수는 쉬운 단어 목록에 포함되어 있는 수이며, 어려운 단어의 수는 쉬운 단어 목록에 포함되지 않은 단어의 수를 의미하는 것이 된다.

- **대자적 텍스트와 즉자적 텍스트**
  - 대자적 텍스트

    대자성을 갖춘 대자적 텍스트는 그 의미 혹은 본질이 고정되어 있지 않아서 독자들에게 다양한 가치 실현의 가능성이 높은 텍스트를 의미한다. 텍스트가 그 자체의 의미를 전달하는 데 그치지 않고 독자들의 성찰을 유발하여 앎, 느낌, 생각, 깨달음, 신념 등 새로운 의미를 불러일으킬 가능성이 농후한 텍스트이다.
  - 즉자적 텍스트

    즉자적 텍스트란 그 의미 혹은 본질이 이미 결정되어 있어서 다른 가능성이 거의 없는 텍스트를 가리키는 것으로, 대자적 텍스트와 상대적 위치에 있다. 예컨대 복약 설명서는 대표적인 즉자적 텍스트로, 설명 내용에 따라 약을 복용하는 것 이외에 더 이상의 가치를 지니지 않는다.

## 선생님의 만점 구조도

### 포인트 1 제재의 수준을 측정할 때 사용되는 평가법 (문항 2 관련)

| | 양적 평가 | 질적 평가 |
|---|---|---|
| 방법 | 특정한 공식으로 도출한 ❶ ______(으)로 평가 | 전문가가 주관에 근거해 종합적으로 평가 |
| 단점 | 단어가 만나면 개별 단어의 의미를 넘어서는 ❷ ______인 의미가 만들어지기도 함. | 전문가마다 측정한 결과의 ❸ ______이/가 클 수도 있음. |

### 포인트 2 제재를 선정할 때 고려하는 요소들 (문항 3 관련)

| | |
|---|---|
| ❹ ______ | 다양하게 해석할 수 있는 글인가? |
| ❺ ______ | 다양한 유형의 제재가 수록되었는가? |
| ❻ ______ | 현재 배우는 것과 과거에 배운 것이 서로 심화되거나 관련되는가? |

정답 ❶ 점수 ❷ 이면적 ❸ 편차 ❹ 다의성 ❺ 균형성 ❻ 계열성

### EBS Q&A

**Q** 독서 이론과 관련한 제재를 잘 읽어 낼 수 있는 방법은 무엇인가요?

**A** 독서 이론은 주로 우리가 경험해 봤음 직한 독서의 상황을 이론화하여 서술해 놓은 것입니다. 이러한 이론의 기초 내용이 잘 수록되어 있는 것이 고등학교에서 배우는 독서 교과서이므로 이를 정독해 보아야 합니다. 독서 교과서는 대략 여섯 개의 대단원으로 나누어져 있는데, 각 대단원의 첫 장에 대단원에서 학습할 내용을 설명한 부분이 있습니다. 이는 『수능완성』 실전 모의고사 1회 지문에 따르면 서술 텍스트, 즉 학습해야 하는 내용을 직접 서술한 글에 해당합니다. 이 부분을 정독해 보면서 사실적 읽기, 추론적 읽기, 비판적 읽기, 감상적 읽기를 위해 어떤 방법을 알아야 하고 어떤 태도를 갖추어야 하는지를 학습해 두면 독서 이론이 훨씬 쉽게 이해될 것입니다.

## 읽기 준비 단계

역어 읽기

흔히 읽기는 듣기·말하기와 달리 영·유아가 글자를 깨치고 나서야 시작된다고 생각한다. 그러나 대부분의 읽기 발달 연구에서는 그 전에도 읽기 발달이 진행된다고 본다. 이 연구들에서는 읽기 행동의 특성이나 글에 대한 이해 수준 등에 따라 읽기 발달 단계를 위계화한다. 대개 '읽기 준비'를 하나의 단계로 보고, 이후의 단계를 '글자를 익히고 소리 내어 읽기', '의미를 이해하며 읽기', '학습 목적으로 읽기', '다양한 관점으로 읽기', '의미를 재구성하며 읽기'의 순으로 나눈다.

여기서 읽기 준비 단계는 읽기의 기초가 형성되는 중요한 시기이다. 이 시기의 영·유아는 글자를 깨치지는 못하더라도 글자의 형태에 익숙해지며, 글자와 소리의 대응 관계도 어렴풋이 알게 된다. 이 과정에서 글자가 뜻이 있고 음성으로 표현된다는 것을 알게 되는 유의미한 경험을 한다.

이 연구들에 따르면 읽기 준비 단계에서 영·유아의 읽기 발달은 타인의 읽기 행위를 관찰하고 글자에 대한 다양한 경험을 쌓으며 진행된다. 영·유아는 타인의 책 읽는 모습을 보며 글의 시작 부분, 글자를 읽는 방향, 책장을 넘기는 방식 등을 알게 된다. 읽어 주는 사람의 표정이나 몸짓을 기억해 모방하기도 한다. 의사소통의 각 영역인 듣기·말하기·읽기·쓰기는 서로 영향을 주며 함께 발달한다. 글자를 모르는 영·유아가 책을 넘기며 중얼거리고 책 읽는 흉내를 내는 것, 책 읽는 소리를 들으며 따라 말하는 것, 들은 단어나 구절을 사용해 문장을 지어 말하는 것, 읽어 주는 것을 들으며 그림이나 글자 형태로 끄적거리는 것이 이에 해당한다.

읽기 발달은 일정한 시기에 급격히 이루어지는 것이 아니라 글자를 깨치기 이전부터 점진적으로 진행된다. 따라서 이 시기에 생활 속에서, 책을 자주 읽어 주며 생각을 묻는 등 의사소통의 각 영역이 같이 발달할 수 있도록 하는 자연스러운 지도가 읽기 발달에 도움을 준다. 읽기 준비 단계에서의 경험은 이후의 단계에 중요한 영향을 미친다.

이 글은 읽기 발달 단계를 위계화했을 때, 그 첫 단계에 해당하는 읽기 준비 단계에서 이루어지는 경험의 양상과 그러한 경험의 중요성에 대해 설명하고 있다. 읽기 준비 단계는 읽기의 기초가 형성되는 중요한 시기로, 이 시기의 영·유아는 글자를 깨치지는 못하더라도 읽기 발달을 위한 여러 가지 유의미한 경험을 하게 된다. 이 글에서는 열거되어 있는 경험들에 대한 구체적 상황을 떠올리면서 독해를 할 필요가 있음을 설명하고 있다.

읽기 준비 단계에서 이루어지는 경험의 양상과 그 경험의 중요성

예술
04~07번

# 화음과 화성

EBS 수능완성 135쪽

**독해 포인트** 이 글은 4성부 합창에서 3화음을 표현하는 방법과 화성의 진행과 관련된 규칙에 대해 설명하고 있다. 4성부의 경우 소프라노가 가장 높은음을 내고 알토, 테너, 베이스 순으로 낮은음을 내는데, 4성부가 주요 3화음을 낼 때 한 성부는 음 하나를 중복하여 화음을 표현한다. 화성의 진행에서 한 성부의 진행과 관련된 규칙에는 상행, 하행, 순차 진행, 도약 진행이 있으며, 두 성부의 진행과 관련된 규칙에는 반진행, 경사 진행, 병진행, 유사 진행이 있다. 이 글에서는 여러 개념에 대한 정의를 제시한 후 이를 예를 들어 설명하는 방식이 사용되고 있다. 이럴 때는 예시를 활용하여 앞서 읽었던 정의를 다시 확인해 가면서 읽는 것이 중요하다.

**주제** 4성부로 화음을 표현하는 방법과 화성의 진행

음악에서 음들이 특정한 방식으로 결합되면 그 맥락* 속에서 의미를 가지게 되며, 결합된 음이 규칙에 따라 이어지면 우리에게 미적 경험을 제공해 주기도 한다. 화음은 음높이가 다른 음들이 동시에 울리는 것(화음의 정의)이다. 두 음높이 사이의 간격을 음정(음정의 정의)이라 하는데, 예를 들어 같은 높이인 '도-도'는 1도, 한 간격 차이가 나는 '도-레'는 2도라고 음정을 표현한다. 3화음은 3도의 음정으로 쌓아 올린 세 개의 음으로 만드는데(3화음의 정의), 각 음의 명칭은 밑에서부터 근음, 3음, 5음이라 일컫는다. 가령 '도'를 근음으로 삼는 으뜸화음인 '도-미-솔'의 경우, 근음('도')에서 3도의 음정을 쌓은 '미'를 3음이라고 부르고, '미'에서 다시 3도의 음정을 쌓은 '솔'은 5음이라고 부른다. 이때 '솔'을 근음으로 삼는 '솔-시(3음)-레(5음)'의 딸림화음, '파'를 근음으로 삼는 '파-라(3음)-도(5음)'의 버금딸림화음은 '도'를 근음으로 삼는 으뜸화음('도-미-솔')과 함께 주요 3화음이라 한다.
← 화음의 의미와 화음을 만드는 방법

주요 3화음은 진행 과정에서 특별한 느낌을 주므로, 주요 3화음만으로도 음악적 표현이 가능하다(문항 6과 관련됨). 으뜸화음은 안정감*을 주므로(으뜸화음이 주는 느낌) 곡의 출발로 쓰이는 경우가 많다. 딸림화음은 이완*되기 직전의 긴장 상태(딸림화음이 주는 느낌)이고 으뜸화음으로 복귀하려는 성질이 강하다. 버금딸림화음은 안정에서 긴장 상태로의 변화나 들뜬 감정(버금딸림화음이 주는 느낌)을 느끼게 해 준다. 이때 음의 진행을 부드럽게 만들기 위해 3화음의 근음을 바꾸기도 한다. 원래의 근음 대신 3음을 근음으로 하고 나머지 음을 차례로 쌓는 것을 '첫째 자리바꿈'이라 하는데, 그 결과 으뜸화음의 경우 '미-솔-도'가 된다(근음인 '도' 대신 3음인 '미'를 근음으로 하고 '솔'과 '도'를 차례로 쌓음.). 이러한 방식으로 5음을 근음으로 하고 나머지를 쌓는 것을 '둘째 자리바꿈'이라 하며 으뜸화음의 경우에는 '솔-도-미'가 된다(5음인 '솔'을 근음으로 하고 '도'와 '미'를 차례로 쌓음.).
← 주요 3화음이 주는 느낌과 화음의 자리바꿈

음을 가시적으로 표기하는 것을 기보(기보의 정의)라 하며, 화음을 기보하기 위해서는 〈그림〉처럼 높은음자리 보표와 낮은음자리 보표를 묶은 '큰보표'를 사용한다. 큰보표의 기준음은 '가운데 도'이므로 두 줄 위는 '솔', 두 줄 아래는 '파'가 된다. 성부란 합창을 할 때 소리의 높낮이에 따라 차지하는 위치이다(성부의 정의). 높은음에서 낮은음을 담당하는 순서대로 소프라노, 알토, 테너, 베이스로 나누어 이들을 4성부라 한다. 즉 소프라노는 가장 높은 음을, 베이스는 가장 낮은 음을 낸다. 4성부를 표현할 때는 높은음자리 보표에 소프라노의 음과 알토의 음을, 낮은음자리 보표에 테너의 음과 베이스의 음을 기보한다. 이때 소프라노와 베이스를 '외(큰보표에서 바깥에 위치하는 음)


〈그림〉

성', 알토와 테너를 '내성', 맨 아래 성부를 제외한 나머지 성부를 '상 3성', 맨 위의 성부를 제외한 나머지 성부를 '하 3성'이라 한다.

안쪽에 위치하는 음 / 위쪽에 위치한 세 개 음 / 아래쪽에 위치한 세 개 음

← 큰보표에서 4성부를 기보하는 방법

주요 3화음을 내기 위해서는 4성부 중에서 한 성부가 음 하나를 중복하여 화음을 표현하는데, 근음이나 5음만 중복이 가능하다. 이때 중복하는 음은 한 옥타브 안에 있는 음일 필요는 없으므로, 가령 근음이 '솔'이면 한 옥타브 위의 '솔'을 중복해도 된다. 이렇게 만들어진 화음에서 상 3성의 음역이 한 옥타브 안에 들면 건반 악기로 연주하기가 쉽지만, 한 옥타브를 넘으면 손가락으로 건반을 다루기가 어려워진다. 이때는 현악기로 연주하는 것이 유리하다.

3음은 중복하면 안 됨. / 음계의 어떤 음에서 8도가 되는 음 / 건반 간의 거리가 멀면 손으로 동시에 건반을 누르기가 어려우므로

← 4성부에서 3화음을 표현하는 방법

일정한 규칙에 따라 이어지는 화음을 화성이라 한다. 화성의 진행에는 한 성부의 진행과 두 성부의 진행이 있다. 한 성부의 진행에서 음이 올라가면 상행, 내려가면 하행이라 한다. 또한 음정이 2도로 움직이는 것을 순차 진행이라 하고, 3도 이상 움직일 때는 도약 진행이라 한다. 가령 '도'를 낸 후 위의 음인 '미'를 내면 상행이면서 도약 진행이다. 한편 두 성부의 진행은 네 가지로 나뉜다. 반진행은 한 성부가 상행이고 다른 성부는 하행인 진행이며, 경사 진행은 한 성부가 같은 높이의 음을 내는 동안 다른 성부는 상행 혹은 하행하는 진행이다. 병진행은 두 성부 간의 음정이 동일한 진행이며, 유사 진행은 두 성부 모두 상행이거나 모두 하행이지만 두 성부 간의 음정이 달라지는 진행이다. 한 옥타브 안에서 소프라노가 '라, 라, 시, 도'를 낼 때 알토는 '도, 도, 레, 파'를 낸다고 하자. 이 경우 세 번째 음까지는 음정이 6도를 유지하므로 병진행을 하고, 네 번째 음에서는 5도로 달라지며 두 성부 모두 상행이므로 유사 진행이 나타난다.

화성의 정의 / '도'를 낸 후 '레'를 내는 경우 / '레'를 낸 후 '도'를 내는 경우 / 상행도 아니고 하행도 아닌 진행을 하는 동안 / 두 음높이 사이의 간격 / '도-라'와 '레-시'는 모두 6도임. / '파-도'는 5도임.

← 화성의 의미와 화성 진행의 종류

**이것만은 꼭 익히자!** 어휘

- **맥락(脈絡)**: 사물 따위가 서로 이어져 있는 관계나 연관.
- **안정감(安靜感)**: 육체적 또는 정신적으로 편안하고 고요한 느낌.
- **이완(弛緩)**: 바짝 조였던 정신이 풀려 늦추어짐.
- **순차(順次)**: 돌아오는 차례.

## 이것만은 꼭 익히자! 핵심 개념

**핵심 개념 1 3화음의 자리바꿈** (문항 6 관련)

3화음은 3도의 음정으로 쌓아 올린 세 개의 음으로 만드는데, 각 음의 명칭은 밑에서부터 근음, 3음, 5음이라 일컫는다. 작곡 과정에서 음의 진행을 부드럽게 만들기 위해 3화음의 근음을 바꾸기도 한다. 기본 형태의 3음을 근음으로 하고 나머지 음을 차례로 쌓는 것을 '첫째 자리바꿈'이라 하고, 5음을 근음으로 하고 나머지를 쌓는 것을 '둘째 자리바꿈'이라 한다. 아래 그림은 이러한 개념들을 '도–미–솔'의 으뜸화음에 적용해 본 것이다.

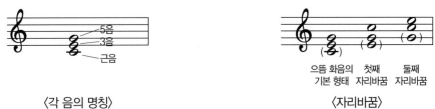


〈각 음의 명칭〉 〈자리바꿈〉

**핵심 개념 2 화성 진행의 종류** (문항 7 관련)

일정한 규칙에 따라 이어지는 화음을 화성이라 한다. 화성의 진행에는 한 성부의 진행과 두 성부의 진행이 있다. 한 성부의 진행에서 음이 올라가면 상행, 내려가면 하행이라 한다. 또한 음정이 2도로 움직이는 것을 순차 진행이라 하고, 3도 이상 움직일 때는 도약 진행이라 한다.

두 성부의 진행은 네 가지로 나눈다. 반진행은 한 성부가 상행이고 다른 성부는 하행인 진행이며, 경사 진행은 한 성부가 같은 높이의 음을 내는 동안 다른 성부는 상행 혹은 하행하는 진행이다. 병진행은 두 성부 간의 음정이 동일한 진행이며, 유사 진행은 두 성부 모두 상행이거나 모두 하행이지만 두 성부 간의 음정이 달라지는 진행이다.

## 배경지식 더 알아보기

■ **기보법**

중세부터 전해 내려오는 대다수의 음악은 교회 음악, 즉 성가이다. 초기 성가는 구전되다가 9세기 경부터는 그리스어로 기호라는 의미의 '네우마(neuma)'라는 부호를 사용하기 시작했다. 네우마란 그리스어로 합창 지휘자의 눈짓, 몸짓, 손짓을 의미하는데, 이런 모호한 기보법 때문에 네우마를 쓰고 판독하는 일은 지역에 따라 많은 차이가 있었다. 작은 기호를 사용해 교회 예배용 가사에 소리의 높낮이와 움직임을 나타내는 선율 네우마가 있었고 문장 낭송을 위한 네우마도 있었다.

11세기 경부터 현대의 오선보 초기 형태라고 할 수 있는 2선보 또는 4선보가 사용되었고 '도' 음을 표시하는 음자리표도 사용되기 시작했다. 13세기에 오선보가 출현하였는데, 오선보는 다섯 개의 줄과 4칸으로 구성된 오늘날 악보와 같은 형태이다. 오선보는 음의 여러 가지 성질 중 음높이만을 고려하여 용이하게 적을 수 있는 체계이다. 즉 높은음을 위에 낮은음을 아래에 적는 방식이다.

■ **4성부 체계**

오늘날 화음을 소리 낼 때는, 소프라노, 알토, 테너, 베이스의 4성부를 기초로 하므로, 4성부를 넘거나 4성부 미만의 음악도 모두 4성부를 기준으로 삼는다. 이 4성부 체계는 화성학이 발달한 16~17세기 성악곡, 특히 합창 음악의 발달과 함께 생겨났고, 이런 체계가 화성의 실제 적용에서 가장 효과적이기 때문에 채택한 것이다.

## 선생님의 만점 구조도

### 포인트 1 주요 3화음이 주는 느낌과 화음의 자리바꿈 (문항 6 관련)

| 주요 3화음 | 느낌 | 자리바꿈에 따른 근음 변화 | |
|---|---|---|---|
| | | 첫째 자리바꿈 | 둘째 자리바꿈 |
| '도-미-솔'의 으뜸화음 | 안정감을 줌. | 미 | 솔 |
| '솔-시-레'의 ❶ ____ 화음 | ❷ ____ 되기 직전의 긴장 상태 | ❸ ____ | ❹ ____ |
| '파-라-도'의 ❺ ____ 화음 | 긴장 상태로의 변화나 들뜬 감정 | ❻ ____ | ❼ ____ |

### 포인트 2 4성부에서 3화음을 표현하는 방법 (문항 5, 7 관련)

| | |
|---|---|
| 4성부 | 합창 시 소리의 ❽ ____ 에 따라 차지하는 위치를 네 개로 구분한 것 |
| 3화음의 표현 | 4성부 중에서 한 성부가 음 하나를 중복하여 표현하는데, ❾ ____ 음이나 ❿ ____ 음만 중복이 가능함. |

### 포인트 3 화성의 진행 방법 (문항 7 관련)

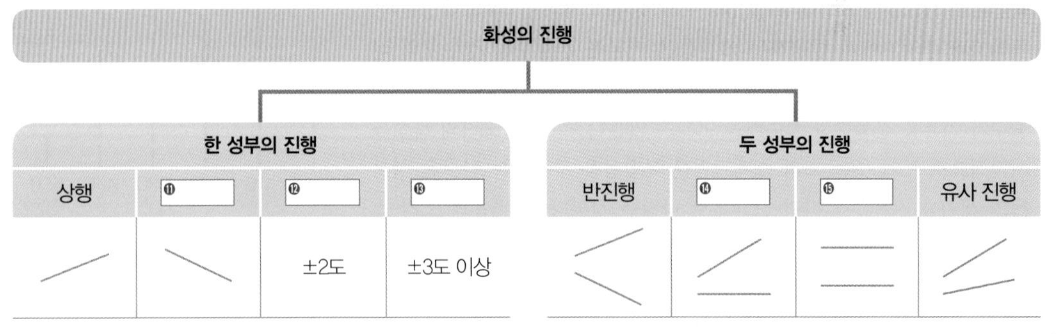


정답 ❶ 딸림 ❷ 이완 ❸ 시 ❹ 레 ❺ 버금딸림 ❻ 라 ❼ 도 ❽ 높낮이 ❾ 근 ❿ 5 ⓫ 하행 ⓬ 순차 진행 ⓭ 도약 진행 ⓮ 경사 진행 ⓯ 병진행

## EBS Q&A

**Q** 지문의 내용을 구체적 사례에 적용할 때, 효과적으로 풀 수 있는 방법은 무엇인가요? (문항 6, 7 관련)

**A** 문항 6, 7은 〈보기〉로 제시된 구체적 사례에 대해 지문의 내용을 적용해 보는 문항입니다. 이러한 문항을 효과적으로 풀기 위해서는 먼저 〈보기〉의 사례에 해당하는 문단을 찾아야 합니다. 그다음은 그 문단에서 〈보기〉의 사례와 관련 있는 문장에 밑줄을 그은 후, 밑줄 안에서도 주요 단어에 동그라미를 해 놓으면 선지의 정오를 빠르고 정확하게 확인하는 데 도움이 됩니다. 예를 들어 문항 6을 풀기 위해서는 2문단의 주요 3화음을 설명한 부분에서 '안정감', '이완', '들뜬 감정', '복귀' 등이 〈보기〉의 사례를 이해하는 데 결정적인 근거가 됩니다. 문항 7을 풀기 위해서는 5문단의 '모두 상행', '하나는 상행', '음정이 동일한' 등이 〈보기〉의 사례를 이해하는 데 결정적 근거가 됩니다. 이러한 단어에는 동그라미 표시가 되어 있어야 했겠지요.

## 다양한 특성의 음들로 이루어진 음악의 아름다움

### 엮어 읽기

음악은 소리로 이루어진 예술이다. 예술이 아름다움을 추구한다면 음악 또한 아름다움을 추구해야 할 것이다. 그렇다면 아름다운 음악 작품은 듣기 좋은 소리만으로 만들어질 수 있는 것일까? 음악적 아름다움은 어떻게 구현되는 것일까?

음악에서 사용하는 소리라고 해도 대부분의 사람들은 피아노 소리가 심벌즈 소리보다 듣기 좋다고 생각한다. 이 중 전자를 고른음, 후자를 시끄러운음이라고 한다. 고른음은 주기성을 갖지만 시끄러운음은 주기성을 갖지 못한다. 일반적으로 음악에서 '음'이라고 부르는 것은 고른음을 지칭한다. 고른음은 주기성을 갖기 때문에 동일한 파형이 주기적으로 반복된다. 이때 같은 파형이 1초에 몇 번 반복되는가를 진동수라고 한다. 진동수가 커지면 음높이 즉, 음고가 높아진다. 고른음 중에서 파형이 사인파인 음파를 단순음이라고 한다. 사인파의 진폭이 커질수록 단순음은 소리의 세기가 커진다. 대부분의 악기에서 나오는 음은 사인파보다 복잡한 파형을 갖는데 이런 파형은 진동수와 진폭이 다른 여러 개의 사인파가 중첩된 것으로 볼 수 있다. 이런 소리를 복합음이라고 하고 복합음을 구성하는 단순음을 부분음이라고 한다. 부분음 중에서 가장 진동수가 작은 것을 기본음이라 하는데 귀는 복합음 속의 부분음들 중에서 기본음의 진동수를 복합음의 진동수로 인식한다.

악기가 내는 소리의 식별 가능한 독특성인 음색은 부분음들로 구성된 복합음의 구조, 즉 부분음들의 진동수와 상대적 세기에 의해 결정된다. 현악기나 관악기에서 발생하는 고른음은 기본음 진동수의 정수배의 진동수를 갖는 부분음들로 이루어져 있지만, 타악기 소리는 부분음들의 진동수가 기본음 진동수의 정수배를 이루지 않는다. 이러한 소리의 특성을 시각적으로 보여 주는 소리 스펙트럼은 복합음을 구성하는 단순음 성분들의 세기를 진동수에 따라 그래프로 나타낸 것이다. 고른음의 소리 스펙트럼은 〈그림〉처럼 일정한 간격으로 늘어선 세로 막대들로 나타나는 반면에 시끄러운음의 소리 스펙트럼에서는 막대 사이 간격이 일정하지 않다.

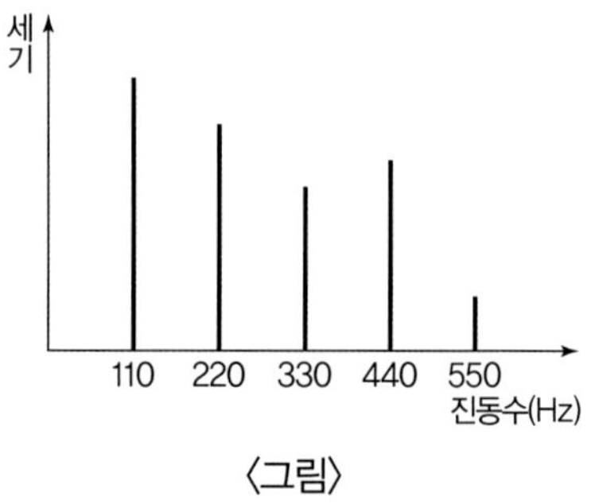

〈그림〉

두 음이 동시에 울리거나 연이어 울릴 때, 음의 어울림, 즉 협화도는 음정에 따라 달라진다. 여기에서 음정이란 두 음의 음고 간의 간격을 말하며 높은 음고의 진동수를 낮은 음고의 진동수로 나눈 값으로 표현된다. 가령, '도'와 '미' 사이처럼 장3도 음정은 5/4이고, '도'와 '솔' 사이처럼 완전5도 음정은 3/2이다. 그러므로 장3도는 완전5도보다 좁은 음정이다. 일반적으로 음정을 나타내는 분수를 약분했을 때 분자와 분모에 들어가는 수가 커질수록 협화도는 작아진다고 본다. 가령, 음정이 2/1인 옥타브, 3/2인 완전5도, 5/4인 장3도, 6/5인 단3도의 순서로 협화도가 작아진다. 서로 잘 어울리는 두 음의 음정을 협화 음정이라고 하고 그렇지 않은 음정을 불협화 음정이라고 하는데 16세기의 음악 이론가인 차를리노는 약분된 분수의 분자와 분모가 1, 2, 3, 4, 5, 6으로만 표현되는 음정은 협화 음정, 그 외의 음정은 불협화 음정으로 보았다.

아름다운 음악은 단순히 듣기 좋은 소리를 연이어 배열한다고 해서 만들어지지 않는다. 음악은 다양한 음이 조직적으로 연결되고 구성된 형태로, 음악의 매체인 소리가 시간의 진행 속에 구체화된 것이라 할 수 있다. 19세기 음악 평론가인 한슬리크에 따르면, 음악의 독자적인 아름다움은 음들이 '울리면서 움직이는 형식'에서 비롯되는데, 음악을 구성하는 음악적 재료들이 움직이며 만들어 내는 형식 그 자체를 말한다. 따라서 음악의 가치는 음악이 환기하는 기쁨이나 슬픔과 같은 특정한 감정이나 정서에서 찾으려 해서는 안 된다는 것이다.

음악에는 다양한 음악적 요소들이 사용되는데, 여기에는 리듬, 가락, 화성, 셈여림, 음색 등이 있다. 리듬은 음고 없이 소리의 장단이나 강약 등이 반복될 때 나타나는 규칙적인 소리의 흐름이고, 가락은 서로 다른 음의 높낮이가 지속 시간을 가지는 음들의 흐름이다. 화성은 일정한 법칙에 따라 여러 개의 음이 동시에 울려서 생기는 화음과 또 다른 화음이 시간적으로 연결된 흐름이고, 셈여림은 음악에 나타나는 크고 작은 소리의 세기이며, 음색은 바이올린, 플루트 등 선택된 서로 다른 악기가 만들어 내는 식별 가능한 소리의 특색이다.

작곡가는 이러한 음악적 요소들을 활용해서 음악 작품을 만든다. 어떤 음악 작품에서 자주 반복되거나 변형되면서 등장하는 소재인 가락을 그 음악 작품의 주제라고 하는데, 작곡가는 자신의 음악적 아이디어를 주제로 구현하고 다양한 음악적 요소들을 사용해서 음악 작품을 완성한다. 예컨대 조성 음악*에서는 정해진 박자 내에서 질서를 가지고 반복적으로 움직이는 리듬이 음표나 쉼표의 진행으로 나타나고, 어떤 조성의 음계 음들을 소재로 한 가락이 나타나고, 주제는 긴장과 이완을 유발하는 다양한 화성 진행을 통해 반복되고 변화한다. 이렇듯 음악은 다양한 특성을 갖는 음들이 유기적으로 결합한 소리의 예술이라고 볼 수 있다.

*조성 음악: 으뜸음 '도'가 다른 모든 음계 음들을 지배하는 음악으로 17세기 이후 대부분의 서양 음악이 이에 해당한다.

독해 포인트 이 글은 소리로 이루어진 예술인 음악이 어떻게 아름다울 수 있는지를 설명하고 있다. 진동수 개념을 통해 고른음의 특징과 악기의 소리가 갖는 음색의 특징, 음의 어울림인 음정 개념을 설명하는 동시에 아름다운 음악을 만들어 내는 데 필요한 음악적 요소들을 제시하고 있다.

주제 음악에서 사용되는 소리와 다양한 음악적 요소에 대한 이해

실전 모의고사 **1회**

사회·문화 08~13번

# (가) 퍼트넘의 사회적 자본
# (나) 퍼트넘의 사회적 자본에 대한 비판

EBS 수능완성 137쪽

**독해 포인트** (가) 이 글은 집단행동의 딜레마를 사회적 자본을 통해 해결할 것을 제안한 퍼트넘의 견해를 소개하고 있다. 그는 호혜성, 신뢰, 네트워크를 사회적 자본으로 제시하고 있는데, 특히 사회 통합을 위해서는 일반화된 호혜성과 엷은 신뢰가 필요하다고 보았고, 이것이 증진되기 위해서는 수평적 네트워크 형태, 즉 구성원이 동등한 권력으로 연결되어 있어야 한다고 보았다. 사회적 자본이 오랜 기간 축적된 집단의 구성원일수록 도덕적 경향을 보인다고 주장하고 이를 이탈리아에서 자치 제도가 정착되는 과정과 관련지어 입증하고 있다.
(나) 이 글은 퍼트넘의 사회적 자본 이론을 비판하고 있다. 수평적 네트워크에서 신뢰와 호혜성이 항상 증진되는 것은 아니라고 주장하며, 이를 뉴턴의 지적과 북아일랜드의 예를 통해 뒷받침하고 있다. 또한 20세기 이탈리아에서 자치 제도가 정착되는 남부와 북부의 차이가, 두 지역 간의 시민적 전통 차이에 기인한다고 보는 퍼트넘의 관점이 논리적 비약일 수 있다고 지적하고 있다.

**주제** (가) 사회적 자본의 필요성을 주장한 퍼트넘
(나) 퍼트넘의 사회적 자본에 대한 비판

(가) 집단행동의 딜레마란 집단 구성원이 공통의 이해관계가 걸려 있는 문제를 스스로 해결하지 못하는 현상(집단행동의 딜레마의 정의)으로, 무임승차 심리, 즉 타인의 성과에 묻어가려는 심리(집단행동의 딜레마가 일어나는 원인)가 원인이라 할 수 있다. 정치학자인 퍼트넘은 이 딜레마를, 강제력을 가진 제삼자*의 개입이 아닌 사회적 자본을 통해 해결할 것을 제안했다. 그는 사회적 자본을 구성원 간의 협력을 촉진*시켜 주는 것으로 정의하고, 그 요소로 '호혜성', '신뢰', '네트워크'(퍼트넘의 사회적 자본 세 가지)를 제시했다. 같은 자본이라도 사회적 자본은 인간의 상호 작용에 중점을 둔다(사회적 자본의 특징)는 점에서, 생산 과정에 투입되는 장비인 물적 자본과는 구별된다. 예를 들어 누군가가 물고기를 잡기 위해 낚싯대와 배를 사용했다면 이 둘은 물적 자본에 해당한다.(낚싯대와 배는 물고기를 잡는 장비임. 인간의 상호 작용에 중점을 둔 것이 아님.) ← 퍼트넘이 사회적 자본을 제안한 배경

호혜성은 모두에게 이익이 되는 방향으로 문제를 해결하고자 하는 경향성(호혜성의 정의)으로 균형적 호혜성과 일반화된 호혜성이 있다. 균형적 호혜성은 특정한 보상을 동시에 주고받을 것을 요구하는 것으로, 상호 간 합의가 쉽게 이루어지기 어렵다. 이에 비해 일반화된 호혜성은 내가 상대방에게 베푼 호의가 지금 당장 나에게 이익으로 되돌아오지 않더라도 지속적인 교환 관계를 통해 미래에 보상을 받을 수 있다는 상호 기대를 전제로 한다. 퍼트넘은 일반화된 호혜성이 통용*되어야 무임승차 심리를 억제할 수 있다고 보았다.(퍼트넘은 사회 통합을 위해 일반화된 호혜성에 주목함.) ← 호혜성의 의미

신뢰는 상대방의 행동에 대해 예측이 가능하고 그 행동이 일관될 것이라고 기대할 때(신뢰 형성의 조건) 형성된다. 두터운 신뢰는 오랫동안 알고 지낸 사이에서, 엷은 신뢰는 짧은 기간 만난 사이에서 만들어진다. 퍼트넘은 두터운 신뢰에서 나타나는 강한 결속*이 배타적*인 태도로 변질될 수 있다고 보았기에, 엷은 신뢰의 수준이 높은 것이 낯선 사람들 사이에서도 협력이 촉진되어 사회 통합에 더 유용하다고 보았다.(퍼트넘은 사회 통합을 위해 엷은 신뢰에 주목함.) ← 신뢰의 의미

퍼트넘은 일반화된 호혜성과 엷은 신뢰가 증진되기 위해서는 그 집단이 수평적 네트워크 형태, 즉 구성원이 동등한 권력으로 연결되어 있어야 한다고 보았다(퍼트넘이 사회 통합을 위해 주목한 네트워크 형태는 수평적 네트워크임.). 한편 퍼트넘은 사회적 자본이 오랜 기간 축적된 집단의 구성원일수록 도덕적 경향을 보인다고 주장하고(사회적 자본은 단기간에 구축되는 것이 아님.), 이를 20세기 이탈리아에서 자치 제도를 실시했을 때 북부가 남부에 비해 잘 정착된 원인으로 제시했다. 그에 따르면 12세기 공화정* 때부터 수평적 네트워크가 활성화된 북부 시민들은 문화 단체, 동호회 등의 소규모 공동체 조직에서 협력으로 문제를 해결하는 경험(북부 시민들은 수백 년간 수평적 네트워크 안에서 호혜성과 신뢰를 바탕으로 공동체의 문제를 해결해 온 것임.)

이 쌓여 왔다. 반면 남부 시민들은 상하 관계로 연결된 수직적 네트워크하에서 공적인 일들은 정치인이나 최고 책임자의 일이라고만 여겼고, 부도덕한 관행에 대해 더 강력한 규율을 요구해 왔기 때문에 남부에는 사회적 자본의 축적이 미미했다고 그는 설명했다. ← 사회적 자본의 축적이 사회 발전에 미치는 영향

(나) 물적 자본은 일종의 소모품이므로 사용할수록 마모되어 경제적 가치가 감소하는 경우가 많지만, 사회적 자본은 사용할수록 그 집단에 축적되는 경향이 있다. (사용 빈도에 따른 가치의 변화 차이) 그래서 퍼트넘의 사회적 자본 이론에서는 수평적 네트워크가 활성화되면 호혜성과 신뢰도 증진되어 집단 구성원의 협력이 강화된다는 점을 강조한다. 그리고 그는 이탈리아에 대한 연구를 통해 사회적 자본의 장점을 실증적으로 제시하려 노력했다. ← 퍼트넘의 사회적 자본에 대한 설명

하지만 수평적 네트워크가 호혜성과 신뢰를 항상 증진하는 것일까? (의문의 형식을 통해 퍼트넘의 사회적 자본 이론에 대한 비판적 태도를 보임.) 먼저 사회학자 뉴턴의 지적처럼 수평적 네트워크하에서 공공의 이익보다 개별 집단의 이익을 우선적으로 추구할 경우 갈등 조정이 더 어려워질 수 있다. (퍼트넘의 주장에 대한 비판 ①) 북아일랜드에서 가톨릭과 개신교를 중심으로 한 수평적 네트워크 간의 충돌은 오히려 호혜성의 결여로 사회의 갈등이 심화된 사례이다. (수평적 네트워크의 순기능에 대한 반례) 게다가 수평적 네트워크의 구성원 누군가가 자신에게 돌아오는 혜택이 불균형하다고 여긴다면, 신뢰 수준이 낮아질 수 있고 이는 분열을 야기할 수 있다. (퍼트넘의 주장에 대한 비판 ②) ← 수평적 네트워크의 순기능만을 강조한 점 비판

퍼트넘은 20세기 이탈리아에서 자치 제도를 실시했을 때 나타난 남북 간의 차이가, 12세기부터 형성된 두 지역 간의 시민적 전통 차이에 기인한 것으로 보았다. (남부 시민들에 비해 북부 시민들은 수평적 네트워크가 활성화되어 있어서 호혜성과 신뢰가 축적된 집단이었다.) 하지만 이는 논리적 비약일 수 있는데, 12세기 당시는 공화제라기보다는 군주적 귀족제에 가까워 현대적 의미의 수평적 네트워크 형태는 거의 존재하지 않았다. 따라서 중세 이탈리아 시기의 시민적 전통이라고 하는 것이 일반적으로 오늘날 의미하는 시민 정치 문화와는 달랐다고 보는 것이 타당하다. (퍼트넘의 주장에 대한 비판 ③) 또한 그는 이탈리아 북부를 언급하면서 사회적 자본의 축적은 단기적으로 이루어지는 것이 아니라고 하였다. 하지만 이는 독립한 지 얼마 되지 않은 신생 국가를 구성하는 시민들은 그 사회 또는 국가 발전을 위한 협력의 가능성이 낮다는 논리로 귀결되는 점에서 비판의 여지가 있다. (퍼트넘의 주장에 대한 비판 ④) ← 이탈리아 남북 차이 분석에 대한 논리적 비약 지적

## 이것만은 꼭 익히자! 어휘

- **제삼자(第三者)**: 일정한 일에 직접 관계가 없는 사람.
- **촉진(促進)**: 다그쳐 빨리 나아가게 함.
- **통용(通用)**: 일반적으로 두루 씀.
- **결속(結束)**: 뜻이 같은 사람끼리 서로 단결함.
- **배타적(排他的)**: 남을 배척하는 것.
- **공화정(共和政)**: 주권이 국민에게 있는 정치 형태.
- **관행(慣行)**: 오래전부터 해 오는 대로 함. 또는 관례에 따라서 함.
- **규율(規律)**: 질서나 제도를 유지하기 위하여 정하여 놓은, 행동의 준칙이 되는 본보기.
- **미미(微微)하다**: 보잘것없이 아주 작다.
- **마모(磨耗)**: 마찰 부분이 닳아서 없어짐.
- **실증적(實證的)**: 사고(思考)에 의하여 논증하는 것이 아니고, 경험적 사실의 관찰과 실험에 따라 적극적으로 증명하는 것.
- **야기(惹起)**: 일이나 사건 따위를 끌어 일으킴.
- **비약(飛躍)**: 논리나 사고방식 따위가 그 차례나 단계를 따르지 아니하고 뛰어넘음.

## 이것만은 꼭 익히자! 핵심 개념

### 핵심 개념 1 퍼트넘의 사회적 자본과 등장 배경

집단행동의 딜레마란 집단 구성원이 공통의 이해관계가 걸려 있는 문제를 스스로 해결하지 못하는 현상으로, 무임승차 심리, 즉 타인의 성과에 묻어가려는 심리가 원인이라 할 수 있다. 정치학자인 퍼트넘은 이 딜레마를, 강제력을 가진 제삼자의 개입이 아닌 사회적 자본을 통해 해결할 것을 제안했다. 퍼트넘은 사회적 자본을 구성원 간의 협력을 촉진시켜 주는 것으로 정의하고, 그 요소로 호혜성, 신뢰, 네트워크를 제시하였다. 그리고 이들을 다시 구분하여 일반화된 호혜성, 엷은 신뢰, 수평적 네트워크가 사회 통합에 유용한 것으로 보았다.

### 핵심 개념 2 사회적 자본의 장점에 대한 실증적 제시

퍼트넘은 사회적 자본이 오랜 기간 축적된 집단의 구성원일수록 도덕적 경향을 보인다고 주장하고, 이를 20세기 이탈리아에서 자치 제도를 실시했을 때 북부가 남부에 비해 잘 정착된 원인으로 제시했다. 12세기 공화정 때부터 수평적 네트워크가 활성화된 북부 시민들은 소규모 공동체 조직에서 협력으로 문제를 해결하는 경험이 쌓여 왔다. 반면에 남부 시민들은 수직적 네트워크하에서 공적인 일들은 정치인이나 최고 책임자의 일이라고만 여겼기 때문에 사회적 자본의 축적이 미미했다고 설명했다.

## 배경지식 더 알아보기

■ **로버트 퍼트넘의 보고서 「번영하는 공동체: 사회 자본과 공공 생활」의 일부**

모든 공동체에서 부모는 자신의 아이가 더 좋은 교육 기회를 제공받기를 원하지만, 공립 학교를 개선하기 위한 협력적인 노력은 부진하다. 또한 제3세계 빈농들은 더 효율적인 관개와 시장 조직을 필요로 하지만, 이러한 목적을 달성하기 위한 협력은 미약하다. 상호 간의 이익을 위한 협력이 실패하는 것은 홉스(Hobbes) 이래 철학자들이 강조해 온 것처럼 반드시 무지나 불합리 혹은 악의(惡意) 때문만이 아니다. 최근에 사회학자들은 공유지의 비극, 집단 행위의 논리, 공공재, 죄수의 딜레마와 같이 다양한 형태로 나타나는 이러한 본질적인 곤경을 분석해 왔다. 이러한 모든 경우에 모든 사람이 함께 협력할 수 있다면 모든 사람의 상황이 더 나아질 것이다. 그러나 협력과 신뢰할 수 있는 상호 작용이 부재한 경우 모든 사람은 서로의 우울한 예측을 확신하면서도 가엾게도 합리적으로 집합 행동에서 이탈한다.

이러한 집합 행동의 딜레마를 홉스주의식 절대자를 만들어 내지 않고 어떻게 극복할 수 있는가? 일부 분야의 사회학자들은 이 문제에 대해 새로운 진단을 내놓았다. 이 진단은 다름 아닌 사회 자본의 개념에 기초한 것이었다. 물질 자본과 인적 자본 개념에 기초한 유추를 통해 '사회 자본'은 연결망, 규범, 그리고 신뢰와 같이 상호 이익을 위한 협력과 조정을 용이하게 하는 사회 조직의 특성을 말한다. 사회 자본은 물적 그리고 인적 자본에 대한 투자의 이익을 향상시킨다. (후략)

## 선생님의 만점 구조도

**포인트 1 퍼트넘의 사회적 자본** (문항 10, 12 관련)

| | |
|---|---|
| 호혜성 | • 균형적 호혜성: 보상을 동시에 주고받을 것을 요구함.<br>• 일반화된 호혜성: ❶ [ ] 에 보상을 받을 수 있다는 상호 기대 |
| 네트워크 | • 두터운 신뢰: 오랫동안 알고 지낸 사이에서 만들어짐.<br>• 엷은 신뢰: ❷ [ ] 기간 만난 사이에서 만들어짐. |
| 신뢰 | • 수평적 네트워크: 구성원이 ❸ [ ] 권력으로 연결됨.<br>• 수직적 네트워크: 구성원이 상하 관계로 연결됨. |

→ 퍼트넘은 ❹ [ ] 네트워크가 활성화되면 ❺ [ ] 호혜성과 ❻ [ ] 신뢰가 증진되어, 집단 행동의 딜레마를 해결할 수 있다고 봄.

**포인트 2 퍼트넘의 사회적 자본에 대한 비판** (문항 11 관련)

| 기준 | 비판 |
|---|---|
| 수평적 네트워크 | • 개별 집단의 ❼ [ ] 을/를 우선적으로 추구할 가능성이 있음.<br>• 구성원 중에는 혜택이 ❽ [ ] 하다고 여길 수도 있음. |
| 12세기 이탈리아 | • 공화제라기보다는 ❾ [ ] 귀족제에 가까웠음. |
| 사회적 자본의 축적 | • 신생 국가는 협력의 가능성이 ❿ [ ] 는 논리로 귀결되는 점에서 비판의 여지가 있음. |

정답 ❶ 미래 ❷ 짧은 ❸ 동등한 ❹ 수평적 ❺ 일반화된 ❻ 엷은 ❼ 이익 ❽ 불공평 ❾ 군주적 ❿ 낮다

EBS Q&A

**Q** 특정한 관점을 바탕으로 다른 입장에 반박하는 문항은 어떻게 풀어야 하나요? (문항 11 관련)

**A** 반박 문항도 넓게 보면 내용 일치 문항의 한 종류입니다. 문항 11번은 '퍼트넘'의 관점을 바탕으로 반박하는 것이므로 (가)에 제시된 퍼트넘의 입장을 확실하게 정리한 후, 먼저 선지에서 '퍼트넘'과 관련 없는 내용을 지워 나가세요. 그렇게 하고도 남은 선지가 있다면 그 안에서 반박을 찾아야 하는데, 동일한 상황에서도 관점에 따라 반대의 해석이 나올 수 있지 않은가를 생각해 보아야 합니다. 신생 국가는 역사가 짧은 국가라고 볼 수도 있지만 퍼트넘은 국가가 아니라 수평적 네트워크를 통한 경험을 강조한 것입니다. 따라서 신생 국가가 독립하기 이전부터 구성원을 동등한 권력으로 연결한 공동체가 그곳에 존재해 왔다면, 협력으로 문제를 해결해 본 시민들의 경험이 누적되어 있을 것이므로 공적인 일을 협력으로 해결할 가능성이 충분히 있다고 퍼트넘의 관점에서 반박할 수 있습니다.

## 엮어 읽기

### 아도르노의 미학 이론과 비판

(가) 아도르노는 문화 산업에 의해 양산되는 대중 예술이 이윤 극대화를 위한 상품으로 전락함으로써 예술의 본질을 상실했을 뿐 아니라 현대 사회의 모순과 부조리를 은폐하고 있다고 지적했다. 아도르노가 보는 대중 예술은 창작의 구성에서 표현까지 표준화되어 생산되는 상품에 불과하다. 그는 대중 예술의 규격성으로 인해 개인의 감상 능력 역시 표준화되고, 개인의 개성은 다른 개인의 그것과 다르지 않게 된다고 보았다. 특히 모든 것을 상품의 교환 가치로 환원하려는 자본주의 사회에서, 대중 예술은 개인의 정체성마저 상품으로 전락시키는 기제로 작용한다는 것이다.

아도르노는 서로 다른 가치 체계를 하나의 가치 체계로 통일시키려는 속성을 동일성으로, 하나의 가치 체계로의 환원을 거부하는 속성을 비동일성으로 규정하고, 예술은 이러한 환원을 거부하는 비동일성을 지녀야 한다고 주장한다. 그렇기 때문에 예술은 대중이 원하는 아름다운 상품이 되기를 거부하고, 그 자체로 추하고 불쾌한 것이 되어야 한다는 것이다. 그에게 있어 예술은 예술가가 직시한 세계의 본질을 감상자들에게 체험하게 해야 한다. 예술은 동일화되지 않으려는, 일정한 형식이 없는 비정형화된 모습으로 나타남으로써 현대 사회의 부조리를 체험하게 하는 매개여야 한다는 것이다.

아도르노는 쇤베르크의 음악과 같은 전위 예술이 그 자체로 동일화에 저항하면서도, 저항이나 계몽을 직접적으로 드러내지 않는다는 것을 높게 평가한다. 저항이나 계몽을 직접 표현하는 것에는 비동일성을 동일화하려는 폭력적 의도가 내재되어 있다고 보기 때문이다. 불협화음으로 가득 찬 쇤베르크의 음악이 감상자들에게 불쾌함을 느끼게 했던 것처럼 예술은 그것에 드러난 비동일성을 체험하게 함으로써 동일화의 폭력에 저항해야 한다는 것이다.

아도르노에게 있어 예술은 사회적 산물이며, 그래서 미학은 작품에 침전된 사회의 고통스러운 상태를 읽기 위해 존재한다. 그는 비동일성 그 자체를 속성으로 하는 전위 예술을 예술이 추구해야 할 바람직한 모습으로 제시했다.

(나) 아도르노의 미학은 예술과 사회의 관계를 통해 예술의 자율성을 추구했다는 점에서 긍정적으로 평가된다. 예술은 사회적인 것인 동시에 사회에서 떨어져 사회의 본질을 직시하는 것이어야 한다고 보기 때문이다. 그의 미학은 기존의 예술에 대한 비판적 관점을 제공한다. 가령 사과를 표현한 세잔의 작품을 아도르노의 미학으로 읽어 낸다면, 이 그림은 사회의 본질과 유리된 '아름다운 가상'을 표현한 것에 불과할 것이다.

하지만 세잔의 작품은 예술가의 주관적 인상을 붉은색과 회색 등의 색채와 기하학적 형태로 표현한 미메시스일 수 있다. 미메시스란 세계를 바라보는 주체의 관념을 재현하는 것, 즉 감각될 수 없는 것을 감각 가능한 것으로 구현하는 것을 의미한다. 다시 말해 세잔의 작품은 눈에 보이는 특정의 사과가 아닌 예술가의 시선에 포착된 세계의 참모습, 곧 자연의 생명력과 그에 얽힌 농부의 삶 그리고 이를 응시하는 예술가의 사유를 재현한 것이 된다.

아도르노는 예술이 예술가에게 포착된 세계의 본질을 감상자로 하여금 체험하게 하는 것이어야 한다고 본다. 그러나 그는 이러한 미적 체험을 현대 사회의 부조리에 국한시킴으로써, 진정한 예술을 감각적 대상인 형태 그 자체의 비정형성에 대한 체험으로 한정한다. 결국 아도르노의 미학에서는 주관의 재현이라는 미메시스가 부정되고 있다.

한편 아도르노의 미학은 예술의 영역을 극도로 축소시키고 있다. 즉 그 자신은 동일화의 폭력을 비판하지만, 자신이 추구하는 전위 예술만이 진정한 예술이라고 주장하며 전위 예술의 관점에서 예술의 동일화를 시도하고 있다. 특히 이는 현실 속 다양한 예술의 가치가 발견될 기회를 박탈한다. 실수로 찍혀 작가의 어떠한 주관도 결여된 사진에서조차 새로운 예술 정신을 발견하는 것이 가능하다는 베냐민의 지적처럼, 전위 예술이 아닌 예술에서도 미적 가치를 발견할 수 있다. 또한 대중음악이 사회적 저항의 메시지를 전달하는 사례도 있듯이, 자본의 논리에 편승한 대중 예술이라 하더라도 사회에 대한 비판적 기능을 수행하는 경우도 있다.

철학 및 미학 지문은 특정 개념에 대한 학자들의 견해를 비교하거나 한 학자의 입장을 소개하고 이를 비판하는 방식으로 구성되는 경우가 많다. (가)에서는 아도르노의 미학에 대해 설명하고 있고, (나)에서는 아도르노의 미학이 지닌 한계를 지적하고 있다. (가)의 아도르노에 따르면, 대중 예술은 이윤 극대화를 위한 상품으로 전락함으로써 예술의 본질을 상실했을 뿐 아니라 현대 사회의 모순과 부조리를 은폐하고 있다. 아도르노는 예술이 동일화에 저항하는 비동일성을 지녀야 하며, 현대 사회의 부조리를 체험하게 하는 매개여야 한다고 주장한다. (나)에서는 아도르노의 미학이 예술가의 시선에 포착된 세계의 본질을 현대 사회의 부조리에 국한하고 미적 체험을 비정형적 형태에 대한 체험으로 한정함으로써, 예술가의 주관의 재현이라는 미메시스가 부정된다는 한계를 지적하고 있다. 또한 아도르노는 예술 영역에서의 동일화를 비판하고 있으면서도, 전위 예술의 관점에서 예술의 동일화를 시도하고 있다는 점을 비판하고 있다.

주제

(가) 아도르노의 대중 예술 비판과 미학 이론
(나) 아도르노의 미학 이론에 대한 비판

기술 14~17번

# 풍력 발전기의 구조와 작동 원리

EBS 수능완성 140쪽

독해 포인트 이 글은 풍력 발전기의 구조와 작동 원리를 설명하고 있다. 풍력 발전기는 날개의 회전축이 불어오는 바람의 방향과 평행한 것은 수평축형, 수직인 것은 수직축형으로 구분한다. 수평축형의 경우 바람이 날개에 부딪히면 양력이 발생하여 그 힘으로 날개가 회전하는데, 바람의 방향이나 풍속은 시시각각 변하므로 제어기의 요잉 장치로 회전면의 방향을, 피치 장치로 회전 속도를 적절히 제어하여 전기를 출력한다. 기술 분야의 글은 기술의 핵심 원리나 방법을 〈보기〉의 그림이나 상황으로 제시하여, 작동 원리에 대해 추론을 할 수 있는지를 평가하는 문항이 자주 출제되고 있으므로 원리에 내재된 인과 관계를 정리해 가면서 읽어 나가야 한다.

주제 풍력 발전기의 구조와 작동 원리

풍력 발전기는 바람 에너지를 날개에 부딪히게 하여 날개의 회전 운동으로 변환한 후, 이를 다시 전기 에너지로 변환하는 장치이다.(풍력 발전기의 정의) 풍력 발전기는 날개의 회전축이 불어오는 바람의 방향과 평행한 것은 수평축형, 수직인 것은 수직축형으로 구분한다.(수평축형과 수직축형을 구분하는 기준 – 바람이 불어오는 방향과 회전축의 각도) 수평축형에서 바람은 날개와 나셀 그리고 타워를 순서대로 통과한다. 나셀은 회전 운동을 전기로 변환하는 데 필요한 장치들을 모아 둔 상자이고, 타워는 날개와 나셀을 높은 곳에 위치시켜 주는 구조물이다.

← 풍력 발전기의 종류와 구성 장치

〈그림〉은 수평축형의 날개 중 한 개의 단면*을 나타낸 것이다. 유선형*(양력을 얻기 위한 조건 ①)의 날개에 부딪힌 바람은 날개의 곡면과 평탄한 면으로 나뉘어 흐른다. 곡면을 따라 흐르는 바람은 평탄한 면을 따라 흐르는 바람보다 속력이 빠르다. 그 결과 곡면 주변은 평탄한 면의 주변보다 압력이 낮아져, 압력이 높은 곳에서 낮은 곳으로 들어 올리는 힘인 양력이 발생하게 되어 날개는 양력 방향으로 회전하게 된다.(바람 에너지가 회전 운동으로 바뀜.) 이때 풍속(양력을 얻기 위한 조건 ②)이 증가하면 양력도 증가한다. 한편 불어오는 바람의 방향과 날개의 시위선*이 이루는 각을 받음각이라 하며, 일반적으로 받음각이 클수록 동일한 풍속에서 발생하는 양력도 커진다. 수평축형의 날개는 10도 정도의 받음각(양력을 얻기 위한 조건 ③)을 이루고 있어서, 풍속으로 인하여 발생하는 양력에 받음각으로 인하여 발생하는 양력을 합한 힘으로 날개를 회전시킨다. 이때 날개를 회전시킬 수 있는 풍속은 3m/s 이상이어야 한다.

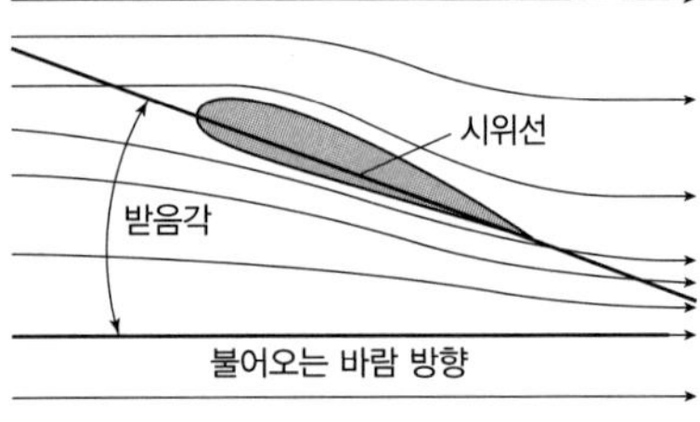


〈그림〉

← 풍력 발전기의 날개가 회전하는 원리

나셀 내부에는 증속기, 제너레이터, 제어기가 들어 있다. 날개의 회전축은 증속기를 거쳐 제너레이터 축과 연결되어 있고('날개 – 축 – 증속기 – 축 – 제너레이터' 형태를 상상해 볼 수 있음.), 제너레이터는 제너레이터 축의 회전을 전기로 변환하여 출력한다. 이때 증속기는 날개의 회전축의 회전 속력보다 제너레이터 축의 회전 속력을 더 증가시켜 준다.(유선형의 날개, 받음각, 증속기는 바람 에너지를 전기 에너지로 최대한 변환하기 위한 기술들임.) 제너레이터에서 출력되는 전기의 양을 전기의 출력량이라 하며, 과도한 고속 회전은 제너레이터를 손상시키므로 제너레이터의 내구성*을 고려해 정해 둔 전기의 출력량의 최댓값을 정격 출력이라 한다. 정격 출력을 얻기 위해서는 풍속이 15m/s에 도달해야 한다.(풍속이 3m/s ~ 15m/s 에서는 정격 출력 미만의 전기의 출력량을 얻는다고 추론해 볼 수 있음.)

← 증속기와 제너레이터의 작동 과정

수평축형 풍력 발전기의 효율과 안정성*을 위한 장치인 제어기에는 요잉 장치와 피치 장치, 브레이크 장치

가 있다. 불어오는 바람이 모든 날개에 고르게 닿아야 발전 효율이 높아진다. 그래서 요잉 장치는 바람의 방
바람이 닿지 않는 날개가 있으면 그 날개에는 양력이 발생하지 않기 때문임.
향에 대응해 나셀을 움직여서, 회전축을 바람의 방향에 평행하도록 이동시킨다. 피치 장치는 고속 회전으로
발전기의 효율을 위한 장치임. 안정성을 위한 장치임.
인한 부품들의 손상을 막기 위해 날개를 움직여 받음각을 조절한다. 그래서 풍속 15m/s부터 25m/s까지는
2문단에 따르면 받음각이 커지면 발생하는 양력도 커짐.
정격 출력보다 더 많은 출력이 가능하나 정격 출력을 넘지 않게 하기 위해, 피치 장치는 풍속에 의해 양력이 증가하는 만큼 받음각을 조절하여 날개의 회전 속력을 일정하게 만든다. 풍속이 25m/s를 초과하면 부품들을
받음각을 줄임.
보호하기 위해 받음각을 0도로 만들고 추가적으로 브레이크 장치가 작동되어 날개 회전을 중단한다. 이후 풍속이 줄어들면 브레이크 장치의 작동은 해제되고 피치 장치는 받음각을 복원한다.

← 제어기를 구성하는 장치와 작동 과정

발전 효율이란 투입한 바람 에너지에 대한 출력되는 전기 에너지의 비율이다. 독일의 물리학자인 베츠에 의해 풍력 발전기의 발전 효율은 59.4%를 넘을 수 없음이 증명되었고, 상용되고 있는 풍력 발전기는 이 값보
100만큼의 양을 가진 바람 에너지를 이용할 때 59.4만큼의 전기만 생산할 수 있다는 의미
다 더 낮다. 수평축형의 발전 효율이 수직축형보다 더 높은데, 수직축형은 한쪽 날개에 바람이 닿는 동안 반
수직축형의 단점
대쪽 날개에는 바람이 닿지 않기 때문이다. 하지만 수직축형은 여러 방향의 바람에도 날개 회전이 가능해서 요잉 장치가 필요 없으므로 수평축형에 비해 제어기의 구조가 간단하다.
수직축형의 장점

← 풍력 발전기의 발전 효율

* 유선형: 물이나 공기의 저항을 최소한으로 하기 위하여 앞부분을 곡선으로 만들고 뒤쪽으로 갈수록 뾰족하게 한 형태.
* 시위선: 날개의 앞 꼭짓점과 뒤 꼭짓점을 직선으로 연결한 가상의 선.

## 이것만은 꼭 익히자! 어휘

- **단면(斷面)**: 물체의 잘라 낸 면.
- **내구성(耐久性)**: 물질이 원래의 상태에서 변질되거나 변형됨이 없이 오래 견디는 성질.
- **안정성(安定性)**: 바뀌어 달라지지 아니하고 일정한 상태를 유지하는 성질.
- **손상(損傷)**: 물체가 깨지거나 상함.
- **복원(復元/復原)**: 원래대로 회복함.
- **상용(常用)**: 일상적으로 씀.

## 이것만은 꼭 익히자! 핵심 개념

### 핵심 개념 1 풍력 발전기의 두 가지 종류

풍력 발전기는 바람 에너지를 날개의 회전 운동으로 변환한 후, 이를 다시 전기 에너지로 변환하는 장치이다. 풍력 발전기는 날개의 회전축이 불어오는 바람의 방향과 평행한 것은 수평축형, 수직인 것은 수직축형으로 구분한다. 바람 에너지에 대한 출력되는 전기 에너지의 최대 비율 즉, 최대 발전 효율은 수평축형이 수직축형보다 높은데, 수평축형은 모든 날개에 바람이 닿지만 수직축형은 한쪽 날개에만 바람이 닿기 때문이다. 하지만 수직축형은 여러 방향의 바람에도 날개 회전이 가능해서 요잉 장치가 필요 없으므로 수평축형에 비해 제어기의 구조가 간단하다.

**핵심 개념 ②** **날개에 작용하는 양력**

유선형의 날개에 부딪힌 바람 중 곡면을 따라 흐르는 바람은 평탄한 면을 따라 흐르는 바람보다 속력이 빠르다. 그 결과 곡면 주변은 평탄한 변의 주변보다 압력이 낮아져, 압력이 높은 곳에서 낮은 곳으로 들어 올리는 힘인 양력이 발생하게 되어 날개는 양력 방향으로 회전하게 된다. 또한 날개는 일정한 받음각을 이루고 있는데, 받음각이 클수록 동일한 풍속에서 발생하는 양력도 커진다. 따라서 날개는 풍속으로 인하여 발생하는 양력에 받음각으로 인하여 발생하는 양력을 합한 힘으로 회전한다.

**핵심 개념 ③** **수평축형 풍력 발전기에서 제어기의 역할**

제어기는 발전기의 효율과 안정성을 위한 장치로 요잉 장치, 피치 장치, 브레이크 장치로 구성되어 있다. 요잉 장치는 발전기의 효율을 위한 장치로 바람의 방향에 대응하여 나셀을 움직여서, 회전축을 바람의 방향에 평행하도록 이동시킨다. 피치와 브레이크 장치는 안정성을 위한 장치이다. 풍속이 강하면 피치 장치로 받음각을 줄여 날개의 회전 속도를 일정하게 조절하여 전기의 출력량이 정격 출력을 넘지 않도록 한다. 풍속이 25m/s를 초과하면 부품들을 보호하기 위해 받음각을 0도로 만들고 추가적으로 브레이크 장치가 작동되어 날개 회전을 중단한다.

## 배경지식 더 알아보기

■ **베츠의 법칙**

바람이 가지고 있는 에너지를 손실 없이 100% 날개에 전달할 수는 없다. 만약 바람 에너지를 100% 전달하게 되면 날개의 회전 운동은 일어나지 않는데, 바람 에너지가 100% 날개에 전달된다는 것은 날개가 바람을 다 막고 있어 날개 뒤쪽에는 바람이 없는 상황이기 때문이다. 따라서 날개가 회전하기 위해서는 바람이 날개를 통과해야만 한다.

날개가 많은 에너지를 얻기 위해서는 큰 풍속의 바람이 날개를 통과해야 하고 큰 풍속의 바람 에너지를 흡수한 후 뒤쪽으로는 낮은 풍속의 바람을 흘려보내야 한다. 그러면 어느 정도의 바람을 뒤쪽으로 통과시켜 주어야 최대의 효율을 얻을 수 있는지를 판단해야 하는데, 이를 정리해 놓은 것이 바로 베츠의 법칙이다.

베츠는 바람 에너지를 날개의 회전 운동 에너지로 가장 효과적으로 변환하는 방법은 날개에 입사되는 풍속을 1/3로 낮추어 뒤쪽으로 보내야 한다는 것을 이론적으로 해석하였다. 이때 에너지 변환 효율은 최대 약 59.4%이며 이 값을 넘을 수 없다는 것이 베츠의 법칙이다. 이것은 이론적인 최대 변환 효율이므로 실제 효율은 이것보다 낮다.

## 선생님의 만점 구조도

**포인트 1** **수직축형과 수평축형** (문항 15,16 관련)

| | |
|---|---|
| 구분 기준 | 불어오는 바람과 날개의 ❶ ____ 이/가 이루는 각도로 판단함. |
| 발전 효율 | ❷ ____ 형이 더 낮은데, 한쪽 날개에만 ❸ ____ 이/가 닿기 때문이다. |
| 요잉 장치의 필요성 | ❹ ____ 형에는 필요가 없다. |

**포인트 2** **풍속에 따른 수평축형의 작동** (문항 17 관련)

| 풍속 | 날개의 회전 상태 | 전력의 출력량 |
|---|---|---|
| 3m/s ~ 15m/s | 날개의 회전이 점차 빨라짐. | 점차 ❺ ____ |
| 15m/s ~ 25m/s | 받음각을 ❻ ____ 시켜 날개의 회전 속도를 일정하게 만듦. | ❼ ____ |
| 25m/s 초과 | 받음각을 ❽ ____ 도로 만들고 날개 회전을 중단함. | 출력량 없음. |

정답 ❶ 회전축 ❷ 수직축 ❸ 바람 ❹ 수직축 ❺ 증가 ❻ 감소 ❼ 일정함 또는 정격 출력 ❽ 0

EBS Q&A

**Q** 기술 지문을 효율적으로 독해하는 방법은 무엇인가요? (문항 17 관련)

**A** 기술 지문의 경우 장치나 시스템의 작동 원리를 과정에 따라 설명하는 글은 각각의 단계에서 이루어지는 일을 파악하며 각 단계의 원리나 방법을 이해해야 합니다. 또한 장치나 시스템의 구성 요소에 관한 정보가 제시되어 있는 경우는 그 구성 요소의 기능과 특징에 관한 정보에 주목하여 작동 원리를 이해해야 합니다. 문항 17 역시 풍속의 구간에 따라 장치의 구성 요소가 어떻게 작동하고 있는지를 물어보는 문항이므로, 해당 원리를 설명하고 있는 부분을 파악하여 이를 비교해 보는 연습을 꾸준히 한다면 문항 해결에 큰 도움이 될 것입니다.

## 엮어 읽기

### 불꽃 감지기 센서의 원리

화재 시 불꽃에서 방사되는 복사 에너지는 자외선 영역, 가시광선 영역, 적외선 영역에 걸쳐서 나타난다. 불꽃 감지기는 불꽃에서 발생하는 다양한 복사 에너지 중 자외선이나 적외선의 특정 파장을 검출하여 이를 전기 에너지로 변환한다. 탄소를 함유한 가연물이 연소할 경우 자외선은 약 0.2㎛* 부근의 파장에서, 적외선은 약 2.7㎛와 약 4.3㎛ 부근의 파장에서 최대 방사 강도를 나타내는데, 불꽃 감지기 내부의 센서는 최대 방사 강도에 해당하는 불꽃의 파장을 감지할 수 있게 설계되었다.

자외선 불꽃 감지기의 센서는 광전자 증배관에서 전자를 증배하는 원리를 이용한다. 광전자 증배관은 진공 상태의 유리관으로, 음극과 양극, 그리고 그 사이에서 2차 전자*를 방출하는 전극인 다이노드 등으로 구성되어 있다. 빛이 입사하여 광전면인 음극에 도달하면 음극 표면에서 광전자가 방출되는데, 이를 광전 효과라 한다. 방출된 광전자는 집속 전극에 의해 가속된 후 제1 다이노드에 충돌한다. 제1 다이노드에서는 충돌에 의해 보다 많은 전자가 방출되며, 방출된 전자들은 다시 가속되어 제2 다이노드에 충돌한다. 이러한 과정이 반복되면 전자가 기하급수적으로 증배되어 양극에 도달하기 때문에 미약한 빛이 입사하여도 상당히 큰 신호 전류를 얻을 수 있다. 이러한 원리를 바탕으로 자외선 불꽃 감지기는 특정 파장에 해당하는 미세한 자외선의 발생 유무도 감지할 수 있어 화재 상황에 빠르게 대처할 수 있도록 해 준다.

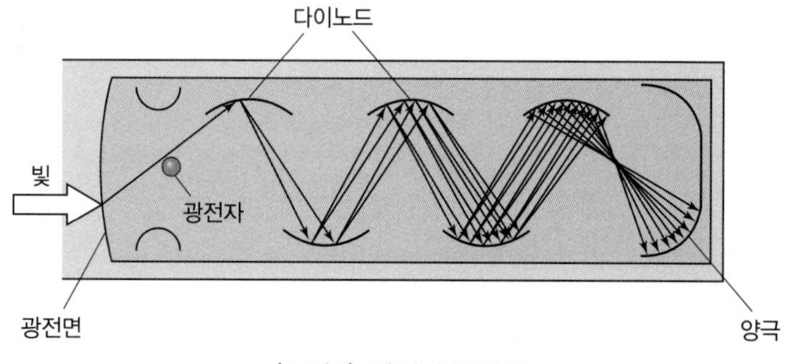

〈그림 1〉 광전자 증배관

적외선 불꽃 감지기에는 일반적으로 초전형 센서와 특정 적외선 파장대의 빛 에너지를 선택적으로 수용할 수 있는 광학 필터가 사용된다. 광학 필터를 통과한 적외선은 센서 표면의 열 흡수막인 흑화막에 의해 초전체의 온도를 상승시킨다. 초전체는 온도가 변하면 분극이 변하는 물질이다. 분극이란 〈그림 2-2〉의 (a)와 같이 음전하와 양전하가 일정 거리를 유지하며 마주보고 있는 상태를 말하는데, 특히 외부의 압력이나 전기장의 영향 없이도 분극이 유지되는 현상을 가리켜 자발 분극이라고 한다. 초전형 센서의 초전체로는 자발 분극 특성을 가지는 물질인 강유전체가 주로 활용된다. 초전형 센서에 적외선이 입사하면 강유전체의 온도가 상승하여 자발 분극의 크기가 감소하고, 그 결과 〈그림 2-2〉의 (b)와 같이 전기적인 평형이 무너져 결합할 상대가 없는 부유 전하가 발생한다. 이러한 부유 전하가 이동함에 따라 전류를 흐르게 하는 힘인 기전력이 발생함으로써 센서는 초전체와 위아래로 맞닿아 있는 전극으로 전기적인 신호를 보내 화재가 일어난 것을 감지하게 된다.

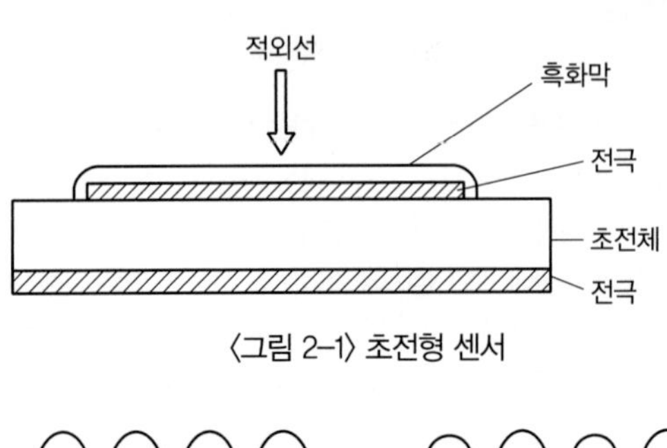

〈그림 2-1〉 초전형 센서

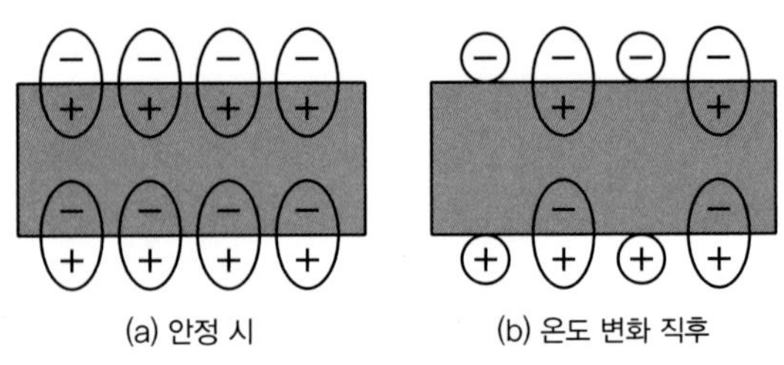

〈그림 2-2〉 초전체의 분극 변화

한편 불꽃 감지기의 감지 가능 거리는 화염의 크기에 비례하는데, 화재원이 감지기로부터 더 멀리 떨어져 있으면 감지기가 감지할 수 있는 화염의 최소 크기 또한 그 거리의 제곱에 비례하여 커야 한다. 만약 어떤 불꽃 감지기가 20m 거리에 있는 0.1㎡ 크기의 화염을 감지한다고 했을 때, 화재원을 40m 위치에 두게 되면 감지기가 감지할 수 있는 최소 화염의 크기는 0.4㎡이며, 화재원을 10m 위치에 두게 되면 0.025㎡의 화염의 크기에도 경보를 울린다는 의미이다.

*㎛: 마이크로미터. 100만분의 1미터.
*2차 전자: 매우 빠른 속도로 진행하는 전자가 기체 분자나 고체와 부딪힐 때 생기는 전자.

이 글은 자외선 불꽃 감지기와 적외선 불꽃 감지기의 원리를 설명하고 있다. 화재 시 불꽃에서 방사되는 복사 에너지에는 자외선 영역, 가시광선 영역, 적외선 영역이 나타나는데, 불꽃 감지기는 이러한 복사 에너지 중 자외선이나 적외선의 특정 파장을 검출하여 이를 전기 에너지로 변환한다. 지문이나 〈보기〉에 시각 자료가 제시되어 있으면 이 자료를 참고하여 지문의 내용을 이해하는 것이 좋다.

주제 불꽃 감지기 센서의 원리

# 2회

인문 01~05번

# 언어 개념에 대한 동양 사상가들의 생각

EBS 수능완성 158쪽

**독해 포인트** 이 글은 언어 개념의 특징과 언어 개념에 대한 중국 춘추 전국 시대 사상가들의 생각을 서술하고 있다. 언어 개념은 보편성과 고정적이라는 특성을 가지고 있다. 공자는 언어 개념을 명확히 하는 것이 사회 질서를 바로잡는 전제가 된다고 주장하였고, 순자는 귀천을 밝히고 대상을 서로 구별하여 사회 질서를 이루기 위해 언어 개념이 필요하다고 하였다. 노자와 장자의 사상은 문명 비판적이고 반권위주의적인 특징을 가지는데, 노자는 언어 개념이 그것이 가리키는 대상의 본질과는 거리가 있다고 생각하고, 본질은 언어 개념으로 표현되기 이전의 상태라고 생각했다. 장자는 언어 개념이 상대적이며 유한성을 가지고 있어, 대상의 본질을 전달하기 위한 하나의 수단에 불과하다고 생각했다. 이 글에서는 언어 개념에 대한 공자와 순자의 생각과 노자와 장자의 생각이 대조적인 부분이 많으므로 이를 비교하며 읽는 것이 중요하다.

**주제** 언어 개념의 특징과 언어 개념에 대한 공자, 순자, 노자, 장자의 생각

인간은 언어를 사용하며, 언어로 표현된 개념을 통해 사고할 수 있다는 점에서 다른 존재와 구별된다. 이런 언어 개념은 여러 특징을 가지고 있다. 우선 언어 개념은 보편성을 갖는데, 이는 실제 현실의 대상에 비해 언어 개념이 추상적이라는 것을 의미한다. 또 다른 특징은 현실의 대상은 늘 변화하는 데 반해 언어 개념은 고정적이라는 점이다. 즉 언어 개념과 실제 대상 사이에는 언제나 간극이 존재한다.

언어 개념의 특징 ①
언어 개념의 특징 ②
← 언어 개념의 특징

중국 춘추 전국 시대의 사상가들이 제시한 언어 개념에 대한 생각은 크게 두 가지로 구분할 수 있다. 하나는 사회 질서를 위한 언어 개념의 역할에 관심을 둔 공자와 순자의 사상이고, 또 다른 하나는 언어 개념과 실제 대상의 본질과의 관계를 탐구한 노자와 장자의 사상이다.

언어 개념에 대한 동양 사상가들의 생각 ①
언어 개념에 대한 동양 사상가들의 생각 ②
← 언어 개념에 대한 춘추 전국 시대 사상가들의 생각

공자는 혼란한 사회 속에서 언어 개념을 명확히 하는 것이 사회 질서를 바로잡는 전제가 된다고 주장하였다. 공자는 모든 사람이 자기의 명분에 맞게 행동해야 하며, 그 명분은 분명한 언어로 표현되어야 한다고 생각했다. 그리고 이렇게 표현된 언어가 제대로 사용되어야 사회 질서가 잡히고 바람직한 공동체가 형성될 것이라 보았다. 이러한 공자의 사상을 정명 사상이라고 한다. 정명 사상은 순자에 이르러 체계적으로 정리되었다. 순자는 어떤 대상을 가리키는 언어적 명칭은 선천적으로 고정된 의미가 없으며, 사람들이 사회적으로 약속하여 해당 명칭을 일반적으로 사용하게 되면 그 대상의 이름, 즉 언어 개념이 되는 것이라 보았다. 순자는 사회 질서를 위해 사회적 규범이라 할 수 있는 예를 중시한 사상가인데, 예는 대상 간의 분별을 올바르게 함으로써 이루어진다고 보았다. 이러한 입장에서 순자는 귀천을 밝히고 대상을 서로 구별하기 위해서 언어 개념이 필요하다고 보았다. 즉 순자는 사회 질서 유지라는 실용적 관점에서 언어 개념의 필요성을 인식한 것이다.

언어의 자의성
언어의 사회성
순자가 생각한 사회 질서 유지 방법
← 언어 개념에 대한 공자와 순자의 생각

한편 노자와 장자의 사상은 문명 비판적이고 반권위주의적인 특징을 갖는다. 공자, 순자와 같은 유가가 기존 질서의 전통과 권위를 존중하고 그것을 계승하며 유지하려고 한 사상이라면, 노자, 장자와 같은 도가는 기존의 질서를 비판하고 그것에 대한 반성을 모색한 사상이다.

← 노자와 장자 사상의 특징

인위를 배제한 자연 상태인 무위자연을 추구하는 노자는 언어 개념을 인위적인 세계를 상징하는 것으로 생

각하였다. 노자는 모든 것이 언어 개념을 가지고 있으며, 언어 개념을 통해 대상을 인식하는 현실 세계를 유명(有名)의 세계라 표현하였다. 그리고 이런 현실 세계에서 사용하는 언어 개념을 가짜 이름이라고 여겼다.
인위적인 세계를 의미하며 무위자연과 상반됨.
이는 언어 개념이 그것이 가리키는 대상의 본질과는 거리가 있다고 생각했기 때문이다. 대상의 본질은 언어 개념으로 표현되기 이전의 상태이며, 노자는 이것을 무명(無名) 혹은 무(無)로 표현했다. 노자는 유명의 세계에서 사용하는 언어 개념을 통해서 무명의 진상*을 파악할 수 있다고 보았으나, 무명의 세계가 유명의 세계보다 앞서고 본질적인 것이라 생각하였다. 이런 노자의 입장은 장자에 의해서 계승되었다. 장자에 의하면 언어 개념은 상대적이며 유한성을 가지고 있으므로, 대상의 본질을 전달하기 위한 하나의 수단에 불과한 것이었다.
장자가 생각하는 언어 개념의 기능
← 언어 개념에 대한 노자와 장자의 생각

## 이것만은 꼭 익히자! 어휘

- **추상적(抽象的)**: 어떤 사물이 직접 경험하거나 지각할 수 있는 일정한 형태와 성질을 갖추고 있지 않은 것.
- **간극(間隙)**: 두 가지 사건, 두 가지 현상 사이의 틈.
- **춘추 전국 시대(春秋戰國時代)**: 중국 주나라가 동쪽으로 도읍을 옮긴 기원전 770년부터 기원전 403년까지 약 360년간의 전란 시대인 춘추 시대와, 기원전 403년부터 진나라가 중국을 통일한 기원전 221년까지 약 200년간 여러 제후국이 패권을 다투었던 동란기인 전국 시대를 아울러 이르는 말.
- **명분(名分)**: 각각의 이름이나 신분에 따라 마땅히 지켜야 할 도리. 군신, 부자, 부부 등 구별된 사이에 서로가 지켜야 할 도덕상의 일을 이름.
- **귀천(貴賤)**: 신분이나 일 따위의 귀함과 천함.
- **진상(眞相)**: 사물이나 현상의 거짓 없는 모습이나 내용.

## 이것만은 꼭 익히자! 핵심 개념

### 핵심 개념 1 공자의 정명(正名) 사상 (문항 4 관련)

공자가 살았던 중국의 춘추 시대는 매우 혼란한 시기였다. 이러한 혼란한 상황에서 공자의 제자인 자로가 공자에게 "위나라 임금이 선생님을 모시고 정치를 하게 된다면 선생님은 먼저 무엇을 하시겠습니까?"라고 물으니 공자는 다음과 같이 대답하였다.

> "이름(명분)을 바로잡아야 한다. 이름(명분)이 바르지 못하면 말이 이치에 맞지 않게 되며, 말이 이치에 맞지 않아 순조롭지 않으면 모든 일이 제대로 시행되지 않는다. 일이 제대로 시행되지 않으면 예악이 발전하지 못하며, 예악이 일어나지 않으면 형벌이 실정에 맞지 않는다. 형벌이 실정에 맞지 않으면 백성들이 손발을 둘 곳이 없게 된다."

여기서 공자는 올바른 사회가 되기 위해서는 이름을 바로잡고 언어생활을 정상화하는 것이 전제라고 주장하고 있다. 제나라의 제후가 공자에게 정치에 대하여 물었을 때, 공자는 "임금이 임금답게, 신하가 신하답게, 아버지는 아버지답게, 아들은 아들다워야 합니다."라고 대답하였다. 공자는 사람이 자기의 명분에 맞게 행동해야 하며, 그 명분은 분명한 언어로 표현되어야 하며, 표현된 언어는 반드시 실행되어야 한다고 주장했다. 이렇게 되면 사회의 질서가 잡힌다고 생각한 것이다. 이러한 공자의 사상을 정명 사상이라고 한다.

**핵심 개념 ②** **순자의 정명 사상** (문항 3 관련)

『순자』의 「정명」 편에서는 언어 개념에 대한 문제를 다루고 있다.

> "이름은 선천적으로 정해진 의미가 없으며, 사람들의 약속을 통해 정해진 것이다. 약속이 정해져서 사회에서 성립하면 그것이 의미가 되며, 약속이 서로 다르면 의미가 되지 못한다. 이름에는 선천적으로 정해진 대상이 없으며, 사람들이 약속해서 그 대상을 부를 뿐이다. 약속이 정해져서 사회에서 성립하면 그 대상의 이름이 된다."

순자에 의하면, 우리가 쓰는 언어 개념에 고정된 의미가 있는 것이 아니다. 사람들이 약속하여 부르다가 그것이 사회에 일반화되면 그것이 이름이 된다. 어떤 개념으로 부르는 대상도 마찬가지다. 순자의 입장은 현대 의미론에서 계약론에 가깝다.
순자는 이름이 필요한 이유를 사물의 차이를 구별하고 실천을 밝히기 위한 것이라 보았다. 이름이 혼란스러우면 사람들이 대상을 서로 다른 마음으로 가리키고 혼동할 수 있으며, 같고 다름을 분별할 수 없다고 생각하였다. 그러므로 이름을 현명하게 지어 그 대상을 제대로 지칭하면 위로는 귀천이 밝혀지고 아래로는 같고 다른 것들을 구별할 수 있게 되며, 이것이 이름이 필요한 이유라 생각하였다.

## 배경지식 더 알아보기

■ **언어의 특성**

언어는 다양한 특성을 가지고 있다. 첫째, 언어의 기호성은 언어는 일정한 내용을 일정한 형식으로 나타내는 기호 체계라는 것을 의미한다. 둘째, 언어의 자의성은 일정한 내용을 일정한 형식으로 나타낼 때, 내용과 형식 사이에는 필연적인 관련성이 없다는 것을 의미한다. 셋째, 언어의 사회성은 언어는 그 언어를 사용하는 사람들 사이의 약속이기 때문에 개인이 임의로 바꿀 수 없다는 것을 의미한다. 넷째, 언어의 역사성은 언어는 시간의 흐름에 따라 끊임없이 사라지고 새로 생기고 변하기도 한다는 것을 의미한다. 다섯째, 언어의 규칙성은 언어에는 반드시 지켜야 하는 규칙이 있다는 것을 의미한다. 여섯째, 언어의 창조성은 언어로 무한히 많은 말들을 만들어 표현할 수 있다는 것을 의미한다.

■ **정명 사상과 무명론**

언어 개념에 관하여 대립된 두 입장인 유가의 정명 사상과 노자·장자의 무명론은 서로 다른 입장을 취하고 있다. 우선 정명 사상을 주장하는 유가는 명분주의의 성격을 가지며, 무명론을 주장하는 노자·장자는 실제를 중시한다. 유가 전통에서 명분과 도덕은 목숨보다 중요한 것이었다. 이러한 명분주의는 성리학을 국가 이념으로 가지고 있었던 조선에서도 일관적으로 드러나는 부분이다. 하지만 노자·장자는 유가처럼 명분을 절대적인 것으로 생각하지 않았다. 오히려 실제가 더 중요하다고 생각하였다. 노자가 추구하는 사회는 명예 따위를 우선하지 않고 실속을 챙기며, 마음보다는 몸을 튼튼하게 하는 소박한 사회였다. 둘째로 정명 사상을 주장하는 유가는 전통과 현실 사회의 구조와 제도를 대체로 긍정적으로 바라보았지만, 무명론을 주장하는 노자·장자는 전통과 현실 사회의 구조와 제도를 대체로 부정적으로 바라보고 있었다. 이는 유가가 전통을 중시하고 역사를 중하게 여기는 사상인 반면에, 노장 사상은 역사와 전통에 얽매이지 않는 자유로운 태도를 취하기 때문이다. 이런 점에서는 유가의 사회관이 기능론에 가깝고, 노자·장자의 사회관은 갈등론에 가깝다고 할 수 있다.

## 선생님의 만점 구조도

### 포인트 1 언어 개념에 대한 공자와 순자의 생각 (문항 1 관련)

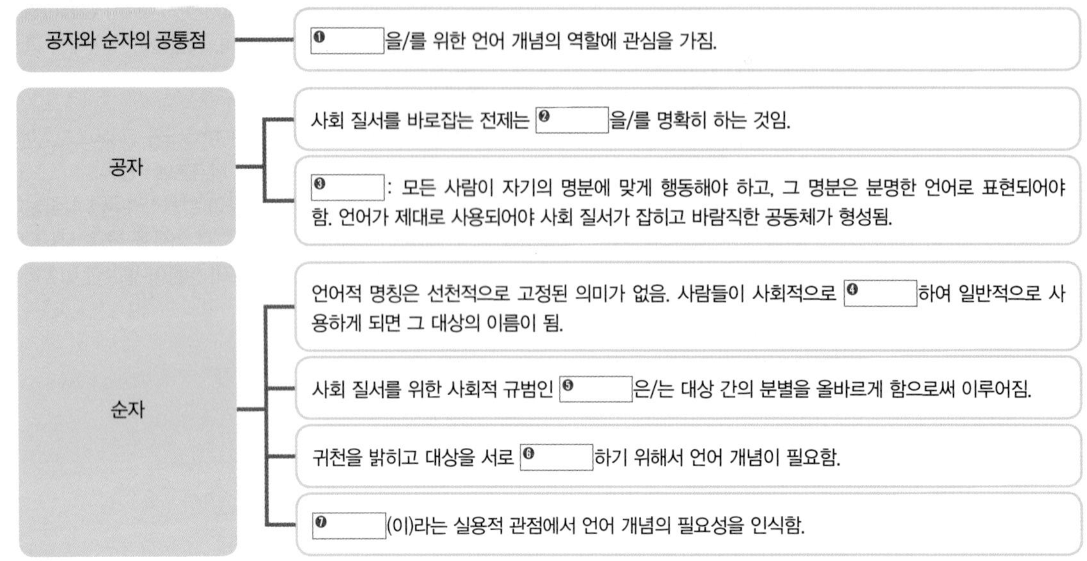

공자와 순자의 공통점
❶ [ ]을/를 위한 언어 개념의 역할에 관심을 가짐.
공자
사회 질서를 바로잡는 전제는 ❷ [ ]을/를 명확히 하는 것임.
❸ [ ]: 모든 사람이 자기의 명분에 맞게 행동해야 하고, 그 명분은 분명한 언어로 표현되어야 함. 언어가 제대로 사용되어야 사회 질서가 잡히고 바람직한 공동체가 형성됨.
순자
언어적 명칭은 선천적으로 고정된 의미가 없음. 사람들이 사회적으로 ❹ [ ]하여 일반적으로 사용하게 되면 그 대상의 이름이 됨.
사회 질서를 위한 사회적 규범인 ❺ [ ]은/는 대상 간의 분별을 올바르게 함으로써 이루어짐.
귀천을 밝히고 대상을 서로 ❻ [ ]하기 위해서 언어 개념이 필요함.
❼ [ ](이)라는 실용적 관점에서 언어 개념의 필요성을 인식함.

### 포인트 2 언어 개념에 대한 노자와 장자의 생각 (문항 4 관련)

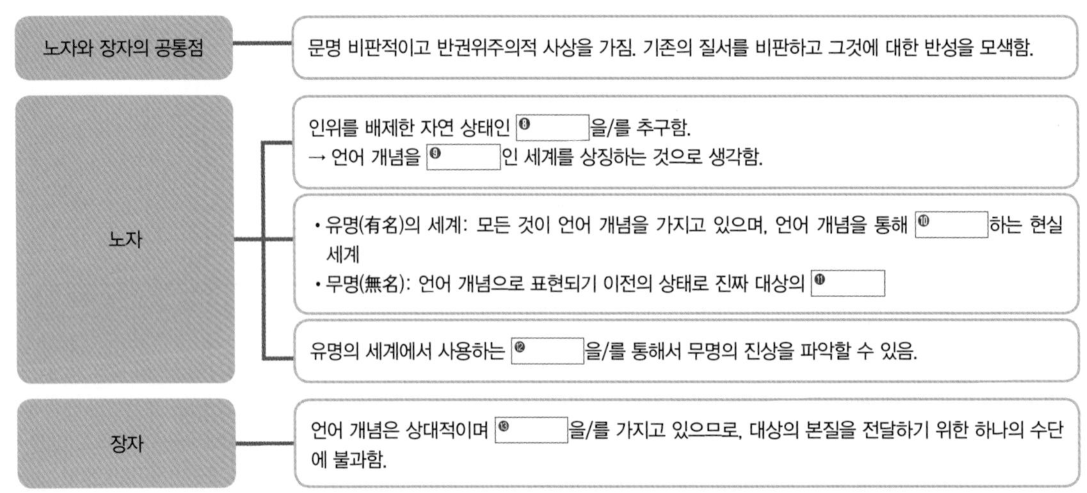


정답 ❶ 사회 질서 ❷ 언어 개념 ❸ 정명 사상 ❹ 약속 ❺ 예 ❻ 구별 ❼ 사회 질서 유지 ❽ 무위자연 ❾ 인위적 ❿ 대상을 인식 ⓫ 본질 ⓬ 언어 개념 ⓭ 유한성

## EBS Q&A

**Q** 지문의 다양한 내용을 구체적인 사례에 적용하는 문항은 어떻게 풀어야 할까요? (문항 4 관련)

**A** 문항 4는 지문에 나온 공자와 순자, 노자와 장자의 언어 개념에 대한 생각을 구체적인 사례를 통해 파악해야 하는 문항입니다. 이러한 문항을 효과적으로 풀기 위해서는 지문에 제시된 세부 개념을 정확히 파악해야 하고 이들 간의 차이점에 집중해 특정 사례가 어느 개념의 사례인지 분석해야 합니다. 이 문항에서는 우선 지문에서 제시한 공자, 순자, 노자, 장자의 언어 개념에 대한 생각을 바탕으로 ㉮가 노자의 생각, ㉯가 장자의 생각, ㉰가 공자의 생각이라는 것을 파악해야 하며, 이것을 바탕으로 선지의 내용을 분석하면 답을 쉽게 찾을 수 있습니다.

## 엮어 읽기

# 세상에 대한 인식과 관련된 언어 철학적 논쟁

"적토마는 빨갛다."라고 말할 때, '빨강'은 실제로 존재하는가? 서양 철학에서 이 물음은 '적토마'를 특수자라 하고, '빨강'을 보편자라 할 때, 보편자의 존재에 대한 질문이다. 전통적으로 서양의 철학자들은 이 물음에 대한 답에 따라 유명론자와 실재론자로 구분된다. 유명론자는 보편자가 인간의 사유에 의해 생겨나지만 사유와 독립해서 실재하지 않는다고 본다. 반면에 실재론자는 보편자가 우리의 사유와 독립해서 실제로 존재한다고 말한다.

실재론을 대표하는 철학자로 플라톤과 아리스토텔레스를 들 수 있다. 플라톤과 아리스토텔레스는 특수자를 공간과 시간 안에 실제로 존재하는 대상으로, 보편자를 특수자에 내재해 있는 속성이나 본질로 보았으며, 두 사람 모두에게 일반 명사는 보편자에 해당했다. 플라톤은 보편자가 거주하는 별도의 영역, 다시 말하면 추상적인 것들의 영역인 이데아의 세계를 상정하고, 일반 명사가 그러한 영역에 있는 항목들을 표상한다고 보았다. 이러한 관점에서 그는 보편자는 특수자를 초월해서 존재하는 것이며 특수자는 보편자의 불완전한 모방물이라고 생각했다. 한편, 아리스토텔레스는 특수자를 제1실체, 보편자를 제2실체로 나누었는데, 제1실체는 이 세상에 실재하는 개별적 사물들로 수(數)적으로 하나만 존재하며 주어가 될 수 있지만 서술어는 될 수 없다. 제2실체는 주어와 서술어가 될 수 있는 것으로 동일한 공통 본성이나 공통의 형상, 본질, 보편 개념을 가리킨다. 그는 보편자가 실제로 존재하지만 특수자 안에서만 존재하며 특수자를 통해 드러난다고 보았다. 가령 '빨강'은 '적토마'와 같은 예를 통해 존재가 드러나는 것으로 본 것이다.

유명론자는 이와 같은 실재론자들의 주장에 대해서 특수자만이 사유와 독립해서 존재한다고 주장한다. 예를 들어 '인간'이란 일반 명사가 언어적으로 다수의 개체들을 의미하는 보편자이지만, '인간'은 여러 개별적 존재를 경험하여 얻어진 유사성에 근거한 개념일 뿐이며, 그것이 사유 외부에 실재함을 보증하는 것은 아니다. 결국 '플라톤은 인간이다.'에서 실재하는 것은 '플라톤'뿐이며, '인간'이라는 일반 명사는 그저 보편적인 개념이고 서술어로 쓰여 특수자에 적용된 것뿐이다.

보편자의 존재에 대해 실재론자, 유명론자의 관점은 이렇게 차이를 드러내고 있으나 어느 입장에서든 보편자와 특수자 모두 단어의 사용을 벗어날 수 없다는 공통점을 지닌다. 이러한 인식은 현대 철학에 와서 세상에 대한 인간의 인식과 언어와의 관계에 대해 탐색하는 것으로 이어지게 된다는 점에서 의의를 가진다.

이 글은 서양 철학에서 세상에 대한 인식과 관련된 언어 철학적인 논쟁을 설명하고 있다. 서양 철학에서는 보편자가 실제로 존재하느냐, 그렇지 않느냐에 따라 실재론과 유명론으로 구분한다. 실재론은 보편자가 실제로 존재한다는 입장으로, 플라톤과 아리스토텔레스가 가장 대표적인 철학자이며, 두 사람 모두 일반 명사를 보편자로 보았다. 하지만 플라톤은 추상적인 것들의 영역에 보편자가 존재한다고 생각했고, 아리스토텔레스는 특수자 안에 보편자가 존재한다고 보았다. 한편 유명론자는 보편자는 존재하지 않으며 일반 명사를 특수자에 적용한 것뿐이라고 보았다. 보편자와 특수자에 대한 실재론과 유명론의 관점은 현대 철학에서 세상에 대한 인식과 언어와의 관계에 대한 탐색으로 이어지게 되었다.

보편자와 특수자에 대한 실재론과 유명론의 관점

실전 모의고사

# 2회

사회 06~11번

## 동조 현상에 대한 이해

EBS 수능완성 160쪽

**독해 포인트** 이 글은 동조 현상에 대해 설명하고 있다. 동조 현상이란 집단이 구성원에게 가하는 압력에 의해 개인의 행동이나 태도가 변하는 것이며, 집단의 규범과 밀접한 관련이 있다. 동조 현상이 일어나는 원인 중 규범적 영향력은 개인이 집단에서 고립되지 않기 위해 집단의 규범을 따르는 것이며, 정보적 영향력은 개인이 판단하기 어려울 때 집단의 규범이나 의견을 정보로 여기고 따르는 것이다. 동조 현상은 순응, 동일시, 내면화로 나눌 수 있는데, 순응은 보상을 얻거나 벌을 피하기 위해 일시적으로 동조하는 것이고, 동일시는 집단의 특정 구성원과 비슷해지고 싶다는 욕구 때문에 일어나는 동조이며, 내면화는 집단의 규범을 자신의 내면에 완벽하게 수용한 것이다. 이 글에서는 동조 현상의 원인과 동조 현상의 분류를 체계적으로 정리하며 읽는 것이 중요하다.

**주제** 동조 현상의 원인과 분류

사회 속에서 행동하는 개인이나 집단의 의식 및 행동을 연구하는 학문을 사회 심리학이라고 한다. 사회 심리학의 개념 중 하나인 동조 현상은 집단이 구성원에게 가하는 압력에 의해 개인의 행동이나 태도가 변하는 것을 말한다(동조 현상의 정의). 집단의 압력이 실제로 존재하지 않더라도 집단이 압력을 가하고 있다고 개인이 느낄 수 있는데, 이런 경우에도 동조 현상이 일어날 수 있다. 동조 현상은 다양한 규모의 집단에서 일어날 수 있는데, 국가와 같은 대규모 집단은 물론 특정한 상황으로 인해 모인 소수의 사람으로 구성된 소규모 집단에서도 일어날 수 있다(집단의 규모와 동조 현상의 발생 여부는 관련이 없음.).

← 동조 현상의 정의

구성원들의 행동이나 태도를 규율*하는 기준을 의미하는 집단의 규범은 동조와 밀접한 관련이 있는데, 집단의 규범은 어떤 행동이나 의견이 적절한 것인지 부적절한 것인지를 판단하는 기준(집단 규범의 역할)이 될 수 있기 때문이다. 집단의 규범에는 명문화*되어 있거나 공식적으로 발표된 명시적 규범(집단 규범의 종류 ①)과, 명문화되어 있지 않으며 공식적으로 발표되지 않았지만 사람들이 암묵적*으로 동의하는 묵시적 규범(집단 규범의 종류 ②)이 있다.

← 동조 현상과 집단의 규범

동조 현상이 일어나는 원인은 규범적 영향력과 정보적 영향력으로 구분할 수 있다. 규범적 영향력(동조 현상의 발생 원인 ①)은 개인이 집단에서 고립되지 않고 구성원으로 받아들여지기 위해 집단의 명시적 규범이나 묵시적 규범을 따르는 것을 의미한다. 개인이 집단의 규범을 잘못된 것이라 생각해도 규범적 영향력에 의해 동조가 일어날 수 있는데, 이런 경우 개인의 신념* 변화와 같은 내적인 변화보다는 행동 변화와 같은 외적인 변화가 주로 일어난다.

← 동조 현상의 원인 ① – 규범적 영향력

정보적 영향력(동조 현상의 발생 원인 ②)은 개인이 판단의 근거가 부족하거나 판단이 어려운 상황에서 집단의 규범이나 의견을 정보로 여기고 따르는 것을 의미한다. 어떤 생각이나 행동을 할지 판단하기 어려운 낯선 상황에 처한 개인은 상황에 맞는 적절한 생각과 행동을 하기 위하여, 집단의 규범이나 다른 구성원들의 생각을 습득*해야 할 정보로 여기고 이를 습득한 후 따르게 되는 것이다(정보적 영향력이 발생하는 원인). 정보적 영향력에 의한 동조는 규범적 영향력보다 쉽게 내적인 변화를 일으킬 수 있다.

← 동조 현상의 원인 ② – 정보적 영향력

동조 현상은 동조가 일어나는 상황이나 동조 정도에 따라 순응, 동일시, 내면화로 나눌 수 있다. 우선 순응(동조 현상의 종류 ①)은 보상을 얻거나 벌을 피하기 위해, 또는 다른 구성원들과 좋은 관계를 유지하기 위해 일시적으로 동조하는 것이다. 순응의 단계에서는 순간적인 행동의 변화가 있을 뿐, 신념이나 태도는 변화하지 않는다. 보상을 얻거나 처벌을 피하는 것 외에 구성원이 규범을 따라야 하는 다른 이유가 없다면, 특정 규범에 대한 순응은 태도나 신념의 변화로 이어지기 어렵다. 동일시는 집단의 특정 구성원과 비슷해지고 싶다는 욕구 때문에 일어나는 동조이다. 개인은 자신이 잘 모르는 행동을 해야 할 때 집단의 다른 구성원의 행동을 기준으로 삼는다. 이때 매력적인 구성원이 있다면 그와 비슷해지고 싶다는 욕구가 생기며 이를 통해 동조가 일어나는 것이다. 동일시의 욕구를 가지는 개인은 판단이 필요한 상황에서 자신이 닮고자 하는 사람의 태도와 행동을 무비판적으로 따르게 될 가능성이 높다. 마지막으로 내면화는 집단의 규범을 자신의 내면에 완벽하게 수용한 것이다. 순응과 달리, 내면화의 단계에 이른 집단 규범은 외부 압력 없이도 자발적으로 유지되며 오랫동안 지속된다. 반복적인 순응으로 인해 내면화가 일어나기도 하지만, 모든 순응이 내면화로 이어지는 것은 아니다.

(순응의 특징) (동조 현상의 종류 ②) (동일시의 특징) (동조 현상의 종류 ③) (내면화의 특징)

← 동조 현상의 분류 - 순응, 동일시, 내면화

## 이것만은 꼭 익히자! 어휘

- 규율(規律): 질서나 제도를 유지하기 위하여 정하여 놓은, 행동의 준칙이 되는 본보기.
- 명문화(明文化): 문서로써 명백히 함.
- 암묵적(暗默的): 자기의 의사를 밖으로 나타내지 아니한 것.
- 신념(信念): 굳게 믿는 마음.
- 습득(習得): 학문이나 기술 따위를 배워서 자기 것으로 함.

## 이것만은 꼭 익히자! 핵심 개념

### 핵심 개념 1 집단의 규범 (문항 7 관련)

인간이 사회에서 만든 집단은 몇 가지 공통적인 특성을 가지고 있다. 첫째, 집단의 구성원은 자신이 속한 집단에 소속감을 가지고 있으며, 다른 구성원들과 공동의 목표를 가진다. 둘째, 집단의 구성원은 다른 구성원들과 의사소통을 하면서 서로 영향을 미친다. 셋째, 집단은 규범을 가지고 있으며, 구성원들은 이 규범을 따라야 한다.

위에서 언급한 집단의 특성 중 집단의 규범은 동조 현상과 관련이 깊다. 집단의 규범이란 집단의 특정 사안에 대해 구성원들이 가져야 하는 태도나 행동을 규율하는 기준을 의미한다. 해당 집단에서 어떠한 의견을 가지고 어떤 행동을 하는 것이 적절한 것인지 부적절한 것인지를 판단하는 기준이 되는 것이다.

집단의 규범은 명시적 규범과 묵시적 규범으로 구분할 수 있다. 명시적 규범은 공식적으로 문서화되어 있거나 공개적으로 발표된 규범을 의미한다. 묵시적 규범은 공개적으로 발표되거나 공식적인 문서로 남아 있는 것은 아니지만 구성원들이 암묵적으로 동의하는 규범을 말한다. 예를 들어, 회사의 근무 시간은 회사 구성원들에게 공개적으로 발표되고 공식적 문서로 명문화된 규범이므로 명시적 규범에 해당되며, 이를 어길 경우 정해진 처분을 받게 된다. 반면 회사에서는 정숙한 분위기를 유지하며 다른 구성원에게 방해가 될 정도의 큰 소음을 내거나 큰 소리로 음악을 듣는 등의 행동은 하지 않는다. 이는 암묵적으로 구성원들이 동의하는 묵시적 규범이며 이를 어긴다고 해서 공식적인 처벌을 받지는 않는다.

**핵심 개념 2** **동조의 종류** (문항 9 관련)

집단의 구성원으로 속한 개인은 집단의 규범이나 다른 구성원에게 많은 영향을 받는다. 집단의 구성원들은 일시적이면서 겉으로 드러나는 행동만으로 집단의 규범에 동조할 수도 있고, 집단의 규범을 완전히 내면화하여 받아들일 수도 있다. 동조 현상은 동조가 일어나는 상황이나 동조 정도에 따라 순응, 동일시, 내면화로 나누어 설명할 수 있다.

• 순응

순응은 보상을 얻거나 벌을 받지 않기 위해, 또는 다른 구성원들과 좋은 관계를 유지하기 위해 일시적으로 동조하는 모습을 보이는 것을 말한다. 순응의 단계에서는 겉으로 드러나는 행동의 변화만 있을 뿐, 내적인 변화로 잘 이어지지 않는다. 순응은 실제로 집단의 감시가 있거나, 개인이 집단에 감시당하고 있다고 생각할 때 효과적으로 일어난다.

• 동일시

동일시는 집단에서 자신에게 영향을 준 사람과 비슷해지고 싶다는 욕구 때문에 발생한다. 개인은 명확한 기준이 없는 행동을 할 때 다른 구성원의 행동을 기준으로 삼는다. 동일시의 욕구는 개인이 기준으로 삼은 다른 구성원이 매력적일수록 증가하며, 동일시를 통해 기준으로 삼은 구성원의 태도나 행동을 무비판적으로 따르게 될 가능성이 있다.

• 내면화

내면화는 집단의 규범을 자신의 내면에 완벽하게 수용한 것이다. 집단의 감시와 압력으로 인해 집단의 규범을 일시적으로 따르는 순응과 달리, 내면화에 이르면 개인은 집단의 규범을 외부의 압력 없이도 자발적으로 받아들인다. 내면화가 된 집단의 규범은 특별한 변수가 없다면 오랫동안 지속될 수 있다. 어떤 규범이 만들어질 때 개인에게 즉시 내면화되는 경우는 많지 않다. 반복적인 순응이나 동일시를 통해 내면화가 이루어지는 경우도 있지만, 모든 순응과 동일시가 내면화로 이어지는 것은 아니다.

## 배경지식 더 알아보기

■ **집단의 특성**

• **집단의 응집력:** 집단의 응집력은 집단의 구성원들이 집단에 대해서 가진 친밀도나 관여도 또는 중요하다고 생각하는 정도 등을 나타낸다. 응집력이 높은 집단일수록 강한 규범적 영향력을 가지며, 구성원들이 집단 규범에 대해 강한 동조 현상을 보인다. 즉 구성원들이 매력적이라고 생각하는 집단일수록 동조가 잘 일어난다. 개인이 특정 집단을 매력적이라고 생각하는 데는 두 가지 요소가 중요한 영향을 미친다. 첫 번째 요소는 집단의 가입과 관련된다. 일반적으로 가입하기가 힘든 집단일수록, 또는 가입하기 위해 많은 대가를 치른 집단일수록 동조가 쉽게 일어난다. 두 번째 요소는 동일시의 정도와 관련된다. 집단 자체나 집단 내 다른 구성원들과 동질감을 느끼는 구성원이 많을수록 동조가 쉽게 일어난다. 동일시 과정을 통해, 집단의 사고나 행동은 개인의 태도나 행동에 영향을 미치는 준거점이 된다. 그러나 항상 집단이 구성원에게 준거 집단의 역할을 하는 것은 아니다. 때로 가입되지는 않지만 선망하거나 좋아하는 사람들로 이루어진 집단이 준거 집단으로서의 역할을 하기도 한다. 좋아하는 연예인과 비슷한 옷차림을 하거나 존경하는 철학자의 생활 방식을 닮으려고 노력하는 등의 경우를 이와 같은 예로 들 수 있다. 일반적으로 소속된 집단의 구성원들과 높은 수준의 응집력을 유지하는 것은 긍정적이라고 평가되기 쉽다. 하지만 경우에 따라서 과한 응집력이 부정적인 결과로 이어지기도 한다. 민족 중심주의나 집단 이기주의 등이 그 대표적인 예라고 볼 수 있다.

• **일탈에 대한 관용의 정도:** 일탈에 대한 관용의 정도는 동조에 영향을 미친다. 일탈은 집단의 규범적 영향력을 감소시킬 뿐 아니라 일탈자들이 제공하는 정보에 의해 집단의 정보적 영향력 역시 감소된다. 여러 집단 구성원들 가운데 마음을 정하지 못했거나, 다른 생각을 하는 일탈자가 존재함을 인식하는 것만으로도 동조 수준은 현저히 낮아진다. 한 명의 일탈자는 집단의 압력으로부터 해방되는 데 강력한 힘을 제공한다. 따라서 오늘날에도 많은 집단이 중심적 규범에 대한 구성원의 일탈에 심한 제재를 가하고 있다. 대표적인 예로, 공산주의 국가가 자본주의로의 체제 변환을 주장하는 정치인들에게 매우 가혹한 조치를 취하는 것을 들 수 있다. 국가 지도자들은 자국의 체제에 반하는 입장을 설파하는 정치범에게 관대할 경우 국가의 규범적 영향력과 정보적 영향력이 심각하게 훼손된다고 믿는다.

• **집단 구성원 간 상호 의존성:** 집단 구성원들 사이의 상호 의존성 정도 역시 동조에 영향을 미친다. 집단이 특정한 목표를 가지고 있을 때 집단 구성원들은 상호 의존적으로 규범에 더 강하게 동조한다. 즉 동조는 보다 강력한 집단 규범을 형성하고 집단의 목표를 달성하는 데 중요한 수단이 된다. 집단 내에서 구성원 간 상호 의존성은 그들이 공동 운명체라는 인식과 밀접하게 연관된다. 동일한 어려움을 겪고 있는 사람들끼리 서로 의지하고 힘을 합쳐 어려움을 극복해 나가겠다는 의지를 갖게 되고, 이것이 곧 집단의 규범에 기꺼이 동조하려는 결과로 나타난다.

## 선생님의 만점 구조도

### 포인트 1 집단 규범의 종류 (문항 7, 8 관련)

**집단의 규범**

구성원들의 행동이나 태도를 규율하는 규칙이나 기준

| | |
|---|---|
| 명시적 규범 | ❶ ______ 되어 있거나 공식적으로 발표된 규범 |
| 묵시적 규범 | 명문화되거나 공식적이지는 않지만 사람들이 ❷ ______ (으)로 동의하는 규범 |

### 포인트 2 동조 현상의 종류 (문항 7, 9 관련)

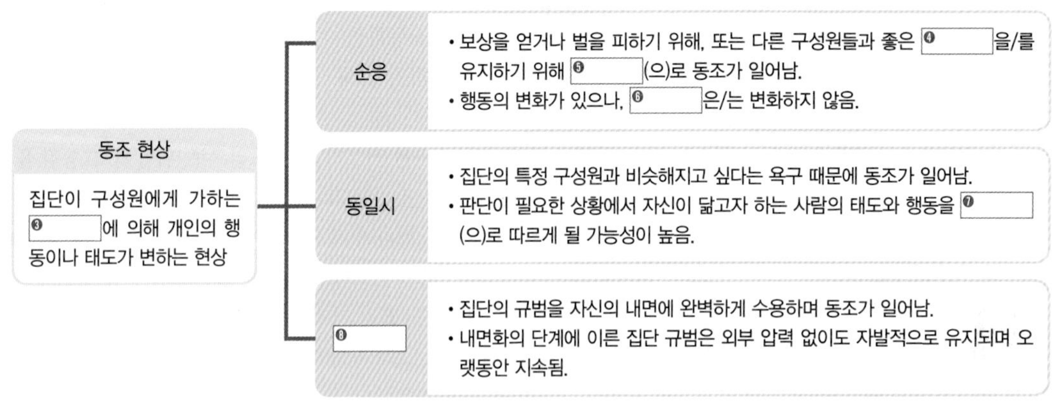

동조 현상
집단이 구성원에게 가하는 ❸ ______ 에 의해 개인의 행동이나 태도가 변하는 현상
순응
• 보상을 얻거나 벌을 피하기 위해, 또는 다른 구성원들과 좋은 ❹ ______ 을/를 유지하기 위해 ❺ ______ (으)로 동조가 일어남.
• 행동의 변화가 있으나, ❻ ______ 은/는 변화하지 않음.
동일시
• 집단의 특정 구성원과 비슷해지고 싶다는 욕구 때문에 동조가 일어남.
• 판단이 필요한 상황에서 자신이 닮고자 하는 사람의 태도와 행동을 ❼ ______ (으)로 따르게 될 가능성이 높음.
❽ ______
• 집단의 규범을 자신의 내면에 완벽하게 수용하며 동조가 일어남.
• 내면화의 단계에 이른 집단 규범은 외부 압력 없이도 자발적으로 유지되며 오랫동안 지속됨.


정답 ❶ 명문화 ❷ 암묵적 ❸ 압력 ❹ 관계 ❺ 일시적 ❻ 신념이나 태도 ❼ 무비판적 ❽ 내면화

## EBS Q&A

**Q** 그래프를 분석하는 문제는 어떻게 해결해야 하나요? (문항 8 관련)

**A** 문항 8은 지문에 제시된 정보를 바탕으로 그래프를 분석하는 유형입니다. 이런 문항은 〈보기〉의 그래프에서 제시된 정보와 관련이 있는 지문의 내용을 정확하게 찾는 것이 중요합니다. 선지를 파악할 때 지문의 내용과 일치하는지를 먼저 파악한 후, 지문의 내용과 일치한다면 해당 선지가 그래프를 통해 해석 가능한 내용인지 파악해야 합니다. 이때 매력적인 오답을 제시하는 방법으로 지문의 내용과는 일치하지만 그래프의 분석 내용과는 관련이 없는 선지를 제시할 수 있습니다.

## 엮어 읽기

# 공포 소구에 대한 연구

공포 소구는 그 메시지에 담긴 권고를 따르지 않을 때의 해로운 결과를 강조하여 수용자를 설득하는 것으로, 1950년대 초부터 설득 전략 연구자들의 연구 대상이 되었다. 초기 연구를 대표하는 재니스는 기존 연구에서 다루어지지 않았던 공포 소구의 설득 효과에 주목하였다. 그는 수용자에게 공포 소구를 세 가지 수준으로 달리 제시하는 실험을 한 결과, 중간 수준의 공포 소구가 가장 큰 설득 효과를 보인다는 것을 발견하였다.

공포 소구 연구를 진척시킨 레벤달은 재니스의 연구가 인간의 감정적 측면에만 치우쳤다고 비판하며, 공포 소구의 효과는 수용자의 감정적 반응만이 아니라 인지적 반응과도 관련된다고 하였다. 그는 감정적 반응을 '공포 통제 반응', 인지적 반응을 '위험 통제 반응'이라 불렀다. 그리고 후자가 작동하면 수용자들은 공포 소구의 권고를 따르게 되지만, 전자가 작동하면 공포 소구로 인한 두려움의 감정을 통제하기 위해 오히려 공포 소구에 담긴 위험을 무시하려는 반응을 보이게 된다고 하였다.

이러한 선행 연구들을 종합한 위티는 우선 공포 소구의 설득 효과를 좌우하는 두 요인으로 '위협'과 '효능감'을 설정하였다. 수용자가 공포 소구에 담긴 위험을 자신이 겪을 수 있는 것이고 그 위험의 정도가 크다고 느끼면, 그 공포 소구는 위협의 수준이 높다. 그리고 공포 소구에 담긴 권고를 이행하면 자신의 위험을 예방할 수 있고 자신에게 그 권고를 이행할 능력이 있다고 느끼면, 효능감의 수준이 높다. 한 동호회에서 회원들에게 '모임에 꼭 참석해 주세요. 불참 시 회원 자격이 사라집니다.'라는 안내문을 보냈다고 하자. 회원 자격이 사라진다는 것은 그 동호회 활동에 강한 애착을 가지고 있는 사람에게는 높은 수준의 위협이 된다. 그리고 그가 동호회 모임에 참석하는 일이 어렵지 않다고 느낄 때, 안내문의 권고는 그에게 높은 수준의 효능감을 주게 된다.

위티는 이 두 요인을 레벤달이 말한 두 가지 통제 반응과 관련지어 다음과 같은 결론을 도출하였다. 위협과 효능감의 수준이 모두 높을 때에는 위험 통제 반응이 작동하고, 위협의 수준은 높지만 효능감의 수준이 낮을 때에는 공포 통제 반응이 작동한다. 그러나 위협의 수준이 낮으면, 수용자는 그 위협이 자신에게 아무 영향을 주지 않는다고 느껴 효능감의 수준에 관계없이 공포 소구에 대한 반응이 없게 된다. 이렇게 정리된 결론은 그간의 공포 소구 이론을 통합한 결과라는 점에서 후속 연구의 중요한 디딤돌이 되었다.

이 글은 공포 소구에 대한 재니스와 레벤달의 연구, 그리고 이들의 연구를 종합하여 위티가 도출해 낸 결론에 대해 설명하고 있다. 재니스는 세 가지 수준의 공포 소구 중 중간 수준의 공포 소구가 가장 큰 설득 효과를 보인다는 것을 발견하였고, 레벤달은 공포 소구의 효과가 수용자의 감정적 반응만이 아니라 인지적 반응과도 관련된다고 하였다. 이러한 선행 연구들을 종합한 위티는 공포 소구의 설득 효과를 좌우하는 두 요인으로 위협과 효능감을 설정한 후, 이 두 요인의 수준에 따라 위험 통제 반응과 공포 통제 반응이 달리 작동하게 된다는 결론을 도출하였다.

주제 공포 소구에 대한 연구의 전개 과정과 그 내용

과학 · 기술
12~17번

# (가) 남세균의 특징
# (나) 녹조 현상에 대한 이해

EBS 수능완성 162쪽

독해 포인트

(가) 이 글은 남세균에 대해 서술하고 있다. 남세균은 조류 중 지구상에 최초로 존재하였으며 광합성 생물이다. 남세균으로 인해 지구 대기에 산소가 생기면서 호기성 생물이 탄생할 수 있었고 오존층이 형성되었다. 남세균은 질소 고정 능력이나 포자 형성, 공기 주머니를 통한 수직 이동 등 환경 변화에 대한 적응력을 가지고 있다. 남세균은 대사 작용의 결과로 냄새를 유발하는 물질과 독소 물질을 생성하기도 한다. 이 글에서는 남세균의 특징을 지구 생태계에 미친 영향, 환경 변화 적응력, 남세균이 생성하는 물질로 나누어 분석하며 읽는 것이 중요하다.

(나) 이 글은 녹조 현상에 대해 서술하고 있다. 녹조 현상이란 강이나 호수에 남세균이 과도하게 발생하여 물의 색깔이 짙은 녹색으로 변하는 현상이다. 남세균의 발생에 영향을 미치는 요인에는 영양물질과 수온 및 일사량, 물의 흐름이 있다. 질소와 인을 포함한 남세균의 성장에 필수적인 여러 영양물질이 증가하거나, 강이나 호수의 수온과 일사량이 증가하거나, 물의 흐름이 약하고 정체되어 있으면 남세균이 더 많이 증식할 수 있다. 남세균은 수생태계에서 생산자의 역할을 하지만, 과다하게 증식하여 녹조 현상이 일어나면 수생태계에 나쁜 영향을 미칠 수 있다. 이 글에서는 녹조 현상의 발생에 영향을 미치는 세 가지 요인인 '영양물질', '수온과 일사량', '물의 흐름'의 특정한 양상과 녹조 현상 발생의 관계를 정확히 파악하며 읽는 것이 중요하다.

주제

(가) 남세균으로 인한 영향과 남세균의 특징
(나) 녹조 현상의 발생에 영향을 미치는 요인

(가) 조류는 강이나 바다, 호수, 연못과 같은 물속에 사는 작은 생물을 일컫는 말이며, 엽록소*를 가지고 있어 햇빛과 이산화 탄소를 이용해 산소와 유기물을 만들어 내는 광합성 작용을 한다. 조류는 생태계* 먹이 그물*에서 1차 소비자의 먹이가 되는 생산자로서, 수생태계에 에너지를 공급하는 중요한 역할을 한다.

조류의 정의 / 조류의 기능 / ← 조류의 정의와 특징

조류 중 남조류는 생물학적 특성이 다른 조류와는 차이점이 있어 남세균으로 주로 불린다. 남세균은 조류 중 지구상에 최초로 존재하였으며, 약 35억 년 전의 지층에서 화석으로 발견되었다. 남세균은 지구에서 햇빛을 이용하여 물과 이산화 탄소를 산소와 영양분으로 만든 광합성 생물로, 산소가 거의 없던 과거 지구의 대기는 남세균으로 인해 산소의 농도가 증가하게 되었다. 남세균으로 인해 만들어진 산소는 지구 대기 중에서 태양에서 오는 자외선과 만나 오존*을 형성하였고, 이렇게 만들어진 오존은 20~25km 상공에서 오존층을 형성하였다. 오존이 자외선을 흡수하면 산소 원자를 방출하는데, 산소 원자는 다른 산소 분자와 결합하면서 열을 방출한다. 즉 지구 대기 상층부에 형성된 오존층은 지구에 존재하는 생명체에게 해로울 수 있는 자외선을 흡수하는 동시에 지구 온도를 조절하는 기능을 한다. 결국 남세균으로 인해 과거 지구 대기에 산소가 생겨나면서 산소가 필요한 호기성 생물이 탄생할 수 있었고, 오존층이 형성되어 지표면에 닿는 자외선이 약해지면서 물속이 아닌 육지에서도 생명체가 살아가는 것이 가능하게 되었다.

남조류는 진핵생물인 다른 조류들과 달리 세균에 속해 남세균으로 불림. / 지구에 호기성 생물이 살 수 있게 된 이유 / 육지에 여러 생명체가 살 수 있게 된 이유 / ← 남세균이 지구 생태계에 미친 영향

남세균은 지구상에서 오래전부터 존재한 만큼 환경 변화에 뛰어난 적응력을 가지고 있다. 일부 남세균은 대기 중의 질소를 유기 질소*로 전환하여 저장하는 질소 고정 능력이 있어, 양분이 되는 질소가 부족한 환경에서도 생존할 수 있다. 또한 생존에 불리한 환경에서는 포자*를 형성해 물속 퇴적층에 가라앉아 있다가, 생존에 좋은 환경이 되면 다시 포자가 발아하여 성장하기도 한다. 남세균은 세포 내에 공기 주머니를 갖고 있어 상하로 수직 이동을 하는데, 이를 통해 성장에 필요한 햇빛이나 양분이 많은 곳으로 이동한다.

남세균의 환경 변화에 대한 적응력 ① / 남세균의 환경 변화에 대한 적응력 ② / 남세균의 환경 변화에 대한 적응력 ③ / ← 남세균의 환경 변화 적응력

남세균은 생명 활동에 필요한 물질을 합성하고 분해하는 대사 작용의 결과로 냄새를 유발하는 물질과 독

소 물질을 생성하기도 한다. 물에서 나는 흙냄새나 곰팡이 냄새를 유발하는 물질은 남세균이 엽록소를 합성하는 과정에서 생성되기도 한다. 남세균이 만든 냄새를 유발하는 물질은 인체에는 큰 영향을 주지 않으나, 남세균이 만든 마이크로시스틴과 같은 독소는 포유류가 흡수할 경우 간세포나 신경계에 나쁜 영향을 줄 수 있다. 이런 독소 물질은 평상시에는 남세균의 세포 안에 존재하며 배출되지 않지만, 남세균이 사체가 되었을 때 배출된다. ← 남세균의 대사 작용의 결과로 발생한 물질

(나) 녹조 현상은 강이나 호수에 남세균이 과도하게 발생하여 물의 색깔이 짙은 녹색으로 변하는 현상이다. (녹조 현상의 정의) 담수 조류 중 옅은 녹색을 띠는 녹조류※와 구별하기 위해 녹조 현상이라고 일컫는다. 남세균의 발생에 영향을 미치는 요인에는 영양물질과 수온 및 일사량, 물의 흐름이 있다. ← 녹조 현상의 정의

도심에서 나오는 하수, 각종 농축산 시설 등에서 배출하는 폐수, 비가 올 때 빗물과 함께 흘러내리는 비료 (녹조 현상의 원인 ①) 등에는 질소나 인과 같은 여러 영양물질(녹조 현상의 발생에 영향을 미치는 요인 ①)이 들어 있다. 이런 영양물질은 남세균의 증식에 필수적이며, 남세균이 영양물질을 이용하여 대량으로 증식하게 되면 녹조 현상이 발생한다. ← 녹조 현상의 발생에 영향을 미치는 영양물질

수온은(녹조 현상의 발생에 영향을 미치는 요인 ②) 남세균의 성장을 좌우하는 요인이며, 햇빛은 남세균의 광합성을 위해 필수적 요소이다. 녹조 현상의 원인이 되는 남세균은 20~30℃의 수온에서 가장 왕성하게 성장하며, 햇빛을 많이 받을수록 잘 자란다. 우리나라에서는 일반적으로 수온이 높아지고 일사량이 증가(녹조 현상의 원인 ②)하는 여름철에 남세균이 성장하기 좋은 환경이 만들어진다. ← 녹조 현상의 발생에 영향을 미치는 수온과 일사량

또한 물의 흐름(녹조 현상의 발생에 영향을 미치는 요인 ③)이 약하거나 정체되어 있으면 남세균이 더 많이 증식할 수 있다. 유속이 빠르면 물 표면에 떠다니는 남세균이 하류로 쓸려 내려가기 때문에 한곳에서 대량으로 증식하기 어렵다. 수심이 깊고 흐름이 정체된(녹조 현상의 원인 ③) 강이나 호수에서는 여름철에 성층 현상이 나타난다. 성층 현상이란 따뜻하고 밀도가 낮은 물이 위에 놓이고 차갑고 밀도가 높은 물이 아래에 놓여 밀도 차에 의해 수층이 분리되어 물이 수직으로 잘 이동하지 않는 현상을 말한다. 성층 현상이 일어나 물이 잘 섞이지 않으면 수면의 온도가 더욱 올라가게 되어 남세균이 성장하기 더 좋은 여건이 만들어진다. ← 녹조 현상의 발생에 영향을 미치는 물의 흐름

남세균은 수생태계에서 생산자의 역할을 하지만, 남세균이 과다하게 증식하여 녹조 현상이 일어나면 수생태계에 나쁜 영향을 미친다. 『남세균이 과다하게 증식하면 물속으로 들어가는 햇빛을 차단하여 물속의 수생 식물이 광합성을 하지 못하게 만든다. 이로 인해 물속의 생물들이 산소 부족으로 폐사하기도 하고, 폐사한 생물들이 부패하면서 악취와 독소가 발생해 수생태계가 점점 파괴된다.』 ← 녹조 현상이 수생태계에 미치는 영향

『 』: 녹조 현상의 부정적 영향

## 이것만은 꼭 익히자! 어휘

※ **엽록소(葉綠素)**: 빛 에너지를 유기 화합물 합성을 통하여 화학 에너지로 전환시키는 녹색 색소. 광합성에 가장 중요한 요소로, 빛에서 에너지를 흡수하며 이산화 탄소를 탄수화물로 전환시킴. 녹색 식물, 조류(藻類), 광합성 박테리아 따위의 광합성을 하는 모든 생물체에 나타남.

※ **생태계(生態系)**: 어느 환경 안에서 사는 생물군과 그 생물들을 제어하는 제반 요인을 포함한 복합 체계. 생태학의 대상이 됨.

※ **먹이 그물**: 생태계에서 여러 생물의 먹이 사슬이 가로세로로 얽혀서, 그물처럼 복잡하게 이루어져 있는 먹이 관계.

※ **오존(ozone)**: 3원자의 산소로 된 푸른빛의 기체. 특유한 냄새가 나며, 상온에서 분해되어 산소가 됨. 산화력이 강하여 산화제, 표백제, 살균제로 씀.

※ **유기 질소(有機窒素)**: 생체나 분뇨의 주요한 구성 요소 중 하나로, 단백질, 아미노산 등이 있음.

※ **포자(胞子)**: 식물이 무성 생식을 하기 위하여 형성하는 생식 세포. 보통 단세포로 단독 발아를 하여 새 세대 또는 새 개체가 됨.

※ **녹조류(綠藻類)**: 엽록소를 가지고 있어 녹색을 띤 조류. 광합성에 의하여 녹말을 만드는데, 해캄 · 청각 · 파래 따위가 있음.

## 이것만은 꼭 익히자! 핵심 개념

### 핵심 개념 1 남조류의 특징 (문항 14 관련)

남조류(남세균)는 조류 중 가장 오래되었으며 약 35억 년 전에 지구에 존재했다고 한다. 남조류가 장기간 퇴적하여 형성된 스트로마톨라이트라는 화석이 이 시기 지층에서 발견되어 이때부터 지구상에 존재한 것으로 추측한다. 남조류는 물속에 살면서 광합성을 하는 조류의 성질을 보여 주어 조류에 포함하고 남조류라고 부르지만, 생물학적으로는 다른 조류와 달리 세균의 특성을 가지고 있어 생물학적인 연구에서는 주로 남세균으로 불린다. 크기는 1~50㎛ 정도로 사람의 머리카락 지름(50~70㎛)보다 작거나 유사한 정도이며, 무성 생식이나 포자로 증식한다. 남조류는 햇빛을 이용하여 물과 이산화 탄소를 영양분으로 만드는 광합성 생물이며, 이 과정에서 산소를 만든다. 남조류로 인해 지구 대기에 산소가 풍부해지면서 지구에 원시 동물이 탄생하는 계기가 되었다.

### 핵심 개념 2 남세균의 문제점 (문항 13 관련)

남세균 중 일부는 생명 활동에 필요한 물질을 합성하고 분해하는 대사 작용을 하면서 냄새를 유발하는 물질과 독소를 생성하기도 한다. 냄새를 유발하는 물질은 인체에 크게 영향을 미치지는 않지만, 악취로 인해 불쾌감을 유발할 수 있다. 흙냄새나 곰팡이 냄새의 원인이 되는 지오스민과 메틸이소보르네올은 일부 남세균이 엽록소를 합성하는 과정에서 만들어진다. 일부 남세균은 마이크로시스틴, 아나톡신 등의 독소를 만들 수 있는데, 이러한 독소를 포유류가 흡수한다면 간세포나 신경계가 나쁜 영향을 받을 수 있다.

## 배경지식 더 알아보기

■ **조류의 특징과 분류**

조류는 강이나 바다, 호수 등 물속에 사는 작은 생물을 의미한다. 대부분 진핵생물이지만 원핵생물인 남조류도 존재한다. 엽록소를 가지고 있어 햇빛과 이산화 탄소를 이용하여 산소와 유기물을 만드는 광합성을 한다. 수생태계에서 1차 소비자의 먹이가 되어 에너지를 공급하는 역할을 한다. 조류를 서식지에 따라 분류하면 바다에 사는 해조류와 민물에 사는 담수 조류로 나눌 수 있다. 서식하는 방법에 따라 분류하면 물속의 암석 등에 붙어 생활하는 부착 조류와 물에 떠서 생활하는 부유 조류로 나눌 수 있다. 부유 조류는 바다나 강 등에 떠다니며 대량으로 증식하여 적조나 녹조 현상을 발생시킨다. 각 조류는 최적으로 성장할 수 있는 환경이 조금씩 다르다. 수온이 낮은 겨울이나 봄에는 규조류가 주로 증식하며, 늦봄이나 초여름에는 녹조류가 주로 증식하고, 한여름에는 남조류가 주로 증식한다.

■ **빗물의 유출을 줄이는 방법**

도심 지역에는 아스팔트와 콘크리트처럼 빗물이 쉽게 통과하기 어려운 부분이 많다. 이런 부분이 늘어나면 빗물이 지하로 잘 스며들지 못하여 강으로 들어오는 빗물이 일차적으로 정화를 거치지 못하게 된다. 여기에 강수량이 많아지면 도심 지역의 많은 오염 물질이 포함된 빗물이 한꺼번에 강으로 흘러들게 된다. 이런 경우를 막기 위해 자연적으로 물이 순환하는 것을 최대한 유지하면서 빗물을 잘 관리할 수 있는 다양한 방법을 사용해야 한다. 도심에 빗물을 이용한 정원을 만들거나 옥상을 녹화하는 방안도 있으며, 다양한 식물을 식재하여 개수로를 조성하거나, 물을 잘 흡수하는 보도블록을 설치하는 방안도 있다.

## 선생님의 만점 구조도

### 포인트 1 남세균이 지구 생태계에 미친 영향 (문항 13 관련)

남세균이 ❶ ______ 을/를 하여 산소가 거의 없던 지구 대기에 산소를 공급

↓

남세균으로 인해 증가한 산소가 자외선과 만나 지구 대기에 ❷ ______ 을/를 형성

↓

오존층이 자외선을 흡수하고 지구 ❸ ______ 을/를 조절하는 기능을 함.

↓

지구에 ❹ ______ 생물이 탄생하고, ❺ ______ 에서 생명체가 살아가는 것이 가능하게 됨.

### 포인트 2 남세균의 환경 변화에 대한 적응력 (문항 14 관련)

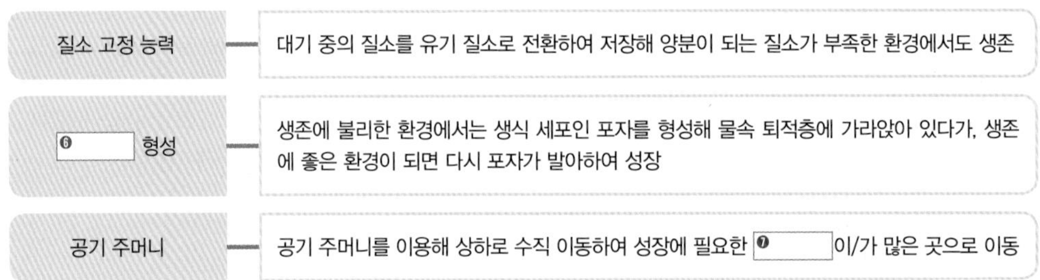


공기 주머니를 이용해 상하로 수직 이동하여 성장에 필요한 ❼ ______ 이/가 많은 곳으로 이동

### 포인트 3 녹조 현상의 발생에 영향을 미치는 요인 (문항 16 관련)

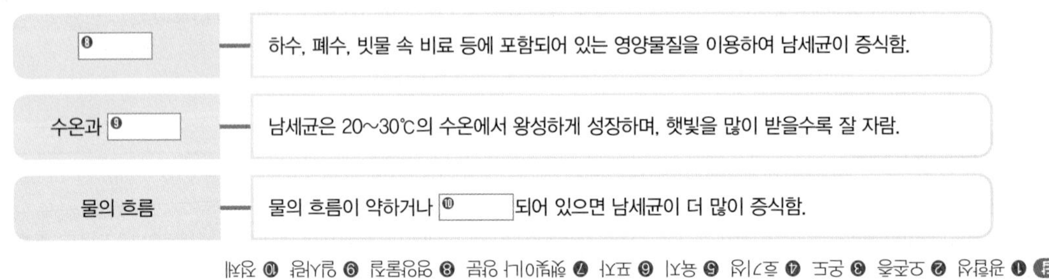

❽ ______
하수, 폐수, 빗물 속 비료 등에 포함되어 있는 영양물질을 이용하여 남세균이 증식함.
수온과 ❾ ______
남세균은 20~30℃의 수온에서 왕성하게 성장하며, 햇빛을 많이 받을수록 잘 자람.
물의 흐름
물의 흐름이 약하거나 ❿ ______ 되어 있으면 남세균이 더 많이 증식함.

정답 ❶ 광합성 ❷ 오존층 ❸ 온도 ❹ 호기성 ❺ 육지 ❻ 포자 ❼ 햇빛이나 양분 ❽ 영양물질 ❾ 일사량 ❿ 정체

EBS Q&A

**Q** 글의 정보를 바탕으로 추론할 수 있는 내용을 찾는 문항은 어떻게 해결해야 하나요? (문항 15 관련)

**A** 문항 15는 지문에 제시된 정보와 〈보기〉를 읽고 추론할 수 있는 내용을 찾는 문항입니다. 이런 경우에는 〈보기〉에서 설명하는 내용이 지문의 특정 부분과 관련이 있는 경우가 많으므로, 우선 지문에서 해당 부분을 찾고 그 부분의 내용을 집중적으로 파악하는 것이 중요합니다. 이후 지문의 내용과 〈보기〉의 내용과의 관계를 파악하여 선지의 내용이 적절한지 적절하지 않은지 판단하면 됩니다. 해당 문항도 〈보기〉에서 언급한 빈영양화와 부영양화가 지문에서 설명하는 영양물질과 어떤 관계가 있는지 파악하면 쉽게 정답을 찾을 수 있습니다.

## 미세 조류와 바이오 연료

엮어 읽기

바이오 연료는 바이오매스로부터 생산되는 연료로 길고 느린 자연적 과정을 거쳐 생성되는 화석 연료와 달리 짧고 빠른 인위적 과정을 거쳐 생산된다. 바이오매스란 살아 있거나 죽은 지 얼마 안 되는 유기체와 그 부산물을 지칭하는 것으로 식물인 조류에서 동물의 배설물까지 이에 포함된다. 바이오 연료는 기존 화석 연료에 비해 일산화 탄소, 미세 먼지, 탄화수소, 독성 물질 등 대기 오염 물질 배출이 상당히 적다. 또한 바이오 연료를 연소할 때 발생하는 이산화 탄소의 양은 화석 연료보다 별로 적지 않지만 방출된 이산화 탄소가 바이오 연료의 원천이 되는 식물의 광합성 과정에서 식물에 흡수되므로 대기 중으로의 이산화 탄소 순 배출량을 크게 줄인다.

최근에는 미세 조류를 바이오디젤의 원천으로 삼는 연구가 전 세계적으로 한창 진행 중이다. 조류는 민물과 바닷물뿐 아니라 폐수와 열수에서도 서식하는 수생 식물로 그 종류 또한 지구상에 확인된 것만 3만 종이고 10만 종 이상이 존재하는 것으로 추정될 정도로 다양하다. 일반적으로 조류는 광합성 중에 이산화 탄소를 흡수하여 유기물을 생산하면서 산소를 배출한다. 현재 지구 대기 중 산소의 절반 가까이를 공급할 정도로 지구 환경에서 중요한 역할을 하는 조류는 막대한 이산화 탄소를 유기물에 흡수시켜 온실 효과를 완화하는 역할까지 하고 있다. 조류 중에서 단세포 미생물을 미세 조류라고 하는데, 지구 환경에서 미세 조류는 막대한 태양 복사 에너지를 바이오매스로 전환하면서 많은 양의 이산화 탄소를 소비하여 환경에 도움을 준다. 미세 조류는 대량으로 배양할 수 있으며, 기존 식용 작물에 비해 단위 면적당 오일 생산량이 50~100배 이상 많고, 매일 수확할 수 있다는 장점을 갖는다.

미세 조류에서 바이오디젤을 생산하기 위해 거쳐야 하는 5단계는 균주 선택, 배양, 수확, 지질 추출, 바이오디젤 전환이다. 균주 선택 단계에서는 배양할 적절한 미세 조류 종을 선택한다. 이때 고려할 요인들은 여럿이지만 성장 속도, 수확 효율 및 오일 수득률이 중요하다. 세포벽이 있는 미세 조류의 수확 효율과 오일 수득률은 세포벽이 없는 미세 조류에 비해 낮다. 미세 조류의 세포벽은 일반 박테리아에 비해 두꺼워 파쇄에 많은 노력이 필요하기 때문이다. 그래서 빠르게 성장하면서 세포벽이 얇거나 없는 균주의 개발은 에너지나 비용 절감 면에서 큰 도움이 된다.

배양 단계에서는 미세 조류에 에너지를 공급하여 바이오매스를 생산한다. 배양은 에너지원에 따라 자가 영양 배양, 타가 영양 배양, 혼합 영양 배양으로 나뉜다. 미세 조류로부터 바이오매스를 생산하기 위한 가장 흔한 방법인 자가 영양 배양은 광합성을 하면서 에너지원으로 빛을 사용하여 무기 탄소인 이산화 탄소를 유기 탄소인 유기물로 변환한다. 타가 영양 배양은 유기물에 함유된 유기 탄소를 에너지원으로 활용하여 자가 영양 배양에 비해 세포의 성장 속도가 빠르고 호기성 세균으로 오염될 가능성도 낮다. 또한 폐수에 있는 유기물의 유기 탄소를 에너지원으로 사용하는 경우 조류 생산 비용을 절감할 수 있을 뿐 아니라 폐수 중의 유기물을 제거하여 환경 문제 해결에도 기여한다. 혼합 영양 배양은 상이한 에너지원을 활용하는 조류를 함께 배양하여, 광합성을 통해 에너지를 얻기도 하고, 유기물에 함유된 유기 탄소를 분리시키면서 에너지를 얻기도 한다. 이렇게 하면 이산화 탄소의 흡수에 효율적이면서 바이오매스 생산성을 높이고, 오염의 위험도 적으며, 바이오매스의 조성을 다양하게 할 수 있고, 배양 중 생성된 유기물과의 상호 작용을 통해 미세 조류 자체의 침전을 유발하여 수확의 편리성도 도모할 수 있다.

수확 단계에서는 리터당 1~2g의 옅은 농도로 존재하는 미세 조류를 100배 정도로 농축한다. 미세 조류는 세포 크기가 마이크로미터(μm) 단위로 매우 작고, 세포 사이에 정전기적 척력이 작용하여 안정한 분산 상태를 유지한다. 미세 조류를 수확하기 위해 응집, 침강, 여과, 원심 분리 등 다양한 방법이 시도되고 있지만 모두 에너지가 많이 들어 상업화하기 쉽지 않다. 이런 문제를 해결하기 위해 최근에는 자성 나노 입자를 이용한 미세 조류 수확 기술이 연구되고 있다. 이 기술은 자성 나노 입자와 미세 조류를 응집시키고, 자력을 이용하여 응집된 미세 조류와 나노 입자를 빠르게 회수할 수 있다. 회수 후에는 미세 조류와 나노 입자를 다시 분리하여 응집에 재사용할 수 있다.

지질 추출 단계는 미세 조류가 바이오디젤의 원료가 되는 지질뿐만 아니라 탄수화물, 단백질, 엽록소 등으로 구성되어 있기 때문에 필요하다. 지질은 두꺼운 세포벽 안에 일반적으로 기름방울 형태로 존재한다. 따라서 미세 조류로부터 지질을 추출할 때에는 효율적으로 세포벽을 파쇄할 방안과 다른 생체 구성 성분 대비 지질 추출 효율을 높일 방안이 필요하다. 그래서 콩, 해바라기씨 등으로부터 오일을 회수하는 데 가장 보편적으로 사용되어 온 유기 용매 추출법을 미세 조류에 적용하기 위한 연구가 활발히 진행되고 있다.

바이오디젤 전환 단계에서는 지질을 전이 에스테르화 반응을 통해 바이오디젤로 전환한다. 즉 지질을 메탄올과 반응시켜 지방산 메틸 에스테르와 글리세롤을 얻는데, 이때 생성되는 지방산 메틸 에스테르가 디젤의 대체 연료이다. 원활한 전이 에스테르화 반응을 위해 촉매가 사용된다. 일반적으로 황산, 염산과 같은 산촉매에 비하여 수산화 포타슘이나 수산화 소듐과 같은 염기 촉매가 반응 속도가 빠르므로 많이 사용되고 있다. 염기 촉매를 사용할 경우에는 반응물인 지질과 촉매의 혼합 및 접촉을 용이하게 하기 위해 염기 촉매를 메탄올에 녹인 균일계 촉매를 많이 사용한다. 그러나 분리된 지방산 메틸 에스테르가 누적되면 염기 촉매와 비누화 반응을 일으켜서 생산된 바이오디젤과 부산물의 분리를 어렵게 하는 문제점이 발생할 수 있다. 이를 극복하기 위해 고체상 염기성 촉매를 이용하고자 하는 노력이 진행되고 있다.

독해 포인트

이 글은 미세 조류를 활용하여 바이오 연료를 만드는 과정을 설명하고 있다. 바이오 연료는 산소를 생산하고 대기 중 이산화 탄소를 흡수하면서 생산되는 바이오매스로 만든 연료라서 친환경적이다. 조류 중에서도 미세 조류는 오일의 생산성이 탁월하여 바이오 연료 생산에 많이 활용된다. 미세 조류에서 바이오 연료의 일종인 바이오디젤을 생산할 때에는 생산성이 좋은 균주를 선택하고, 에너지 공급 효율성을 고려하여 배양 방법을 선정하며, 배양액에 분산된 미세 조류를 효과적으로 모으기 위한 다양한 방법을 활용한다. 그리고 유기 용매를 사용하여 지질을 추출하고, 추출한 지질을 전이 에스테르화 반응을 통해 바이오디젤로 전환한다.

주제

미세 조류에 의한 바이오디젤 생산

실전 모의고사

# 3회

독서 이론 01~03번

## 학습 독서

EBS 수능완성 182쪽

이 글은 학습을 위한 독서에 관해 설명하고 있다. 학습을 위한 독서를 잘하기 위해 학습자는 독서의 상황과 목적에 맞는 독서 전략을 다양하게 활용해야 한다. 이를 위한 독서 전략의 예로 '예측하기', '시연하기', '회상하기' 전략을 제시하고 각 전략에 관해 구체적으로 설명하고 있다. 학습자는 '예측하기'를 통해 앞으로 전개될 내용을 예상하면서 글의 윤곽을 그려 볼 수 있으며, '시연하기'를 통해 중요한 내용을 단기 기억에서 장기 기억으로 전이할 수 있다. 또한 학습한 내용을 잘 기억하기 위해 '회상하기' 전략을 사용할 수 있는데, 이때에는 읽은 내용을 범주화하거나 기억하고자 하는 단어나 문장의 첫 음절을 기억하는 방법을 활용할 수 있다.

학습을 위한 독서

능숙한 학습자는 학습 자료를 읽고 내용을 기억*하기 위해 독서를 하면서 전략을 선택하고 조정한다. 이러한 과정을 전통적으로 '학습*'이라 불러 왔다. 학습을 위한 독서는 글에 내포된 지식, 가치관, 정서 등을 이해하는 것에서 시작하여 새로운 의미를 창출*하는 것으로 나아갈 수 있다.(학습을 위한 독서의 의의) 이때 새로운 의미 창출이란 독서의 과정에서 사회 문화적 맥락 같은 여러 요인과 학습자가 상호 작용하면서 새로운 의미를 만들어 가는 것이다. 학습자는 이러한 독서를 통해 지식의 활용 능력, 창의적 사고 능력, 올바른 가치관 등을 획득할 수 있다.(학습을 위한 독서의 가치)

← 학습을 위한 독서의 의의

학습을 위한 독서를 잘하기 위해서는 다양한 독서 전략의 활용이 필요하다.(다양한 독서 전략의 활용의 필요성) 먼저 학습자는 글을 읽기 전에 '예측하기'를 통해 제목과 그림 등을 훑어보면서 화제에 대한 자신의 배경지식을 떠올리고, 앞으로 전개될 글의 내용을 예상하면서 글의 윤곽을 그려 볼 수 있다.(학습을 위한 독서 전략 ① – 예측하기) 그리고 학습자는 글을 읽으면서 스스로 예측한 것이 얼마나 적중했는지 확인하고 중간중간 자신의 이해 정도를 확인하면서 독서 능력을 점검한다.

← 학습을 위한 독서 전략: '예측하기'

학습자는 학습 자료를 읽을 때 글의 주요 부분에 선택적으로 관심을 기울이면서 메모하기 등의 활동으로 중요한 내용을 단기 기억*에서 장기 기억*으로 전이하는 '시연하기' 전략을 사용할 수 있다.(학습을 위한 독서 전략 ② – 시연하기) 여기에서의 시연은 기억해야 하는 내용을 단순히 반복하는 것이 아니라, 학습자가 정보 간의 관계를 생각해 보는 것이다. 시연은 주로 학습자가 사전 질문에 답하거나, 중심 내용에 밑줄을 긋고 메모할 때 이루어진다. 정보의 획득과 기억을 쉽게 하기 위해서는 글을 모두 읽은 후 시연을 한 번만 하는 것보다는 읽기 중간에 문단이 끝날 때마다 시연하는 것이 좋다.('시연하기'를 할 때의 유의 사항)

← 학습을 위한 독서 전략: '시연하기'

학습한 내용을 잘 기억하기 위해서 학습자는 '회상하기' 전략을 사용할 수 있다. 글의 구조를 회상할 수도 있고, 읽으면서 표시한 메모나 밑줄 등을 다시 보면서 중심 내용을 떠올릴 수도 있다.(학습을 위한 독서 전략 ③ – 회상하기) 회상은 의미를 생각하지 않은 채 단순하게 표시된 부분을 반복하여 읽는 것이 아니라, 내용을 다시 떠올릴 수 있을 정도로 기억하는 것이다.('회상하기'를 할 때의 유의 사항) 이를 위해 읽은 내용을 범주화*하거나, 기억하고자 하는 단어나 구절을 단어의 첫 글자나 음절을 이용하여 기억하는 방법을 활용할 수 있다.('회상하기'의 방법)

← 학습을 위한 독서 전략: '회상하기'

학습을 위한 독서를 잘하기 위한 전략은 매우 많고 독서의 상황에 따라 다를 수 있다. 학습자가 학습을 위한 독서를 잘하기 위해서는 독서 과정에 맞는 다양한 전략을 적절하게 활용하는 능력이 필요하다.(학습을 위한 독서를 잘하는 데 필요한 학습자의 능력) 또한 학습자는 여가*를 위한 독서보다 학습을 위한 독서를 할 때, 독서 과정에서 추가적인 활동이 더 필요하다는 사실을 기억해야 한다. 학습을 위한 독서를 할 때에는 여가를 위한 독서를 할 때보다 기억을 위해 노력하는 부분이 많기 때문이다. 따라서 학습을 위한 독서를 잘하기 위해 학습자는 독서 상황과 목적에 맞는 다양한 전략을 활용하고, 독서 과정에서 필요한 추가적인 활동을 시도해야 한다. ← 학습을 위한 독서를 위해 필요한 학습자의 노력과 태도

여가를 위한 독서보다 추가적인 활동이 더 필요한 학습을 위한 독서

학습을 위한 독서를 위한 학습자의 노력과 태도

* **단기 기억**: 경험한 것을 수 초 동안만 의식 속에 유지해 두는 작용.
* **장기 기억**: 경험한 것을 오랫동안 의식 속에 유지해 두는 작용.
* **범주화**: 일정한 기준에 따라 동일한 성질을 가진 부류나 범위로 묶음.

## 이것만은 꼭 익히자! 어휘

* **기억(記憶)**: 이전의 인상이나 경험을 의식 속에 간직하거나 도로 생각해 냄.
* **학습(學習)**: 배워서 익힘.
* **창출(創出)**: 전에 없던 것을 처음으로 생각하여 지어내거나 만들어 냄.
* **여가(餘暇)**: 일이 없어 남는 시간.

## 이것만은 꼭 익히자! 핵심 개념

### 핵심 개념 1 학습을 위한 독서 전략

학습을 위한 독서를 잘하기 위해 학습자는 독서의 상황과 목적에 맞는 독서 전략을 다양하게 활용해야 한다. 이를 위한 독서 전략 중 '예측하기'를 통해 제목과 그림 등을 훑어보면서 화제에 대한 자신의 배경지식을 떠올리고, 앞으로 전개될 글의 내용을 예상하면서 글의 윤곽을 그려 볼 수 있다. '시연하기'를 통해 글의 주요 부분에 선택적으로 관심을 기울이면서 메모하기 등의 활동으로 중요한 내용을 단기 기억에서 장기 기억으로 전이하려 노력할 수 있다. 마지막으로 '회상하기' 전략을 활용하여 학습자는 읽으면서 표시한 메모나 밑줄 등을 다시 보면서 중심 내용을 떠올리고 글의 구조를 회상하면서 읽은 내용을 잘 기억할 수 있다.

### 핵심 개념 2 학습을 위한 독서의 의의와 가치

학습을 위한 독서는 학습자가 글에 내포된 지식, 가치관, 정서 등을 이해하는 것에서 시작하여 새로운 의미를 창출하는 것으로 나아갈 수 있도록 한다. 이를 통해 학습자는 지식의 활용 능력, 창의적 사고 능력, 올바른 가치관 등을 획득할 수 있다.

## 배경지식 더 알아보기

■ **'독서 학습'과 '학습 독서'**

• 독서 학습

독서 교육의 목적은 다양한데, 그중 첫째 목적은 독서 그 자체를 배우는 것이라 할 수 있다. 학생들이 글을 읽으면서 어휘의 의미를 찾고 문장 간의 관계를 확인하면서 중심 내용을 파악하는 독서를 수행할 수 있는 읽기 기초 능력을 습득하는 것이다. 즉, 학생들에게 읽는 방법을 가르치는 독서 교육을 '독서 학습'이라고 한다. 우리가 국어 수업 시간에 배우는 읽기의 대부분은 여기에 해당한다고 볼 수 있다.

• 학습 독서

독서는 어느 교과에서나 필요한데, 예를 들어 사회나 과학과 같은 교과 수업 시간에 일어나는 독서의 공통점은 내용을 학습하기 위한 읽기라는 것이다. 이러한 읽기를 '학습 독서'라고 하는데, 이때의 독서는 주로 지식을 획득하거나 문제를 해결하기 위한 목적으로 교과서와 참고 자료 등의 다양하고 광범위한 자료를 읽는 것을 말한다. 학습 독서가 이루어지기 위해서는 독서 학습을 통해 습득한 학습자의 읽기 기초 능력이 필요하다.

■ **'학습 독서'의 유형**

• 범교과적 독서

범(凡)교과 독서는 여러 교과의 학습에 공통으로 사용되는 독서 방법을 뜻한다. 여기에서 '凡'은 모두라는 의미로 국어과에서 배운 읽기 능력을 사회과, 과학과, 음악과, 미술과 등의 모든 학습에 공통으로 동원할 수 있다는 것이다. 각 교과의 특성이 다르더라도 '읽기'의 기본적인 방법과 학습자에게 필요한 기초 능력은 비슷하므로 이를 활용하여 교과 지식을 습득하는 방법이다. 이러한 범교과적 독서는 여러 교과에 적용할 수 있으므로 효율성이 높다고 할 수 있다. 교과가 통합적이고 기본 지식을 담고 있을 때는 범교과적 독서만으로 내용을 이해할 수 있다. 그러나 교과가 나뉘고 전문화되면서 교과에서 범교과적 독서뿐만 아니라 교과별 특성을 반영할 수 있는 다른 독서 방법의 필요성이 제기되고 있다. 교과별로 배경 학문이 다르며 그 교과의 공동체에서 고유하게 전수되어 온 특수성이 있으므로 교과의 특성을 반영한 별도의 독서 방법이 필요하다는 것이다.

• 교과 특수적 독서

교과 특수적 독서는 교과별 특성을 반영하여 교과마다 다른 학습 독서이다. 학습자의 학년이 점점 올라갈수록 교과의 학습 내용이 전문화되면서 배경 학문의 영향을 받게 되고 배경 학문 분야에 가까워진다. 따라서 이를 정확하게 이해하고 활용하기 위해서는 독서 방법도 각 과목의 배경 학문 분야에서 사용하는 교과 특수적 독서 방법을 사용해야 한다. 예를 들어, 과학 과목에서는 단원에 따라 배경 학문으로 물리, 화학, 생물, 지구과학 분야에서 사용되는 독서 방법을 사용하여 독서해야 할 경우가 있다. 만약 화학 과목에서 화학식을 읽으려면 주기율표 등을 활용하여 화학식을 이해하며 읽어야 할 것이다. 반면 지구과학 분야에서 지동설을 배운다면 천동설이 중심이 되었던 당시 사람들의 세계관을 이해하고 배경지식을 활용하여 지동설 등과 같은 과학적 발견이 처음에는 수용되지 않았던 이유를 추론하며 읽어야 할 것이다. 이렇듯 배경 학문의 영향이 큰 교과의 내용을 잘 파악하기 위해서는 범교과적 독서 방법뿐만 아니라 교과 특수적인 독서 방법을 활용하여 읽을 필요가 있다.

## 선생님의 만점 구조도

### 포인트 1 학습을 위한 독서 전략

| 학습을 위한 독서 전략 | | |
|---|---|---|
| 학습을 위한 독서 전략 | 예측하기 | 제목과 그림 등을 훑어보면서 화제에 대한 자신의 ❶ ______ 을/를 떠올리고 앞으로 전개될 글의 내용을 예상하면서 글의 윤곽을 그려 본다. |
| | ❷ ______ | 글의 주요 부분에 선택적으로 관심을 기울이면서 메모하기 등의 활동으로 중요한 내용을 단기 기억에서 장기 기억으로 전이한다. |
| | 회상하기 | 글의 구조를 회상하거나 표시한 메모나 밑줄 등을 다시 보면서 중심 내용을 떠올린다. |

학습자는 ❸ ______ 와/과 상황에 맞는 다양한 독서 전략을 활용하는 능력이 필요하다.

### 포인트 2 코넬 메모법과 학습을 위한 독서 (문항 3 관련)

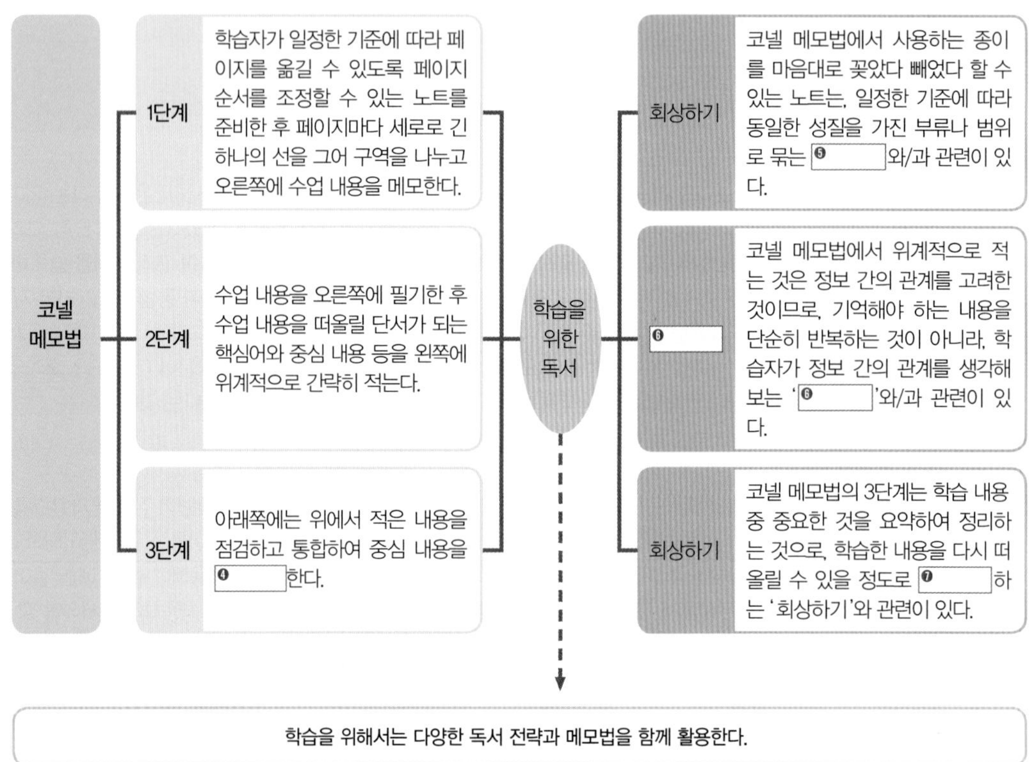


학습을 위해서는 다양한 독서 전략과 메모법을 함께 활용한다.

정답 ❶ 배경지식 ❷ 시연하기 ❸ 독서 목적 ❹ 정리 ❺ 범주화 ❻ 시연하기 ❼ 기억

## EBS Q&A

**Q** 〈보기〉와 지문을 함께 이해하는 문항이 어렵게 느껴지는데, 어떻게 접근해야 할까요? (문항 3 관련)

**A** 〈보기〉를 지문과 연계하여 이해하는 문항은 자주 출제되고 있는 유형입니다. 우선 지문의 내용을 정확하게 이해하는 것이 선행되어야 하며, 이해한 내용을 〈보기〉와 관련지어 생각해 보는 연습이 중요합니다. 그리고 문두에 따라 지문과 〈보기〉를 비교하거나 대조하면서 내용을 파악할 필요가 있습니다.

## 특정 주제를 깊이 있게 탐구하기 위한 독서

### 엮어 읽기

특정 주제를 깊이 있게 탐구하기 위한 독서는 지식을 습득하고 이를 비판적·종합적으로 탐구하는 독서이다. 이러한 독서는 목차나 책 전체를 훑어보아 글의 전체 구조를 파악하고, 필요한 부분을 찾아 중점적으로 읽을 내용을 선별하는 것으로부터 출발한다. 이어 독자는 글 표면에 드러난 내용을 정확하고 충분하게 읽기, 글 이면의 내용을 추론하고 비판하며 읽기, 여러 관점을 비교하고 종합하며 읽기와 같은 방법을 적절히 조합하여 선별한 내용을 읽게 된다.

위 과정에서 독자는 자신의 배경지식과 새로이 얻은 지식을 통합하여 의미를 구성한다. 그런데 이렇게 개인의 머릿속에서 구성된 의미는 다른 사회 구성원들과의 상호 작용을 거쳐 재구성된다. 따라서 특정 주제를 깊이 있게 탐구하기 위한 독서의 의미 구성은 개인적 차원뿐 아니라 사회적 차원에서도 이루어지는 것으로 이해되어야 한다.

이를 고려하면 특정 주제를 깊이 있게 탐구하기 위한 독서에서는 기록의 역할이 두드러진다. 탐구 과정에서 개인적으로 구성한 의미를 기록하는 것은 읽은 내용의 망각을 방지하며, 비판과 토론의 자료로서 사회적 차원의 의미 구성에 기여한다. 또한 보고서, 논문, 단행본 등의 형태로 발전하여 공동체의 지식이 축적되는 토대를 이룬다. 이렇게 볼 때 특정 주제를 깊이 있게 탐구하기 위한 독서는 학문 탐구의 과정에서 글을 읽고 의견을 주고받으며 토론하는 강론 또는 기록을 권유했던 전통과도 맥을 같이한다.

이 글은 특정 주제를 탐구하기 위한 독서에 관해 설명하고 있다. 특정 주제를 탐구하는 것 역시 학습을 위한 독서 중 하나로 목차나 책 전체를 훑어보아 글의 전체 구조를 파악하는 것은 '예측하기' 전략과 관련이 있다. 이러한 독서 전략 이외에도 다양한 학습 전략을 제시하면서 학습자가 깊이 있는 독서를 하도록 유도하고 있다.

주제 특정 주제를 탐구하기 위한 독서

실전 모의고사

# 3회

인문 04~08번

## (가) 베이컨의 귀납법 / (나) 데카르트의 연역법

EBS 수능완성 184쪽

독해 포인트

(가) 이 글은 근대 경험주의의 선구자인 베이컨이 기존 귀납법의 한계를 보완하고자 새롭게 제안한 참된 귀납법에 관해 소개하고 있다. 베이컨은 연역법이 새로운 지식을 얻어 낼 수 없는 한계를 갖는다는 점에 주목하여 새로운 지식을 만들어 낼 수 있는 귀납법에 관심을 가졌다. 그런데 귀납법 역시 결론이 확률적으로 참이라는 점에서 한계가 있으므로, 베이컨은 일반적 귀납법보다 복잡한 사고 과정을 거쳐 참의 정도를 강화한 새로운 귀납법을 구상해 내게 된다. 이 글에는 베이컨이 연역법보다 귀납법에 집중한 이유, 귀납법이 가진 한계를 보완하기 위한 베이컨의 사고 과정, 이렇게 탄생한 베이컨의 새로운 귀납법이 갖는 의의에 대한 설명이 순차적으로 전개되고 있으므로 그 논리적인 흐름에 주목하여 읽어야 한다.

(나) 이 글은 근대 합리적 이성주의 철학의 기초를 마련한 데카르트가 새로운 지식을 만들어 낼 수 없는 고전적 연역법의 한계를 보완하기 위해 제안한 생산적인 연역법에 관해 소개하고 있다. 데카르트는 명료하고 분명한 절대적 지식을 파악하기 위해 자명하다고 여겨지는 것들까지 참이 아닐 수 있다고 의심하는 사고를 계속해 나갔으며, 확정적 명제로부터 다른 지식들을 하나씩 연역해 내는 생산적인 연역법을 통해 지식 체계 전체를 정립해 나가고자 했다. 이 글을 정확하게 이해하기 위해서는 데카르트가 추구한 철학의 특징과 목표를 바탕으로 생산적인 연역법이 탄생하기까지의 사고 과정을 파악해 나가는 것이 중요하다.

주제

(가) 기존의 고전적 귀납법을 보완하기 위한 베이컨의 참된 귀납법
(나) 고전적 연역법의 한계를 보완하기 위한 데카르트의 생산적인 연역법

(가) 논증이란 전제를 근거로 결론을 도출하는 논리적 증명의 과정을 의미한다. 대표적인 논증의 방법으로는 연역법과 귀납법이 거론된다. 연역법은 전제로부터 결론이 필연적으로 나오는 '진리 보존적 논증법'이고, 귀납법은 결론이 확률적으로 나오는 '진리 확장적 논증법'이다. 예를 들어, 연역법은 모든 포유류는 심장을 가진다는 일반적 사실에서 각각의 말과 소 등이 심장을 가진다는 개별적 사실을 결론으로 도출하지만, 귀납법은 각각의 말과 소 등이 심장을 가진다는 개별적 사실에서 모든 포유류는 심장을 가진다는 일반적 사실을 결론으로 도출한다.

(진리 보존적 논증법: 전제에서 결론이 필연적으로 도출되므로 새로운 지식의 생성이 불가능함. / 진리 확장적 논증법: 전제에서 결론이 개연적, 확률적으로 도출되므로 새로운 지식의 생성이 가능함. / 모든 포유류는 심장을 가진다: 연역법 논증의 전제 / 각각의 말과 소 등이 심장을 가진다(연역법): 연역법 논증의 결론 / 각각의 말과 소 등이 심장을 가진다(귀납법): 귀납법 논증의 전제 / 모든 포유류는 심장을 가진다(귀납법): 귀납법 논증의 결론)

← 대표적인 논증 방법인 연역법과 귀납법의 기본 개념

베이컨은 연역법이 전제된 내용으로부터 결론을 도출하기 때문에 새로운 지식을 얻어 낼 수 없다는 점에 주목하여, 새로운 지식을 만들어 낼 수 있는 귀납법에 집중했다. 그러나 귀납법으로 얻은 결론은 확률적으로 참이어서 거짓일 수도 있다. 그래서 '참의 정도', 다시 말해 '귀납적 강도'를 높일 방법을 찾아야만 했다. 그 결과 베이컨은 앞서 언급한 귀납법보다 복잡한 사고 과정을 가진 새로운 귀납법을 구상해 냈다. 그 한 예로, '열'의 개념을 도출하기 위한 베이컨의 논증은 다음과 같은 사고 과정을 거친다.

(베이컨이 귀납법에 주목한 이유 / 귀납법의 한계 / 귀납적 강도를 높이기 위해 새로운 귀납법을 구상한 베이컨)

← 베이컨이 새로운 귀납법을 구상하게 된 배경

우선 햇빛, 번개, 불꽃, 뜨거운 증기, 동물의 몸 등 열이 있다고 판단되는 모든 '긍정적 사례'를 모은 '존재표'를 만든다. 그런 다음 각 긍정적 사례에 대응하는 '부정적 사례'를 모은 '부재표'를 만든다. 예를 들어 햇빛에는 달빛이, 뜨거운 증기에는 차가운 공기가 각각 부정적 사례로 대응된다. 그다음에는 열의 정도가 서로 다른 사례를 모아 '정도표'를 만든다. 예를 들어 가만히 있는 동물보다 움직이는 동물의 몸에서 열이 더 많이 난다는 등의 사례를 적는 것이다. 이렇게 존재표를 통해 열이 있을 때의 성질을, 부재표를 통해 열이 없을 때의 성질을, 그리고 정도표를 통해 열이 증감하는 성질을 정리한 다음, 이들 중 열에 대한 성질로 합당하지 않은 것들만을 모아서 '배제표'를 만든다. 예를 들어 끓는 물은 열이 있는데도 빛나지 않기 때문에 빛나는 성질은 열의 성질에서 제외하는 식으로 범위를 좁혀 나가는 것이다.

(논증 과정 ①-열이 있다고 판단되는 사례들을 모두 수집하여 '존재표'를 만듦. / 논증 과정 ②-'긍정적 사례'에 속하는 대상과 유사한 속성을 지니고 있으나, 열은 없다고 판단되는 각각의 대응 사례들을 수집하여 '부재표'를 만듦. / 논증 과정 ③-열의 정도에 차이가 생기게 하는 요인을 파악할 수 있는 사례를 수집하여 '정도표'를 만듦. / 논증 과정 ④-'존재표', '부재표', '정도표'에 수집된 내용 중 열의 일반적 성질에 해당하지 않는 것들만 모아 '배제표'를 만듦.)

← '열'의 개념을 도출하기 위한 베이컨의 논증 과정

이렇게 귀납적 추리를 거쳐 베이컨이 열에 대해 얻은 결론은 놀랍게도 현대적 열 개념과 거의 일치한다.
열은 어떤 물질에서 분자들의 평균 운동 속도가 증가할수록 높아진다는 이론
베이컨은 개별적 사실에서 일반적 결론을 도출한다는 논증 구조를 유지하면서도, 배제표를 사용하여 귀납
기존 귀납법의 논증 구조
적 강도를 높여 감으로써 논증의 우수성을 확보한 것이다. ← 베이컨이 제시한 새로운 귀납법의 우수성
체계적인 사고 과정을 거쳐 열의 성질로 합당하지 않은 것들을 모두 배제함으로써 참의 정도(귀납적 강도)가 높아짐.

베이컨은 개미가 먹이를 모으듯 경험을 모으기만 하는 '개미의 방법'이나, 거미가 자기 속에서 하나의 실
기존의 귀납법을 의미함.
을 뽑아내듯 자신의 확신에 따라 독자적으로 사고를 전개해 나가는 '거미의 방법'에서 벗어나, 꿀벌이 꽃들
연역법을 의미함.
에서 구해 온 재료를 꿀로 바꾸어 내듯 경험을 통해 얻은 재료를 지성의 힘으로 변화시켜 소화하는 '꿀벌의
베이컨이 제시한 새로운 귀납법을 의미함.
방법'이 참된 귀납법에 가장 부합한다고 보았다. ← 베이컨이 제시한 새로운 귀납법의 의의

(나) 데카르트는 수학처럼 다른 어떤 것의 도움 없이 자신의 확실성을 스스로 드러내는 것을 '자명하다'라고
정의했다. 그리고 철학도 수학처럼 명료(clear)하고 분명(distinct)해야 한다고 보았다. 이를 위해 데카르트는
데카르트가 생각한 철학의 요건 – 명료함, 분명함
명료함과 분명함이 어떤 것인지부터 확실히 알아야 한다고 보고, 다음과 같이 통증을 예로 들어 설명했다.
← 데카르트가 생각한 철학의 요건

어떤 사람이 통증을 느낄 때, 그 통증은 그에게 명료하더라도 분명하지는 않을 수 있다. 그것이 심리적 통
통증이 느껴지는 것은 확실한데, 정확히 어디가 아픈지는 분명하지 않은 경우
증인지, 신체 어느 부위의 통증인지 확실치 않다면 통증의 적용 범위가 모호해져 분명하지 않게 되기 때문
이다. 반면에 통증이 어느 부위인지 분명하더라도 그 증상이 가벼워서 가려운 것인지 아픈 것인지조차 혼동
이 된다면 그때는 통증이 애매해져 그에게 통증은 명료하지 않게 된다. ← 데카르트가 언급한 명료함과 분명함의 차이
통증이 느껴지는 부위는 확실한데, 그 증상이 명료하지 않은 경우

데카르트는 이렇게 애매하거나 모호한 판단에서 벗어나 명료하고 분명한 절대적 지식을 파악하고자 했
다. 연역적 사고의 결과로 얻은 지식이 참이 되려면 아무도 의심할 수 없는 전제가 필요하므로, 데카르트는
연역적 사고의 결과는 전제의 범위를 벗어날 수 없으므로 결론이 참이 되려면 아무도 의심할 수 없는 전제로부터 논증이 전개되어야만 함.
자신이 자명하게 그러하다고 믿고 있었던 것들도 모두 참이 아닐 수 있다고 의심하는 사고를 계속해 나갔
의심의 여지가 없는 전제를 찾기 위한 노력
다. 그리고 그 과정에서 착시 현상과 같이 인간의 감각이 부정확하다는 것을 근거로 하여 감각적 경험을 통
해 얻은 모든 지식을 의심하고 부정하였다. ← 기존 지식에 대한 의심을 통해 절대적 지식을 파악하고자 한 데카르트
착시 현상과 같이, 인간의 감각에 의해 얻은 지식은 모두 착각에 의한 것일 수 있다고 여김.

또한 데카르트는 연역법을 바탕으로 한 고전적 논리학이 새로운 지식을 만들어 낼 수 없다는 데 반감을 가
베이컨과 데카르트의 공통된 문제의식
지고 있었다. 그래서 데카르트는 수학이나 기하학에서의 증명법과 같이 의심의 여지가 없는 자명한 명제에
서 시작하여 또 다른 명제들을 하나씩 도출해 나가는 '데카르트적 연역'을 시도했다. 예를 들어 '삼각형의
내각의 합은 180도이다.'라는 불변의 명제를 통해 사각형과 오각형의 내각의 합을 증명해 내고, 또 이를 일
연역법을 바탕으로 생산적인 결론을 도출해 냄.
반화하여 다각형 내각의 합을 구하는 공식을 추론해 내는 방식을 반복한 것이다. ← 데카르트적 연역의 사고 과정

이렇게 데카르트는 고전적 연역법 대신 자신이 개발해 낸 생산적인 연역법을 통해 기본이 되는 전제의 틀
안에서 다른 지식들을 하나씩 연역해 냄으로써 지식 체계 전체를 만들어 나갔다. 그는 모든 철학 지식이 책
데카르트가 제안한 생산적인 연역법의 의의
상에 가만히 앉아 사고하는 것만으로도 얼마든지 증명될 수 있는 것이라고 믿었으며, 그렇게 연역의 사고
데카르트는 경험이 아닌 이성적 사고만으로 모든 철학 지식이 증명될 수 있다고 믿음.

과정을 거쳐 하나씩 진흙을 바르고 청동을 붓는 '첨가 방식'을 통해 절대적인 지식이라는 하나의 조각상을 완성해 나가고자 하였다.

← 데카르트가 제안한 생산적인 연역법의 의의

## 이것만은 꼭 익히자! 어휘

- **도출(導出)하다**: 판단이나 결론 따위를 이끌어 내다.
- **필연적(必然的)**: 사물의 관련이나 일의 결과가 반드시 그렇게 될 수밖에 없는 것.
- **확률적(確率的)**: 확률에 근거한. 또는 그런 것.
- **대응(對應)하다**: 어떤 두 대상이 주어진 어떤 관계에 의하여 서로 짝이 되다.
- **합당(合當)하다**: 어떤 기준, 조건, 용도, 도리 따위에 꼭 알맞다.
- **강도(强度)**: 센 정도.
- **부합(符合)하다**: 부신(符信)이 꼭 들어맞듯 사물이나 현상이 서로 꼭 들어맞다.
- **자명(自明)하다**: 설명하거나 증명하지 아니하여도 저절로 알 만큼 명백하다.
- **명료(明瞭)하다**: 뚜렷하고 분명하다.
- **모호(模糊)하다**: 말이나 태도가 흐리터분하여 분명하지 않다.
- **혼동(混同)**: 구별하지 못하고 뒤섞어서 생각함.
- **착시(錯視)**: 시각적인 착각 현상.
- **부정(否定)하다**: 그렇지 아니하다고 단정하거나 옳지 아니하다고 반대하다.
- **일반화(一般化)하다**: 개별적인 것이나 특수한 것이 일반적인 것으로 되다. 또는 그렇게 만들다.
- **절대적(絕對的)**: 비교하거나 상대될 만한 것이 없는 것.

## 이것만은 꼭 익히자! 핵심 개념

### 핵심 개념 1 귀납적 강도

'귀납적 강도'란, 귀납적 논증에서 전제가 참일 때 결론이 참일 가능성의 정도를 의미한다. 전제에 해당하는 사례가 많이 수집될수록, 도출된 결론과 반대되는 사례가 적을수록, 결론을 일반화할 수 있을수록 귀납적 강도는 높아지며, 귀납적 강도가 높을수록 그에 비례해 해당 논증의 설득력도 높아진다. 베이컨은 귀납적 강도를 높이기 위한 방법으로, '존재표', '부재표', '정도표'를 만들어서 각 기준에 맞게 되도록 많은 사례를 수집하여 정리하였고, '배제표'를 만들어 도출된 결론에 반대되는 사례가 포함되지 않도록 하였다. 이렇게 베이컨은 다양한 층위의 사고 과정을 통해 결론이 더욱 정교하게 일반화될 수 있도록 하였다.

### 핵심 개념 2 '데카르트적 연역'의 예시

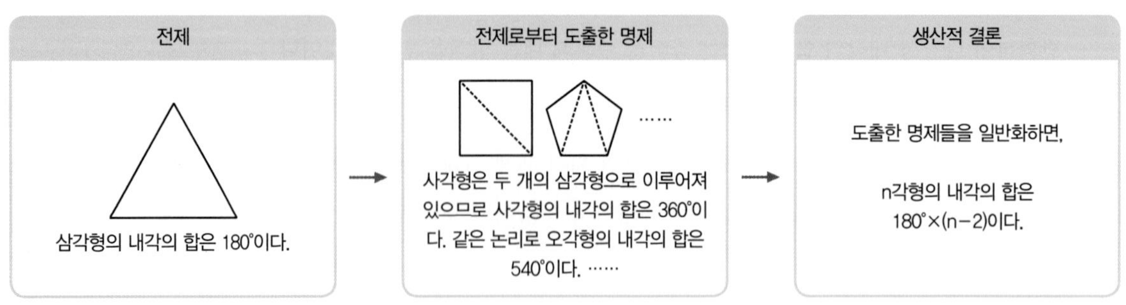

전제
삼각형의 내각의 합은 180°이다.
전제로부터 도출한 명제
……
사각형은 두 개의 삼각형으로 이루어져 있으므로 사각형의 내각의 합은 360°이다. 같은 논리로 오각형의 내각의 합은 540°이다. ……
생산적 결론
도출한 명제들을 일반화하면,
n각형의 내각의 합은 180°×(n−2)이다.

## 배경지식 더 알아보기

### ■ 베이컨이 생각한 참된 철학의 임무

베이컨의 『신기관(Novum Organum)』에는 다음과 같은 말이 실려 있다.

"지금까지 학문에 종사한 사람들은 경험에만 의존했거나 독단을 휘두르는 사람들이었다. 경험론자들은 개미처럼 오로지 모아서 사용하고, 독단론자들은 거미처럼 자기 속을 풀어서 집을 짓는다. 그러나 꿀벌은 어느 한쪽으로 치우치지 않고 뜰이나 들에 핀 꽃에서 재료를 구해 와 자신의 힘으로 변화시켜 소화한다. 참된 철학의 임무는 이와 비슷하다."

이 말을 통해 베이컨은 경험에만 의존하는 탐구 방법이나 이성적 사고에만 의존하는 연구 방법만으로는 결코 참된 철학, 새로운 학문의 세계로 나아갈 수 없으며, 오직 경험과 이성이 긴밀하고 순수하게 결합해야만 참된 철학, 새로운 학문으로 나아갈 수 있음을 주창하고자 했다.

### ■ 방법적 회의

방법적 회의란 데카르트의 저서 『방법 서설(Discours de la méthode)』에 제시된 개념으로, 조금이라도 의심할 수 있는 것을 모두 의심하는 방법을 통해 더 이상 의심할 수 없는 절대적 진리에 도달하고자 하는 철학적 탐구 방법론을 의미한다. 데카르트는 우선 감각 기관을 통해 얻은 지식은 착시 현상과 같이 불확실할 수 있으므로 의심해야 한다고 보았고, 귀납적 방법으로 도출해 낸 일반적 지식이나 필연적으로 참일 것이라 생각되는 보편적 지식조차도 모두 의심의 대상으로 삼아야 한다고 보았다. 데카르트는 이러한 방법적 회의를 통해 절대 의심이 불가능한 명제를 찾고 이를 바탕으로 지식 체계를 구축해 나가야 한다고 주장하였다.

데카르트가 말한 방법적 회의는 인간이 절대적 진리를 끝내 인식할 수 없을 것이라는 결과로서의 회의가 아니라, 절대적 진리를 찾기 위한 방법으로서의 회의이다. 따라서 방법적 회의의 과정에서는 확실한 근거를 가지고 거짓이라고 증명할 수 있는 것뿐만 아니라, 조금이라도 의심할 만한 근거가 있는 것은 모두 배제되며, 그 결과 절대적으로 의심할 수 없는 확실한 진리에 도달할 수 있는 가능성이 열린다.

## 선생님의 만점 구조도

### 포인트 1 '열'의 개념을 도출하기 위한 베이컨의 논증 과정 (문항 6 관련)

**과정 1**
열이 있다고 판단되는 모든 '긍정적 사례'를 모은 ❶ ______ 을/를 만든다.
예 햇빛, 번개, 불꽃, 뜨거운 증기, 동물의 몸 등

↓

**과정 2**
각 긍정적 사례에 대응하는 '부정적 사례'를 모은 ❷ ______ 을/를 만든다.
예 햇빛의 부정적 사례는 달빛, 뜨거운 증기의 부정적 사례는 차가운 공기

↓

**과정 3**
열의 정도가 서로 다른 사례를 모아 ❸ ______ 을/를 만든다.
예 가만히 있는 동물보다 움직이는 동물의 몸에서 열이 더 많이 남.

↓

**과정 4**
과정 1~3을 통해 수집한 내용 중 열에 대한 성질로 합당하지 않은 것들을 모은 ❹ ______ 을/를 만든다.
예 끓는 물은 열이 있지만 빛나지 않으므로 열의 성질에서 빛나는 성질은 제외

### 포인트 2 연역법의 한계에 대한 베이컨과 데카르트의 인식 비교

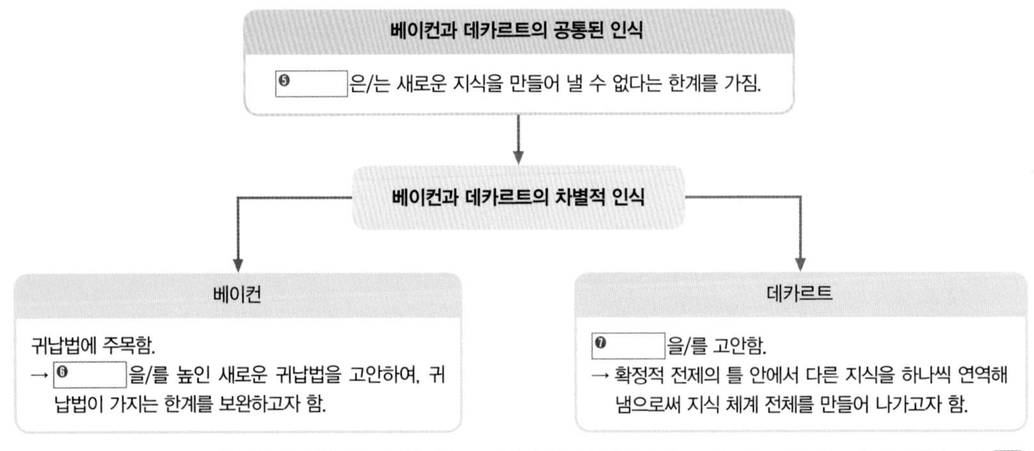

베이컨과 데카르트의 공통된 인식
❺ 은/는 새로운 지식을 만들어 낼 수 없다는 한계를 가짐.
베이컨과 데카르트의 차별적 인식
베이컨
귀납법에 주목함.
→ ❻ 을/를 높인 새로운 귀납법을 고안하여, 귀납법이 가지는 한계를 보완하고자 함.
데카르트
❼ 을/를 고안함.
→ 확정적 전제의 틀 안에서 다른 지식을 하나씩 연역해 냄으로써 지식 체계 전체를 만들어 나가고자 함.

정답 ❶ 존재표 ❷ 부재표 ❸ 정도표 ❹ 배제표 ❺ (고전적) 연역법 ❻ 귀납적 강도 ❼ 새로운 연역법

## EBS Q&A

**Q** 지문에 제시된 견해를 〈보기〉에 제시된 다른 견해와 비교하는 문항은 어떻게 접근해야 할까요? (문항 8 관련)

**A** 지문에 제시된 견해를 〈보기〉에 제시된 다른 견해와 비교하는 문항은 특히 인문 세트 문항의 마지막 문항으로 많이 출제되는 유형입니다. 대체로 지문의 견해와 〈보기〉의 견해는 공통점과 차이점을 동시에 가집니다. 그러므로 지문에 제시된 개념의 핵심 요소를 항목별로 정리한 뒤, 각 항목이 〈보기〉에 제시된 개념과 어떤 점에서 비슷하고 다른지를 꼼꼼하게 판단하면서 〈보기〉의 내용을 읽어야 합니다.

## 데카르트의 회의론

역어 읽기

상식적으로는 자신에게 보이고 들리고 느껴지는 그대로 세계가 존재할 것이라고 생각하지만, 회의론에서는 그 보고 듣고 느끼는 세계가 모두 환상일지도 모른다는 가정을 옹호한다. 가장 널리 알려진 회의론은 근세 철학의 창시자인 데카르트에 의해 제시되었는데, 그는 의심이 전혀 불가능한 확실한 지식을 찾기 위해 체계적으로 의심하는 방법을 만들었다. 즉 의심할 수 있는 이유를 더 이상 찾을 수 없을 때까지 의심할 수 있는 것은 모두 의심해 보는 것이다.

그가 의심한 첫 번째 범주의 지식은 감각에 의해 생긴 지식이다. 휴대 전화가 없는데도 벨소리가 들릴 때가 있는 것처럼, 감각은 우리를 종종 속이므로 감각적인 증거를 토대로 생긴 지식은 믿을 수 없다. 그렇지만 내가 지금 의자에 앉아 있다는 사실까지 의심하는 사람은 없다. 이에 대해서도 데카르트는 꿈에서 똑같은 종류의 감각을 한다는 점을 지적한다. 나는 의자에 앉아 있다고 느낄지도 모르지만 사실 나는 침대에서 깊은 잠에 빠져 있을 수 있다. 따라서 감각적인 증거를 토대로 생긴 지식은 믿을 수 없다.

감각적 지식만이 지식의 전부는 아니다. 예컨대 우리의 지식 중 수학의 지식은 감각에 의존하지 않으므로 데카르트의 의심에서 무사히 벗어날지 모른다. 내가 깨어 있을 때나 꿈속에서나 2 더하기 3은 5이기 때문이다. 그런데 데카르트는 수학의 지식마저도 의심이 가능하다고 말한다. 악마가 존재하여 사실은 2 더하기 3은 4인데 우리가 2에 3을 더할 때마다 5인 것처럼 속일 수 있기 때문이다. 그런 악마가 실제로 존재하지 않더라도 자체적으로 모순이 되지 않는다면 상상하는 데는 아무런 제약이 없다.

그러나 데카르트는 아무리 의심을 해도 의심하는 사람의 존재에 관한 의심은 가능하지 않다고 말한다. 왜냐하면 만약 그 자신이 존재하지 않는다면 어떠한 악마도 그를 속일 수 없기 때문이다. 그러므로 그가 의심하고 있다면 그는 존재함에 틀림없다. 그래서 데카르트는 다음과 같이 말한다. "나는 생각한다. 그러므로 나는 존재한다." 그 자신의 존재는 그 자신에게 절대적으로 확실한 것이다.

그런데 데카르트가 찾은 이러한 존재의 확실성의 토대는 그리 튼튼한 것 같지 않다. 그의 결론대로 생각하는 내가 존재한다고 하더라도, 생각하는 '나'가 항상 같은 '나'라는 보장이 있을까? 생각하는 '나'가 존재한다고 하면 지금 생각하는 '나'와 5분 전에 생각하던 '나'는 똑같은 사람으로 존재해야 한다. 그러나 지금 이 순간의 생각은 내가 하고 있는 것이 확실하지만 5분 전에도 '지금의 나'가 생각했다는 것이 확실하지 않으므로, 지금 생각하는 '나'와 5분 전에 생각하던 '나'가 동일하지 않을 수도 있다.

데카르트의 체계적 의심에 따르면 절대적으로 확실한 것은 오직 지금 이 순간의 나의 존재일 뿐이다. 그러나 좀 더 철저히 의심하면 영속적인 나의 존재는 보장되지 않는다. 그는 회의를 시작했지만 철저한 회의론자가 되지는 못했다.

**독해 포인트** 이 글은 데카르트의 회의론과 그 한계에 관해 설명하고 있다. 데카르트는 의심이 전혀 불가능한 확실한 지식을 찾기 위해 체계적으로 의심하는 방법을 만들었다. 그는 감각적인 증거를 토대로 만들어진 지식은 믿을 수 없다고 보았고, 심지어는 수학의 지식과 같이 감각에 의존하지 않는 지식도 의심이 가능하다고 생각했다. 이러한 의심의 과정을 거쳐, 결국 데카르트는 의심하는 사람의 존재만이 절대적으로 확실하다는 결론에 이르게 된다. 그러나 이 결론은 한계를 갖는다. 영속적인 나의 존재는 보장되지 않으므로 데카르트가 생각해 낸 존재의 확실성도 보장할 수 없기 때문이다. 데카르트는 회의론을 시작한 회의론자이지만, 철저한 회의론자가 되지는 못했다는 점에서 한계를 갖는다.

**주제** 데카르트의 회의론과 그 한계

실전 모의고사

**3회**

사회·문화
09~13번

# 형법상 과실

EBS 수능완성 186쪽

이 글은 형법상 과실의 개념과 처벌 규정을 소개하며 과실범의 성립 요건과 그 사례에 대해 설명하고 있다. 과실이란 구성 요건에 해당하는 행위를 비의도적으로 실현하여 법익을 침해하는 경우로, 의도적인 규범 불복종에 해당하는 고의와 구별된다. 우리나라 형법 제14조에서는 과실범의 성립 요건으로 '정상적으로 기울여야 할 주의를 게을리'함을 명시하고 있다. 사회생활에서 요구하는 일정한 주의 의무의 기준에 대한 견해로 객관설, 주관설, 절충설이 있는데, 우리나라는 평균인 표준설이라고도 불리는 객관설을 따른다. 한편, 일정한 위험이 수반되는 필수 불가결한 영역에 이러한 주의 의무를 적용하면 사회가 정체될 수 있으므로, '허용된 위험' 이론을 통해 사회생활상 요구되는 주의 의무의 기준을 명문화한 규정에 따라 필요한 안전 조치를 충분히 한 경우에는 과실범으로 처벌할 수 없도록 하고 있다. 이 글을 정확하게 이해하기 위해서는 과실범의 성립 요건인 '주의를 게을리'함과 '정상적으로 기울여야 할 주의'에 대한 개념 및 '허용된 위험' 이론의 목적을 파악하는 것이 중요하다.

주제 형법상 과실의 개념과 과실범 처벌의 기준

형법상 범죄가 성립하려면 행위자의 행위가 구성 요건*에 해당해야 하며 위법성*과 유책성*을 갖추어야 한다. 여기서 구성 요건이란, 형법상 금지되는 행위가 무엇인가를 추상적·일반적으로 기술해 놓은 것을 말한다.

범죄의 성립 요건 ① / 범죄의 성립 요건 ② / 범죄의 성립 요건 ③

← 형법상 범죄의 성립 요건

자신이 하는 행위가 구성 요건에 해당함을 알고도 그 행위를 의도적으로 실현한 경우를 '고의'라고 하고, 자신의 행위가 타인의 법익*을 해칠 것임을 몰랐더라도 사회적으로 요구되는 주의 의무*를 준수하지 못한 것을 '과실'이라고 한다. 자동차 운전자가 보복 운전의 목적으로 앞차를 뒤에서 들이받아 추돌 사고를 낸 경우라면 고의에 의한 범죄 행위에 해당할 수 있다. 반면, 운전자가 수면 부족으로 피로한 상태에서 졸음운전을 하다 앞차를 뒤에서 들이받는 사고를 낸 경우는 과실에 의한 범죄 행위에 해당할 수 있다. 의도적인 규범 불복종에 해당하는 고의에 비해서 과실은 불법성*이나 책임의 정도가 약한 것으로 간주된다. 그래서 우리나라는 원칙적으로 고의범*만을 처벌하되, '정상적으로 기울여야 할 주의를 게을리하여 죄의 성립 요소인 사실을 인식하지 못한 행위는 법률에 특별한 규정이 있는 경우에만 처벌한다.'라고 명시한 형법 제14조에 따라 법률에 특별한 규정이 있는 경우에만 예외적으로 과실범*을 처벌하고 있다.

'고의'의 개념 정의 / '과실'의 개념 정의 / '고의'의 사례 / '과실'의 사례 / 불법성과 책임의 정도를 기준으로 한 비교: 고의 > 과실 / 과실범 처벌의 법적 근거 / 고의범 처벌의 정도가 과실범보다 더 엄격함.

← 고의와 과실의 비교 및 과실범의 처벌 규정

형법 제14조는 과실의 개념 요소로 '주의를 게을리'함을 명시적으로 밝히고 있다. 이는 행위자가 자신의 부주의, 즉 주의 의무의 불이행으로 인해 예견하거나 피할 수 있었던 법익 침해의 결과를 초래한 경우를 이른다. 달리 말하면, 행위자가 주의 의무를 다하였더라도 결과가 발생하였으리라고 인정되는 경우에는 과실범이 성립하지 않는다. 이처럼 과실범의 본질은 주의 의무 위반에 있다. 따라서 과실범의 성립 요건을 검토하는 과정에서 일차적으로 그 행위와 관련된 주의 의무의 규정을 확인할 필요가 있다. 예를 들어, 도로 교통법 제31조 제1항에서는 '모든 차 또는 노면 전차의 운전자는 다음 각 호의 어느 하나에 해당하는 곳에서는 서행하여야 한다.'라고 주의 의무를 규정하면서 세부 항목 중 제4호로 '가파른 비탈길의 내리막'을 명시하였다. 즉 규정에 명시된 장소에서 주행 중인 모든 운전자는 서행해야 할 의무가 있으므로, 운전자가 도로에 사람이 있다는 것을 인식하지 못하여 고의가 인정되지 않더라도 가파른 비탈길의 내리막에서 감속하지 않고 주행하다가 교통사고로 사람을 다치게 한 경우라면 과실범으로 인정될 수 있다.

'주의를 게을리'함이 의미하는 바 / 과실범의 성립 요건 / 주의 의무 규정의 사례 / 도로 교통법 제31조 제1항 / 이유: 의도적인 규범 불복종이 아니기 때문임. / 이유: 주의 의무의 규정(도로 교통법 제31조 제1항)을 위반했기 때문임.

← 과실의 개념 중 '주의를 게을리'함의 의미와 예

한편, 법문에서는 '정상적으로 기울여야 할 주의'라는 개념을 통해 사회생활에서 요구하는 일정한 주의 의무가 있음을 밝혔으나, 그 수준과 정도에 대해 무엇을 표준으로 삼을 것인지를 명시하지는 않았다. 주의 의무의 표준에 대한 견해로 객관설과 주관설, 절충설 등이 있다.

객관설, 주관설, 절충설을 구분하는 기준

← 과실의 개념 중 '정상적으로 기울여야 할 주의'의 의미와 표준

객관설은 사회 일반인의 주의 능력을 기준으로 하여 주의 의무 위반의 유무를 판단하려는 견해로, '평균인 표준설'이라고도 한다. 이는 주의 의무의 척도가 추상적 · 객관적이어야 한다는 것을 전제하므로, 과실 유무와 과실의 경중을 판단할 때 행위자의 구체적인 사정이 아니라 일반적인 사람들이 취할 수 있는 주의의 정도를 표준으로 삼는다. 단, 의료나 운전 등과 같이 전문화된 업무와 관련된 행위는 동일한 업무와 직종에 종사하는 사람들을 표준으로 삼는다. 한편, 주관설은 행위자 개인의 주의 능력을 기준으로 하여 주의 의무 위반 여부를 판단하려는 견해로 '행위자 표준설'이라고도 한다. 귀책의 근거가 행위자의 주관적인 요소에 있으므로, 주의 의무의 척도로 행위자 개개인의 주의력을 표준으로 하는 구체적 과실을 상정한다. 이는 법 규범이 개인에게 불가능한 것을 요구할 수 없음을 전제한다. 한편, 절충설은 주의 의무의 정도에 대해서는 일반인을 표준으로 삼되 주의 능력에 대해서는 행위자를 기준으로 삼는 견해로 '이중 표준설'이라고도 한다. 우리나라는 평균인 표준설을 따르는 것이 통설이다.

(객관설 = 평균인 표준설; 객관설의 주의 의무의 기준; 객관설의 주의 의무의 척도; 일반적인 사람들이 아니라 동종 업계 종사자들을 기준으로 함.; 주관설 = 행위자 표준설; 주관설의 주의 의무의 기준; 주관설의 주의 의무의 척도; 절충설 = 이중 표준설; 절충설의 주의 의무의 기준 ①: 객관설; 절충설의 주의 의무의 기준 ②: 주관설; 객관설)

← 주의 의무의 표준에 대한 세 가지 견해

평균인 표준설은 법 규범의 선도적 · 예방적 기능을 강화하고, 과실로 인한 사고가 대량으로 발생하는 영역에서 행위자가 준수해야 할 주의 의무가 정형화 · 표준화되어 적용되도록 만든다는 장점이 있다. 하지만 이는 사회 구성원에게 일상에서 남다른 주의를 기울이면서 살아가도록 강요하므로 정상적인 사회생활을 영위하는 것을 어렵게 만들 수 있다. 예를 들어, 자동차 교통, 의료, 건설, 공장, 원자력 발전 등은 현대의 복잡한 산업 사회에서 유용성이 있는 필수 불가결한 영역이지만, 항상 일정한 위험을 수반한다. 여기에 일반적인 주의 의무를 적용한다면, 예견된 결과를 피하기 위해서는 업무를 중단하거나 시설을 제거할 수밖에 없으므로 사회 전체가 정체될 수 있다.

(평균인 표준설의 장점 ①; 평균인 표준설의 장점 ②; 평균인 표준설의 한계; 공통점: ① 유용성이 있는 필수 불가결한 영역 ② 일정한 위험의 수반; 이유: 주의 의무 규정에 따라 법익 침해의 결과가 예견되는 행위는 제한해야 하므로)

← 평균인 표준설의 장점과 한계

그래서 과실의 주의 의무 범위를 제한하기 위해 등장한 이론이 바로 '허용된 위험'이다. 행위자가 구성 요건에 해당하는 결과를 피하기 위한 조치를 충분히 했다면, 비록 그 행위가 중대한 피해를 초래하더라도 행위자에게 과실 책임을 지울 수 없다는 것이다. 도로 교통법이나 의료법에는 위험의 발생 빈도가 높은 영역에 대해 사회생활상 요구되는 주의 의무의 기준을 명문화한 규정이 있는데, 규정에 명시된 기준을 충족했는지에 따라 구성 요건의 배제 여부가 결정된다. 예를 들어, 의료법에서는 의사가 환자에게 수술 전 지켜야 할 주의 사항이나 의료 행위에 따른 부작용에 대해 구체적으로 설명할 의무가 있다고 명시했다. 이러한 명문화된 기준에 따라 행위자가 필요한 안전 조치를 했다면 주의 의무를 다한 것이므로, 그 행위가 법익을 침해했더라도 과실범으로 처벌할 수 없다.

('허용된 위험' 이론의 목적; 행위자가 주의 의무를 다하였는지를 판단하는 기준으로 작용함.; 형법 제14조에서 언급된 '특별한 규정'에 대응됨.; 구성 요건에 해당하는 결과를 피하기 위한 조치를 충분히 했는지에 따라; 이유: 사회생활상 요구되는 주의 의무의 기준을 명문화한 규정에 명시된 기준을 충족하였기 때문임.)

← 주의 의무의 범위를 제한하는 '허용된 위험' 이론

*법익: 형법에서 침해가 금지되는 개인이나 공동체의 이익 또는 가치.
*고의범: 죄를 범할 의사를 가지고 저지른 범죄. 또는 그런 범인.
*과실범: 부주의로 인하여, 어떤 결과의 발생을 미리 내다보지 못함으로써 성립하는 범죄. 또는 그런 죄를 저지른 사람.

## 이것만은 꼭 익히자! 어휘

- **구성 요건(構成要件)**: 형법에서, 금지되거나 요구되는 행위가 무엇인가를 추상적 · 일반적으로 기술해 놓은 것. 범죄가 성립하기 위해서는 먼저 그 행위가 '사람을 죽인', '남의 재물을 훔친' 따위와 같은 구성 요건에 해당하여야 한다.
- **위법성(違法性)**: 어떤 행위가 범죄 또는 불법 행위로 인정되는 객관적 요건. 민법에서는 권리 침해를, 형법에서는 어떤 행위가 정당행위· 정당방위 · 긴급 피난 따위에 해당하지 않음을 이것의 구성 요건으로 규정한다.
- **유책성(有責性)**: 위법 행위를 한 자에 따르는 법률적 제재. 책임 능력, 위법성의 인식, 기대 가능성 따위가 이를 판단하는 기준이 된다.
- **주의 의무(注意義務)**: 어떤 행위를 함에 있어서 일정한 주의를 하여야 할 법률상의 의무.
- **불법성(不法性)**: 불법의 상태를 띤 성질.
- **통설(通說)**: 세상에 널리 알려지거나 일반적으로 인정되고 있는 설.

## 이것만은 꼭 익히자! 핵심 개념

### 핵심 개념 ① 고의와 과실

- **고의**: 자신이 하는 행위가 구성 요건에 해당함을 알고도 그 행위를 의도적으로 실현한 경우. 의도적인 규범 불복종에 해당함.
- **과실**: 자신의 행위가 타인의 법익을 해칠 것임을 모른 상태에서 사회적으로 요구되는 주의 의무를 준수하지 못한 경우. 의도적인 규범 불복종에 비해 불법성이나 책임의 정도가 약한 것으로 간주됨.

### 핵심 개념 ② 과실범 처벌과 관련된 조항인 형법 제14조

- **형법 제14조**: 정상적으로 기울여야 할 주의를 게을리하여 죄의 성립 요소인 사실을 인식하지 못한 행위는 법률에 특별한 규정이 있는 경우에만 처벌한다.
- **형법 제14조에 드러난 과실의 개념 요소**
  ① '주의를 게을리'함: 행위자가 자신의 부주의로 인해 예견하거나 피할 수 있었던 법익 침해의 결과를 초래한 경우 → 주의 의무의 위반이 과실범의 본질임. 따라서 과실범의 성립 요건을 검토하는 과정에서 일차적으로 확인할 필요가 있는 것이 바로 그 행위와 관련된 주의 의무의 규정임.
  ② '정상적으로 기울여야 할 주의': 사회생활에서 요구되는 일정한 주의 의무 → 주의 의무의 수준과 정도에 대해서 3가지 견해가 있는데, 객관설(=평균인 표준설), 주관설(=행위자 표준설), 절충설(=이중 표준설)이 이에 해당함.

### 핵심 개념 ③ 과실의 주의 의무 범위를 제한하기 위해 등장한 '허용된 위험' 이론

- '허용된 위험' 이론은 행위자가 구성 요건에 해당하는 결과를 피하기 위한 조치를 충분히 했다면, 비록 그 행위가 중대한 피해를 초래하더라도 행위자에게 과실 책임을 지울 수 없음을 드러냄.
- 사회에서 유용성이 있어 필수 불가결하지만 위험의 발생 빈도가 높은 영역에 대해 사회생활상 요구되는 주의 의무의 기준을 명문화한 규정을 두고, 그 규정에 명시된 기준을 충족했는지에 따라 과실범으로 처벌할 수 있는지가 결정됨.
  예 도로 교통법, 의료법 등

## 배경지식 더 알아보기

■ **우리나라 형법상 과실의 특징과 유형**

우리나라 형법상 과실의 개념 및 그 판단 기준에 대하여 다양한 학설들이 대립하고 있는데, 그중 상당수 학설은 독일 형법에 기반하고 있다. 그런데 우리나라 형법은 다음과 같은 측면에서 독일 형법과 상당한 차이를 보인다.

- 과실의 개념에 관한 정의 규정을 두고 있음.
- 보통의 과실과 업무상 과실 · 중과실을 구별하여 후자를 무겁게 벌하는 태도를 취함.
- 보통의 과실은 처벌하지 않으면서 업무상 과실 · 중과실만 처벌하는 입법 태도를 취함.

■ **업무상 과실(業務上過失)**

일정한 업무에 종사하는 자가 그 업무상 준수해야 할 주의 의무를 위반한 경우 또는 일정한 업무 종사자가 당해 업무의 성질상 또는 업무상의 지위 때문에 특별히 요구되는 주의 의무를 게을리한 경우 등으로 정의된다. 일반적으로 '업무'란 '사람이 사회생활상의 지위에 기하여 반복 · 계속할 의사로 행하는 사무'를 의미한다. '사회생활상의 지위에 기한' 사무여야 한다는 것은 사람이 사회생활을 유지하면서 행하는 사무를 말하므로, 누구에게나 공통되는 개인적 · 자연적 생활 현상(식사, 수면, 육아, 가사)은 업무라고 할 수 없다. 또한, '반복 · 계속할 의사'로 행하여진 것이어야 하므로, 호기심에 의하여 단 1회 운전한 것만으로는 업무라고 할 수 없다. 판례에서도 '업무상 과실 치사상죄에 있어서의 업무란 사람의 사회생활 면에 있어서의 하나의 지위로서 계속적으로 종사하는 사무를 말하고, 반복 · 계속의 의사 또는 사실이 있는 한 그 사무에 대한 각별한 경험이나 법규상의 면허를 필요로 하지 아니한다'는 태도를 취하고 있다. 즉, 업무상 과실은 일정 업무에 종사하는 사람이 업무에 필요한 주의를 게을리함으로써 발생하는 과실로, 보통 과실에 비하여 형벌이 가중된다.

■ **중과실(重過失)**

중과실이란, 주의 의무 위반의 정도가 극히 현저한 경우, 극히 근소한 주의만 하였더라면 결과 발생을 예견할 수 있었음에도 불구하고 부주의로 이를 예견하지 못한 경우, 약간의 주의만 기울였더라도 결과 발생을 방지할 수 있었던 경우, 행위자가 조금만 주의를 기울였더라도 결과의 발생을 예견 · 회피할 수 있었을 경우, 행위자가 약간의 주의만 기울였더라면 요구되는 주의 의무를 위반하지 않았을 사정하에서 보여 준 특별히 경솔 · 무모한 태도 등으로 정의된다. 즉, 중과실은 조금만 주의하면 결과의 발생을 피할 수 있는데도 이를 게을리한 일을 가리키는 것으로, 형의 가중 사유가 된다.

## 선생님의 만점 구조도

**포인트 1** **고의와 과실의 비교** (문항 11 관련)

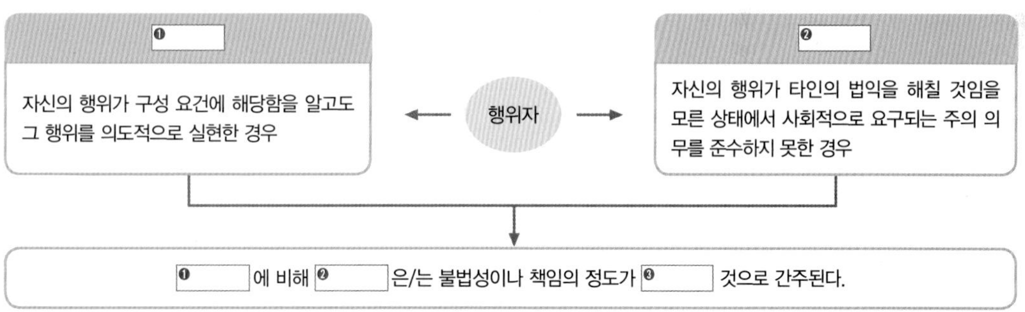


**포인트 2** **과실의 개념 요소 중 '정상적으로 기울여야 할 주의'의 표준** (문항 10, 12 관련)

| 구분 \ 견해 | 객관설 | 주관설 | 절충설 |
|---|---|---|---|
| 주의 능력의 기준 | ❹ <br>단, 전문화된 업무와 관련된 행위는 동일한 업무와 직종에 종사하는 사람을 기준으로 함. | ❺ | ┌ 주의 능력: 행위자 개인<br>└ 주의 의무 정도: 사회 일반인 |
| 주의 의무의 척도 | 추상적 · 객관적 과실 | ❻ 과실 | |

정답 ❶ 고의 ❷ 과실 ❸ 약한 ❹ 사회 일반인 ❺ 행위자 개인 ❻ 구체적

## 역어 읽기

# 손해 배상 책임의 성립 요건에 대한 입증 책임

일반적으로 법률에서는 일정한 법률 효과와 함께 그것을 일으키는 요건을 규율한다. 이를테면, 민법 제750조에서는 불법 행위에 따른 손해 배상 책임을 규정하는데, 그 배상 책임의 성립 요건을 다음과 같이 정한다. '고의나 과실'로 말미암은 '위법 행위'가 있어야 하고, '손해가 발생'하여야 하며, 바로 그 위법 행위 때문에 손해가 생겼다는, 이른바 '인과 관계'가 있어야 한다. 이 요건들이 모두 충족되어야, 법률 효과로서 가해자는 피해자에게 손해를 배상할 책임이 생기는 것이다.

소송에서는 이런 요건들을 입증해야 한다. 소송에서 입증은 주장하는 사실을 법관이 의심 없이 확신하도록 만드는 일이다. 어떤 사실의 존재 여부에 대해 법관이 확신을 갖지 못하면, 다시 말해 입증되지 않으면 원고와 피고 가운데 누군가는 패소의 불이익을 당하게 된다. 이런 불이익을 받게 될 당사자는 입증의 부담을 안을 수밖에 없고, 이를 입증 책임이라 부른다.

대체로 어떤 사실이 존재함을 증명하는 것이 존재하지 않음을 증명하는 것보다 쉽다. 이 둘 가운데 어느 한쪽에 부담을 지워야 한다면, 쉬운 쪽에 지우는 것이 공평할 것이다. 이런 형평성을 고려하여 특정한 사실의 발생을 주장하는 이에게 그 사실의 존재에 대한 입증 책임을 지도록 하였다. 그리하여 상대방에게 불법 행위의 책임이 있다고 주장하는 피해자는 소송에서 원고가 되어, 앞의 민법 조문에서 규정하는 요건들이 이루어졌다고 입증해야 한다.

그런데 이들 요건 가운데 인과 관계는 그 입증의 어려움 때문에 공해 사건 등에서 문제가 된다. 공해에 관하여는 현재의 과학 수준으로도 해명되지 않는 일이 많다. 그런데도 피해자에게 공해와 손해 발생 사이의 인과 관계를 하나하나의 연결 고리까지 자연 과학적으로 증명하도록 요구한다면, 사실상 사법적 구제를 거부하는 일이 될 수 있다. 더구나 관련 기업은 월등한 지식과 기술을 가지고 훨씬 더 쉽게 원인 조사를 할 수 있는 상황이기에, 피해자인 상대방에게만 엄격한 부담을 지우는 데 대한 형평성 문제도 제기된다.

공해 소송에서도 인과 관계에 대한 입증 책임은 여전히 피해자인 원고에게 있다. 판례도 이 원칙을 바꾸지는 않는다. 다만 입증되었다고 보는 정도를 낮추어 인과 관계 입증의 어려움을 덜어 주려 한다. 곧 공해 소송에서는 예외적으로 인과 관계의 입증에 관하여 의심 없는 확신의 단계까지 요구하지 않고, 다소 낮은 정도의 규명으로도 입증되었다고 인정하는 판례가 등장하는 것이다. 이렇게 해서 인과 관계가 인정되면 가해자인 피고는 인과 관계의 성립을 방해하는 증거를 제출하여 책임을 면해야 한다.

이 글은 불법 행위에 따른 손해 배상 책임의 성립 요건에 대한 입증 책임을 설명하고 있다. 민법 제750조에는 불법 행위에 따른 손해 배상의 요건들을 정하고 있는데, 이 요건들이 모두 충족되어야 법률 효과인 손해 배상 책임이 발생한다. 그런데 소송에서는 이런 요건들을 입증해야 하는데, 불이익을 받게 될 당사자가 입증 책임을 지게 된다. 일반적으로 어떤 사실이 존재한다고 증명하는 것이 존재하지 않음을 증명하는 것보다 쉽기 때문에, 입증 책임은 특정한 사실의 발생을 주장하는 사람, 즉 원고에게 지우는 것이 공평하다. 그런데 공해 사건에서 인과 관계라는 요건은 입증이 어려워 문제가 된다. 더구나 관련 기업은 월등한 위치에서 쉽게 원인 조사를 할 수 있기에 피해자에게만 엄격한 부담을 지우는 것은 형평성에도 문제가 된다. 그래서 공해 소송에서 인과 관계에 대한 입증 책임을 여전히 원고에게 부담을 지우고 있지만, 입증되었다고 보는 정도를 낮추어 인과 관계 입증의 어려움을 덜어 주고 있다.

주제 불법 행위에 따른 손해 배상 책임의 성립 요건에 대한 입증 책임

실전 모의고사

과학 14~17번

# 단백질의 구조와 단백질 접힘

EBS 수능완성 189쪽

**독해 포인트** 이 글은 단백질의 구조와 단백질의 접힘에 대해 설명하고 있다. 단백질은 어떤 구조를 이루는지에 따라 1~4차 구조로 구분할 수 있으며, 2차 구조가 복잡한 3차원의 형태로 접히는 것을 단백질 접힘이라고 한다. 한편 강산, 강염기, 높은 온도 등으로 인해 단백질의 접힘이 풀리거나 해체되면 단백질의 변성이 일어난다. 이 글에서는 단백질의 구조와 단백질 접힘, 단백질의 변성 등의 개념 이해를 중시하며 읽는 것이 중요하다.

**주제** 단백질의 구조와 단백질 접힘의 원리

단백질은 세포 내에서 가장 다양하고 중요한 기능을 가지는 고분자 화합물로서, 생체 반응을 중계하며 생명체의 질서를 유지하는 역할을 한다. 아미노산은 이러한 단백질을 구성하는 기본 단위로, 아미노산이 결합되어 있는 구조를 폴리펩타이드라고 한다. 단백질은 이러한 폴리펩타이드 사슬로 구성되어 있으며 대개 100개 이상의 아미노산으로 구성된다. 아미노산의 서열은 단백질의 구조뿐만 아니라 단백질의 고유한 기능도 결정한다.

단백질의 역할 / 아미노산이 결합되어 있는 구조인 폴리펩타이드 사슬로 구성된 단백질

← 단백질의 구조와 기능을 결정하는 아미노산의 서열

단백질은 어떤 구조를 이루는지에 따라 여러 단계로 나눌 수 있다. 1차 구조는 단백질을 구성하는 아미노산의 서열을 뜻한다. 단백질을 구성하는 아미노산의 서열은 생물의 유전 정보에 의해서 결정되는데, 아미노산 중 하나라도 다른 아미노산으로 대체된다면 단백질의 모양, 기능에 영향을 미칠 수 있다. 아미노산 간의 수소 결합에 의해 형성되는 2차 구조는 폴리펩타이드 사슬의 일부가 꼬이거나 접히면서 나타나는 특정한 패턴을 의미한다. 이러한 패턴의 모양에 따라 2차 구조는 α 나선 구조, β 병풍 구조 등으로 구분된다. 단백질이 제대로 기능하기 위해서는 이러한 특정 패턴을 지닌 긴 폴리펩타이드 사슬이 복잡한 3차원의 형태로 바뀌어야 한다. 2차 구조를 가진 단백질은 다시 3차원적으로 접혀 입체 구조를 가지게 된다. 이 구조를 3차 구조라고 하는데, 이때 폴리펩타이드 사슬이 접히는 과정을 '단백질 접힘'이라고 한다. 4차 구조는 3차 구조가 여러 개 결합하여 이루어진 것을 가리킨다. 1차, 2차 구조는 생체 내에서 단독으로 존재할 수 없지만, 3차 구조부터는 안정화되어 단독으로 존재할 수 있다.

아미노산의 서열이 바뀌면 단백질의 종류, 기능이 달라질 수 있음. / 단백질의 2차 구조 / 단백질 접힘을 통해 단백질의 3차 구조가 이루어짐. / 3차 구조, 4차 구조의 단백질은 단독으로 존재할 수 있음.

← 단백질의 1~4차 구조

단백질 접힘이 일어나는 원리 중 하나로 아미노산 사이의 상호 작용이 있다. 아미노산에는 물과 강한 친화력을 가진 친수성 아미노산과 물을 싫어하는 성질을 가진 소수성 아미노산이 있는데, 폴리펩타이드 사슬에는 친수성 아미노산이 촘촘하게 존재하는 부분과 소수성 아미노산이 모여 있는 부분이 혼재되어 있다. 세포의 내부는 거의 수분으로 가득 차 있으므로 소수성 아미노산들끼리는 물에 닿는 부분을 최소화하기 위해 서로 뭉쳐 단백질 안쪽으로 접혀 들어간다. 이러한 과정과 수소 결합 등의 여러 가지 힘이 상호 작용하여 폴리펩타이드 사슬이 완전히 접혀 3차 구조를 이루게 되면 각 단백질 고유의 구조를 형성하게 된다. 이때 열 충격 단백질이라고도 알려진 샤페론이 폴리펩타이드 사슬과 상호 작용하며 단백질 접힘에 관여하기도 한다. 샤페론은 폴리펩타이드 사슬이 미리 접히지 않도록 안정화시켜 단백질이 제대로 접히도록 도와주거나, 잘못 접힌

소수성 아미노산은 물을 싫어하는 성질을 가지고 있으므로 / 소수성 아미노산들끼리 물에 닿는 부분을 최소화하기 위해 단백질 안쪽으로 접혀 들어가는 과정 / 샤페론의 역할 ①

단백질이 다른 단백질과 응집되어 만들어진 응집체의 분해를 돕는 등의 역할을 한다.
사페론의 역할 ②
← 단백질 접힘이 일어나는 원리와 사페론의 역할

이러한 단백질의 접힘은 복잡한 과정이므로 때로는 부적절하게 접힌 분자들이 만들어지기도 한다. 잘못 접힌 단백질은 보통 세포 내에서 분해되지만, 노화 등의 이유로 세포 내부나 외부에 쌓이기도 한다. 이처럼 잘못 접힌 단백질이 쌓이게 되면 병을 유발*할 수 있다. 예를 들어 알츠하이머병은 정상 단백질이 비정상적 과정을 거쳐 잘못 접힌 독특한 입체 형태가 누적되면, 이것이 신경 독성을 나타내거나 정상 단백질의 작용을 막아 발생하는 것으로 알려져 있다.
← 잘못 접힌 단백질로 인해 발생하는 질병

한편 단백질의 접힘이 풀리거나 해체되면 단백질의 변성이 일어난다. 열, 강산 또는 강염기는 변성을 일으키는 대표적인 요인에 해당한다. 예를 들어 세포 내에서 기능하는 단백질 중 효소는 보통 중성 pH에서 3차 구조를 유지할 수 있으며 강산 또는 강염기, 혹은 높은 온도에서는 수소 결합이 대부분 파괴된다. 변성이 일어나면 단백질의 아미노산의 서열에는 변함이 없지만 2차 및 3차 구조에 손상이 가해져 단백질은 제대로 기능을 하지 못하게 된다. 변성은 특별한 경우에는 가역적이기 때문에 변성의 요인이 제거되면 원래 고유의 구조로 다시 접힐 수 있다. 그러나 대부분의 단백질에는 일단 변성이 일어나면 영구적으로 변형된 채로 남는 비가역적인 변화가 일어난다.
단백질의 변성: 단백질의 고차 구조(2~4차 구조)가 물리적 또는 화학적 요인에 의해 변하여 단백질 고유의 성질을 잃는 현상
단백질의 변성이 일어난 결과
← 단백질의 변성

## 이것만은 꼭 익히자! 어휘

* **중계(中繼)**: 중간에서 이어 줌.
* **대체(代替)**: 다른 것으로 대신함.
* **혼재(混在)**: 뒤섞이어 있음.
* **관여(關與)**: 어떤 일에 관계하여 참여함.
* **유발(誘發)**: 어떤 것이 다른 일을 일어나게 함.

## 이것만은 꼭 익히자! 핵심 개념

핵심 개념 1 **단백질의 구조** (문항 15 관련)

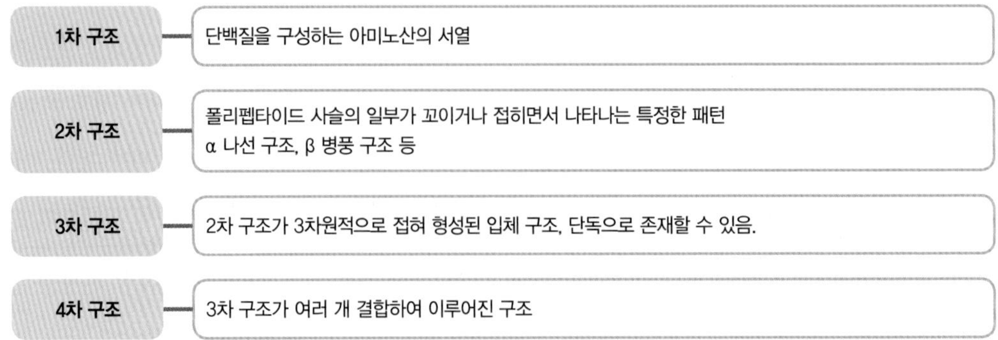
1차 구조
단백질을 구성하는 아미노산의 서열
2차 구조
폴리펩타이드 사슬의 일부가 꼬이거나 접히면서 나타나는 특정한 패턴
α 나선 구조, β 병풍 구조 등
3차 구조
2차 구조가 3차원적으로 접혀 형성된 입체 구조, 단독으로 존재할 수 있음.
4차 구조
3차 구조가 여러 개 결합하여 이루어진 구조

### 핵심 개념 ② 단백질 접힘

단백질은 긴 폴리펩타이드가 접혀 복잡한 3차원 형태로 바뀌어야 기능을 나타내는데, 그 접히는 방법은 아미노산 곁사슬 사이의 상호 작용에 의해 결정된다. 세포 안에서 수 초, 수 분 동안 일어나는 단백질의 접힘은 임의가 아니고 질서 있게 일어난다. 펩타이드 접힘이 일어날 때 2차 구조는 소수성 효과에 의해 이루어진다. 즉, 소수성 아미노산들끼리는 물이 방출될 때 서로 모인다. 이 작은 구조들이 서로 뭉쳐 좀 더 큰 구조를 만든다. 몇 가지 현상들이 추가되면 2차 구조가 안정화되고 3차 구조의 형성이 시작된다. 마지막 단계에서 펩타이드가 완전하게 접히면 에너지 상태가 낮은 특징을 가진 고유의 구조가 된다.

## 배경지식 더 알아보기

효소는 화학 반응 속도를 증가시키는 촉매제로, 반응 과정에서 소모되지 않으며 화학 반응에 필요한 활성화 에너지를 낮추는 역할을 한다. 활성화 에너지란 반응을 시작하기 위해 필요한 에너지 투입량을 의미하는데, 효소가 촉매제로 작용하면 활성화 에너지가 낮아지므로 반응 속도가 훨씬 빨라진다. 촉매 활성을 가지고 있는 RNA 분자를 제외하면, 거의 대부분의 효소는 단백질이다. 효소의 촉매 활성은 단백질의 완전한 구조에 의존하기 때문에 효소를 변성시키거나 소단위로 해리시키거나 아미노산으로 분해하면, 효소는 촉매 활성을 잃어버린다. 따라서 효소를 이루는 단백질의 특정한 1차, 2차, 3차, 4차 구조는 촉매 활성에서 매우 중요하다.

## 선생님의 만점 구조도

### 포인트 1 단백질 접힘 (문항 17 관련)

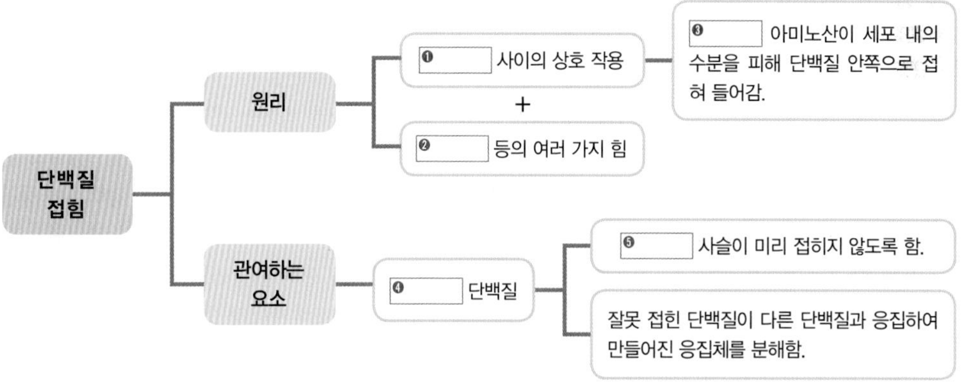


### 포인트 2 단백질의 변성 (문항 16 관련)

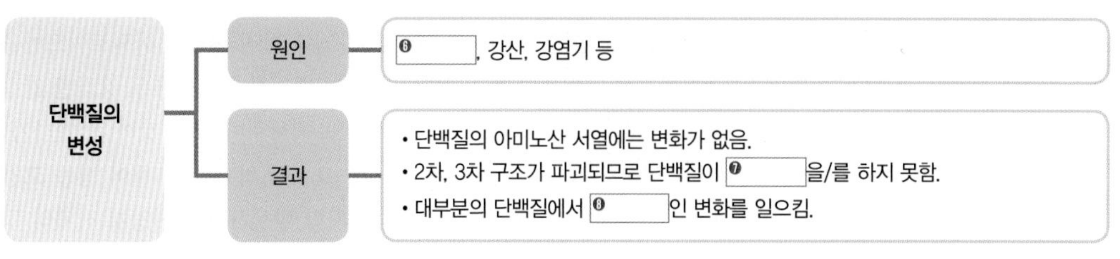


정답 ❶ 아미노산 ❷ 수소 결합 ❸ 소수성 ❹ 샤페론 ❺ 폴리펩타이드 ❻ 열 ❼ 제 기능 ❽ 비가역적

**EBS Q&A**

**Q** 지문의 내용을 바탕으로 〈보기〉의 사례를 이해하는 문항은 어떻게 풀면 좋을까요? (문항 16 관련)

**A** 우선 〈보기〉의 사례가 지문의 어떤 내용과 관련이 있는지를 파악해야 합니다. 이를 위해서는 사실적 독해뿐만 아니라 추론적 독해 능력이 요구됩니다. 〈보기〉의 사례를 설명할 수 있는 지문의 내용을 모두 찾은 후, 관련 개념이나 지문의 내용을 연결하여 내용을 종합적으로 이해할 수 있어야 합니다.

엮어 읽기

## 프라이온 단백질

1997년 노벨상 위원회는 감염성 단백질 입자, 즉 '프라이온'의 존재를 규명하여 뇌에 구멍이 뚫리는 다양한 질환의 원인을 밝힌 스탠리 프루지너 교수를 노벨 생리 의학상 단독 수상자로 결정했다. 사실 프라이온의 존재가 규명되기 이전에도 뇌에 구멍이 뚫리는 경우는 목격된 적이 있었다. 18세기 영국에서 양들이 공격적으로 변하면서 바위나 벽에 피가 나도록 몸을 긁는 '스크래피'라는 병이 발생했는데, 이 병은 19세기 중반에 영국 전체로 퍼졌다. 1898년 영국 수의사 샤를은 스크래피에 걸린 양의 뇌에 구멍이 뚫려 있는 것을 발견했고, 20세기 들어 크로이츠펠트·야코프병(CJD), 게르스트만·슈트로이슬러·샤인커병 등 인체의 뇌에 구멍이 뚫리는 질환도 알려지기 시작했지만, 그 원인을 밝혀내지는 못했다.

프루지너는 갓 의대 교수가 되었던 젊은 시절부터 CJD 연구에 몰두했었다. 그는 환자의 뇌 조직 추출물을 다른 동물에게 주입하면 동일한 증상이 나타나는 것을 보고, 이들의 뇌 조직 속에는 분명 병의 원인이 될 만한 바이러스가 들어 있을 것이라고 믿었다. 하지만 아무리 많은 환자와 동물의 뇌를 관찰해도 질병을 일으켰다고 판단되는 바이러스를 발견하지는 못했다. 그런데 실험에 사용된 모든 샘플에서 기존에 알려지지 않은 단백질이 공통적으로 검출되었다. 프루지너는 이 단백질에 '프라이온'이라는 이름을 붙이고, 혹시 이 단백질 자체가 감염원으로 작용해 다른 생명체에게 영향을 미친 것은 아닌지 의심하기 시작했다. 하지만 단백질은 반드시 DNA 정보를 바탕으로 만들어진다는 크릭의 '센트럴 도그마'에 대한 사람들의 믿음이 확고하여 프루지너의 생각은 철저히 외면당했다. 그러다가 햄스터와 생쥐, 양, 소, 그리고 인간 등 동물이라면 종에 상관없이 모두 선천적으로 프라이온을 가지고 있다는 사실이 밝혀지면서 프라이온이 어떤 경우에 질병을 일으키는지에 대한 사람들의 관심이 생겨났다.

이런 의문은 프루지너가 정상적인 프라이온과 프라이온성 질환을 지닌 환자의 프라이온 구조가 다르다는 것을 밝혀내면서 해결의 실마리를 찾게 되었다. 정상 프라이온은 나선형 구조인 데 반해, 돌연변이를 일으킨 병원성 프라이온은 병풍처럼 반쯤 벌려 놓은 구조였다. 이런 병원성 프라이온이 뇌에 반점 형태의 아밀로이드반*을 형성하여 뇌에 염증을 일으키고, 결국 뇌 여기저기에 구멍까지 뚫어 놓는 것이다. 병원성 프라이온은 강력한 안정성이 특징이라 단백질 분해 효소로 분해되지도 않고, 열과 자외선, 화학 물질에도 저항력이 매우 강하다. 게다가 정상 프라이온에 대한 특별한 감염성을 지니고 있어서 정상 프라이온을 만나면 그 구조의 꼬임을 풀어 병풍 모양의 구조로 변화시켜 병원성 프라이온으로 변성시키곤 한다. 이런 현상이 도미노처럼 발생하면서 신경계 전체의 정상 프라이온을 변성시켜 정상적인 신경 기능을 마비시키는 것이다.

일련의 연구를 통해 프라이온의 존재와 그로 인한 발병 과정이 밝혀졌을 뿐, 프라이온에 관한 의문 중에는 여전히 해결되지 못한 것들이 많았다. 그러던 중에 1986년 영국에서 작은 소리에 과민하게 반응하고 침을 흘리며 경련을 일으키다 사망하는 소들이 발견되면서 '광우병'이라고 불린 이 질환에 세계가 집중하기 시작했다. 이 병에 걸린 소의 뇌 조직에 스펀지처럼 구멍이 뚫려 있다고 해서 '우해면양 뇌증(BSE)'이라는 이름도 붙여졌다. 광우병이 발생한 정확한 원인에 대해서는 아직도 의견이 분분하지만, '육골분 사료'를 통한 병원성 프라이온의 유입으로 발병했다는 의견이 가장 유력하다. 육골분 사료란 소나 돼지, 양 등을 도축하고 남은 찌꺼기와 내장, 뼈 등을 잘게 부수어 만든 동물성 사료로, 지방과 단백질이 풍부하여 식물성 사료보다 가축을 살찌우는 데 유리하다. 20세기 들어 대규모 축산 방식의 도입으로 육골분 사료를 먹이는 농가가 늘어났는데, 이 사료를 통해 스크래피에 걸린 양의 병원성 프라이온이 소에게 유입되어 광우병을 발생시켰다는 것이다. 세계 많은 나라들이 육골분 사료의 사용을 금지한 뒤, 소의 광우병 발병률이 현저하게 저하됐다는 점은 육골분 사료가 병원성 프라이온 전파의 주역이라는 결정적 증거로 제시되고 있다.

이후 양의 스크래피가 육골분 사료를 통해 소에게 전염되었다는 사실을 근거로 쇠고기를 먹는 인간도 프라이온성 질환에 걸릴 수 있다는 심각한 문제가 제기되었고, 실제로 1996년에 광우병에 걸린 소의 고기를 먹고 '변이성 크로이츠펠트 · 야코프병(vCJD)'에 감염된 환자가 최초로 보고되었다. 최근에는 1980년대 이후 뇌와 관련된 부위의 조직을 이식받은 사람들 사이에서 '의인성* 크로이츠펠트 · 야코프병(iCJD)'의 발병이 보고되기 시작하였는데, 환자의 대부분이 사체의 경막*을 가공하여 이식받은 환자들이었다. 이는 인간이 프라이온성 질환에 대해 안전하지 않다는 것을 시사해 준다.

40여 년 전까지만 해도 존재가 불분명했던 프라이온은 프루지너의 끈질긴 노력 덕분에 그 정체가 밝혀질 수 있었다. 프루지너의 이런 업적이 없었다면 우리는 아직도 광우병의 존재에 대해 모르고 있을지 모른다. 그런데 스크래피, CJD, BSE 등의 원인이 병원성 프라이온이라는 사실은 밝혀졌지만, 소화 기관을 통해 유입된 병원성 프라이온이 어떤 경로를 거쳐 신경계로 유입되는지, 왜 병원성 프라이온이 유독 신경계에만 문제를 일으키는지 등은 여전히 의문이다. 프라이온성 질환에 대해서는 아직도 많은 과제가 남아 있는 셈이다.

* **아밀로이드반**: 뇌에서 비정상 단백질인 β-아밀로이드가 대량으로 응집되어 형성된 반점 형태의 조직. 뇌에 염증을 일으킴.
* **의인성(醫因性)**: (전염병 따위가) 의사의 진료 행위에 의하여 생기는 성질.
* **경막**: 뇌막 가운데 바깥층을 이루는 두껍고 튼튼한 섬유질 막.

이 글은 프라이온이라는 단백질의 정체를 밝혀 뇌에 구멍이 뚫리는 질환의 원인을 밝혀낸 프루지너의 연구를 설명하고 있다. 프루지너의 연구는 '센트럴 도그마'를 부정하는 내용을 담고 있어 처음에는 사람들의 외면을 받았지만, 동물이라면 종에 상관없이 선천적으로 프라이온을 가지고 있다는 사실이 밝혀지면서 프라이온이 어떤 경우에 질병을 일으키는지에 대한 사람들의 관심이 생겨났다. 프라이온의 발견뿐만 아니라 정상 프라이온과 병원성 프라이온의 차이점을 발견한 것은 인간의 뇌 질환 연구를 진전시킬 수 있는 발판을 마련해 주었으며, 크로이츠펠트 · 야코프병과 관련된 연구의 진전에도 도움을 주었다. 이 글을 읽을 때는 프루지너의 연구 내용과 그에 따른 성과, 남겨진 과제 등이 무엇인지를 파악하며 읽어야 한다.

프루지너의 연구로 인한 프라이온 단백질의 발견과 그에 따른 성과 및 과제

인문 01~06번

# 사르트르의 존재론

EBS 수능완성 210쪽

**독해 포인트** 이 글은 사르트르의 존재론을 설명하고 있다. 사르트르는 세계의 모든 존재가 '사물, 나, 타자'라는 존재의 세 가지 영역에 포함된다고 보았다. 그리고 의식의 유무에 따라 사물과 인간을 나누고, 의식이 있는 인간을 다시 나와 타자로 나누었다. 그는 나와 타자를 우연히 이 세상에 출현하여 서로 대립하지만, 반드시 있어야 하는 필수 불가결한 관계로 설명했다. 왜냐하면 대자 존재로서 인간은 고정되지 않고 끊임없이 변화하는데 타자는 거울처럼 '나'의 존재 이유와 근거를 제공해 줄 수 있는 유일한 존재이기 때문이다. 이 글에서는 '나'와 '타자'의 특성을 파악하고 존재의 영역 간의 관계를 살피며 읽는 것이 중요하다.

**주제** 사르트르 존재론에서의 '나'와 '타자'의 관계

사르트르는 『존재*와 무』에서 존재의 영역을 '사물', '나', '타자*'라는 셋으로 나누어 제시한다. (사르트르가 제시한 존재의 세 영역) 사르트르는 존재 영역을 의식*의 유무에 따라 인간과 사물로 먼저 나누고, 의식이 있는 인간을 다시 나와 타자로 구분했다. 사르트르는 타자를 나의 지옥이라 규정하면서도 나에게 반드시 필요한 존재라고 주장했다. 사르트르는 왜 지옥이라 표현한 타자를 나에게 필요한 존재라고 생각했을까? (사르트르가 말한 '타자'에 대한 필자의 의문) 이를 이해하기 위해 사르트르의 존재론을 살펴볼 필요가 있다. ← 사르트르의 존재론

사르트르는 존재의 영역을 '즉자 존재'와 '대자 존재'라는 두 가지 유형으로 나누어 생각했다. 먼저 즉자 존재는 타자로 인한 의식의 변화 가능성이 없는 존재이다. 즉 즉자 존재는 돌멩이 같은 사물로 의식이 없으니, 자신에게 질문을 던질 수 없으며 긍정이나 부정을 판단하거나 타자와 관계를 맺을 수도 없다. ('즉자 존재'의 특징) 따라서 다른 무언가가 비집고 들어갈 틈이 없기에 고정적이다. 반면 대자 존재는 고정될 수 없는 존재로 계속 변화하며 본질적으로 자유와 초월을 의미한다. ('대자 존재'의 특징) 자유와 초월의 힘은 의식이 있을 때 가질 수 있다. 의식을 지닌 인간은 끊임없이 자신을 규정하려 한다. 그러나 고정될 수 없는 존재인 대자 존재로서의 인간은 자신을 분명하게 규정할 수 없다. 대자 존재로서의 인간은 의식을 가지고 자신을 소멸시키며 스스로를 넘어선다. 스스로를 넘어서는 것을 '초월'이라 하는데, 이러한 초월을 경험한 인간은 존재의 의미를 자신이 선택해 갈 수 있음을 깨달으며 자유를 느낀다. ('초월'을 경험하고 자유를 느끼는 인간) ← 즉자 존재와 대자 존재

사르트르는 대자 존재인 인간을 다시 '나'와 '타자'로 나누며, 타자를 '나를 바라보는 자'로 정의하였다. 사르트르는 타자가 나와 짝을 이뤄 이 세계에 우연히 출현한다고 보았는데, 사르트르는 신의 존재를 부정했기에 이러한 출현을 우연성으로 설명할 수밖에 없었다. 그리고 사르트르는 나를 바라보는 타자의 시선을 '그 끝에 닿는 모든 것을 객체화*해 버리는 무서운 힘'이라 하였다. (타자의 시선에 대한 사르트르의 생각) 사르트르는 타자가 시선을 통해 나를 사물처럼 일정한 이미지로 만들어 고정하려 한다고 보았으며, 인간은 나를 고정하려는 타자의 시선을 부정하기 위해 (나와 타자가 갈등하는 원인) 타자와 시선 투쟁을 벌이며 갈등 관계를 맺는다고 하였다. 따라서 사르트르는 타자를 나의 지옥이라 말하였다. ← '나'를 바라보는 '타자'의 시선

사르트르의 주장에 따르면 인간은 타자를 거울삼아 자신의 존재를 파악하고 변화할 수 있다. 인간이 자신의 존재를 찾아가는 과정은 인간이 자신과는 다른 타자를 지속적으로 부정하면서 이루어진다. (타자를 부정하면서 자신을 찾아가는 인간) 인간은 자신이

타자와 다름을 인식하면서 자신의 존재를 만들어 나간다. 존재를 만들어 가는 과정에서 인간은 자신이 존재라고 믿었던 자아상*을 바꾸기도 한다. 변화가 가능하다는 것은 자아에 대한 고정적인 존재의 결핍과 결여를 보여 준다. 존재의 변화 과정은 쌍방적이라 타자의 초월 또한 상대에게는 타자인 나를 부정하면서 이루어진다.

대자 존재의 특징을 보이는 인간

← '나'와 '타자'의 대립

사르트르는 나와 타자가 갈등하지만, 타자는 나와 내가 미처 모르는 나를 연결하는 중재자의 역할도 한다고 보았다. 타자는 나를 보면서 나에 대한 이미지를 만드는데, 이 이미지는 타자의 시선으로 확인할 수 있는 내 존재에 대한 근거라 할 수 있다. 사르트르의 주장에 따르면 인간은 타자의 시선을 통해 자신을 살피고 특성을 파악해 간다. 사르트르는 이 세계에서 나의 존재 이유와 근거를 제공해 줄 수 있는 유일한 존재는 타자뿐이라고 생각했다. 따라서 사르트르는 인간이 진정한 나를 알기 위해서는 타자와 관계를 맺으며 자기 모습을 성찰하는 과정이 필요하며, 인간관계에서 자아의 존재 근거를 제공해 주는 나와 타자의 갈등은 필수 불가결*한 것으로 보았다.

중재자의 역할을 하는 타자

나의 존재 이유와 근거를 제공해 주는 유일한 존재인 타자

필수 불가결한 나와 타자의 갈등과 타자의 필요성

← '나'와 '타자'의 필수 불가결한 관계

* 객체화: 사람의 인식이나 실천의 대상이 주체로부터 독립하여 객관적인 것으로 됨.

**이것만은 꼭 익히자! 어휘**

* **존재(存在)**: 현실에 실제로 있음. 또는 그런 대상.
* **타자(他者)**: 자기 외의 사람. 또는 다른 것.
* **의식(意識)**: 깨어 있는 상태에서 자기 자신이나 사물에 대하여 인식하는 작용.
* **자아상(自我像)**: 자신의 역할이나 존재에 대하여 가지는 생각.
* **불가결(不可缺)**: 없어서는 아니 됨.

## 이것만은 꼭 익히자! 핵심 개념

### 핵심 개념 1 즉자 존재와 대자 존재

사르트르는 즉자 존재란 타자로 인한 의식의 변화 가능성이 없는 존재로 돌멩이 같은 사물이라 했다. 돌멩이처럼 빈틈이 없고 고정적인 즉자 존재는 의식이 없으니 자신에게 질문을 던질 수 없으며, 긍정이나 부정을 판단하거나 타자와 관계를 맺을 수도 없다. 반면 사르트르가 말한 대자 존재는 고정될 수 없는 존재로 계속 변화하며 본질적으로 자유와 초월을 의미한다. 의식을 지닌 인간은 끊임없이 자신을 규정하려 한다. 그러나 고정될 수 없는 존재인 대자 존재로서의 인간은 자신을 분명하게 규정할 수 없다. 대자 존재로서의 인간은 의식을 가지고 자신을 소멸시키며 스스로를 넘어서는 '초월'을 경험하는데, 이러한 초월을 경험한 인간은 존재의 의미를 자신이 선택할 수 있음을 깨달으며 자유를 느낀다.

### 핵심 개념 2 '나'와 '타자'

사르트르는 대자 존재인 인간을 다시 '나'와 '타자'로 나누며, 타자를 '나를 바라보는 자'로 정의하였다. 그리고 나를 바라보는 타자의 시선을 '그 끝에 닿는 모든 것을 객체화해 버리는 무서운 힘'이라 하였다. 사르트르는 타자가 시선을 통해 나를 사물처럼 일정한 이미지로 만들어 고정하려 한다고 보았으며, 인간은 나를 고정하려는 타자의 시선을 부정하기 위해 타자와 시선 투쟁을 벌이며 갈등 관계를 맺는다고 하였다. 나와 타자가 갈등하지만, 타자는 나와 내가 미처 모르는 나를 연결하는 중재자의 역할도 한다고 보았다. 사르트르의 주장에 따르면 인간은 타자의 시선을 통해 자신을 거울처럼 살피고 자신의 특성을 파악해 간다. 따라서 사르트르는 인간이 진정한 나를 알기 위해서는 타자와 관계를 맺으며 자기 모습을 성찰하는 과정이 필요하며, 인간관계에서 자아의 존재 근거를 제공해 주는 나와 타자의 갈등은 필수 불가결한 것으로 보았다.

## 배경지식 더 알아보기

■ **사물화 또는 자기기만의 유혹과 그 극복**

사르트르가 인간을 이해하기 위해 기울인 노력에서 뚜렷하게 나타나는 특징은 자유로운 기투*의 강조이다. 실존주의 차원에서 인간은 끊임없이 변화하며 자신을 뛰어넘는 초월을 추구하는 존재로 여겨진다. 대자 존재로서 인간은 의식을 가지고 지향성을 계속 작동시켜야 하며, 이때 인간의 의식은 매 순간 자기에게 없는 부분을 채우기 위해 무엇인가를 선택해야 한다. 만약 인간이 이런 작동과 선택을 멈춘다면 인간은 사물의 존재 방식인 즉자 존재의 방식으로 머무르게 된다. 즉자 존재로 존재하는 인간은 의식을 가지고 있다고 볼 수 없다. 따라서 의식이 있는 인간이라면 자기가 있는 곳에서 벗어나고자 하고, 항상 다른 곳을 향해 간다. 즉, 인간은 미래를 향해 죽을 때까지 자기 자신을 쉬지 않고 기투해야 하는 고정될 수 없는 존재이다.

끊임없이 기투해야 하는 인간이 피로를 느끼면 인간과는 달리 고정적이고, 미래를 향해 자기 자신을 기투할 필요가 없는 즉자 존재를 부러워할 수도 있다. 즉자 존재는 고정되어 있어 변화하지 않기 때문이다. 그러나 즉자 존재는 의식이 없으므로 변화할 수 없는 존재인데, 인간은 초월하면서 이 세계의 존재들과 관계를 맺고, 또 그것들에 의미를 부여한다. 이렇게 하면서 인간은 만물의 영장이라는 지위를 누리는 것이다. 그렇지만 인간은 계속해서 자신의 존재 근거를 마련해야만 해서, 끊임없이 고뇌할 수밖에 없다. 사르트르는 인간이 겪는 이러한 상황을 '실존적 고뇌'라고 했다. 인간은 실존적 고뇌를 통해 자신의 실존을 정면으로 마주하면서 자신을 뛰어넘고 앞으로 나아갈 수 있다. 이러한 초월이 일어나는 삶이 주체적 삶이자 진정한 삶일 것이다. 그러나 모든 인간이 주체적인 삶이나 진정한 삶을 누리는 것은 아니다. 이러한 삶을 얻기 위해 인간이 겪어야 할 실존적 고뇌는 고통스러우므로 고뇌에서 도피해 존재론적으로 변화하지 않는 삶을 원하는 인간도 있을 수 있다. 이러한 인간은 다른 존재와 아무런 관계도 맺지 않으면서 변함없이 고정적으로 존재하는 사물을 부러워하며 그런 사물과 같은 방식으로 존재하는 것을 바랄 수도 있다. 비록 그런 삶이 인간의 의식을 포기해서 주체적이지도 진정하지도 않은 삶이라고 해도 말이다.

사르트르는 즉자 존재의 방식으로 존재하는 사물이 대자 존재의 방식으로 존재하는 인간에 비해 존재론적으로 더 안정된 상태라고 보았다. 그래서 아주 힘든 상황에 부닥친 사람이 길에 놓인 돌멩이를 보고 저 돌멩이처럼 나도 아무것도 모르고 살고 싶다는 푸념을 늘어놓는 것은 자기의 삶과 실존에 대해 고뇌할 필요가 없이 고정된 사물을 부러워하는 모습으로 볼 수 있다. 그러나 인간이 실존적 고뇌를 멈추는 것은 의식을 포기하는 것과 같다. 즉자 존재에는 없고 대자 존재에만 있는 의식을 포기한다면 인간은 변화할 수 없고 타자와 관계를 맺을 수도 없을 것이다. 사르트르는 인간은 타자와 관계를 맺으면서 자신을 알고 초월해 간다고 하였다. 이를 포기한 인간은 자신을 힘들게 하는 실존적 고뇌를 잠시 내려놓을 수는 있겠지만, 진정한 자신을 모른 채 살아가게 된다. 실존적 고뇌는 주체적이고 진정한 삶을 얻기 위해 필요한 과정인 것이다.

*기투(企投): 현재를 초월하여 미래로 자기를 내던지는 실존의 존재 방식. 하이데거나 사르트르 실존주의의 기본 개념이다.

## 선생님의 만점 구조도

### 포인트 1 사르트르의 존재 영역

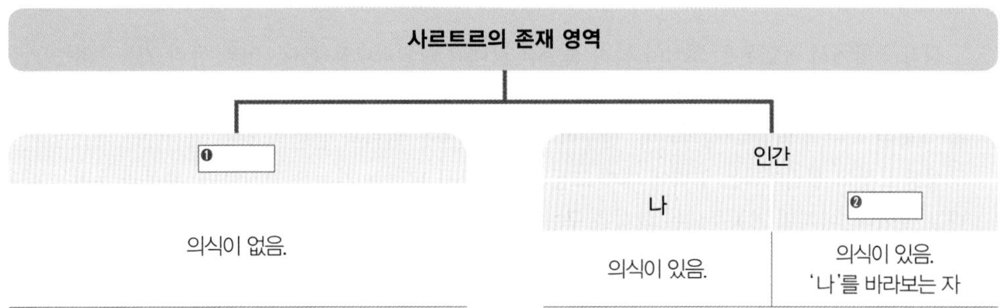
사르트르의 존재 영역
❶
의식이 없음.
인간
나
❷
의식이 있음.
의식이 있음.
'나'를 바라보는 자

### 포인트 2 즉자 존재와 대자 존재

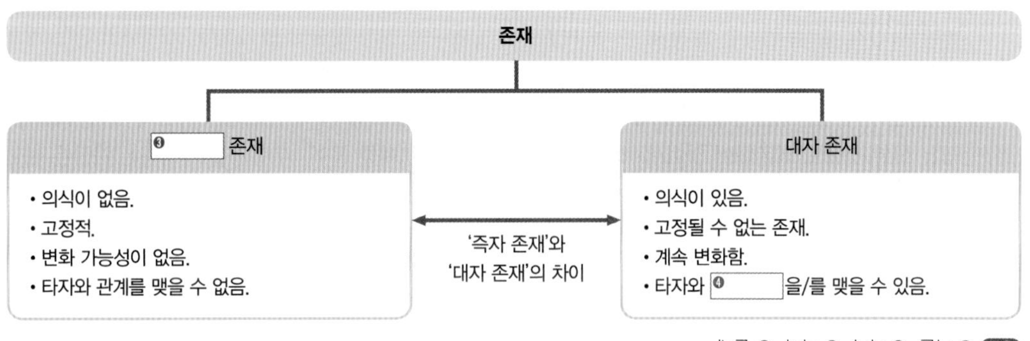
존재
❸ 존재
• 의식이 없음.
• 고정적.
• 변화 가능성이 없음.
• 타자와 관계를 맺을 수 없음.
'즉자 존재'와
'대자 존재'의 차이
대자 존재
• 의식이 있음.
• 고정될 수 없는 존재.
• 계속 변화함.
• 타자와 ❹ 을/를 맺을 수 있음.

정답 ❶ 사물 ❷ 타자 ❸ 즉자 ❹ 관계

## EBS Q&A

**Q** 〈보기〉에 제시된 새로운 학자나 이론을 지문과 함께 이해하는 문항이 어렵게 느껴지는데, 어떻게 접근해야 할까요?

(문항 4 관련)

**A** 〈보기〉를 제시하고 지문과 함께 내용 이해를 묻거나, 〈보기〉와 지문을 비교하는 유형의 문항은 자주 출제되는 유형입니다. 이런 유형의 문항은 〈보기〉에 제시된 새로운 학자나 이론이 지문과 어떠한 공통점과 차이점이 있는지를 파악하는 것이 중요합니다. 지문과 〈보기〉를 엮어 공통점과 차이점을 파악하고 선지를 통해 확인해 나가는 연습이 필요합니다.

## 엮어 읽기

### 심리 철학에서 의식을 설명하는 여러 관점

심리 철학에서 동일론은 의식이 뇌의 물질적 상태와 동일하다고 본다. 이와 달리 기능주의는 의식은 기능이며, 서로 다른 물질에서 같은 기능이 구현될 수 있다고 주장한다. 이때 기능이란 어떤 입력이 주어졌을 때 특정한 출력을 내놓는 함수적 역할로 정의되며, 함수적 역할의 일치는 입력과 출력의 쌍이 일치함을 의미한다. 실리콘 칩으로 구성된 로봇이 찔림이라는 입력에 대해 고통을 출력으로 내놓는 기능을 가진다면, 로봇과 우리는 같은 의식을 가진다는 것이다. 이처럼 기능주의는 의식을 구현하는 물질이 무엇인지는 중요하지 않다고 본다.

설(Searle)은 기능주의를 반박하는 사고 실험을 제시한다. '중국어 방' 안에 중국어를 모르는 한 사람만 있다고 하자. 그는 중국어로 된 입력이 들어오면 정해진 규칙에 따라 중국어로 된 출력을 내놓는다. 설에 의하면 방 안의 사람은 중국어 사용자와 함수적 역할이 같지만 중국어를 아는 것은 아니다. 기능이 같으면서 의식은 다른 사례가 있다는 것이다.

동일론, 기능주의, 설은 모두 의식에 대한 논의를 의식을 구현하는 몸의 내부로만 한정하고 있다. 하지만 의식의 하나인 '인지' 즉 '무언가를 알게 됨'은 몸 바깥에서 일어나는 일과 맞물려 벌어진다. 기억나지 않는 정보를 노트북에 저장된 파일을 열람하여 확인하는 것이 한 예이다. 로랜즈의 확장 인지 이론은 이를 설명하는 이론이다. 그에 따르면 인지 과정은 주체에게 '심적 상태'가 생겨나게 하는 과정이다. 기억이나 믿음이 심적 상태의 예이다. 심적 상태는 어떤 것에도 의존함이 없이 주체에게 의미를 나타낸다. 예를 들어, 무언가를 기억하는 사람은 자기의 기억이 무엇인지 알아보기 위해 아무것에도 의존할 필요가 없다. 이와 달리 '파생적 상태'는 주체의 해석에 의존해서만 또는 사회적 합의에 의존해서만 의미를 나타내는 상태로 정의된다. 앞의 예에서 노트북에 저장된 정보는 전자적 신호가 나열된 상태로서 파생적 상태이다. 주체에 의해 열람된 후에도 노트북의 정보는 여전히 파생적 상태이다. 하지만 열람 후 주체에게는 기억이 생겨난다.

로랜즈에게 인지 과정은 파생적 상태가 심적 상태로 변환되는 과정이 아니라, 파생적 상태를 조작함으로써 심적 상태를 생겨나게 하는 과정이다. 심적 상태가 주체의 몸 외부로 확장되는 것이 아니라, 심적 상태를 생겨나게 하는 인지 과정이 확장되는 것이다. 이러한 확장된 인지 과정은 인지 주체의 것일 때에만, 다시 말해 환경의 변화를 탐지하고 그에 맞춰 행위를 조절하는 주체와 통합되어 있을 때에만 성립할 수 있다. 즉 로랜즈에게 주체 없는 인지란 있을 수 없다. 확장 인지 이론은 의식의 문제를 몸 안으로 한정하지 않고 바깥으로까지 넓혀 설명한다는 점에서 의의를 지닌다.

이 글은 심리 철학에서 의식을 설명하는 여러 관점을 소개하는 글이다. 심리 철학에서 동일론은 의식이 뇌의 물질적 상태와 동일하다고 보았다. 이와 달리 기능주의는 의식은 기능이며, 서로 다른 물질에서 같은 기능이 구현될 수 있다고 주장했다. 설은 기능주의를 반박하면서 기능이 같으면서 의식은 다른 사례가 있다는 것을 실험으로 밝혔다. 동일론, 기능주의, 설은 모두 의식에 대한 논의를 의식을 구현하는 몸의 내부로만 한정하고 있다. 하지만 의식의 하나인 '인지' 즉 '무언가를 알게 됨'은 몸 바깥에서 일어나는 일과 맞물려 벌어진다. 로랜즈의 확장 인지 이론은 이를 설명하는 이론이다. 확장된 인지 과정은 인지 주체의 것일 때만, 다시 말해 환경의 변화를 탐지하고 그에 맞춰 행위를 조절하는 주체와 통합되어 있을 때만 성립할 수 있다. 즉 로랜즈에게 주체 없는 인지란 있을 수 없다. 확장 인지 이론은 의식의 문제를 몸 안으로 한정하지 않고 바깥으로까지 넓혀 설명한다는 의의를 지닌다. 로랜즈의 확장 인지 이론은 사르트르가 말한 나와 타자의 관계와 닮았다. 비록 인간의 의식에 대한 설명으로 사르트르의 나와 타자의 관계와는 다른 인간 내부의 변화이지만 인간의 의식이 변화하면서 자아를 확립해 간다고 볼 때 의식 변화에 영향을 미치는 외부 요인을 함께 살펴보는 데 의의가 있다.

주제 심리 철학에서 의식을 설명하는 여러 관점

사회 · 문화
07~12번

# (가) 실업 / (나) 불황 극복에 대한 다양한 시선

EBS 수능완성 213쪽

**독해 포인트** (가) 이 글은 실업의 종류 및 실업이 발생하는 원인과 이를 극복하기 위한 방안들을 설명하고 있다. 특히 경기의 하강과 상승에 따른 순환적 실업은 다양한 문제를 야기할 수 있기에 여러 해결 방안이 나타나게 되었음을 설명하고 있다. 그러므로 이 글에서 설명하고 있는 실업의 종류별 특징을 파악하여 구분할 수 있도록 정리하는 것이 가장 중요하다.
(나) 이 글은 대규모의 실업을 불러올 수 있는 불황에 대해 설명하면서 불황을 극복하기 위한 다양한 방안 중 자유 시장주의자인 하이에크와 슘페터의 견해와 이와는 대비되는 케인스의 견해를 설명하고 있다. 그러므로 불황에 대한 하이에크와 슘페터, 케인스의 관점의 공통점과 차이점을 구분하여 정리하고, 불황이 일어나는 과정을 명확히 인식하는 것이 중요하다.

**주제** (가) 실업의 종류 및 발생 원인과 극복 방안
(나) 불황을 극복하기 위한 자유 시장주의자들과 케인스의 입장

(가) 실업이란 일자리를 잃거나 일할 기회를 얻지 못하는 것을 의미한다. (실업의 개념) 경제학자들은 실업을 여러 종류로 구분한다. 가령 크리스마스 전에는 전국의 백화점과 쇼핑몰에서 판매 인력에 대한 수요가 급증한다. (계절에 따른 노동 수요의 변화 예시 ①) 많은 지역에서 날씨 때문에 겨울철에는 건설 경기가 둔화된다. 동일한 이유로 관광객은 여름에 증가하며, 관광객과 관련된 직장의 수도 여름에 증가한다. (계절에 따른 노동 수요의 변화 예시 ②) 이처럼 계절에 따라 달라지는 실업을 계절적 실업이라고 한다. 따라서 특정한 시기에 우리가 뉴스에서 듣는 실업률 통계는 이러한 계절적 실업의 평균값에 따라 조정된 실업률인 (비경기 요인인 계절적 변동 요인을 제거한 실업률) 계절 조정 실업률이다. 이는 계절적 요인을 제거하고 순수한 경기적 요인만으로 작성된 실업률을 의미한다.

← 실업의 개념과 계절적 실업

그리고 노동자들이 한 직장에서 다른 직장으로 이동하는 과정에서 나타나는 실업은 마찰적 실업이라고 부르며 다른 실업들과는 달리 자발적 실업(스스로가 선택한 실업)으로 분류된다. 지금까지 얻을 수 있었던 일자리보다 더 나은 일자리를 찾는 과정에서 발생하는 (직장이나 직업의 이동) 실업이기 때문이다. 마찰적 실업이 주는 고통은 단기적인 경우가 대부분이다. 한편 6개월 이상의 실직 상태가 지속되는 장기 실직은 경제의 구조적 요인에 기인하는 경우가 많아 구조적 실업이라고 부른다. 대량의 구조적 실업은 직업에 대한 수요가 많은 경우에도 발생할 수 있는데, 노동자가 새로이 창출되는 직업에 대한 숙련도를 충족하지 못한 경우 실업이 많이 발생할 수 있다. 즉 노동자가 공급하는 기술 수준과 기업에서 요구하는 기술 수준 간의 불합치로 인해 발생하며 (기업은 노동에 대한 수요가 높으나, 노동자는 수요를 충족시킬 수 있는 기술력이 부족한 경우) 이는 직업 숙련과 관련된 재교육 등으로 해결할 수 있기에 정부의 정책적 지원이 요구된다.

← 마찰적 실업과 구조적 실업

또한 경기의 하강과 상승에 따른 실업은 순환적 실업(경기의 상승과 하강에 따른 실업. 경기가 침체되었을 때, 노동력에 대한 총수요의 부족으로 발생함.)이라고 부른다. 이는 노동 시장에서 노동의 수요와 공급이 균형을 이루고 있을 때 경기 침체로 인한 물가 하락으로 기업이 생산량을 줄이면서 노동에 대한 수요가 감소할 때 발생하는 것이다. 이러한 순환적 실업은 다양한 문제를 발생시킬 수 있지만 경기 침체를 벗어나면 해결될 수 있으므로, 경기 침체를 해결하기 위한 여러 가지 방안들이 나타나게 되었다.

← 순환적 실업의 개념

(나) 경제학에서는 GDP(국내 총생산. 국민 총생산에서 투자 수익 따위의 해외로부터의 순소득을 제외한 지표)가 장기간 하락하고 실업이 상당히 증가하는 상황을 불황이라고 부르며, 이러한 불황이 더욱 장기화되고 수치가 심각한 상황이 되는 것을 공황이라고 부른다. 이러한 상황에서는 상품이 부족해서가 아니라 너무 많아져서 문제가 (공황 상황에서의 문제점) 된다. 물건을 아무리 많이 만들어도 소비가 감소하여 팔리지 않는다면

생산을 하지 않는 것만 못하게 된다. 이러한 현상이 개별 기업이 아닌 경제 전반에 걸쳐 지속적으로 발생한
상품 생산에 들어간 비용을 회수하지 못하고 손해를 보게 됨.
다면 심각한 사회 문제가 되는데, 공황 중에서도 특기할 충격이 컸기에 대공황※이라고 불렸던 시대를 살아온 경제학자였던 하이에크와 슘페터는 공황을 다음과 같이 설명했다. ← 불황과 공황의 개념

하이에크는 신용이 발달한 경제에서는 호황과 불황이 잇달아 일어나는 경기 변동 현상이 일어나게 마련이
장래의 어느 시점에 그 대가를 치를 것을 약속하고 현재의 가치를 얻을 수 있는 능력
라고 보았다. 그가 주목하는 대공황의 근본 원인은 과잉 투자였다. 신용과 투자 그리고 이윤이 서로를 강화하는 과정에서 호황과 불황이 번갈아 발생하게 마련이며 호황은 불황의 씨앗을, 불황은 호황의 씨앗을 품고
호황과 불황이 서로의 씨앗을 가지고 있기에 경기의 호황과 불황이 순환된다는 의미
있다는 것이다. 하이에크는 대출 금리가 가계의 저축과 기업의 투자가 균형을 이룰 수 있다고 보는 수준의
돈을 빌릴 때의 이자율
이자율에서 벗어나기 때문에 산출량의 변동이 발생한다고 보았다. 즉 적정한 이자율보다 금리가 낮으면 신용과 투자는 빠르게 증가하는 반면 가계는 저축을 줄이게 된다. 이 과정에서 투자 증가로 인해 미래의 산출량은 늘어나지만 저축은 감소하고 미래의 소비도 줄어들어 결국 미래의 산출과 수요의 불일치가 일어나게 된다. 또한 이러한 과잉 투자는 설비 과잉을 초래하여 기업의 수익률을 떨어뜨리고, 수익률 하락을 목격한
과잉 투자의 한 형태로 생산을 위한 설비 투자가 지나치게 많은 상태
은행이 신규 대출을 줄이고 기존 대출을 회수하며 금리도 상승하게 된다. 이에 따라 기업의 투자가 빠르게 줄어들고 불황이 찾아오지만, 이후 불황으로 기업이 도산하거나 과잉 설비가 정리되면 자연히 이윤과 투자
경쟁해야 할 회사가 줄어들거나, 수익률을 떨어뜨렸던 과잉 투자가 정리된 경우
가 다시 늘면서 호황 국면으로 진입하게 된다. ← 불황에 대한 하이에크의 견해

슘페터 역시 공황은 저지해야 할 악이 아니라 혁신※의 잠재력이 쇠퇴할 때 불가피하게 발생하는 것이며, 경제의 혁신을 위해 반드시 필요한 조정의 수단으로 보았다. 따라서 하이에크와 슘페터는 공황 해결을 위해
불황이나 공황에 대한 슘페터의 관점
누군가가 개입해서 조정을 하면 오히려 문제가 심각해질 수 있기 때문에 시장에 자율적 조정을 맡겨야 한다
공황을 해결하기 위한 하이에크와 슘페터의 관점
고 보았다. ← 불황에 대한 슘페터의 견해

이처럼 인위적 개입을 반대하는 자유 시장주의자의 입장과 대비되는 입장을 가진 학자에는 케인스가 있었다. 케인스는 경제에는 장기적으로 균형을 회복하는 힘이 있으므로 정부의 개입 없이 두어야 한다는 일련의
자유 시장주의자들의 관점
입장에 대해 대단히 비판적이었다. 또한 그는 경기 침체를 사회가 자원을 탕진한 결과로 감수해야 하는 징
신용 팽창을 통해 과잉 투자를 하거나 과잉 소비를 한 경우
벌이 아닌, 얼마든지 극복할 수 있는 질병이라고 보았다. 그리고 침체의 원인도 생산이 아닌 수요의 부족에 있다고 보았다. 민간 부문에서 수요란 가계의 소비와 기업의 투자로 구성된다. 케인스는 투자 감소에서 시작된 침체가 소비의 위축을 통해 더욱 심화된다고 보았다. 투자재에 대한 수요가 축소되면 투자재 부문에 고용된 사람들의 소득이 줄어들거나 이들이 실업으로 인해 소득을 상실한다. 이는 다시 소비재 부문에 대한 수요 축소로 연결되어 경제 전반에 걸쳐 소비가 감소한다. 사람들이 미래에 대한 불안으로 소비를 미루며, 화폐 자체에 대한 수요가 높아지는 현상을 그는 유동성 선호라고 불렀다. 따라서 그는 정부의 적극적인 개
화폐에 대한 선호도가 높아지는 현상. 소비보다는 돈을 소유하고 있으려는 현상
입을 통해 수요를 살리는 정책을 펼쳐야 경기 침체를 극복할 수 있다고 보았다. ← 불황에 대한 케인스의 견해

## 이것만은 꼭 익히자! 어휘

- **둔화(鈍化)**: 느리고 무디어짐.
- **단기적(短期的)**: 짧은 기간에 걸치는 것.
- **기인(起因)하다**: 어떠한 것에 원인을 두다.
- **창출(創出)**: 전에 없던 것을 처음으로 생각하여 지어내거나 만들어 냄.
- **숙련도(熟鍊度)**: 어떤 일에 능숙한 정도.
- **대공황(大恐慌)**: 1930년대 세계 경제의 장기적이고도 급격한 침체. 1929년 뉴욕 주식 거래소에서 주가가 대폭락한 데서 시작되었다고 할 수 있다. 이러한 미국의 경기 침체 영향이 미국뿐 아니라 유럽 전역에도 퍼졌고 많은 노동자들이 일자리를 잃었다. 파급 범위나 지속 기간 등이 일반적인 공황보다 훨씬 컸기에 대공황이란 이름이 붙여졌다.

## 이것만은 꼭 익히자! 핵심 개념

### 핵심 개념 1 실업

노동할 의욕과 능력을 가진 자가 자기의 능력에 상응한 노동의 기회를 얻지 못하고 있는 상태를 의미하며, 이 글에서는 계절적 실업, 마찰적 실업, 구조적 실업, 순환적 실업으로 분류하여 설명하고 있다. 자발적 실업은 직업을 바꾸는 도중 발생한 일시적인 실업이나 더 나은 일자리를 찾으면서 당분간 실업 상태에 놓인 것이다. 반대 개념인 비자발적 실업은 취업 의사는 있지만 노동에 대한 유효 수요 부족이나 구직자의 능력 부족 등으로 취업하지 못하는 상태를 의미한다.

### 핵심 개념 2 혁신

자연 자원 · 노동 · 자본 · 기술 등의 경제적 요인 이외도 경제 성장에 영향을 미치는 요인은 많다. 슘페터는 기업가들이 기업 활동을 할 때 낡은 방법을 버리고 새로운 방법을 추구하는 것이 이윤 창출과 경제 성장의 주요한 요인이라고 주장했다. 미래를 예측할 수 있는 통찰력을 가지고 위험 부담을 감수하면서 새로운 것에 과감히 도전하는 기업가의 혁신적이고 창의적인 정신은 경제 성장의 중요한 요인이다. 기업가 정신은 위험을 무릅쓰고 포착한 기회를 사업화하려는 모험과 도전 정신이라 할 수 있다.

### 핵심 개념 3 경기 침체

경기 침체란 생산, 소비, 투자 등의 전반적인 경제 활동이 통상적인 수준보다 크게 부진한 경우를 말한다. 경제에서는 경제 활동의 확장과 수축이 주기적으로 반복되는 현상인 경기 순환이 나타나는데, 경제 활동이 수축되는 기간 중에서도 수축 정도가 심한 경우를 가리켜 경기 침체라고 표현한다. 경제학자들 또는 정책 당국에서는 한 나라의 영역 내에서 가계, 기업, 정부 등 모든 경제 주체가 일정 기간 동안 생산한 재화 및 서비스의 부가 가치를 시장 가격으로 평가하여 합산한 지표인 GDP가 2분기 이상 연속으로 감소하면 보통 경기 침체라고 판단한다.

### 핵심 개념 4 금리의 조절

중앙은행이 이자율(기준 금리)을 변화시켜서 통화량(유동성)을 조절한다는 이야기를 신문에서 자주 보기 때문에 이자율이 통화량을 변화시킨다고 생각할 수 있지만 '이자율 조절 → 통화량 변화'라기보다는 반대로 '통화량 조절 → 이자율 변화'가 보다 타당하다. 총수요가 커져서 물가가 상승하면 중앙은행은 이자율을 높여서 총수요를 진정시키려고 한다. 이자율이 높아지면 사람들의 할부 구매 등 소비가 감소하며, 기업 투자도 줄어들어 물가 상승이 완화될 수 있다. 그러나 중앙은행이 시장 이자율을 법으로 규제하거나 명령할 수는 없다. 이자율은 시장의 자금 수요와 자금 공급에 의해 결정되기 때문이다. 따라서 이자율을 조절하려면 보유한 채권을 시장에 내다 팔거나 사들여 통화량을 변화시켜야 한다. 즉, 중앙은행은 통화의 공급량을 조절함으로써 이자율에 영향을 주는 방식을 취하는 것이다. 중앙은행의 기준 금리 인상 발표는 통화 공급을 줄이겠다는 신호인 것이다.

### 핵심 개념 5 은행이 기존 대출을 회수하거나 신규 대출을 줄이는 경우(신용 경색)

금융 기관들이 위험 감소를 위해 시장에 자금을 충분하게 공급하지 않음으로써 발생하는 가계 및 기업의 어려움을 의미한다. 심장에 피를 공급하는 혈관이 막히면 몸 전체가 위험한 것에 비유해서 경제 체체 내에서 돈의 흐름이 원활하지 못한 것을 나타낸 용어이다.

**핵심 개념 6** **경기 순환(경기 변동)**

경기란 국민 경제의 총체적인 활동 수준을 말한다. 총체적인 활동 수준이란 생산 · 소비 · 투자 · 고용 등 실물 부문과 통화 등 금융 부문, 그리고 수출입 등 대외 부문의 활동을 망라한 거시 경제 변수들의 움직임이 종합된 것이다. 실질 국내 총생산이 장기 평균적인 수준(장기 성장 추세)보다 높고, 낮은 호경기와 불경기가 반복적으로 나타나는 것을 경기 순환(business cycle) 또는 경기 변동이라고 한다.

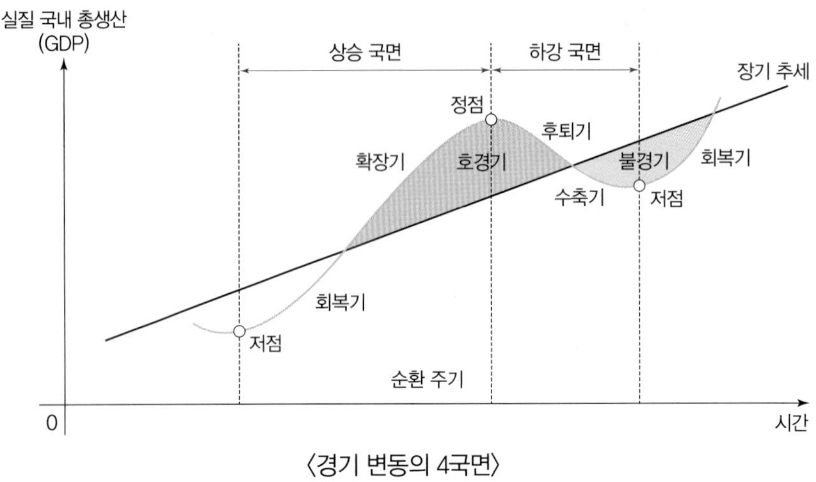


〈경기 변동의 4국면〉

## 배경지식 더 알아보기

■ **실업의 종류와 대책**

• 마찰적 실업

마찰적 실업 혹은 탐색적 실업이란 새로운 일자리를 탐색하거나 이직을 하는 과정에서 일시적으로 발생하는 실업을 의미한다. 새로운 일자리를 탐색한다는 것은 구직자와 구인자 사이에 서로의 요구 조건이 일치하지 않는 일종의 마찰이 생겼기 때문으로 볼 수 있다. 마찰적 실업은 경기 침체로 인해 발생한 비자발적 실업이 아닌 자발적 실업이며, 어떤 산업이 사양 산업으로 전락함에 따라 발생하는 구조적 실업과도 구분된다.

1982년 노벨 경제학상 수상자인 조지 스티글러에 따르면, 노동 시장에서 사람들은 탐색으로 인한 이익이 탐색 비용을 초과해야만 탐색 행위를 계속한다. 따라서 구직자의 경우에 높은 임금이 기대된다면 실업 기간이 길어지더라도 구직 행위를 계속한다. 2010년 노벨 경제학상 수상자인 피터 다이아몬드 MIT 교수 등 3인은 구직자들의 노동의 질은 같지 않아 서로 각기 다른 능력과 특징을 가졌다는 점에 주목했다. 구인자들이 제공하는 일자리 역시 동일한 조건을 가지고 있지는 않다. 그렇기 때문에 구인자들은 좀 더 나은 인재를 찾기 위해, 구직자들은 좀 더 나은 일자리를 찾기 위해 탐색 행위를 하게 된다. 구직자와 구인자 사이에 정보의 비대칭 문제가 사라지지 않고 지속됨에 따라 노동의 수요와 공급이 불일치하는 경우가 많고, 이러한 탐색 · 마찰로 인해 마찰적 실업이 발생하게 된다. 이런 이유에 의한 실업은 언제나 발생할 수 있고, 경기가 좋은 상황에서도 발생할 수 있다. 마찰적 실업을 줄이기 위해서는 일자리를 알려 주는 서비스를 대폭 개선하여 노동 수요자와 노동 공급자 사이에 원활한 정보 교환이 이뤄지도록 하는 것이 중요하다. 구체적으로 직업 정보 센터의 효율적 운영이나 직업 소개소의 활성화 등이 이러한 역할에 해당된다.

• 구조적 실업

경제가 성장과 발전하는 과정에서 떠오르는 산업이 있는가 하면 점차 사라져 가는 사양 산업도 늘 있기 마련이다. 사양 산업에 종사하는 노동자들이 쉽게 새로운 성장 산업으로 옮겨 가기 어렵기 때문에 실업 상태에 빠질 수 있다. 이런 형태의 실업을 구조적 실업이라 한다. 예를 들어, 몇십 년 동안 손으로 설계도를 그려 온 건축 설계사가 새로운 컴퓨터 설계 기술을 익히지 못해 직장을 잃게 되면서 발생하는 실업이 구조적 실업이다. 구조적 실업의 해소를 위해서는 새로운 직업에 대한 교육 및 훈련을 강화하는 것이 필요하다.

• 경기적 실업

경기 변동의 과정에서 발생하는 실업이 경기적 실업이다. 이는 외환 위기 당시의 명예 퇴직자들과 같이 주로 경제가 침체기에 접어들면서 발생한다. 경기적 실업을 줄이려면 경기 활성화 정책이 필요하다. 예를 들면 1930년대 세계 대공황 시에 미국 정부는 대규모 건설 공사를 통해 실업률을 줄일 수 있었다. 이외에도 세금 감면, 통화량 확대 등 경기 부양 정책을 통해 경기적 실업을 줄일 수 있다.

## 선생님의 만점 구조도

### 포인트 1 실업의 종류

**계절적 실업**
- 경기 요인과 관련 없이 계절적 변동에 따라 발생함.
- 계절 조정 실업률에 평균값을 제공함.

**마찰적 실업**
- 직업 변동이나 더 나은 직장을 찾는 과정에서 발생함.
- ❶ [　　] 실업이며 단기적인 경우가 대부분임.

**❷ [　　] 실업**
- 노동자가 공급하는 기술 수준과 기업에서 요구하는 기술 수준의 불합치에서 발생하기도 함.
- 6개월 이상의 실직 상태가 계속되며 경제의 구조적 요인에서 기인하는 경우가 많음.

**순환적 실업**
- 경기의 상승과 하락이 반복되는 순환에 따라 발생함.
- 경기 침체를 해결하기 위한 여러 가지 방안들과 연관됨.

### 포인트 2 불황에 대한 견해

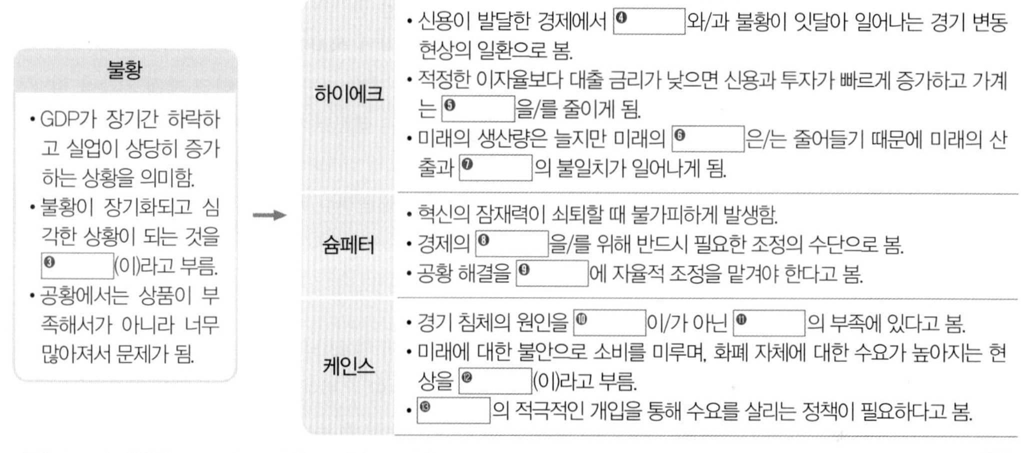

**불황**
- GDP가 장기간 하락하고 실업이 상당히 증가하는 상황을 의미함.
- 불황이 장기화되고 심각한 상황이 되는 것을 ❸ [　　](이)라고 부름.
- 공황에서는 상품이 부족해서가 아니라 너무 많아져서 문제가 됨.

→

**하이에크**
- 신용이 발달한 경제에서 ❹ [　　]와/과 불황이 잇달아 일어나는 경기 변동 현상의 일환으로 봄.
- 적정한 이자율보다 대출 금리가 낮으면 신용과 투자가 빠르게 증가하고 가계는 ❺ [　　]을/를 줄이게 됨.
- 미래의 생산량은 늘지만 미래의 ❻ [　　]은/는 줄어들기 때문에 미래의 산출과 ❼ [　　]의 불일치가 일어나게 됨.

**슘페터**
- 혁신의 잠재력이 쇠퇴할 때 불가피하게 발생함.
- 경제의 ❽ [　　]을/를 위해 반드시 필요한 조정의 수단으로 봄.
- 공황 해결을 ❾ [　　]에 자율적 조정을 맡겨야 한다고 봄.

**케인스**
- 경기 침체의 원인을 ❿ [　　]이/가 아닌 ⓫ [　　]의 부족에 있다고 봄.
- 미래에 대한 불안으로 소비를 미루며, 화폐 자체에 대한 수요가 높아지는 현상을 ⓬ [　　](이)라고 부름.
- ⓭ [　　]의 적극적인 개입을 통해 수요를 살리는 정책이 필요하다고 봄.

정답 ❶ 자발적 ❷ 구조적 ❸ 공황 ❹ 호황 ❺ 저축 ❻ 소비 ❼ 수요 ❽ 혁신 ❾ 시장 ❿ 생산 ⓫ 수요 ⓬ 유동성 함정 ⓭ 정부

## EBS Q&A

**Q** 다양한 경제 용어들이 나와서 이해하기가 어려운 경우는 어떻게 해야 할까요?

**A** 이 지문뿐만 아니라 기술 영역이나 과학 영역에서도 학생들이 어려워하는 개념이나 정보가 등장하는 경우가 종종 있습니다. 이렇게 많은 정보들이 담겨 있는 지문을 이해하기 위해서는 우선 정보들을 분류하고 분류된 하위 항목에 들어갈 특징들을 적절하게 배치할 수 있어야 합니다. 그리고 정보를 분류한 후에는 정보 간의 관계를 파악하는 것이 중요합니다. 인과 관계나 선후 관계를 파악하고 이에 따른 과정을 정리한다면 각 용어들이 담당하는 역할을 이해할 수 있을 것입니다. 예를 들어 적정 이자율보다 대출 금리가 낮을 경우, 신용과 투자는 증가하고 가계의 저축은 감소합니다. 즉 적정 이자율보다 대출 금리가 낮은 것은 원인이고 신용과 투자의 증가 및 가계 저축 감소는 결과입니다. 그리고 이 결과가 또 원인이 되어 미래의 산출량 증가와 미래의 소비 감소가 결과로 이어지고 이것이 또 원인으로 작용하여 불황이 나타나게 되는 인과 관계를 파악해야 한다는 것입니다.

## 케인스 - 유효 수요와 국민 소득 이론을 창시하다

### 불황과 실업의 원인은 유효 수요 부족

케인스가 활동했던 시대는 독점 자본이 시장을 지배했고, 노동 조합 때문에 임금이 유연하게 움직이기 어려웠으며, 금융이 발달하여 투자와 투기가 과열되다가 갑자기 위축되기 쉬웠다. 이런 자본주의 구조 변동 때문에 1929년 대공황이 발생하여 자본주의가 위기에 처했을 때 케인스가 자본주의의 구원자로 등장했다.

대공황과 20% 이상의 대량 실업을 두고서 전통적인 고전파 경제학자들은 일정한 시간이 지나면 번영이 회복된다고 주장했다. 실업자들이 더 낮은 임금으로라도 일하려고만 한다면 일자리를 구할 수 있고, 기업가는 상품 가격을 내리면 매출액을 회복할 수 있다는 것이다.

그러나 케인스는 아무리 불황이더라도 실업이 없어질 정도로 임금이 내려가지는 않으며, 실업의 원인을 노동자들의 높은 임금에 돌리는 것은 잘못이라고 지적했다. 대신 케인스는 실업과 불황의 원인을 유효 수요의 부족 때문이라고 주장했다. 그는 그 유명한 '저축의 역설'을 말했다. 즉, 저축은 개인으로서는 미덕이지만 이것이 소비를 위축시키고 투자로 연결되지 않으면 수요가 위축되어 산출과 고용이 감소한다는 것이다.

케인스는 공황 대책으로 확장적 재정·금융 정책을 제시했다. 민간의 투자가 부진하면 통화 발행을 늘려서 이자율을 낮추어 투자를 유도할 수 있다. 그러나 케인스는 민간 투자가 이자율보다는 기업가의 기대 이윤 심리 등 불확실성에 더 좌우된다고 봤다. 따라서 효과가 더 큰 것은 정부가 적자 재정을 감수하고 재정 지출을 확대하는 직접적 수요 증대 정책이라고 했다. 이렇게 마중물 붓기를 해서 경기가 회복되기 시작하면 민간 투자 증가를 유발하여 완전 고용을 달성할 수 있다는 것이다.

대공황 이후에 세계 각국은 모두 케인스 경제 이론과 정책을 채택했고 케인스 경제학은 전후 1950, 60년대의 장기 호황에 기여했다. 물론 장기 호황에는 전후 복구 수요의 증가와 자본가와 노동자 간의 협력이라는 요인도 작용했다.

### 스태그플레이션에 무력한 한계

1970년대 초에 스태그플레이션 현상이 나타났을 때 케인스의 경제학은 한계를 드러냈다. 정부가 재정 지출을 확대하고 통화 공급을 늘려도 기업의 투자는 부진했고 물가 상승만 유발했다. 경기 침체와 물가 상승이 병행하는 스태그플레이션이 발생한 것이다. 영국 노동당과 각국 사회 민주당 정부는 스태그플레이션을 막기 위해 노동자들에게 임금 인상 자제를 요청했지만 노동자들로서는 실질 임금의 저하는 받아들일 수 없었다. 케인스 경제학의 핵심적 약점은 투자를 자본가가 주도하는 것을 당연하게 보고 정부는 이것을 간접적으로 조절하거나 보완하는 역할을 하면 된다고 본 데 있다.

이 틈을 타고 자본가들이 반격을 해 왔다. 스태그플레이션 극복책으로 물가 인상을 억제하고 민간 투자를 증대시켜야 하는데 이를 위해서는 규제를 완화하고 공기업을 민영화하고, 재정을 축소하며 통화 발행을 엄격하게 억제해야 한다는 것이다. 이것이 바로 통화주의, 공급주도 경제학 등 신자유주의 경제 이론이다. 그러나 일각에서 이러한 신자유주의에 입각한 경제 정책 노선은 불평등과 금융 불안정을 심화시켜 결국 2007년부터 시작되는 세계 경제 위기를 초래했다는 주장이 제기되면서 케인스의 경제학이 다시 주목을 받고 있다.

독해 포인트

이 글은 케인스가 불황에 대해 연구한 내용을 소개하고 있다. 케인스가 활동하던 시대의 특징을 소개하고 기존의 관점과 달리 유효 수요 부족이라는 자신만의 관점을 내놓으면서 불황을 극복하기 위해서는 확장적 재정 금융 정책이 필요함을 역설하였다는 점을 밝히고 있다. 이러한 케인스의 주장은 장기 호황 국면에 기여하기도 하였지만 스태그플레이션에 무기력한 한계를 드러냈다는 점 또한 소개하고 있다.

주제

케인스의 유효 수요 이론의 효용성과 한계

기술 13~17번

# 유압식 브레이크 마스터 실린더의 특징

EBS 수능완성 216쪽

**독해 포인트** 이 글은 유압식 브레이크가 작동하는 과학적 원리인 파스칼의 원리를 설명하면서 이를 바탕으로 유압식 브레이크를 구성하는 장치 중 마스터 실린더를 설명하고 있다. 특히 현재 주로 쓰이는 탠덤 마스터 실린더의 구성 및 작동 과정을 중심으로 차량의 브레이크가 작동하여 제동하게 되는 방법을 설명하고 있다. 이 글에서는 활용되는 기술의 과학적 원리를 설명하고 있으므로 그 원리의 개념을 분명하게 파악하여 실제 사례에 적용할 수 있도록 하고, 기술이 실현된 기계 장치의 작동 과정 및 그 과정에서 각 장치들이 하는 기능이 무엇인지 명확히 파악할 수 있도록 해야 한다.

**주제** 유압식 브레이크의 작동 원리와 탠덤 마스터 실린더의 작동 과정

브레이크는 주행 중인 자동차를 감속 또는 정지시키거나 주차 상태를 유지하기 위해 사용되는 핵심적인 장치이다. 자동차의 운동 에너지는 브레이크의 마찰력을 이용하여 열에너지 형태로 대기 중에 방출*된다. 브레이크는 자동차의 속도를 0으로 만들어 자동차를 정지시키거나, 자동차의 속도를 줄이는 감속 작용과 긴 경사로를 내려갈 때의 연속적인 제동* 작용을 수행해야 한다. 또한 평지나 경사로에서 주차할 때 자동차를 오랫동안 고정시켜야 한다.

브레이크의 기능 ①, ②

브레이크의 기능 ③

← 브레이크의 다양한 기능

브레이크에는 운전자가 브레이크 페달을 밟는 힘을 유압을 통해 증대*시켜 각 바퀴에 전달하고 그 힘으로 마찰력을 발생시켜 제동 작용을 하는 유압식이 가장 많이 쓰인다. 유압식 브레이크는 파스칼의 원리를 이용한다.

유압식 브레이크의 작동 원리

『파스칼의 원리란 밀폐*된 용기에 담긴 유체에 압력을 가하게 되면 가한 압력과 같은 크기의 압력이 방향에 상관없이 용기 안의 모든 임의의 지점에 전달된다는 것이다.』 예를 들어 이상 유체가 담겨 있고, 연결관으로 연결되어 있는 두 개의 실린더에 단면적이 같은 피스톤 A와 B가 하나씩 있다고 하자. 이때 피스톤 A에 힘을 가하면 발생한 압력과 같은 크기의 압력이 실린더 내의 유체에 가해지므로 피스톤 B도 피스톤 A가 받았던 힘과 같은 힘을 받게 될 것이다. 그런데 만약 피스톤 A와 피스톤 B의 단면적이 다르다면 어떤 일이 발생할까? 압력이란 단위 면적에 작용하고 있는 힘이다. 그래서 우리는 압력을 표현할 때 힘을 단위 면적으로 나눈 값으로 나타낸다. 따라서 밀폐된 용기 안의 모든 임의의 지점에 동일한 압력이 작용할 때, 피스톤의 단위 면적이 다르다면 각 피스톤에 작용하는 힘 또한 달라질 수밖에 없을 것이다. 이러한 점에 착안하면 피스톤의 단면적 비율에 따라 작은 힘을 가하더라도 큰 힘을 얻을 수 있게 된다.

파스칼의 원리가 성립하기 위한 조건

『 』: '파스칼의 원리'의 개념

압력 = 힘 / 단위 면적

← 유압식 브레이크의 작동을 위한 파스칼의 원리

두 개의 피스톤에 동일한 압력이 작용하는 조건이라면, 단위 면적이 크면 힘도 커야 한다.

이처럼 유압식은 파스칼의 원리를 활용하여 제동력을 모든 바퀴에 전달할 수 있으며, 페달을 밟는 힘이 작아도 되는 이점이 있다. 브레이크 페달을 밟게 되면 그 힘이 마스터 실린더의 피스톤을 거쳐 실린더 내의 밀폐된 브레이크 오일에 즉시 전달되고, 압력이 형성되어 브레이크 패드를 누르면서 제동이 이루어진다. 유압식 브레이크를 구성하는 장치에는 브레이크 페달, 마스터 실린더, 휠 실린더 등이 있다. 이 중 마스터 실린더는 운전자가 브레이크 페달을 밟았을 때 제동 기구를 작동시킬 수 있도록 유압을 발생시키는 핵심적인 장치

제동 작용이 일어나는 과정

유압식 브레이크 구성 장치

로, 마스터 실린더의 내부는 피스톤, 피스톤 컵과 필러 디스크, 복원 스프링 등으로 구성되어 있다. 마스터 실린더는 각각의 피스톤을 가진 두 개의 마스터 실린더를 직렬로 연결하여 하나에 문제가 발생하더라도 다른 쪽에서 안전하게 작동할 수 있도록 고안된 탠덤 마스터 실린더가 널리 사용된다.

← 유압식 브레이크의 구성 장치 및 작동 과정

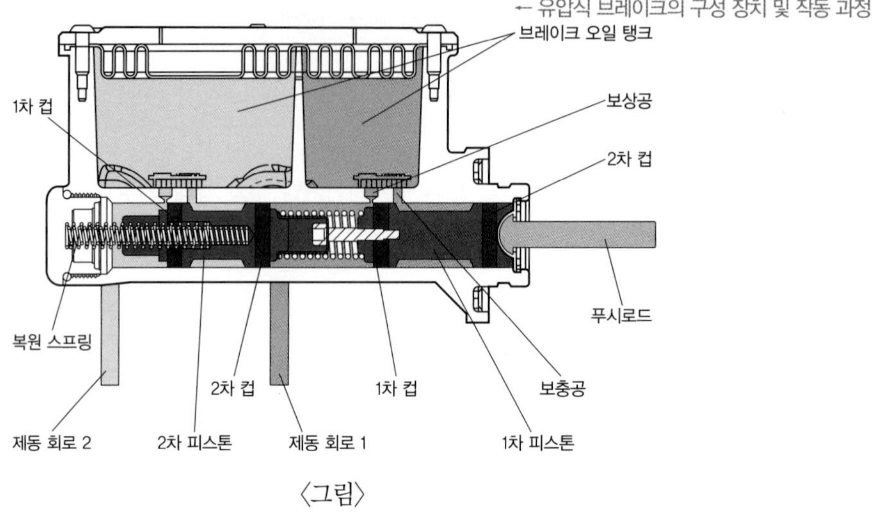


〈그림〉

〈그림〉과 같이 운전자의 제동력이 전달되는 순서에 따라, 즉 피스톤을 미는 역할을 하는 푸시로드에 가까운 쪽 피스톤을 1차 피스톤, 안쪽에 있는 피스톤을 2차 피스톤이라 한다. 각각의 피스톤에 설치된 고무로 된 컵들은 피스톤과는 반대로 푸시로드와 가까운 것이 2차 컵, 스프링과 가까운 것이 1차 컵이며, 〈그림〉에서 보이지는 않지만 1차 컵 뒤에는 필러 디스크가 붙어 있다. 각 1차 컵들은 브레이크 작동 전에는 각각 브레이크 오일 탱크와 연결된 구멍인 보상공을 막지 않아야 한다. 각 피스톤과 연결된 두 개의 압력실은 모두 각각의 보상공을 통해 브레이크 오일 탱크와 연결되어 있으며 오일이 들어 있다. 또한 각 압력실과 연결된 각 제동 회로에도 브레이크 오일이 들어 있다.

← 탠덤 마스터 실린더의 구성

브레이크 페달을 밟으면 푸시로드가 먼저 1차 피스톤을 밀게 된다. 그러면 1차 피스톤의 스프링이 압착되면서, 1차 피스톤의 운동을 2차 피스톤에 전달한다. 따라서 두 개의 피스톤 각각에 설치된 1차 컵들은 각각의 보상공을 막고 지나며 압력실을 밀폐시키고 이때 1차 컵 뒤에 붙어 있는 필러 디스크는 1차 컵이 피스톤 쪽에 있는 보충공 쪽으로 밀리는 것을 막는 역할을 한다. 한편 2차 컵은 형성된 유압의 누설을 방지하는 역할을 한다. 이렇게 압력실의 밀폐를 통해 유압이 형성되면 두 개의 제동 회로에 있던 브레이크 오일에도 동시에 제동 압력이 형성되며 제동 작용이 일어나게 된다. 이후 페달에서 발을 떼면 스프링은 피스톤을 초기 위치로 급속히 복귀시키는데 그 과정에서 1차 컵은 휘어지고, 1차 컵 뒤쪽에 설치된 필러 디스크도 약간 휘어지면서 틈이 생기고, 오일이 압력실 쪽으로 유입되면서 피스톤도 원래 위치로 돌아오게 되어 브레이크가 풀리게 된다.

브레이크 작동 전 보상공을 막으면 안 되는 이유: 보상공을 막으며 지나면 압력실이 밀폐되어 브레이크가 오작동을 할 수 있음.

1차 컵이 보충공 방향으로 밀리면 틈이 생겨 밀폐가 이뤄지지 않음.

파스칼의 원리와 연관됨.

← 탠덤 마스터 실린더의 작동 과정

한편 휠 실린더는 유압이 작용했을 때 마스터 실린더에서 발생된 유압을 통해 실제 제동 작용을 수행하여 제동 작용에 관여한다. 이 외에도 제동을 위한 여러 장치들의 협업이 달리는 자동차를 안전하게 멈출 수 있도록 하는 유압식 브레이크의 작동을 돕는다.

← 휠 실린더의 기능

## 이것만은 꼭 익히자! 어휘

- **방출(放出)**: 입자나 전자기파의 형태로 에너지를 내보냄.
- **제동(制動)**: 기계나 자동차 따위의 운동을 멈추게 함.
- **증대(增大)**: 양이 많아지거나 규모가 커짐. 또는 양을 늘리거나 규모를 크게 함.
- **밀폐(密閉)**: 샐 틈이 없이 꼭 막거나 닫음.

## 이것만은 꼭 익히자! 핵심 개념

### 핵심 개념 1 파스칼의 원리

밀폐된 용기 속에 있는 유체(액체나 기체)의 일부에 압력을 가하면 그 압력은 유체 내의 모든 부분에 골고루 전달된다는 원리이다. 두 개의 의자를 가는 유압 실린더와 단면적이 그의 3배인 유압 실린더로 연결하여 밀폐된 실린더 속에 있는 유체의 일부에 힘을 가하여 힘의 크기와 실린더 크기 사이에 작용하는 힘의 관계를 이해하도록 한 파스칼 의자를 이 코너에서는 예로 들었다. 단면적이 작은 의자에 몸무게가 작은 학생이 앉고, 단면적이 큰 의자에 몸무게가 큰 학생이 앉으면 어떻게 될까? 아마도 몸무게가 큰 학생이 앉은 의자가 위로 올라올 것이다. 그 이유는 작은 학생 몸무게의 3배나 되는 힘이 몸무게가 큰 학생이 앉은 의자에 전달되었기 때문이다. 만약에 몸무게가 비슷한 학생 네 명이 실험을 할 경우, 단면적이 작은 의자에 한 명이 앉고, 또 다른 의자에 세 명이 앉으면 어떻게 될까? 이 경우는 평형을 유지할 것이다. 그 이유는 단면적이 3배 더 크기 때문이다.

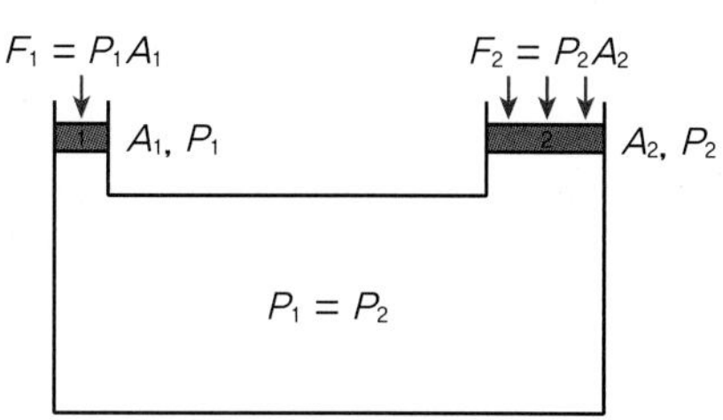


[1번 피스톤과 2번 피스톤에 작용하는 압력이 같기 때문에, 각 피스톤에 작용하는 힘은 단면적에 비례한다.]

## 핵심 개념 ② 탠덤 마스터 실린더

(a) 초기 위치

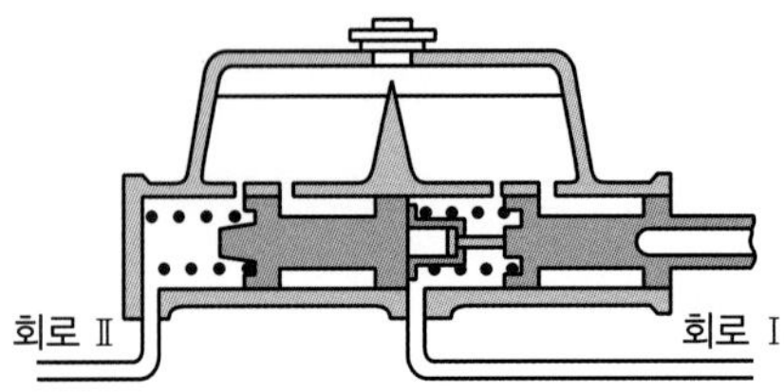


(b) 제동(정상 상태)

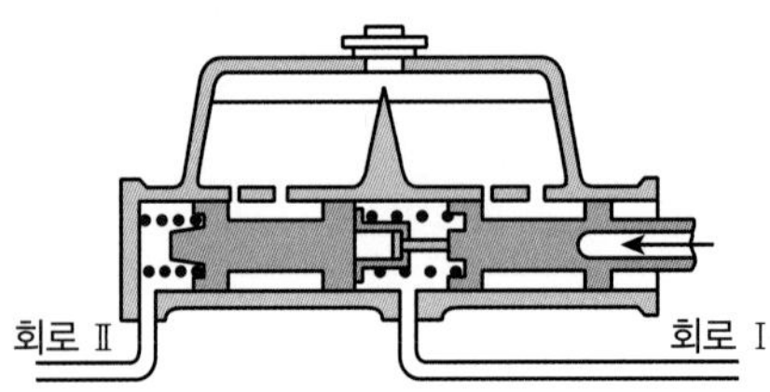


(c) 제동(회로 Ⅰ 이상 상태)

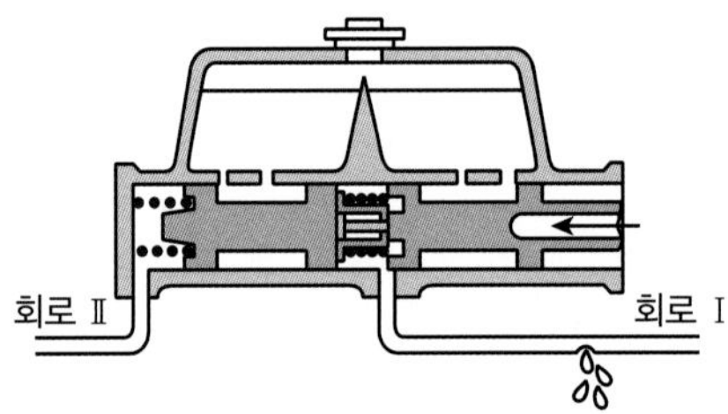


ⓐ 초기 위치는 푸시로드가 피스톤을 밀기 전 상황으로 피스톤에 있는 컵이 보상공을 막지 않은 상태이다. ⓑ는 푸시로드가 1차 피스톤을 밀고 보상공을 막고 지나 각 압력실이 밀폐되어 회로 Ⅰ과 Ⅱ에 있는 브레이크 오일에도 동일한 유압이 가해지는 상태이다. ⓒ는 1차 피스톤과 관련된 회로 Ⅰ에 누출이 생겨 밀폐가 되지 않았고, 이에 따라 유압이 제대로 형성되지 않아 스프링이 정상 상태보다 많이 밀린 상태이며, 그 과정에서 회로 Ⅱ의 유압은 정상 작동하여 제동 작용을 하고 있는 모습이다.

## 배경지식 더 알아보기

■ **브레이크의 작동 원리**

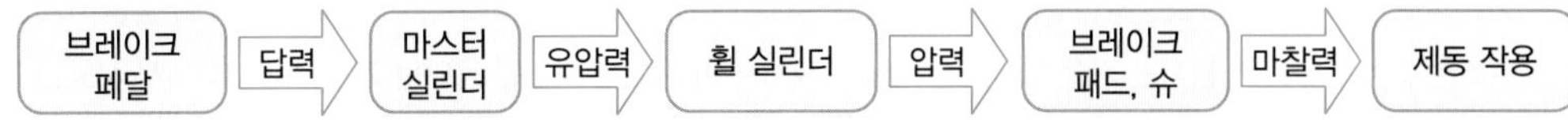


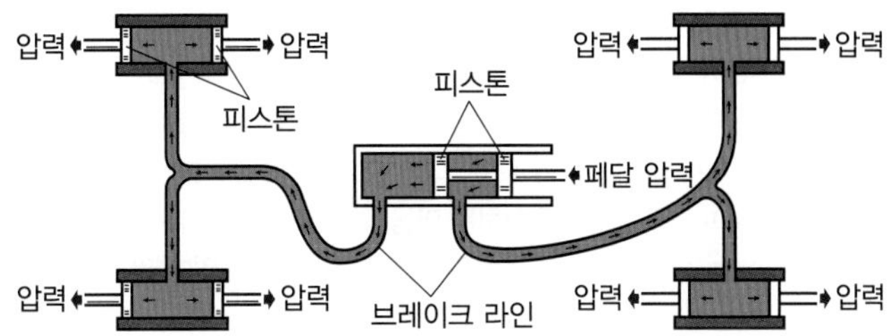


제동 작용은 운전자가 브레이크 페달을 밟으면 마스터 실린더에서 유압이 작용하여 휠 실린더에 전달하고 그 압력을 통해 브레이크 패드가 마찰력을 통해 실질적인 제동 작용을 하는 순서로 이루어진다. 여기서 각각 작용하는 힘은 답력, 유압력, 압력, 마찰력이 있다. 답력은 브레이크 페달을 밟는 데에 필요한 힘이다.

## 선생님의 만점 구조도

**포인트 1** **파스칼의 원리** (문항 14 관련)

두 개의 실린더에 단면적이 같은 피스톤 A와 B가 하나씩 있다고 하자. 이때 피스톤 A에 힘을 가하면 발생한 압력과 같은 크기의 압력이 실린더 내의 유체에 가해지므로 피스톤 B도 피스톤 A가 받았던 힘과 같은 힘을 받게 될 것이다. 그런데 만약 피스톤 A와 피스톤 B의 단면적이 다르다면 어떤 일이 발생할까?

| 단면적 | 파스칼의 원리 | 피스톤 A에 작용하는 힘 | 피스톤 B에 작용하는 힘 |
|---|---|---|---|
| 같음. | 압력 = 힘 / 단면적 | 피스톤 B와 같음. | 피스톤 A와 같음. |
| A가 10배 넓음. | | 피스톤 B의 10배임. | 피스톤 A의 1/10 |

**포인트 2** **탠덤 마스터 실린더의 작동 과정**

- 브레이크 밟음. – ❶ [　　] 이/가 1차 피스톤을 민다. – 1차 피스톤의 ❷ [　　] 이/가 보상공을 막고 지나면서 압력실이 ❸ [　　] 되고, 1차 피스톤을 미는 힘이 2차 피스톤에도 전달되어 2차 피스톤 쪽의 압력실도 ❹ [　　] 됨. 밀폐된 상태의 제동 회로의 오일에도 ❺ [　　] 이/가 형성되어 휠 실린더에 압력을 전달함.
- 브레이크 페달에서 발을 뗌. 피스톤들이 제자리로 돌아오면서 압력실의 밀폐 상태가 풀리고 작용하던 유압이 사라지면서 브레이크가 풀림.

정답 ❶ 푸시로드 ❷ 1차 컵 ❸ 밀폐 ❹ 밀폐 ❺ 유압력 상승

EBS Q&A

**Q** 이번 지문처럼 기술 지문은 낯선 용어들이 많이 등장해서 이해하기 어렵습니다. 어떻게 하는 것이 좋을까요?

**A** 여러분이 풀고 있는 시험지는 기술 시험지나 과학 시험지가 아닙니다. 사용된 용어는 기술이나 과학에서 사용된 용어이지만 여러분이 풀고 있는 시험은 국어 시험입니다. 국어 영역에서 독서 영역은 정보를 전달하는 설명문을 얼마나 잘 읽고 정보들에 담긴 논리 관계나 파악된 정보들의 특징을 다른 사례에 적용할 수 있는지를 평가하기 위한 것입니다. 따라서 여러분들이 낯설게 느끼는 용어들에 대해서는 반드시 글 안에서 개념 정의를 해 주기 마련이고, 개념어들과 개념어들의 관계를 밝혀 주기 마련입니다. 이 지문에서도 여러분에게 낯선 마스터 실린더의 종류와 그 구성 장치들이 작동하는 과정을 설명하고 있으며, 작동 과정과 연관된 과학적 원리인 파스칼의 원리를 설명하고 있습니다. 이러한 개념들을 잘 정리한 후 관계를 파악하는 연습을 하는 것이 중요합니다. 여러분들은 그저 낯선 용어만 보고 '내가 모르는 내용이니까, 어려우니까'라고 막연하게 느끼는 마음이나 혹은 왜 국어 시험에 이런 말들이 나오는지를 원망하는 마음 대신 '설명문을 읽는 것이다. 낯선 용어는 지문에서 다 설명해 줄 것이며 시험 문제를 풀기 위한 논리적 사고와 과정 등이 이 지문 안에 담겨 있다.'라고 생각하고 꾸준히 연습하기 바랍니다.

## 엮어 읽기

# 현가장치

자전거 뒤에 타고 이동하게 되면 울퉁불퉁한 길을 지날 때에 큰 덜컹거림을 경험할 수 있다. 만약 타고 있는 것이 자전거가 아닌 자동차라면 어떨까? 자동차가 이렇게 덜컹거린다면 타고 다니기 곤란할 것이다. 그래서 자동차에는 이런 덜컹거림을 최소화할 수 있는 장치가 있는데 이를 현가장치라고 한다.

현가장치는 차량의 진동을 완화하는 것 외에 차체를 지지하고, 커브를 돌 때 차가 기울어지는 현상을 줄여 주거나, 타이어와 도로 사이의 접촉을 계속 유지해 주는 일을 한다. 이러한 기능을 위한 현가장치는 스프링과 쇼크업소버로 구성된다. 현가장치에 쓰이는 스프링은 토션바, 에어 스프링, 코일 스프링 등이 있고 쇼크업소버는 유압식*이 일반적으로 사용된다. 토션바는 축을 기준으로 양 끝을 각각 반대 방향으로 비틀면 원래대로 펴지려는 힘을 이용한 것이고, 에어 스프링은 일정 온도에서 기체를 1/2 부피까지 압축하면 압력은 2배가 되어 압력을 밀어내는 힘도 2배가 되는 원리를 활용한 것으로, 대형 버스에 주로 쓰인다. 승용차에는 코일 스프링이 주로 쓰이는데 이 코일 스프링의 특징을 살펴보자.

스프링은 상황에 따라 변형되는 성질을 가진다. 스프링을 일정한 길이만큼 변형시킬 때, 길이 변화에 대한 힘의 크기의 비율을 스프링 상수라고 한다. 스프링 상수는 스프링이 받는 힘과 비례 관계에 있다. 또한 스프링 상수는 스프링이 받는 하중을 스프링의 변형량으로 나누어 구할 수 있으며 기호는 'kgf/mm'로 표시하는데, 1kgf/mm의 경우 1mm를 변형시키는 질량 1kg인 물체의 하중이라는 의미이다. 그리고 모든 조건이 같은 상황에서 동일한 스프링을 1/2로 잘랐을 경우 스프링의 변형량도 1/2로 감소된다는 특징이 있다.

스프링에 추를 달아 당기면 추는 꽤 오랫동안 아래위로 진동을 하게 된다. 이러한 진동은 탄성력과 관계가 있는데, 탄성력은 힘을 가하면 변형되고 힘을 빼면 원래대로 돌아가는 성질인 탄성의 정도이다. 스프링의 탄성력은 변형된 길이에 비례한다. 또한 진동이 지속되는 것은 추를 움직이는 운동 에너지가 스프링의 탄성 에너지로 변환되면서 총 에너지가 유지되는 것과 관련이 있다. 물론 시간이 지나면서 추가 움직인 거리인 진폭은 줄어들게 된다. 왜냐하면 공기와의 마찰 등으로 에너지가 조금씩 흩어지기 때문이다. 한편 진동의 주기는 한 번 왕복하는 데 걸리는 시간인데, 이 값의 역수*를 진동수라고 한다. 스프링의 진동수는 스프링 상수와 추의 질량에 의해 결정되고, 스프링 상수와 질량이 정해지면 스프링은 일정한 고유 진동수로 진동한다. 고유 진동수는 스프링 상수가 커지면 같이 커지는 특징이 있다.

현가장치에 쓰이는 스프링은 덜컹거림을 최소화해야 하므로 자동차의 몸통과 스프링이 만드는 진동수를 작게 해야 한다. 이를 위해서는 자동차의 무게를 무겁게 하거나 스프링 상수를 작게 하면 된다. 하지만 자동차를 일부러 무겁게 하는 것은 효율적이지 않으며, 스프링 상수가 작은 스프링을 쓰게 되면 차량의 진폭이 커질 수 있다. 또한 스프링만을 사용하면 진폭이 크고 진동 시간이 길어질 수 있어 편안함을 느끼기 어렵다.

이를 보완하기 위해 쇼크업소버가 쓰이게 된다. 쇼크업소버는 크게 단통식과 복통식으로 나뉜다. 단통식은 본체인 통이 홑겹 구조로 되어 있고, 통 내부는 기름이 채워진 오일실과 고압의 가스가 충전된 가스실로 나뉘어 그 사이를 자유롭게 움직일 수 있는 프리 피스톤으로 나뉜 구조를 가진다. 복통식은 통이 외통과 내통의 이중 구조로 되어 있는 것이 특징이다.

복통식 쇼크업소버인 트윈 튜브식 쇼크업소버에는 외통과 내통이 있으며, 기름이 흘러가는 두 종류의 통로가 있다. 하나는 별다른 저항 없이 기름의 흐름에 따라 개폐되는 통로인 오리피스(Orifice)이고 다른 것은 압력 차에 의해 스프링에 연결된 통로가 개폐되는 감쇠력 발생 밸브이다. 이 통로들은 내통 바닥의 베이스 밸브와 피스톤에 모두 설치되어 있다. 피스톤의 속도가 낮은 범위에서는 오리피스로, 속도가 일정 수준 이상으로 높아지면 감쇠력 발생 밸브까지 연동하여 감쇠력이 조정된다. 압축 시에는 내통에서 외통으로 기름이 나가고, 이때는 베이스 밸브의 통로들에서 감쇠력이 발생한다. 신장 시에는 외통에서 내통으로 기름이 들어오고, 이때는 피스톤에 설치된 통로들에서 감쇠력이 발생한다. 오리피스에서는 기름이 별다른 저항 없이 흐를 수 있지만, 감쇠력 발생 밸브는 압력이 높아지면 막혀 있던 판이 밀려 열리면서 생긴 간극으로 기름이 흐를 수 있도록 되어 있다. 감쇠력은 기름이 이동할 때 받는 저항에 의해 발생하는 것이다. 따라서 감쇠력 발생 밸브에 설치된 판의 수를 증가시키면 저항이 강해지기 때문에 감쇠력이 커지게 된다. 그리고 오리피스의 구멍을 작게 하면 감쇠력이 커지며, 만약 인위적으로 개폐할 수 있는 두 개 이상의 오리피스를 설치한 경우 오리피스의 개폐 여부에 따라 감쇠력을 조정할 수 있다. 한편 쇼크업소버에서는 피스톤을 움직이는 운동 에너지가 기름의 온도를 올리는 데에도 사용되어, 탄성 에너지로 변환되는 에너지가 줄어들게 된다. 따라서 에너지 변환 과정에서 열에너지로 흩어짐이 거의 없이 탄성 에너지가 운동 에너지가 되었다가 다시 탄성 에너지로 변환되는 스프링보다 빠르게 진동을 억제할 수 있는 것이다.

차량은 짧은 시간 동안 변화량이 큰 경우에 충격을 받게 된다. 스프링과 쇼크업소버가 차량의 현가장치로 사용되면 그러한 변화량을 적절히 제어하면서 차량의 안락한 승차감을 만들어 우리가 차량에 탑승했을 때 편안한 상태를 유지할 수 있도록 해 주는 것이다.

* **유압식**: 압력을 가한 기름에 의하여 작동되는 방식.
* **역수**: 어떤 수와 곱해서 1이 되게 하는 수. 어떤 자연수와 그 자연수를 분모로 하는 단위 분수는 서로 역수이다.

이 글은 자동차에 사용되는 현가장치를 이루는 주요 부품들과 그 작동 원리에 대해 설명한 글이다. 현가장치의 기능과 현가장치를 이루는 주요 부품인 스프링의 과학적 원리를 설명하고, 스프링을 보완하기 위한 쇼크업소버의 구조와 작동 방식을 밝힌 후 그 효과를 제시하였다.

현가장치를 이루는 스프링과 쇼크업소버의 특징

실전 모의고사

# 5회

독서 이론 01~03번

## 초연결 사회와 책 읽기

EBS 수능완성 238쪽

**독해 포인트** 이 글은 책 읽기의 순기능이 초연결 사회에서 현대인들이 겪고 있는 문제 상황에 대한 해결책이 될 수 있음을 설명하고 있다. 초연결 사회를 살아가고 있는 현대인들은 디지털 기기에 과몰입하게 되면서 공감 능력 결여 및 주체적 판단력 저하, 집중력 약화, 의존적 성향 등의 문제 상황을 겪게 되었다. 그런데 책 읽기는 현대인들이 디지털 미디어와의 자발적인 거리 두기를 통해 주변과 소통하게 하고, 올바른 현실 인식을 통해 주체적으로 판단하게 하며, 긴 글을 읽고 사고할 수 있는 집중력을 갖추도록 해 주고, 의존적 성향에서 벗어나 자기 자신에게 주목하도록 도움을 줄 수 있다. 초연결 사회의 문제점과 그에 대한 해결책이 될 수 있는 책 읽기의 순기능을 하나씩 대응해 가면서 이 글을 읽음으로써 현대인들의 문제 상황을 극복해 나갈 대안으로 책 읽기가 주목받고 있는 이유를 이해할 수 있다.

**주제** 초연결 사회에서 현대인이 겪는 문제 상황 해결에 도움이 되는 책 읽기의 순기능

현대 사회는 정보 통신망과 인공 지능의 발달로 인간과 사물의 연결 범위가 확장되고 시·공간의 제약이 극복되는 초연결 사회이다. (초연결 사회의 특징 – IT를 바탕으로 사람, 프로세스, 데이터, 사물 등을 포함한 모든 것이 네트워크로 연결됨.) 현대인들은 초연결 상태에서 소외되지 않기 위해 디지털 기기에 과몰입하는 경향을 띠게 되는데, 전문가들은 이런 경향이 현대인들의 공감 능력 결여 및 주체적 판단력 저하, 집중력 약화, 의존적 성향 등의 (디지털 기기에 과몰입했을 때 발생하는 문제점) 부정적 양상으로 이어지고 있다고 지적한다. 일각에서는 이러한 문제 상황에 대한 해결책의 하나로 책 읽기의 순기능에 주목하고 있다. ← 초연결 사회가 현대인에게 끼치는 부정적 영향

초연결 사회에서 책 읽기는 인간과 디지털 미디어의 과한 연결에 (인간이 디지털 기기에 과몰입하여 가상의 온라인 세계에 지나치게 빠져든 상황) 균열을 일으킬 수 있다. 가상의 온라인 세계와 지나치게 밀착되면 자기 자신이나 실재하는 주변에 관한 관심이 부족해지게 되고, 이는 공감 능력과 주체적 판단력의 결여를 (인간과 디지털 미디어의 과한 연결이 초래하는 문제) 초래한다. 이때 능동적인 책 읽기 활동은 현대인이 디지털 미디어와의 자발적인 거리 두기를 통해 자신과 주변을 돌아보며 소통할 수 있게 하고, 다양한 현실 세계를 근거로 하여 비판적으로 사고하는 주체성을 회복할 수 있게 돕는다. (책 읽기의 순기능 ①) 평론가 아즈마 히로키는『관광객의 철학』에서 풍요로운 삶을 위해서는 특정 공동체에만 소속된 '마을 사람'도, 어느 공동체에도 소속되지 않은 '나그네'도 아닌, '관광객' 같은 존재가 (특정한 하나의 공동체에만 소속된 것도 아니고, 어느 공동체에도 소속되지 못한 것도 아니어서 자신의 의지대로 연결되고 분리될 수 있는 존재) 되는 것이 중요하다고 보았다. 초연결 사회를 살고 있더라도, 책을 통해 우리는 강한 연결 속에 함몰된 마을 사람도, 연결로부터 완전히 분리된 나그네도 아닌, '자신의 의지대로' 자유롭게 연결되고 분리될 수 있는 관광객이 (미디어와 자발적인 거리 두기를 하는 능동적 독자를 비유함.) 될 수 있다. 현실 세계의 다양한 측면을 깊이 있게 다루고 있는 책을 스스로 찾아 읽는 것은 다양한 '관광지'를 돌아다니는 것과 (현실 세계를 깊이 있게 다루는 책을 읽는 행위를 비유함.) 같으며, 그 과정에서 형성된 올바른 현실 인식은 공감 능력과 주체적 판단력의 토대가 된다. ← 책 읽기의 순기능 ① – 공감 능력 및 주체적 판단력 회복

또한 초연결 사회에서 책 읽기는 현대인이 긴 글을 읽고 사고하는 집중력을 갖추도록 도울 수 있다. (책 읽기의 순기능 ②) 블로그의 글과 같이 짧고 단편적인 글을 많이 접하게 되는 현대인들은 장문을 집중해서 읽고 깊이 있게 사고하는 데 비교적 어려움을 느끼는 경우가 많다. 특히 디지털 미디어에 실린 글을 읽는 경우에는 하이퍼텍스트 구조로 인해 하나의 글을 온전히 다 읽기도 전에 다른 화면으로 손쉽게 옮겨 가는 상황이 (하나의 글을 읽다가 중간에 현재 창 위에 새 창을 열어 다른 글을 읽는 상황) 반복될 수도 있어서, 깊이가 없는 단편적인 정보들이 과도하게 쌓일 수 있다. 이로 인해 선형적 구조를 띠는 한 권의 책을 읽는 경우와

는 다르게 정보를 깊이 있게 습득하지 못하는 상황이 나타나기 쉽다. 그 결과 긴 글을 읽고 중요한 내용을 요약하거나, 지속성 있게 종합적으로 사고하는 능력이 점차 저하되는 문제가 발생하고 있기도 하다. 또한 단편적인 정보가 과도하면 집중력의 결핍을 초래할 수 있다. 이에 대처하려면, 선형적 독서가 초연결 사회의 다양한 소음 속에서도 현대인들이 집중력을 발휘하여 일련의 사고 과정을 온전하게 밟아 나갈 수 있게 하는 동력이 되어 준다는 사실에 주목할 필요가 있다.

디지털 미디어의 짧고 단편적인 글만 많이 접하게 되는 경우에 발생하는 문제

← 책 읽기의 순기능 ② – 긴 글을 읽고 사고하는 집중력 강화

다음으로, 초연결 사회에서 책 읽기는 현대인이 스스로 선택한 고독의 시간을 통해 의존적 성향에서 벗어나 혼자서도 외로움을 이겨 내는 힘을 기르도록 이끌 수 있다. 현대인들은 현실의 정서적 결핍과 외로움을 해소하고자 온라인 세계 속 타인에게 의존하고 집착하지만, 오히려 더 외로워지는 것을 경험하곤 한다. 사회 심리학자 셰리 터클은 외로운 현대인에게 네트워크는 매력적 대상이지만, 항상 그 안에 머물다 보면 고독의 보상을 스스로 내치는 수가 있다고 말했다. 책 읽기는 원하지 않게 소외되는 외로움이 아니라, 내 의지로 선택한 고독과 사색의 시간을 마련해 준다. 이러한 자발적 책 읽기를 통해 독자는 자기 자신에게 집중하고 자신의 삶을 성찰하게 되며, 자신의 독립적이고 고유한 가치를 깨닫게 된다. 그리고 읽기에 깊이 몰입함으로써 얻게 되는 깨달음과 지혜는 우리의 삶에 지속적인 자양분이 되어 줄 수 있다.

책 읽기의 순기능 ③

자발적 의지로 선택한 고독의 시간을 통해 얻게 될, 자기 자신과 삶에 대한 깨달음과 지혜

자발적 독서를 통해 스스로 선택한 고독의 시간을 맞이하는 것의 효용

← 책 읽기의 순기능 ③ – 의존적 성향의 극복

**이것만은** 꼭 익히자! 어휘

- **초연결(超連結)**: 사람과 사람, 사람과 기기, 기기와 기기가 네트워크로 연결됨.
- **과몰입(過沒入)**: 지나치게 깊이 파고들거나 빠짐. 또는 그런 상태.
- **주체성(主體性)**: 인간이 어떤 일을 실천할 때 나타내는 자유롭고 자주적인 성질.
- **함몰(陷沒)**: 물속이나 땅속에 빠짐.
- **단편적(斷片的)**: 전반에 걸치지 않고 한 부분에 국한된. 또는 그런 것.
- **과도(過度)**: 정도에 지나침.
- **선형적(線形的)**: 선처럼 길게 일렬로 나아가는. 또는 그런 것.
- **자양분(滋養分)**: 정신의 성장이나 발전에 도움을 주는 정보, 지식, 사상 따위를 비유적으로 이르는 말.

## 이것만은 꼭 익히자! 핵심 개념

### 핵심 개념 1 하이퍼텍스트 읽기 구조

하이퍼텍스트란 1960년대 미국 철학자 테드 넬슨이 구상한 'hyper(초월한, 과도한)'과 'text(문자)'의 합성어로, 컴퓨터나 다른 전자 기기로 한 문서를 읽다가 다른 문서로 순식간에 이동해 읽을 수 있는 비선형적인 구조의 텍스트를 일컫는 말이다. 일반적으로 종이책과 같은 아날로그 매체에서는 처음부터 순서대로 정보를 수용해 나가게 되지만, 디지털 미디어에서는 해당 키워드를 클릭함으로써 하이퍼텍스트 구조를 통해 원하는 정보에 즉시 접근할 수 있다. 하이퍼텍스트 구조는 한 정보에서 다른 정보로 빠르게 이동할 수 있다는 점에서는 효율적이지만, 정보가 파편적이라는 한계도 지닌다.

### 핵심 개념 2 선형적 읽기와 비선형적 읽기 (문항 2 관련)

선형적이란 순차적, 일방향적 성격을 가지고 있음을 의미한다. 일반적으로 한 권의 책은 시간의 흐름이나 논리의 심화 등 일정한 규칙에 따라 순차적으로 서술이 되어 있으며, 독자는 이러한 책을 읽을 때 대체로 책의 앞에서부터 차례대로 읽어 나간다. 이렇게 순차적으로 글을 읽는 것을 선형적 읽기라고 한다. 이와 반대로 비선형적 읽기는 글을 순차적으로 읽지 않는 것을 말한다. 예를 들어, 인터넷 웹 문서를 읽다가 중간에 하이퍼링크를 타고 새롭게 열린 창의 다른 글들을 읽다가 다시 원래 읽던 글로 돌아오기도 하는 등 일방향적이지 않은 독서를 하게 되기도 하는데, 이러한 읽기 방식이 바로 비선형적 읽기에 해당한다. 어떤 매체를 이용하여 독서하느냐가 선형적 읽기와 비선형적 읽기에 많은 영향을 주기는 하지만, 그렇다고 종이책을 읽을 때는 항상 선형적인 읽기가 이루어지고 인터넷에서 글을 읽을 때는 계속 비선형적 읽기가 이루어진다고 도식화하여 이해하는 것은 적절하지 않다.

## 배경지식 더 알아보기

■ **디지털 환경에서의 독서 실태 변화**

초연결 사회로의 이행은 정치, 경제, 사회, 문화 등 인류의 삶 전반에 걸쳐 큰 변화를 일으키고 있으며, 현대인의 독서 형식과 독서량에도 영향을 미치고 있다. 문화체육관광부에서 1~2년마다 실시하는 '국민 독서 실태 조사'에 따르면, 2021년 성인의 종이책 연간 독서율(1년간 일반 도서를 1권 이상 읽은 사람의 비율)은 40.7%로 2017년 대비 19.2%p나 줄어들었고, 독서량은 4.5권으로 2017년 대비 3.8권이나 줄어든 것으로 나타났다. 또한 초·중·고교 학생의 경우 종이책의 연간 독서율은 87.4%로 2017년 대비 4.3%p 감소하였고, 독서량도 24.8권으로 2017년 대비 3.8권 감소한 것으로 나타났다. 특히 성인의 종이책 독서율(40.7%)은 10년 전인 2009년의 종이책 독서율(71.7%)과 비교했을 때 31%p나 감소한 것으로 나타났는데, 여기서 특히 주목할 부분은 현대인들이 독서를 하기 어렵게 된 대표적 장애 요인으로 '책 이외의 다른 매체/콘텐츠 이용(26.2%)'을 꼽았다는 점이다. 이는 초연결 사회에서 나타나는 디지털 매체 이용의 다변화가 독서율 하락의 중요한 원인 중 하나임을 분명하게 보여 준다.

## 선생님의 만점 구조도

**포인트 1** 초연결 사회가 초래한 문제 상황과 책 읽기를 통한 문제 해결

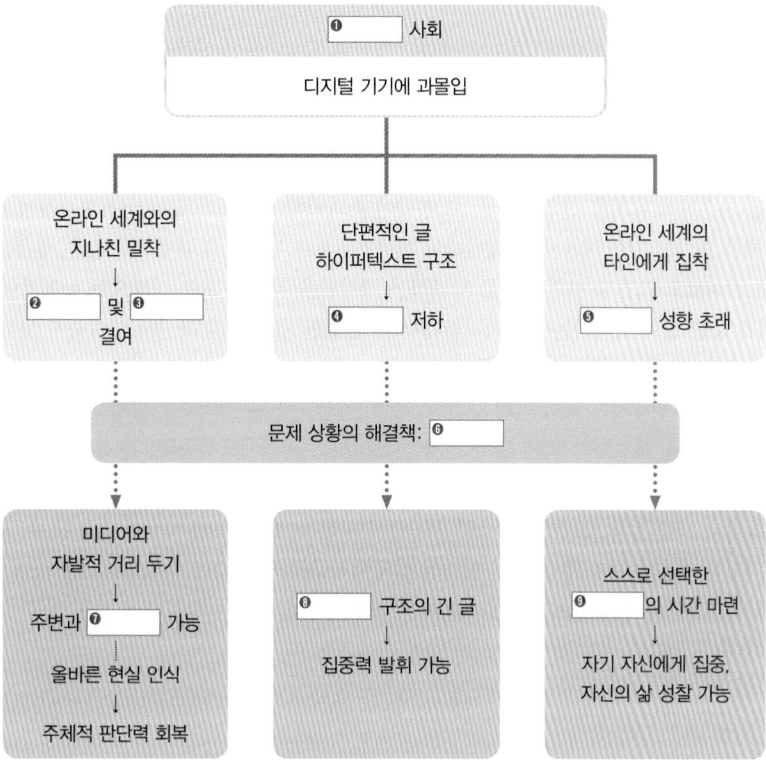


**포인트 2** 디지털 미디어에 실린 글 읽기와 한 권의 책 읽기의 비교 (문항 2 관련)

| 디지털 미디어에 실린 글 읽기 | 한 권의 책 읽기 |
| --- | --- |
| • 하나의 글을 온전히 다 읽기도 전에 다른 화면으로 옮겨 가는 상황이 발생하기 쉬움.<br>➡ ❿ [ ] 정보가 과도해져 집중력의 결핍을 초래할 수 있음. | • 긴 글을 읽고 중요한 내용을 요약하거나 지속성 있게 종합적으로 사고할 수 있게 함.<br>• ⓫ [ ]을/를 발휘하여 일련의 사고 과정을 온전하게 밟아 나가는 동력이 되어 줌. |

정답 ❶ 초연결 ❷ 공감 능력 ❸ 주체적 판단력 ❹ 집중력 ❺ 의존적 ❻ 책 읽기 ❼ 소통 ❽ 선형적 ❾ 고독(고독과 사색) ❿ 단편적 ⓫ 집중력

## EBS Q&A

**Q** 독서 이론 문항 중 특히 3번 문항을 잘 풀기 위한 요령이 있을까요? (문항 3 관련)

**A** 독서 이론의 3번 문항은 지문에서 제시한 독서 관련 이론이나 현상을, 〈보기〉에 제시된 실제 사례에 적용해 보는 유형으로 출제되는 경우가 대부분입니다. 그러므로 지문에 제시된 독서 이론이나 독서 현상을 글의 전개 방식을 고려하여 유형별로, 시기별로, 또는 인과 관계에 따라 항목화하여 정리한 뒤, 항목화한 각각의 내용과 3번 문항의 〈보기〉에 제시된 내용 요소를 하나씩 대응해 가며 선지의 적절성 여부를 확인해 나가면 좀 더 쉽게 답을 찾을 수 있을 것입니다.

엮어 읽기

## 독서에서의 초인지

독서는 독자가 목표한 결과에 도달하기 위해 글을 읽고 의미를 구성하는 인지 행위이다. 성공적인 독서를 위해서는 초인지가 중요하다. 독서에서의 초인지는 독자가 자신의 독서 행위에 대해 인지하는 것으로서 자신의 독서 과정을 점검하고 조정하는 역할을 한다.

초인지는 글을 읽기 시작한 후 지속적으로 이루어지는 점검 과정에 동원된다. 독자는 가장 적절하다고 판단한 독서 전략을 사용하여 독서를 진행하는데, 그 전략이 효과적이고 문제가 없는지를 평가하며 점검한다. 효과적이지 않거나 문제가 있다고 판단하면 이를 해결해야 한다. 문제가 무엇인지 분명하지 않은 경우에는 독서 중에 떠오르는 생각들을 살펴보고 그중 독서의 진행을 방해하는 생각들을 분류해 보는 방법으로 문제점이 무엇인지 파악할 수 있다. 독서가 중단 없이 이어지는 상태이지만 문제가 발생한 것을 독자 자신이 인지하지 못하는 경우도 있다. 의도한 목표에 부합하지 않는 방법으로 읽기를 진행하거나 자신이 이해한 정도를 판단하지 못하는 예가 그것이다. 문제 발생 여부의 점검을 위해서는 독서 진행 중간중간에 이해한 내용을 정리하는 방법을 사용할 수 있다.

초인지는 문제를 해결하기 위해 독서 전략을 조정하는 과정에도 동원된다. 독서 목표를 고려하여, 독자는 지금 사용하고 있는 전략을 계속 사용할 것인지를 판단해야 한다. 또 문제 해결을 위한 다른 전략에는 무엇이 있는지, 각 전략의 특징과 사용 절차, 조건 등은 무엇인지 알아야 한다. 또한 독자 자신이 사용할 수 있는 전략이 무엇인지, 전략들의 적절한 적용 순서가 무엇인지, 현재의 상황에서 최적의 전략이 무엇인지 판단하여 새로운 전략을 선택해야 한다. 선택한 전략을 수행하는 과정에서 독자는 초인지를 활용하여 점검과 조정을 되풀이하며 능동적으로 의미를 구성해 간다.

독해 포인트 이 글은 독서가 성공적으로 이루어지기 위해 초인지가 어떠한 작용을 하는지에 대해 설명하고 있다. 초인지는 글을 읽기 시작한 후 자신의 독서 전략이 효과적이고 문제가 없는지 평가하며 점검하는 과정에 동원되어 올바른 독서 방법으로 읽기 과정이 진행되도록 이끈다. 또한 초인지는 문제 상황을 해결하기 위해 독서 전략을 조정하는 과정에도 동원되어 최적의 전략을 바탕으로 능동적인 읽기가 가능해지도록 돕는다. 이렇게 독자는 독서 과정에서 초인지를 통해 자신의 독서 행위에 대해 인지함으로써, 자신의 독서가 더 의미 있게 이루어지도록 스스로를 독려할 수 있다.

주제 성공적인 독서를 위한 초인지의 활용

예술 04~07번

# 영화에서 몽타주 사용에 대한 상반된 입장

EBS 수능완성 240쪽

독해 포인트 영화의 초기 이론에서는 영화적 표현이 예술가의 목적을 가장 잘 나타낼 수 있는 의미화 작업이라는 입장과 현실을 충실하게 재현하는 작업이라는 입장이 대립하였다. 편집이 생산적 기능을 수행하며 영화에 필수적인 요소라고 주장하는 이론가들의 입장을 대변하는 예이젠시테인은 감독의 이데올로기에 따라 몽타주를 통해 새로운 의미를 만들어야 한다고 생각했다. 그는 각각의 숏을 대등한 수준으로 이용하는 중립화를 통해 감독이 원하는 의미를 얻는다고 보았으며, 영화에 나타나는 다양한 청각적 요소들인 말, 소음, 음악 등도 영상과 동등하게 사용되며 의미 형성에 기여한다고 생각했다. 이와 달리 바쟁은 몽타주가 하나의 의미나 결과만을 강요하여 현실에서 발생할 수 있는 모든 가능성을 광범위하게 재현할 수 없다고 생각하고 한정된 범위에서만 사용되어야 한다고 보았다. 그는 현실을 사실적으로 지각하고 반영하기 위해 영화의 기본적 요소들과 그것들의 상호 관계 및 사실적 결합 등을 강조하는 디프 포커스와 롱 테이크 기법에 주목했다.

주제 몽타주 사용에 대한 예이젠시테인과 바쟁의 상반된 입장

영화의 초기 이론을 살펴보면 영화적 표현을 어떻게 규정해야 하는가에 대한 상반된 입장이 존재했다. 예술가의 목적을 가장 잘 나타낼 수 있는 의미화* 작업이라는 입장과 현실을 충실하게 재현하는 작업이라는 입장이 대립하였는데, 전자를 대표하는 인물이 러시아의 세르게이 예이젠시테인이고, 후자를 대표하는 인물이 프랑스의 앙드레 바쟁이다.

편집의 기능에 대해 긍정적임. / 제한적 상황에서의 편집만 인정함.

← 영화의 초기 이론에 나타나는 영화적 표현과 관련된 상반된 입장

예이젠시테인은 편집이 생산적 기능을 수행하며 영화에 필수적인 요소라고 주장하는 이론가들의 입장을 대변한다. 그는 따로따로 촬영한 화면을 적절하게 떼어 붙여서 하나의 긴밀하고도 새로운 장면이나 내용으로 만든 몽타주가 영화 예술의 기초라고 믿었다. 그래서 그는 한자의 생성 원리 중의 하나인 회의*에 주목해 서로 다른 두 숏*의 결합이 새로운 개념을 발생시킬 수 있다는 유명한 가설*을 설정했다. 예이젠시테인은 영화에서 개개의 숏이 상호 보완적이며 불완전하다고 보았으며, 편집에서 숏 A와 숏 B의 결합은 새로운 의미를 만들어야 한다고 생각했다. 예이젠시테인은 현실을 사각의 틀로 분리하여 화면에 담을 때 탄생하는 의미는 감독의 이데올로기적 입장에 따라 선택되는 것으로 보았다.

몽타주의 개념 / 감독이 자신의 의도대로 현실을 재구성하여 관객에게 전달할 수 있음.

← 편집을 필수적 요소라 주장하며 몽타주를 활용한 예이젠시테인

예이젠시테인에 따르면 현실은 예술가가 자신의 의도대로 재구성할 수 있게 일정한 단위로 분해되어야 하는데, 그는 이렇게 분해하는 과정을 중립화로 규정하였다. 그는 영화에서 모든 구성 요소들은 자극을 유발할 수 있는 평등한 권리를 가진다고 주장하였으며, 감독은 각각의 숏을 대등한 수준으로 이용하는 중립화를 통해 자신이 원하는 의미를 얻는다고 보았다. 그는 영화에 나타나는 다양한 청각적 요소들인 말, 소음, 음악 등도 영상의 부속물*로 취급하지 않았다. 예이젠시테인의 영화에서 청각적 요소들은 영상과 대등하게 사용되며 의미 형성에 기여한다. 그는 특히 청각적 요소들이 때로는 영상의 내용이나 분위기를 강화하는 긍정적 역할을 하고, 때로는 영상의 내용이나 분위기에 어긋나는 부정적 역할을 하는 병행적 담화가 의미 형성에 많은 영향을 끼친다고 생각했다. 예이젠시테인은 새롭게 발전한 영화 기술을 활용하는 데 개방적인 편이었으나, 바쟁처럼 이러한 영화 기술을 활용해 사실주의적 이상*을 추구한 것이 아니라, 소리나 색채 또는 입체 화면이 갖는 자연스러운 사실성에서 벗어나 중립화를 시도하였다.

예술가가 자신의 의도대로 현실을 재구성하기 위해 현실을 분해하는 과정 / 중립화의 속성 / 병행적 담화의 양면적 속성 / 바쟁의 입장

← 예이젠시테인이 중시한 중립화의 효용과 방식

바쟁은 몽타주가 현실을 사실적으로 재현하는 데 훼손을 가할 위험이 있으므로 매우 한정된 범위에서만 사용되어야 한다고 보았다. 그는 관객이 아무런 사고를 하지 않고 자신도 모르게 편집자의 선택을 수용하는데, 그 결과 관객은 자신의 권리를 박탈당한다고 주장했다. 바쟁은 하나의 신*의 본질이 분리나 고립 같은 속성을 지니고 있다면 편집이 이 같은 속성을 표현하는 효과적인 기법이 될 수 있으나, 하나의 신 안에 둘 이상의 연관된 속성들이 있고 이를 동시에 표현해야 할 경우, 현실적인 시·공간의 연속성이나 발생 가능성 등을 고려해야 한다고 생각했다. 예를 들어 맞수인 사냥꾼과 호랑이가 대결하는 사건에서 사냥꾼 숏과 호랑이 숏을 교차 편집한 후 최종적으로 사냥꾼이 패배하는 숏을 보여 주는 것은 관객에 대한 기만이라고 주장했다. 그는 이 경우 몽타주가 하나의 의미나 결과만을 강요하여 현실에서 발생할 수 있는 모든 가능성을 광범위하게 재현할 수 없다고 생각한 것이다.

(몽타주가 편집자의 의도를 관객에게 강요하는 부정적 측면이 있다는 인식)
(여러 가지 결과 중 하나만 보여 준 숏)
← 몽타주의 문제점을 인식하고 한정된 범위의 사용을 주장한 바쟁

그래서 바쟁은 디프 포커스*나 롱 테이크*에 주목했다. 그는 디프 포커스나 롱 테이크 기법이 현실을 사실적으로 지각하고 반영하기 위해 영화의 기본적 요소들과 그것들의 상호 관계 및 사실적 결합 등을 강조한다고 생각했다. 반면에 몽타주는 그 같은 요소들을 감독의 이데올로기적 입장에 따라 추상적인 시간과 공간으로 대체시킨다고 생각했다. 이로 인해 몽타주는 관객이 현실을 사실적으로 지각하게 하는 것이 아니라, 감독의 의도에 따라 관객이 심리적 영향을 받아 현실을 왜곡하게 만들 수 있다고 보았다. 바쟁은 디프 포커스가 관객의 주의력을 영화에 집중시키고 동시에 현실의 다양한 모습을 느낄 수 있게 만들기 때문에 예술적 가치를 지닌다는 사실을 강조했다. 그리고 롱 테이크로 촬영한 장면의 의미가 모호하다는 예이젠시테인의 비판에 대해 이러한 현실의 모호성이야말로 보존해야 하는 것이며, 관객이 자율적으로 모호성 속에 담긴 여러 가능성을 인지해 내도록 해야 한다고 주장했다. 그는 롱 테이크가 사건의 현실성을 보장하며 관객의 시선에도 자유를 부여하는 것이라고 판단했다.

(현실을 사실적으로 지각하고 반영하지 않음.)
(현실에서 발생할 수 있는 모든 가능성)
← 바쟁이 중시한 디프 포커스와 롱 테이크 기법

*회의: 한자 육서(六書)의 하나. 둘 이상의 한자를 합하고 그 뜻도 합성하여 글자를 만드는 방법.
*숏(shot): 한 번의 연속 촬영으로 찍은 장면을 이르는 말.
*신(scene): 숏의 결합으로 구성됨. 같은 장소와 시간 내에서 이루어지는 일련의 대사와 연기를 통합하여 구성한 단위.
*디프 포커스(deep focus): 원경과 근경 모두가 화면 전체에 선명하게 나오도록 초점을 맞추어 촬영하는 기법.
*롱 테이크(long take): 1~2분 이상의 숏이 편집 없이 길게 진행되는 기법.

## 이것만은 꼭 익히자! 어휘

- 의미화(意味化): 의미를 지니게 되거나 의미가 밝혀지게 됨. 또는 그렇게 만듦.
- 가설(假說): 어떤 사실을 설명하거나 어떤 이론 체계를 연역하기 위하여 설정한 가정.
- 부속물(附屬物): 주가 되는 사물이나 기관에 딸려 붙어 있는 물건.
- 이상(理想): 생각할 수 있는 범위 안에서 가장 완전하다고 여겨지는 상태.
- 박탈(剝奪): 남의 재물이나 권리, 자격 따위를 빼앗음.
- 연속성(連續性): 끊이지 아니하고 죽 이어지거나 지속되는 성질이나 상태.
- 맞수: 힘, 재주, 기량 따위가 서로 비슷하여 우열을 가리기 어려운 상대.
- 기만(欺瞞): 남을 속여 넘김.
- 강요(强要): 억지로 또는 강제로 요구함.
- 모호성(模糊性): 여러 뜻이 뒤섞여 있어서 정확하게 무엇을 나타내는지 알기 어려운 말의 성질.

## 이것만은 꼭 익히자! 핵심 개념

### 핵심 개념 1 예이젠시테인이 생각한 감독의 이데올로기적 입장

예이젠시테인은 현실이 이미 그 자체로서 고유한 의미를 내포하고 있으므로 결코 손상시켜서는 안 된다는 기존의 주장들에 반대하는 입장을 취했다. 그는 궁극적으로 현실은 사람들이 부여하는 의미와 그것에 대한 해석 이외에는 어떠한 가치도 없는 것이라고 생각했다. 따라서 예이젠시테인은 영화는 이러한 해석의 수단 가운데 하나로서 인식되며 일정한 이데올로기적 입장에 의해서만 현실을 반영할 수 있다고 간주하고, 영화를 재현이라기보다는 분절된 담화로 보았다. 예이젠시테인에게 있어 감독의 이데올로기적 입장을 뒷받침해 주는 것은 변증법적 유물론이며 때로는 당시의 정치적인 테제(정치적 · 사회적 운동의 기본 방침이 되는 강령)에의 복종이었다. 예를 들어 예이젠시테인의 대표작 중 하나인 〈전함 포템킨〉은 러시아 혁명 20주년을 기념해 만들어졌는데, 사회주의 혁명을 선전하려는 의도로 만들어졌다.

### 핵심 개념 2 현실의 사실적 재현을 주장한 바쟁의 영화관

바쟁은 영화를 사진의 기술적 객관성을 시간 속에서 완성함으로써 대상의 살아 숨 쉬는 재현을 가능케 한 진일보한 예술로 보았다. 바쟁에 의하면 영화와 현실은 본질적으로 친화력을 지닌다. 영화는 현실을 시간적으로 구현한다는 점에서 현실의 연장이며, 현실의 숨은 의미를 드러내고 현실에 밀도를 제공한다는 점에서 현실의 정수이다. 영화의 이러한 리얼리즘적 본질은 그 자체로 심리적, 기술적, 미학적으로 완전하다는 것이 바쟁의 시각이다. 그는 형식주의적 기교가 현실의 복잡성과 모호성을 침해하여 현실을 왜곡할 수 있다고 보았다. 또는 현실의 참모습을 변조하는 과도한 편집 기법보다는 사건의 공간적 단일성을 존중하고 현실적 사건으로서의 가치를 보장하는 것이 중요하다고 주장하였으며, 영화는 현실을 겸손한 자세로 따라가면서 해석의 개방성을 담보해야 한다는 믿음을 드러내었다.

## 배경지식 더 알아보기

- **〈전함 포템킨〉에서 사용된 몽타주 기법**

 예이젠시테인의 몽타주는 영화적 재현에 있어 현실을 분해하여 감동의 단위들로 변환시켜 하나의 전체로 결합시키는 것이다. 이러한 몽타주는 현상을 낯설게 하는 연출로, 상이한 요소들 간의 충돌이 연상적 사고를 통한 새로운 이미지를 발생시키기 때문에 충돌 몽타주로 불리운다.

 예이젠시테인은 영화 〈전함 포템킨〉에서 양민들을 학살하는 러시아 황제의 진압군들에게 맞선 포템킨호의 수병들이 진압군들을 향해 함포 사격을 하는 장면에 이어 잠자는 사자 조각, 깨어나는 사자 조각, 일어나는 사자 조각을 연속적으로 보여 주었다. 이는 실제로는 움직임이 없는 세 개의 사자 조각을 마치 잠자던 사자가 분노해 일어서는 것처럼 연출함으로써 압제자들에 대한 분노를 상징적으로 드러낸 것이다.

■ **회의(會意)와 몽타주 구성 원리**

이미 만들어진 글자를 둘 이상 합쳐서 새로 글자를 만드는 한자의 구성 원리를 회의라고 하고, 그렇게 만들어진 글자를 회의 문자라고 한다. 예이젠시테인이 몽타주 이론에 적용한 것은 회의 문자 중 서로 다른 두 글자가 결합하여 새로운 글자를 만드는 이체(異體) 회의인데 예를 들어 '사람'을 의미하는 인(人)과 '말'을 의미하는 언(言)이 결합해 '믿다'를 의미하는 신(信)을 만드는 것이나, '입'을 의미하는 구(口)와 '새'를 의미하는 조(鳥)가 결합해 '울다'를 의미하는 명(鳴)을 만드는 것이 여기에 해당한다 .

## 선생님의 만점 구조도

**포인트 1 영화적 표현에 대한 상반된 입장** (문항 4, 7 관련)

| 예이젠시테인 | ↔ | ❷ ______ |
|---|---|---|
| • 예술가의 목적을 가장 잘 나타낼 수 있는 ❶ ______ 작업<br>• 몽타주가 영화 예술의 기초이며 감독의 이데올로기적 입장을 담아 자유롭게 사용할 수 있음.<br>• 롱 테이크로 촬영할 때 하나의 의미나 결과를 전달할 수 없어 현실의 의미가 모호해짐. | ↔ | • 현실을 충실하게 재현하는 작업<br>• 몽타주는 현실에서 발생할 수 있는 모든 가능성을 ❸ ______ 할 수 없으므로 제한적으로 사용해야 함.<br>• 롱 테이크를 활용해 관객들이 ❹ ______ 속에 담긴 여러 가능성을 인지하도록 해야 함. |

**포인트 2 예이젠시타인이 규정한 중립화** (문항 4, 5, 7 관련)

| | |
|---|---|
| 중립화의 개념 | 예술가가 현실을 자신의 의도대로 ❺ ______ 하여 분해하는 과정 |
| 숏의 중립화 | 자극을 유발할 수 있는 평등한 ❻ ______ 을/를 가지는 각각의 숏을 대등한 수준으로 이용함. |
| 영상과 다른 요소들의 중립화 | 말, 소음, 음악 등의 ❼ ______ 요소들도 영상과 대등하게 사용함. |
| 새로운 영화 기술의 활용 | 새로운 영화 기술을 활용해 자연스러운 ❽ ______ 에서 벗어나려 함. |

정답 ❶ 의미화 ❷ 바쟁 ❸ 재현 ❹ 모호성 ❺ 재구성 ❻ 권리 ❼ 청각적 ❽ 사실성

## EBS Q&A

**Q** 세부 정보를 추론하는 문항은 어떻게 해결해야 할까요?

**A** 지문의 특정 문장이나 구절에 밑줄을 긋고 그와 관련한 생각이나 이유를 추론하는 문항은 독서 영역에서 자주 출제되는 유형입니다. 이 유형은 주로 긍정형 발문으로 출제되는데, 각 선지의 타당성을 확인하기 위한 실마리가 되는 핵심 정보는 주로 밑줄이 그어진 앞뒤에 배치되어 있습니다. 그렇기 때문에 지문의 맥락을 살펴 정답의 근거를 찾고 이를 각 선지와 연결하여 신속하게 판단하는 것이 중요합니다.

## 엮어 읽기

### 예이젠시테인의 몽타주 이론

몽타주는 영화에서 특정한 이야기를 효과적으로 전달하기 위해 모든 예술적 요소들을 배열, 결합하거나 불필요한 것을 삭제하는 등의 편집을 의미한다. 러시아 영화 감독 중에 이런 몽타주의 힘을 발견하고 이론화시킨 첫 번째 사람은 쿨레쇼프이다. 그는 한 여인의 얼굴을 찍은 똑같은 장면(shot)을 3개 만들었다. 그리고 그 장면에 잠자는 아이의 얼굴, 먹음직스러운 빵, 날카로운 칼을 찍은 장면을 각각 연결했다. 그 결과 관객들은 아기의 얼굴에 이어 놓은 여인의 얼굴에서는 자비를, 빵에 이어 놓은 여인에게서는 배고픔을, 그리고 칼에 이어 놓은 여인에게서는 공포를 보았다. 이를 통해 쿨레쇼프는 장면과 장면의 결합을 통해 새로운 의미를 만들어 내는 것이 몽타주의 핵심이라고 생각했다.

그의 제자 예이젠시테인은 스승의 몽타주 이론을 계승하여 충돌 몽타주 이론을 제시했다. 그는 모든 존재의 본질은 끊임없이 변화하는 데 있으며, 이 변화는 변증법적인 것이라 여겼다. 정과 반의 갈등이 새로운 합을 낳고 다시 반과 합으로 이어지는 이 끊임없는 운동이 영화를 통해서도 포착되어야 한다고 생각했다. 그래서 그는 서로 이질적인 장면들을 나란히 놓음으로써 생기는 이미지들의 충돌을 통해 새로운 의미를 창출해야 한다는 충돌 몽타주의 원리를 제시하였다. 그는 충돌 몽타주의 원리를 설명하기 위해 한자의 구성 원리를 예로 들었다. 개를 의미하는 견(犬)과 입을 나타내는 구(口)가 결합해, 짖을 폐(吠)라는 새로운 뜻을 지닌 글자를 창조한다. 여기서 개와 입이라는 두 개의 상충되는 요소들이 결합해 우리의 일반적 사고방식과는 다른, '이미지 연상적 사고'에 의해서 '짖다'라는 새로운 개념으로 전환되었다는 것이 예이젠시테인의 견해이다. 그는 이런 한자의 구성 원리가 영화에서도 그대로 적용되어야 한다고 생각했다.

그가 말하는 '충돌'은 장면과 장면 사이의 시각적 충돌과 한 장면 안에서 일어나는 시각적 충돌을 모두 포함하고 있는데, 그는 이러한 충돌을 '시각적 대위법'이라 부르기도 했다. 예를 들어 정적인 선과 역동적인 선, 높은 수평면에 위치한 인물과 낮은 수평면에 위치한 인물, 클로즈업과 롱 숏, 밝은 장면과 어두운 장면 등은 모두 시각적 충돌을 일으키는 것이다. 또한 시각적 충돌은 인위적으로 동작 이미지를 창조할 수 있는데 이것은 논리적 구성과 비논리적 구성으로 구분된다. 논리적 방식은 장면과 장면 사이에 시간적인 비약이 존재하지만 그 간극을 관객이 충분히 논리적으로 추론할 수 있도록 구성하는 것으로서 관객의 상상력을 자극하는 방법이다. 그 예로 그는 영화 '전함 포템킨'의 오데사 계단 시퀀스를 들고 있다. 첫 장면은 코안경을 쓴 여자의 얼굴을 보여 주고, 그다음 장면은 코안경이 부서지고 눈에서 피가 흐르는 여자의 얼굴을 보여 줌으로써 그 생략된 중간 단계에서 여인이 총을 든 병사에게 눈을 맞았음을 즉각적으로 보여 주었다. 비논리적인 구성의 예는 같은 영화의 대리석 사자상 시퀀스에서 찾아볼 수 있다. 양민 학살에 분노해 수병들이 압제자들을 향해 함포 사격을 하는 장면에 이어 잠자는 사자 조각, 깨어나는 사자 조각, 일어나는 사자 조각을 연속적으로 보여 주었다. 이는 실제로는 움직임이 없는 세 개의 사자 조각을 마치 잠자던 사자가 분노해 일어서는 것처럼 연출함으로써 압제자들에 대한 분노를 상징적으로 표현한 것이다.

이러한 러시아 몽타주 이론은 그 당시에는 굉장히 파격적인 편집 기법에 대한 이론이었으나 이후에는 아트 시네마와 아방가르드 영화들에서 널리 활용되어 왔고 주류 영화에서도 스펙터클이나 서스펜스를 증대하기 위한 편집의 기술로 자주 활용되어 왔다. 최근에는 영화뿐만 아니라 드라마나 TV 광고 등에서도 매우 폭넓게 쓰이고 있다.

이 글은 러시아 영화 감독 예이젠시테인이 주장한 충돌 몽타주 이론을 설명하고 있다. 몽타주는 영화에서 특정한 이야기를 효과적으로 전달하기 위한 편집을 의미하는데, 러시아 감독 중 이런 몽타주의 효과를 중시한 사람은 쿨레쇼프였다. 그의 제자였던 예이젠시테인은 그의 이론을 계승하여 서로 이질적인 장면들을 나란히 놓음으로써 생기는 이미지의 충돌과 그로 인한 새로운 의미의 창출을 중시했는데 이것을 충돌 몽타주라 했고 세계의 변증법적인 운동을 영화를 통해 포착하는 방법이라고 믿었다. 이러한 충돌은 장면과 장면 사이에서도 일어날 수 있지만, 하나의 장면 안에서도 일어날 수 있는데 이 모든 것을 시각적 대위법이라 부르기도 했다. 몽타주는 이후에 아트 시네마와 아방가르드 영화들뿐만 아니라 주류 영화, 드라마, TV 광고 등에서도 매우 폭넓게 쓰이고 있다.

예이젠시테인의 충돌 몽타주 이론과 시각적 대위법

# 리스먼의 대중 사회 분석

EBS 수능완성 242쪽

**독해 포인트** 이 글은 리스먼이 미국을 대상으로 대중 사회를 분석한 내용을 설명하고 있다. 리스먼은 미국인이 고독한 개인으로 변한 동시에 거대한 군중이 되었다고 지적하면서, 역사적 단계에 따라 사회가 전통 지향적, 내면 지향적, 타인 지향적 성격을 나타낸다고 주장하였다. 그중 타인 지향형 사회에서는 사람들이 타인의 시선, 평가에 끊임없이 주의를 기울이면서 불안에 의해 영향을 받는다고 설명하였다. 그는 현대인들이 개인적 자율성을 상실하고 있다고 지적하면서, 자율성에 이르는 길을 개척해 나갈 필요성을 강조하였다. 이 글에서는 미국 현대 사회의 성격을 타자 지향적이라고 분석하고 있는 리스먼의 통찰을 이해하는 것이 중요하다.

**주제** 리스먼이 주장한 현대 사회의 타인 지향적 성격과 자율형 인간의 중요성

산업 사회가 등장하면서 대중이 출현하고, 그들의 문화가 평준화되는 경향은 많은 학자의 관심을 끌었다. (대중문화론이 대두한 배경) 획일적인 문화를 가진 대중이 주도하는 대중 사회를 분석하는 사회학자들은 현대 사회 대부분의 개인들이 서로 비슷하고 균등할 뿐만 아니라 개개인의 특성을 보여 주지 못한다고 보았다. 이런 관점은 특히 미국 문화에 대한 분석에 주로 적용되었다. ← 대중의 출현과 대중 사회 분석

미국의 사회학자 데이비드 리스먼은 대중 사회의 이중성을 분석하였다. 그에 따르면, 현대 미국 사회는 경쟁과 개인의 성취를 지나치게 강조하는 개인주의적이고 자유로운 경쟁 사회가 되었다. 하지만 그 사회는 자신만의 개성을 가진 개인들의 사회가 아니라 권력을 가진 소수에 의해 좌우되는* 사회이다. 개인은 스스로 판단하는 대신 고도로 발전한 매체에 의해 조종당한다. 대다수의 미국인이 자신보다 우월하다고 생각하는 타인을 추종하고, 권력과 매체가 조작한 행위 유형을 모방한다. 즉 미국인은 철저하게 고립된 고독한 개인으로 변한 동시에 유사한 생활 방식과 개성을 상실한 가치관을 추구하는 거대한 군중이 되었다는 것이다. (대중 사회의 이중성) 리스먼은 이러한 특성을 타인 지향적 사회라는 개념으로 설명한다. ← 대중 사회의 이중성을 분석한 리스먼

리스먼은 인구의 증가 및 감소 경향에 따라 사회 전반의 특성이 달라지며, 그에 따라 인간의 행동에 영향을 미치는 요인이 달라진다고 보았다. 그는 우선 출생률과 사망률이 모두 높아 인구수의 변동이 크지 않은 사회 (전통 지향적 사회가 나타나는 배경)를 [전통 지향적 사회]라고 명명하였다. 그러면서 전통 지향적 사회에서는 관습, 의식, 종교 등 (전통 지향적 사회에서 사회적 성격을 형성하는 요인)이 구성원들의 사회화에 중요한 역할을 하며, 구성원들은 일반적으로 자신을 하나의 독립적인 존재라고 생각하지 않으므로 사회 규범을 준수*하지 않을 경우 느끼게 될 '수치심' (전통 지향적 사회에서 인간의 행동을 통제하는 요인)에 의해 행동이 통제된다고 설명하였다. 한편 보건 위생의 발달, 원활해진 식량 공급, 농사법의 개량* 등으로 인구의 증가 현상을 보이는 사회 (내면 지향적 사회가 나타나는 배경)를 [내면 지향적 사회]라고 명명하였다. 이러한 사회는 개인의 이동성 급증, 자본의 축적*, 끊임없는 경제 확장 등의 현상을 보이며 개인에게 선택의 자유를 부여한다. 이러한 자유로 인해 개인의 내면적 사고 (내면 지향적 사회에서 사회적 성격을 형성하는 요인)가 행동의 지침*이 되며, 사람들은 내면화된 규범을 준수하지 않을 때 느끼는 '죄의식' (내면 지향적 사회에서 인간의 행동을 통제하는 요인)에 따라 행동을 통제한다. ← 전통 지향적 사회와 내면 지향적 사회

현대 사회로 접어들면서 사회 구성원의 생활 양식과 가치관이 대가족보다는 핵가족을 지향하게 되고, 출생률과 사망률이 더불어 계속 감소하는 경향 (타인 지향적 사회가 나타나는 배경)을 보이게 되었다. 리스먼은 이러한 사회에 있어서는 [타인 지향적

성격이 중요한 의미를 지니게 된다고 보았다. 그에 따르면 현대 사회에서는 노동 시간이 단축되고 생활 수준이 높아지면서 사람들이 여가와 소비 생활에 많은 시간을 소요하게 된다. 이러한 사회에서는 근면이라는 가치의 중요성이 감소하고, 타인과의 타협이 중요해진다. 타인과의 접촉 기회가 늘어나면서 기존의 관습과 전통은 약해지고 접촉하는 타인의 태도와 반응이 중요한 의미를 가지게 된다는 것이다. 이러한 사회에서는 인간 행동의 지침이 가까운 동료들의 반응에 좌우된다. 끊임없이 타인이 보내는 신호에 세세하게 주의를 기울이면서 사람들은 공통체나 조직으로부터 소외될지도 모른다는 불안감의 영향을 받게 된다.

타인 지향적 사회에서 사회적 성격을 형성하는 요인

타인 지향적 사회에서 인간의 행동을 통제하는 요인

← 현대 사회에서 나타나는 타인 지향적 성격

리스먼은 타인 지향적 사회의 모순을 극복하기 위해서는 자율형 인간이 되어야 한다고 강조하였다. 전통 지향형, 내면 지향형, 타인 지향형의 유형이 역사적 단계와 함께 나타난 사회적 유형이기는 하지만, 이 세 가지 유형은 어느 시대에든 나타날 수 있다. 리스먼은 적응형, 무규제형, 자율형의 인간 유형이 있다고 주장하였는데, 이때 적응형은 세 가지 사회적 성격의 전형적인 모습을 보여 주는 유형을, 무규제형은 사회적 성격에서 벗어나는 모습을 보여 주는 유형을 가리킨다. 한편 자율형은 사회에 적응할 능력이 있으면서도 적응 여부에 대한 선택의 자유를 가지는 유형을 가리킨다. 그는 인간은 제각기 다른 존재임에도 서로 똑같아지기 위해 사회적 자유와 개인적 자율성을 상실하고 있다고 지적하면서, 집단의 가치 체계로부터 자유로워짐으로써 자신의 능력을 키우고 자율성에 이르는 길을 개척해 나갈 수 있다고 강조한다.

리스먼이 제시한 세 가지 인간의 유형

자율형 인간이 되는 것의 중요성을 강조한 리스먼

← 타인 지향적 사회의 모순을 극복하고 개인의 자유를 얻기 위한 자율형의 중요성

**이것만은 꼭 익히자!** 어휘

- **좌우(左右)되다**: 어떤 일에 영향이 주어져 지배되다.
- **준수(遵守)**: 전례나 규칙, 명령 따위를 그대로 좇아서 지킴.
- **개량(改良)**: 나쁜 점을 보완하여 더 좋게 고침.
- **축적(蓄積)**: 지식, 경험, 자금 따위를 모아서 쌓음. 또는 모아서 쌓은 것.
- **지침(指針)**: 생활이나 행동 따위의 지도적 방법이나 방향을 인도하여 주는 준칙.

## 이것만은 꼭 익히자! 핵심 개념

### 핵심 개념 1 리스먼이 구분한 사회 유형 (문항 10 관련)

리스먼은 인구수의 증감을 통해 사회 변화를 세 단계로 나누었으며 각 단계에 해당하는 사회가 서로 다른 방식으로 사회적 성격을 형성한다고 주장하였다. 그는 사회를 전통 지향적 사회, 내면 지향적 사회, 타인 지향적 사회로 구분하고 각 사회에서 전통 지향적, 내면 지향적, 타인 지향적인 성격이 형성된다고 보았다. 전통 지향이란 관습, 의식, 종교 등 사회 규범을 중시하는 것을 의미하고, 내면 지향이란 개인에게 부여된 선택의 자유를 중시하는 것을 의미한다. 타인 지향이란 타인의 요구, 반응 등을 중시하는 것을 의미한다.

### 핵심 개념 2 리스먼이 강조한 자율형 인간의 중요성

리스먼은 인간 유형을 적응형, 무규제형, 자율형으로 구분하여 설명하였다. 적응형이란 사회적 성격의 전형적인 모습을 보여 주는 인간 유형을, 무규제형은 사회적 성격에서 벗어나는 모습을 보여 주는 인간 유형을, 자율형은 사회에 적응할지 여부를 선택할 수 있는 유형을 가리킨다. 그러면서 그는 집단의 가치 체계로부터 자유로워짐으로써 자율성에 이르는 길을 개척해 나갈 수 있다고 강조하였다.

## 배경지식 더 알아보기

■ **대중 사회론의 출발이 된 호세 오르테가의 『대중의 반역』**

호세 오르테가가 집필한 『대중의 반역』(1929)은 대중 사회론의 출발이 되었다. 그는 대중이 대두함으로써 전통적 문화가 변질, 타락한다는 문화적 비판주의를 견지했다. 그는 사회를 엘리트와 대중의 양자로 구성된다고 보고, 대중이 엘리트를 대신하여 사회적 권력의 자리에 앉는 것을 '대중의 봉기'라고 하면서 비판하였다.

## 선생님의 만점 구조도

### 포인트 1 리스먼이 제시한 세 가지 사회 유형

| 사회 유형 | 특징 |
|---|---|
| 전통 지향적 사회 | • 출생률과 사망률이 모두 높아 ❶ [ ]의 변동이 크지 않은 사회<br>• 관습, 의식, 종교 등이 구성원의 사회화에 중요한 역할을 함.<br>• ❷ [ ]을/를 준수하지 않을 경우 느끼게 될 ❸ [ ]에 의해 구성원의 행동이 통제됨. |
| 내면 지향적 사회 | • 인구의 증가 현상을 보이는 사회<br>• 개인의 내면적 사고가 행동의 지침이 됨.<br>• 내면화된 규범을 준수하지 않을 때 느끼는 ❹ [ ]에 따라 행동이 통제됨. |
| 타인 지향적 사회 | • 출생률과 사망률이 더불어 계속 감소하는 사회<br>• 기존의 관습과 전통보다는 ❺ [ ]의 태도와 반응에 행동 지침이 좌우됨.<br>• 타인이 보내는 신호에 주의를 기울이면서 조직이나 공동체로부터 소외될지 모른다는 ❻ [ ]의 영향을 받게 됨. |

### 포인트 2 리스먼이 제시한 세 부류의 인간 유형

| 유형 | 설명 |
|---|---|
| 적응형 | 세 가지 사회적 성격의 ❼ [ ]인 모습을 보여 주는 유형 |
| ❽ [ ] | 사회적 성격에서 벗어나는 모습을 보여 주는 유형 |
| 자율형 | 사회에 ❾ [ ]할 능력이 있으면서도 순응 여부에 대한 선택의 ❿ [ ]을/를 가지는 유형 |

정답 ❶ 인구수 ❷ 사회 규범 ❸ 수치심 ❹ 죄의식 ❺ 타인 ❻ 불안감 ❼ 전형적 ❽ 무규제형 ❾ 적응 ❿ 자유

**EBS Q&A**

**Q** 특정 학자의 관점에서 〈보기〉의 내용을 분석하는 문항은 어떻게 해결하면 좋을까요? (문항 11 관련)

**A** 지문의 내용 중 특정 학자의 관점에 대해 어떻게 설명하고 있는지를 정확히 파악해야 합니다. 특정 학자의 관점을 설명하는 방법으로는 다른 학자와의 비교, 해당 학자와 연관된 다른 학자의 견해 등을 함께 소개하는 방법도 있으므로, 해당 학자의 주장이 무엇인지 정확히 파악할 수 있어야 합니다. 또한 지문의 내용을 〈보기〉의 내용에 적용하여 〈보기〉의 맥락을 이해할 수 있어야 합니다.

## 엮어 읽기

### 대중과 대중문화

(가) 일찍이 마르크스는 이데올로기론을 제시하여 대중문화를 분석하는 기초를 제시하였다. 마르크스에 따르면 '사회의 물질적인 힘을 지배하는 계급은 사회의 정신적인 힘도 지배'하기 때문에 물질적 생산 수단을 갖지 못한 다수인 대중의 사상은 물질적인 힘을 지배하는 계급의 사상에 종속된다. 지배 계급의 이해관계를 표현하는 주된 관념들의 체계인 이데올로기가 자본주의 사회에서의 지배와 피지배라는 본질적인 관계를 숨기고 왜곡한다는 것이다. 이와 같은 입장에서 대중문화를 바라보면, 대중문화는 이데올로기의 형성과 유포의 기능을 하는 것이라고 볼 수 있다.

마르크스의 입장을 바탕으로 프랑크푸르트학파는 자본주의 사회에서 상품이 생산되고 교환되는 것과 같이 문화도 상품화되었다는 문화 산업론을 주장하였다. 프랑크푸르트학파에 따르면 문화는 현실의 고통과 모순을 표현하거나 아름다운 삶의 이상을 제시하거나 인간의 개성과 상상력을 마음껏 발휘하는 것이 아니다. 문화 산물들은 단지 소비함으로써 즐거움을 얻을 수 있는 소비 상품이자 오락거리일 뿐이며, 비인간적인 삶과 참기 어려운 착취를 견딜 수 있게 만드는 마취적 기능을 한다. 나아가 문화 산업은 문화 상품을 소비하는 것이 선이라고 여기게 만들어 사람들을 '멍청한' 수동적 관조자로 만든다.

그런데 마르크스와 프랑크푸르트학파의 이론들은 이데올로기나 대중문화를 획일적인 것으로 간주하는 한계를 지니고 있다. 즉 이데올로기가 아무런 모순도 없이 지배 계급의 이익과 결합되어 일방적으로 전파되며 대중문화 역시 지배 계급의 이해관계만을 대변한다고 보아, 피지배 계급의 이데올로기나 저항적 대중문화가 생겨나는 것에 대해 설명하지 못한다.

한편 안토니오 그람시는 마르크스의 입장의 한계를 인식하고 이데올로기의 개념과 대중문화의 개념에 대해 새롭게 사고할 수 있는 '헤게모니'라는 개념을 제시하였다. 헤게모니는 한 사회의 지배 집단이 자신들만의 좁은 이해관계를 넘어서서 광범위한 대중의 지지와 동의를 획득하고 유기적인 집단 의지를 만들어 낼 때 달성되는 지도력으로, 정신적인 힘과 물질적인 힘의 상호 유기적 관계를 전제로 한다. 그람시에 따르면 어떤 사회나 집단을 효과적으로 지배하기 위해서는 물질적인 힘만을 장악해서는 안 되고 헤게모니를 장악할 수 있어야 한다. 그람시는 수많은 모순을 내포하고 있는 자본주의 사회에서 혁명이 일어나지 못하는 이유를 지배 계층이 효과적으로 헤게모니를 장악하고 있기 때문이라고 보았다.

그람시의 헤게모니 개념에 따르면 어떠한 결과로 나타나는 문화는 필연적으로 대립적인 문화를 포괄할 수밖에 없으며 순수하게 지배적일 수만은 없다. 이러한 입장에서 대중문화는 단순한 지배의 도구라기보다는 헤게모니를 둘러싸고 투쟁이 벌어지는 장이다. 즉 대중문화는 지배층의 이해관계를 보편화시키려는 시도와 피지배층의 저항 사이에서 투쟁이 일어나는 영역이다. 그람시의 헤게모니 이론에서는 대중문화를 부정적으로만 보는 것이 아니라 다양한 의도들이 뒤섞여 활동하는 역동적인 투쟁의 장으로 간주한다.

(나) 존 피스크는 마르크스, 프랑크푸르트학파, 그람시 등의 기존 이론들이 대중을 과소평가해 왔다고 한계를 지적한다. 그는 대중문화가 문화 산업에 의해 생산되어 대중에게 일방적으로 부과되는 것이 아니라 오히려 대중에 의해 만들어진다고 주장한다. 만약 대중문화가 대중에게 일방적으로 강요되는 것이라거나 대중문화의 의미가 고정되어 있는 것이라면 대중은 그것을 수용하는 데에서 그다지 즐거움을 느낄 수 없기 때문에 선호하지 않게 될 것이다. 그렇게 되면 그것은 더 이상 대중적인 것이 될 수 없다. 그에 따르면 대중문화는 대중이 능동적으로 참여하여 다양한 의미를 산출해 낼 수 있는 '열린 의미 구조'를 갖고 있는 것이다.

피스크는 지배적인 힘으로부터 벗어나는 대중문화의 사례로 대중의 쇼핑 행위를 꼽는다. 예를 들어 어머니와 아이들은 상품을 사지도 않으면서 백화점을 냉난방 시설로 사용하기도 하며, 젊은이들은 돈이 없어도 백화점 안을 어슬렁거리며 자신들의 시간을 즐긴다. 이들은 때때로 번화한 상점들이 있는 거리를 자신들의 만남의 장소나 패션 연출을 통한 자기 전시의 공간으로 삼는다. 심지어 상품 진열장 앞이나 출입구 앞에 무리 지어 서 있으면서 다른 고객들의 구경이나 입장을 방해하는 것처럼 보이기도 한다. 이처럼 대중은 소비 자본주의 체제의 상징이라 할 수 있는 백화점이나 상점을 자신들의 편의나 이해관계에 맞게 변형시키면서 창조적으로 사용하는 능동적인 문화를 보여 준다. 이러한 사례를 통해 피스크는, 대중문화는 제공된 문화적 자원을 활용하는 과정에서 지배적 힘에 복종하지 않는 약자의 창조성을 특징으로 한다고 주장한다.

피스크의 견해에 따르면 대중은 동질적인 집단에 속하지 않는다. 대중은 다양한 정체성을 지닌 이질적인 집단들로 구성되며, 그 속의 각 개인들은 복잡한 사회적 관계망 속을 자유롭게 떠돌 수 있는 유목민적 주체들이다. 따라서 지배 계급과 피지배 계급이라는 이분법적 의식이 대중의 정체성이나 문화적 실천을 규정하는 결정적 요인일 수 없다. 대중은 문화 자원들로부터 각자의 다양한 상황적 맥락에 따라 각기 다른 다양한 의미들을 만들어 내는 과정을 통해 즐거움을 얻는다. 즉 대중문화의 창조성은 문화 자원들의 생산에 있는 것이 아니라 그것들을 생산적으로 이용하는 데 있다. 이는 문화 산업을 통해 문화 상품이 만들어지는 것이 아니라 대중이 스스로 대중문화를 만들어 가는 것을 의미한다.

그러나 피스크의 견해는 대중적 쾌락이나 대중문화의 가치는 지나치게 높이 평가한 반면, 사회적 생산 체계는 고려하지 못했다는 비판을 받는다. 또 대중 자체가 문화 산업의 산물일 수 있으며 대중의 선호 역시 대중문화에 의해 생겨날 수 있음을 간과했다는 비판도 받는다.

(가)와 (나)는 대중과 대중문화를 바라보는 여러 학자들의 입장을 소개하고 있다. (가)는 마르크스와 그람시의 입장을, (나)는 피스크의 입장을 소개하면서 대중과 대중문화의 의미를 밝히고 있다. (가)에 따르면 마르크스는 대중문화가 자본주의 사회에서의 지배와 피지배라는 본질적인 관계를 숨기는 이데올로기를 형성하고 유포한다고 주장하였다. 프랑크푸르트학파는 마르크스의 입장을 계승하여 문화 산업론을 주장하였는데, 마르크스와 프랑크푸르트학파의 입장은 저항적 대중문화가 생겨나는 이유를 설명하기 어렵다는 한계를 가진다. 한편 그람시는 헤게모니라는 개념을 주장하였는데, 헤게모니라는 개념에서 대중문화는 헤게모니를 둘러싸고 투쟁이 벌어지는 장으로 이해된다. (나)에 따르면 피스크는 대중문화가 대중에게 일방적으로 부과되는 것이 아닌 대중에 의해 만들어지는 것이라고 주장하였다. 피스크는 대중을 자율적이고 능동적인 존재로 파악하였으며, 대중은 문화적 자원을 창조적으로 활용할 수 있다고 보았다. 두 편의 글을 읽을 때는 대중문화에 대한 여러 학자들의 입장과 각각의 견해가 가지는 의의나 한계 등을 파악하면서 읽어야 한다.

(가) 마르크스의 이데올로기 이론과 그람시의 헤게모니 이론을 통해 본 대중과 대중문화의 의미
(나) 대중과 대중문화에 대한 피스크의 견해

과학 · 기술 12~17번

# 인체 진단용 초음파

EBS 수능완성 244쪽

감상 포인트 이 글은 초음파 진단기를 소개하며 초음파 검사 과정에서 발생하는 반사와 산란 현상의 특징에 대해 설명하고 초음파 진단 시의 주의 사항을 안내하고 있다. 초음파 진단기는 탐촉자를 통해 송신했다가 인체에 반사되거나 산란되어 돌아오는 초음파 빔을 수신하여 영상으로 나타낸 것을 이용하여 인체 내부를 진단한다. 초음파의 전파 속도는 매질에 따라 차이를 보이는데, 인체는 대다수가 수분으로 구성되어 있어 신체 내 평균적인 초음파 전파 속도는 물에서의 초음파 전파 속도와 유사한 값을 갖는다. 반사는 두 매질의 밀도 차이로 인해 음향 저항의 차이가 큰 두 조직의 경계면에서 많이 발생한다. 초음파 빔이 두 매질의 경계면에 수직으로 입사하는 경우, 탐촉자에 수신되는 반사파가 많아 영상에 명료하게 나타나며 반사 계수가 1에 가까울수록 반사되는 정도가 크다. 초음파 빔의 입사각이 커지는 경우 초음파의 반사각이 커져서 빔이 탐촉자로 적게 돌아오게 되어 영상에 포함되지 않게 된다. 산란은 조직 내에서 표면이 균일하지 않은 부분적인 부위에서 발생하는데, 산란의 강도에 영향을 미치는 요인으로는 산란체의 크기, 주파수, 인체 조직 등이 있다. 초음파 검사 시, 소화액과 체내 가스가 반사파를 증가시켜 초음파가 인체의 깊숙한 곳까지 미치지 못하게 방해하므로 금식하거나 소변을 참아야 하는 등의 번거로움이 있다. 하지만 초음파가 지닌 다양한 장점으로 인해 의학적으로 꾸준히 활용되고 있다.

주제 인체 진단용 초음파의 반사와 산란 현상 및 초음파 검사 시의 주의 사항

초음파*는 사람이 들을 수 있는 주파수보다 높은 주파수를 가지는 음파이다. (초음파의 개념 정의) 이를 이용한 초음파 진단기는 신체에 탐촉자*를 대고 초음파를 발생시킨 뒤, 인체 조직을 통과하는 초음파 빔 중에서 되돌아오는 신호를 탐촉자가 수신하여 영상으로 변환해 화면에 나타내는 기기이다. (초음파 진단기의 원리)

← 초음파의 개념과 초음파 진단기의 원리

초음파는 소리의 파동이기 때문에 전파되기 위해서는 매개체, 즉 매질*이 (초음파의 전파 속도를 결정하는 요인) 필요하다. 매질의 특성에 따라 초음파의 전파 속도에 차이가 나며, 동일한 매질 내에서는 동일한 전파 속도를 가진다. [자료 1]은 매질별 초음파의 전파 속도와 음향 저항을 나타낸 표이다. 인체는 대략 65%가 수분(액체)으로 구성되어 있어 평균적인 전파 속도가 1,540m/s(물을 매질로 한 초음파의 전파 속도)와 유사한 값을 갖는다. 「뼈조직(고체)에서의 전파 속도는 4,080m/s로 가장 빠르고, 대부분이 공기(기체)로 채워진 폐에서의 전파 속도는 가장 느리다.」 (「 」: 매질별 초음파 전파 속도의 빠르기 순: 고체 〉 액체 〉 기체) 전파 속도는 통과하는 매질의 체적 탄성률*에 비례하고 매질의 밀도에 반비례한다.

| 매질 | 초음파의 전파 속도 (m/s) | 음향 저항 (g/cm$^2$ · s) |
|---|---|---|
| 공기 | 331 | 0.0004 |
| 지방 | 1,450 | 1.38 |
| 물 | 1,540 | 1.54 |
| 혈액 | 1,570 | 1.61 |
| 근육 | 1,585 | 1.70 |
| 뼈 | 4,080 | 7.80 |

[자료 1]

← 매질의 특성에 따른 초음파의 전파 속도 차이

탐촉자에서 송신한 초음파 빔은 인체 조직을 통과하면서 조직의 경계면에서 반사되거나 조직 내에서 산란되어 되돌아오는데, 초음파 진단기는 이러한 반사파*나 산란파*를 이용한다. 음향 저항이 서로 다른 두 조직의 경계면에 초음파가 입사*되면, 일부는 반사되고 나머지는 투과*된다. 음향 저항은 음파에 대한 매질의 저항을 의미하는 것으로, 매질의 밀도(g/cm$^3$)와 매질 내의 전파 속도(m/s)를 곱한 값으로 결정된다. (음향 저항 = 매질의 밀도 × 매질 내 전파 속도) 이때, 두 매질 사이에 음향 저항의 차이가 클수록(반사되는 초음파의 세기를 증가시키는 요인) 반사되는 초음파의 세기가 증가한다. 같은 매질 내에서는 같은 전파 속도를 가지므로, 음향 저항의 차이를 유발하는 것은 두 매질 간의 밀도 차이(음향 저항의 차이를 유발하는 주된 요인)이다. 근육, 힘줄, 인대 등과 같은 연부 조직의 평균 음향 저항은 1.70g/cm$^2$ · s로 지방보다 공기와의 음향 저항의 차이가 더 크므로, 지방과 근육의 경계면보다 공기와 근육의 경계면에서 반사파의 세기가 더 크다. (근육 · 지방의 음향 저항의 차이(1.70−1.38)보다 근육 · 공기의 음향 저항의 차이(1.70−0.0004)가 더 크기 때문) 초음파 검사 시에 탐촉자와 피부 표면 사이에 점성이 높은 액체형 젤(gel)*을 바르는 것도 탐촉자와 피부 사이의 공기로 인한 음향 저항의 차이를 고려 (피부 모공 속 공기로 인해 음향 저항의 차이가 커져 초음파가 피부를 투과하지 못하고 반사되는 것을 막기 위함.)

하는 것이다. ← 초음파의 반사 현상에 영향을 미치는 음향 저항

또한 음파의 반사는 입사각의 영향을 크게 받는다. 입사각은 입사되는 초음파와 법선*이 이루는 각도를 말한다. 표면이 평평한 두 매질의 경계면에 초음파 빔이 입사할 경우, 법선을 기준으로 입사각과 반사각은 같다. 초음파 빔이 조직의 경계면에 수직으로 입사하면, 탐촉자로 돌아오는 반사파가 많아져서 초음파 영상이 명료하게 나타난다. 하지만 입사각이 커질수록, 즉 입사파와 경계면이 이루는 각도가 작아질수록 빔은 탐촉자의 반대 방향으로 반사되어 탐촉자로 돌아오는 빔이 적어져서 영상에 포함되지 않게 된다. [자료 2]는 초음파가 조직의 경계면에 수직으로 입사한 경우의 반사 계수를 나타낸 표이다. 반사 계수란 입사파 대비 반사파의 비율로, 이 값이 1에 가까울수록 입사파 대부분이 반사됨을 의미한다.

경계면에서 수직으로 세운 선과 초음파 빔이 이루는 각도

초음파 영상이 명료하게 나타날 수 있는 조건

초음파 영상이 제대로 나타날 수 없는 조건

반사 계수의 개념 정의

'반사 계수 = 1'이 의미하는 바

| 경계면 | 반사 계수 |
|---|---|
| 지방 – 근육 | 0.10 |
| 혈액 – 근육 | 0.03 |
| 근육 – 뼈 | 0.64 |
| 신장 – 간 | 0.01 |
| 연부 조직 – 물 | 0.05 |
| 연부 조직 – 공기 | 0.99 |

[자료 2]

← 초음파의 반사 현상에 영향을 미치는 입사각

한편, 산란은 초음파 빔이 표면이 균일하지 않은 반사면에 부딪히거나 초음파 파장보다 크기가 작은 산란체*를 만났을 때 여러 방향으로 흩어지는 것을 말한다. 반사가 두 조직의 경계면에서 발생하는 것과 달리, 산란은 조직 내 표면이 울퉁불퉁한 부분적인 부위에서 발생한다. 산란체의 크기가 초음파 파장의 길이보다 작을수록 산란의 강도가 증가한다. 또한 산란 강도는 주파수의 네제곱에 비례하기 때문에 주파수를 높일수록 산란 강도가 증가하여 더 좋은 초음파 영상을 얻을 수 있다. 초음파가 산란되는 강도는 조직마다 상이한데, 2.5MHz 초음파를 인체에 입사했을 때 혈액은 0.001로 가장 작은 반면에 지방은 1로 매우 큰 편이다.

산란의 개념 정의

반사와 산란의 차이점

산란이 많이 발생하는 조건 ①

산란이 많이 발생하는 조건 ②

초음파 산란 강도가 조직마다 다름을 보여 주는 사례

← 초음파의 산란 현상에 영향을 미치는 요인들

초음파 검사 시 주의 사항이 있다. 위장, 간, 담낭 등의 장기를 살펴볼 수 있는 상복부 초음파 검사를 할 경우, 물을 포함한 음식물의 섭취가 소화액과 장내 가스를 발생시켜 반사파가 증가한다. 즉 위장에서 분비하는 소화액과 장내 가스는 위장의 깊숙한 부위 혹은 팽창된 위장에 가려지는 췌장이나 간 등의 장기에 초음파가 도달하는 것을 방해할 수 있다. 따라서 상복부 초음파 검사 전에는 8~12시간 이상 물을 마시지 말고 금식해야 한다. 또한 껌을 씹거나 흡연하는 과정에서 삼킨 많은 공기가 위장으로 들어가 초음파의 전파를 방해하므로, 검사 전에 껌 씹기와 흡연을 하지 않아야 한다. 방광, 자궁, 전립선 등 골반 내 장기를 살펴볼 수 있는 하복부 초음파 검사의 경우, 방광 속 가스를 없애기 위해서 많은 양의 물을 마시되 가스를 생성하는 탄산음료는 마시지 말아야 하며 검사가 끝나기 전까지 소변을 참아야 한다. 이러한 번거로움이 있음에도 인체 진단용 초음파는 인체에 무해하고 별도의 상처를 내지 않고도 내부 장기를 검사할 수 있으며 실시간 영상을 제공하는 장점이 있어 의학적 응용 범위가 꾸준히 확대되고 있다.

상복부 초음파 검사를 방해하는 요인 ①

상복부 초음파 검사 시 주의 사항 ①

상복부 초음파 검사를 방해하는 요인 ②

상복부 초음파 검사 시 주의 사항 ②

하복부 초음파 검사를 방해하는 요인

하복부 초음파 검사 시 주의 사항

초음파를 이용한 인체 진단의 장점

← 초음파 검사 시 주의 사항 및 초음파의 의학적 응용

∗**탐촉자**: 초음파를 발생시켜 송신하고 되돌아오는 음파를 수신하는 장비.
∗**체적 탄성률**: 물체의 모든 방향에서 균일한 압축력이 가해졌을 때, 압축되지 않으려고 저항하는 정도를 나타내는 값.
∗**입사**: 소리나 빛의 파동이 매질 속을 지나 다른 매질의 경계면에 이르는 일.
∗**법선**: 어떤 면에 수직으로 세운 가상의 선.
∗**산란체**: 입자나 전자기파의 산란을 일으키는 물체.

## 이것만은 꼭 익히자! 어휘

- **초음파(超音波)**: 사람의 귀에 소리로 들리는 한계 주파수 이상이어서 들을 수 없는 음파. 파장이 작고 지향성이 강하기 때문에 그 펄스(매우 짧은 시간 동안에 큰 진폭을 내는 전압이나 전류 또는 파동)를 발전시켜 바다의 깊이를 재는 음파 탐지기나 어군 탐지기에 이용한다. 같은 원리로 고체 재료의 내부 결함을 검사하거나, 보석·유리 따위의 절단이나 가공, 유제(乳劑: 액체에 액체 방울 또는 액정이 분산되어 있는 콜로이드계. 우유, 라텍스, 그리스, 버터, 크림 따위가 있다.)의 생성·세척·살균 따위에도 이용한다.
- **매질(媒質)**: 어떤 파동 또는 물리적 작용을 한 곳에서 다른 곳으로 옮겨 주는 매개물. 음파를 전달하는 공기, 탄성파를 전달하는 탄성체 따위가 있다.
- **반사파(反射波)**: 매질 속을 진행하는 파동(波動)이 다른 매질과의 접촉면에서 반사하여 방향을 바꾸어 나아가는 파동.
- **산란파(散亂波)**: 파동이 여러 개의 작은 물체 또는 분자, 원자 따위에 충돌하여 여러 방향으로 방향을 바꾸어서 진행하는 파동.
- **투과(透過)**: 광선이 물질의 내부를 통과함. 또는 그런 현상.
- **젤(gel)**: 용액 속의 콜로이드 입자가 유동성을 잃고 약간의 탄성과 견고성을 가진 고체나 반고체의 상태로 굳어진 물질.

## 이것만은 꼭 익히자! 핵심 개념

### 핵심 개념 1 초음파의 전파 속도와 음향 저항

- 초음파의 전파 속도는 통과하는 매질에 따라 다른데, 매질의 체적 탄성률에 비례하고 매질의 밀도에 반비례한다.
- 뼈에서의 초음파 전파 속도는 4,080m/s, 물에서의 전파 속도는 1,540m/s, 공기에서의 전파 속도는 331m/s이다. 즉, 초음파의 전파 속도를 빠르기 순서대로 배열하면 고체 〉 액체 〉 기체 순이다.
- 음향 저항($g/cm^2 \cdot s$)은 매질의 밀도($g/cm^3$)와 매질 내 전파 속도(m/s)를 곱한 값으로, 음향 저항의 차이가 클수록 반사되는 초음파의 세기가 증가한다. 같은 매질 내에서는 같은 전파 속도를 가지므로, 음향 저항의 차이를 유발하는 것은 두 매질 간의 밀도 차이이다.

### 핵심 개념 2 초음파의 산란 현상

| | |
|---|---|
| 산란 | 초음파 빔이 표면이 균일하지 않은 반사면에 부딪히거나 초음파 파장보다 크기가 작은 산란체를 만났을 때 여러 방향으로 흩어지는 것. |
| 반사와 산란의 차이점 | 반사는 두 조직의 경계면에서 발생하나, 산란은 조직 내 표면이 울퉁불퉁한 부분적인 부위에서 발생함. |
| 산란의 강도 | 산란체의 크기가 초음파 파장의 길이보다 작을수록, 초음파의 주파수가 높을수록 산란의 강도가 증가하여 더 좋은 초음파 영상을 얻을 수 있음. |

### 핵심 개념 3 초음파의 입사각에 대한 이해

| | 그림 | 설명 |
|---|---|---|
| ① | 초음파 빔 / 법선 / 입사각 / 반사각 / 매질의 경계면 | '법선'은 어떤 면에 수직으로 세운 가상의 선인데, 이 선과 입사되는 초음파 빔이 이루는 각도를 '입사각'이라고 한다. 표면이 평평한 두 매질의 경계면에 초음파 빔이 입사하면, 법선을 기준으로 입사각과 반사각이 같다. |
| ② | 초음파 빔 / 입사파 / 반사파 / 매질의 경계면 | 초음파 빔이 경계면에 수직으로 입사하면(=입사각이 0도이면) 탐촉자로 돌아오는 반사파가 많아져서 초음파 영상이 명료하게 나타난다. |
| ③ | 법선 / 입사파2 / 반사파2 / 입사파1 / 입사각의 증가 / 반사파1 / 매질의 경계면 | 입사하는 초음파 빔과 경계면이 이루는 각도가 작아질수록(=입사각이 커질수록) 초음파 빔은 탐촉자의 반대 방향으로 반사되어 탐촉자로 돌아오는 빔이 적어져서 영상에 포함되지 않게 된다. |

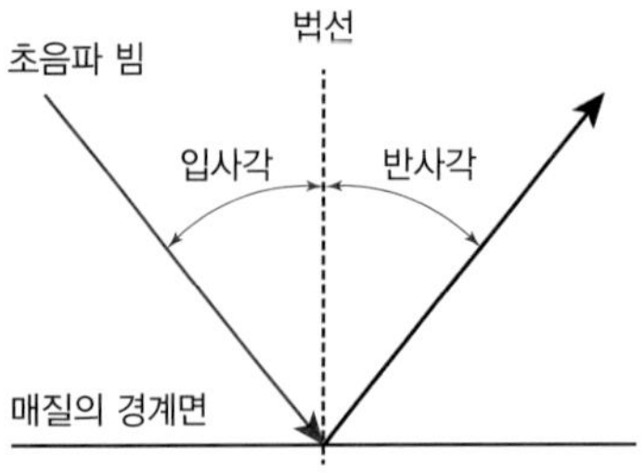

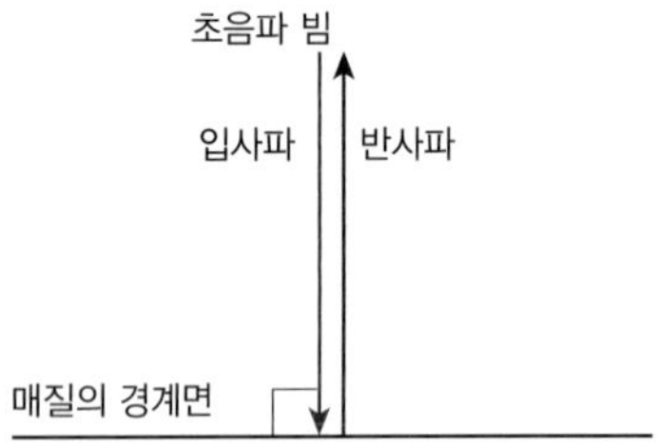

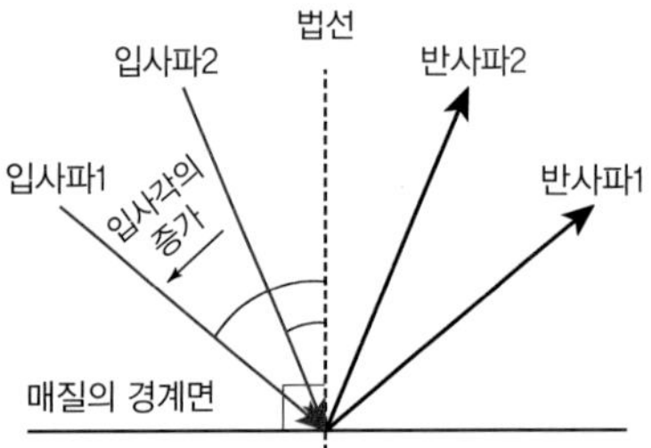

## 배경지식 더 알아보기

### ■ 역학적 파동과 주파수의 개념

• 역학적 파동

파동은 공간이나 물질의 한 부분에서 생긴 주기적 진동이 시간의 흐름에 따라 주위로 멀리 퍼져 나가는 현상을 의미한다. 공기 등을 통해 전달되는 음파는 매질을 통하여 진동이 전달되는 역학적 파동의 대표적인 예이다. 이러한 역학적 파동의 에너지는 진동하는 매질의 입자가 옆의 입자를 진동시키는 방법으로 매질을 따라 전달된다.

• 주파수

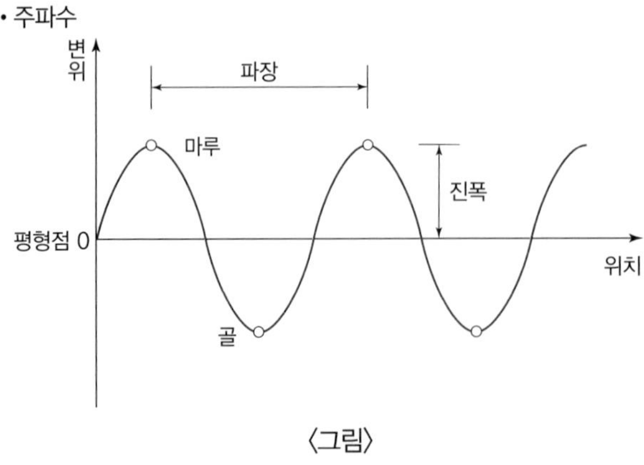

〈그림〉

파동은 〈그림〉과 같이 나타낼 수 있는데, 평형점 0을 기준으로 가장 높은 지점을 마루, 가장 낮은 지점을 골이라고 한다. 평형점 0에서 마루나 골까지의 높이, 즉 진동하는 입자가 평형점에서 최대로 벗어난 거리를 진폭, 마루와 마루 또는 골에서 골까지 거리를 파장이라고 하며, 파동이 1초 동안 진동한 횟수를 주파수라고 한다. 파동의 진행 속도는 파장과 주파수의 곱으로 나타내며, 파동의 속도가 일정하면 주파수가 높을수록 파장이 짧다는 특성이 있다. 역학적 파동은 진행하면서 매질에 흡수되어 에너지를 잃기도 하는데, 음파의 경우 주파수가 높을수록 매질에 더 잘 흡수되어 멀리 진행하지 못한다. 그리고 매질을 따라 진행하는 역학적 파동이 다른 매질을 만나게 되면 파동의 일부는 반사되어 돌아오고, 일부는 다른 매질로 투과하는 현상을 보인다.

## 선생님의 만점 구조도

### 포인트 1 초음파의 특성과 원리 (문항 13, 14, 15 관련)

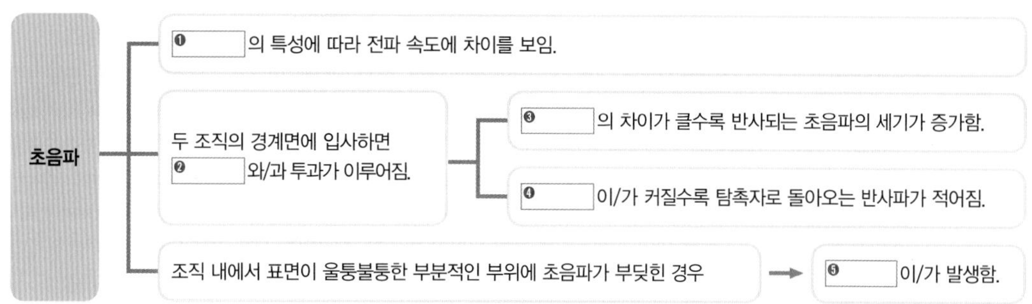


❶ 의 특성에 따라 전파 속도에 차이를 보임.

❷ 와/과 투과가 이루어짐.

❺ 이/가 발생함.

### 포인트 2 초음파 검사 시 주의 사항 (문항 16 관련)

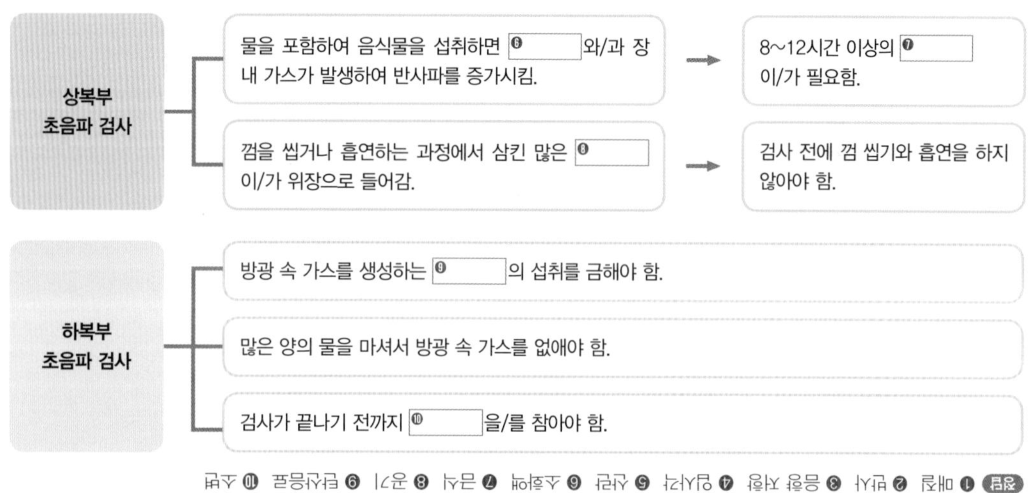

상복부
초음파 검사
물을 포함하여 음식물을 섭취하면 ❻ 와/과 장 내 가스가 발생하여 반사파를 증가시킴.
8~12시간 이상의 ❼ 이/가 필요함.
껌을 씹거나 흡연하는 과정에서 삼킨 많은 ❽ 이/가 위장으로 들어감.
검사 전에 껌 씹기와 흡연을 하지 않아야 함.
하복부
초음파 검사
방광 속 가스를 생성하는 ❾ 의 섭취를 금해야 함.
많은 양의 물을 마셔서 방광 속 가스를 없애야 함.
검사가 끝나기 전까지 ❿ 을/를 참아야 함.

정답 ❶ 매질 ❷ 반사 ❸ 음향 저항 ❹ 입사각 ❺ 산란 ❻ 소화액 ❼ 금식 ❽ 공기 ❾ 탄산음료 ❿ 소변

**EBS Q&A**

**Q** 지문의 개념이나 이론을 사례에 적용하는 문항이 너무 어려운데, 어쩌죠? (문항 14, 16 관련)

**A** 사례 적용 문항은 보통 추상적이거나 일반적인 내용이 기술된 지문을 제시한 뒤에 이를 구체적인 상황에 대응시켜 이해하는 유형에 해당합니다. 즉, 주어진 지문의 내용, 〈보기〉의 적용 대상, 선지의 진술, 이 3가지 요소 간의 공통점을 찾거나 일치 여부를 확인해야 합니다. 따라서 사례 적용 문항은 확인해야 할 내용이 많은 고난도 문항에 해당하므로 배점도 2점이 아니라 3점이 부여되는 경우가 많습니다. 〈보기〉의 사례가 지문 속 어떤 내용과 관련되거나 어떤 내용에 해당하는 경우인지를 파악하는 것이 우선이므로, 지문의 내용에 대한 정확한 이해가 선행되어야 합니다. 더불어 〈보기〉와 지문의 유사성을 찾은 뒤에, 이에 대한 선지의 설명이 적절한지를 꼼꼼하게 살펴보고 판단해야 합니다. 지문 내용을 구체적 상황에 적용하는 과정에서 도출되는 의미에 대한 분석이나 추론 등이 적절한지를 따져 보아야 합니다. 지금까지 사례 적용 유형으로 기출된 문항을 많이 풀어 보면서 자신의 독해, 분석, 추론 등의 오류를 점검해 보기 바랍니다.

## 엮어 읽기

### 초음파 진단 장치의 작동 원리와 과정

1895년 엑스선이 발견되기 전까지는 칼을 대지 않고 인체 내부를 들여다볼 수 있을 것이라는 생각은 누구도 하지 못했다. 엑스선 촬영 장치를 개량하여 인체의 단면까지 볼 수 있게 만든 컴퓨터 단층 촬영 장치(CT)는 이 방면에서 한 걸음 더 나아갔지만 구입비와 운영비가 엄청나게 비싸고 인체에 해로운 엑스선을 여전히 사용한다. 이러한 결점을 보완하여 저렴하고 안전하게 인체의 민감한 부분이나 태아까지 검진할 수 있는 장치로 널리 사용하게 된 것이 초음파 진단 장치이다.

초음파 진단 장치는 인체 내부를 들여다보기 위해 소리를 사용한다. 일반적인 소리는 사람의 귀로 감지할 수 있지만 초음파는 진동수가 20,000Hz가 넘어서 사람의 귀로 들을 수 없는 소리이다. 인체를 진단하는 도구로 초음파를 사용하게 된 것은, 그것이 짧은 파장을 가지므로 투과성이 강하고 직진성이 탁월할 뿐 아니라 미세한 구조까지 자세하게 볼 수 있게 해 주기 때문이다.

이 진단 장치에는 초음파를 만들어 내고 감지하기 위한 압전(壓電) 변환기라는 특수한 장치가 있다. 압전 변환기의 핵심 부품인 압전 소자는 압력을 받으면 전기를 발생시키는데 이것을 압전 효과라고 한다. 초음파를 압전 소자에 가해 주면 압전 소자에 미치는 공기의 압력이 변하면서 압전 효과로 인해 고주파 교류가 발생한다. 역으로 높은 진동수의 교류 전압을 압전 소자에 걸어 주면 압전 소자가 주기적으로 신축하면서 초음파를 발생시키는데, 이를 역압전 효과라고 한다. 이렇게 압전 소자는 압전 변환기에서 초음파를 발생시키고, 반사되어 돌아오는 초음파를 감지하는 중요한 역할을 담당한다. 즉, 압전 변환기는 마이크와 스피커의 역할을 모두 하는 셈이다.

검사하고자 하는 인체 부위에 압전 변환기를 접촉시킬 때에는 그 부위에 젤리를 발라 준다. 이는 압전 변환기와 피부 사이에 공기층을 없애 반사로 인한 음파의 손실을 최소화하기 위한 것이다. 압전 변환기에서 나온 초음파는 상이한 생체 조직을 각기 다른 속력으로 통과하며, 각 조직 사이의 경계 부위를 지날 때에는 부분적으로 반사된다. 반사되어 압전 변환기로 돌아오는 초음파의 세기는 통과한 조직의 밀도와 두께가 클수록 약해진다. 이렇게 각 조직이나 기관에서 다층적으로 반사된 초음파는 수신 모드로 전환된 압전 변환기에서 시간차를 두고 각기 다른 세기의 교류 전기 신호를 발생시킨다. 컴퓨터는 이 전기 신호들의 세기와 지체 시간을 분석하여 모니터 화면에 영상을 만들어 낸다.

돌고래는 빛이 들어오지 않는 깊은 바다 속에서, 박쥐는 칠흑같이 어두운 동굴 속에서 초음파를 발생시키고 사물에서 반사되어 돌아오는 음파를 감지해서 대상이나 장애물의 형태와 위치를 인지한다. 초음파 진단 장치는 이러한 동물들의 놀라운 능력을 모방한 생체 모방 기술의 쾌거이다.

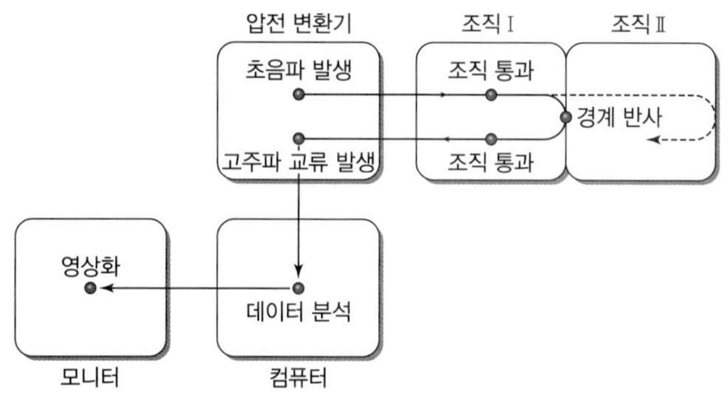

독해 포인트 이 글은 현대 의학에서 의료 목적으로 많이 쓰이는 초음파 진단 장치의 원리와 작동 과정을 설명하고 있다. 일반적인 소리와 대비하여 초음파의 특성을 소개하고 있으며, 초음파가 '압전 소자'를 비롯한 여러 장치와 결합하여 인체와 여타 대상의 내부를 들여다볼 수 있게 해 주는 과정이 나타나 있다. 그리고 초음파 진단 장치가 초음파를 활용하는 동물들의 능력을 모방한 생체 모방 기술의 쾌거라는 의미를 부여하고 있다.

주제 초음파 진단 장치의 작동 원리와 과정

# 문학

## 유형편

유형 연습 1

문학 이론 + 현대시 01~04번

# (가) 시에 나타난 이미지의 대표적인 종류와 특징

EBS 수능완성 40쪽

**감상 포인트** 이 글은 시에서 시인이 전달하고자 하는 의미를 형상화하는 이미지에 대해 설명하고 있다. 이미지를 감각 이미지와 비유 이미지로 나눠 설명하면서 감각 이미지를 오감과 공감각으로 나눠 설명하고 있으며, 그중에서도 시각 이미지가 현대 이미지의 핵심적인 것임을 밝히고 있다. 또한 감각 이미지가 대상에 대한 시인의 주관적 인식이나 정서적 반응을 담아내기도 하고, 감각 이미지들의 결합을 통해 공간적 장면을 하나의 화면처럼 보이도록 하는 특징이 있다고 설명하고 있다. 한편 비유 이미지의 개념과 비유 이미지가 시 전편에서 정서나 심리적인 의미를 환기함을 설명하면서 맥락과 상황에 따라 성립되는 비유 이미지에 대해서도 설명하고 있다. 그리고 감각 이미지와 비유 이미지가 확연히 구분되는 것이 아니라 중첩되어 사용되는 경우가 많다는 점도 언급하고 있다.

**주제** 시에 나타난 감각 이미지와 비유 이미지의 특징

시에서 이미지란 주로 감각을 통해 재생되는 심상을 의미하지만, 이미지는 감각적인 것만으로 한정되지 않는데 이러한 대표적인 이미지들의 예시로는 감각 이미지(감각을 통해 재생되는 심상)와 비유 이미지(감각적인 것만으로 한정되지 않는 이미지)가 있다. 감각 이미지는 감각 기관 중심의 시각 · 청각 · 후각 · 미각 · 촉각 이미지와, 한 감각이 다른 감각으로 전이되는 공감각 이미지(감각 이미지의 종류) 등으로 나눌 수 있다. 예를 들어 '좁은 들길에 들장미 열매 붉어(시각)'나 '발목이 시리도록(촉각) 밟아도 보고, 좋은 땀조차 흘리고 싶다.'와 같은 시의 구절에서는 색채를 바탕으로 한 시각 이미지나 촉각을 활용한 이미지를 찾을 수 있다. 1930년대 이미지즘 운동에서도 알 수 있듯이 회화적 요소가 극대화된 시각 중심의 감각 이미지는 현대 이미지의 핵심이며, 감각뿐 아니라 대상에 대한 주관적 인식 혹은 정서적 반응을 동반(시각 중심 감각 이미지의 효과 ①)하게 되었다. 더불어 시각 이미지는 그림을 그리듯 공간적 장면을 하나의 화면처럼 보이도록 표현(시각 중심 감각 이미지의 효과 ②)하기도 하고, 이러한 화면들이 모여 청각, 촉각 등의 다양한 감각 이미지들과 연결되어 운동성 있는 장면으로 형상화(감각 이미지들의 연결을 통한 효과)되기도 하였다.

← 이미지의 개념과 감각 이미지의 특징과 사례

비유 이미지는 시에서 시인이 원관념에 해당하는 정서나 관념 등을 직접 토로하는 것이 아니라 보조 관념을 통해 간접적으로 구체화하는 과정에서 생성되는 이미지이다. 예를 들어 「봄은 고양이로다」라는 시에서는 원관념인 '봄'을 '고양이'의 털, 눈, 입술, 수염과 연결 지어 봄의 분위기를 형성한다. '금방울과 같이 호동그란 고양이의 눈에 / 미친 봄의 불길이 흐르도다.'에서는 봄의 생동감을, '고양이의 수염에 / 푸른 봄의 생기가 뛰놀아라.'에서는 생기 넘치는 봄의 분위기를 형상화한다. 이처럼 시어 자체가 비유의 언어이기에 비유 이미지는 보조 관념으로 시 전편에서 정서나 심리적인 의미를 환기하게 된다. 그런데 맥락과 상황(비유 이미지의 조건)에 따라 비유 이미지가 될 수도 있고 안 될 수도 있다. 예를 들어 '가시를 가졌다.'라는 표현은 앞에 '장미'가 붙는다면 사실 진술이지만, '아름다운'과 같은 것이 앞에 붙어 원관념으로 연결되면 사실과는 다른 상황에서 형성(비유 이미지와 사실 진술의 차이점)되는 비유 이미지가 되어 '아름다움 속에 숨어 있는 위험'과 같은 심리적인 의미를 환기하게 된다.

← 비유 이미지의 개념과 특징 및 사례

이미지를 개념상 감각 이미지와 비유 이미지로 구분하지만 사실상 두 이미지가 중첩되어 사용되는 경우도 많다. 신체 감각에 의해 지각된 감각 이미지가 시인이 드러내고자 한 정서나 관념 등을 비유적으로 표현하여 함축적 의미를 담고 있는 경우(감각 이미지와 비유 이미지의 중첩)에 이미지가 중첩되었다고 보는데, '황금의 꽃같이 굳고 빛나던 옛 맹세'처럼

감각 이미지와 비유 이미지가 연결되면, 시각적으로 보이는 황금과 꽃이 귀중하고 아름답다는 심리적 의미를 드러낸다는 점에서 중첩 이미지로 사용된 사례라고 할 수 있다. ← 감각 이미지와 비유 이미지의 중첩과 그 사례

## 이것만은 꼭 익히자!

### 포인트 1 공감각 이미지(감각의 전이)

공감각 이미지는 감각 이미지가 두 개 이상 사용되며, 그 이미지들이 각각의 원관념을 가지고 있는 것이 아니라 하나의 원관념에 사용되는 경우 해당한다. 두 개 이상의 이미지들이 각각의 원관념을 가지고 있는 구절이라면 공감각이 아닌 복합 감각으로 구분한다. 그렇다면 하나의 원관념에 두 개 이상의 이미지가 사용되었다는 것은 구체적으로 어떤 것을 의미할까? 아래의 시 구절을 보자.

'해설피 금빛 게으른 울음을 우는 곳'

여기서 '울음'이라는 시어는 일반적으로 우리의 감각에서 청각을 통해 파악한다. 그래서 울음소리로 표현될 수 있는데 이 울음소리에 '금빛'이라는 시각적 이미지가 함께 사용된다. 하지만 우리는 일반적으로 울음소리를 시각으로 파악하지 못한다. 시적 표현으로 마치 울음소리가 금빛으로, 즉 시각으로 느껴진다고 표현한 것이다. 그래서 이러한 표현은 원래 울음소리를 파악하는 '청각' 이미지가 '시각' 이미지로 파악되는 것처럼 표현하기에 '청각의 시각화'라고도 부르며, 청각이라는 감각이 시각이라는 감각으로 전이되었다고 표현하기도 하는 것이다.

### 포인트 2 중첩 이미지 (문항 04 관련)

중첩 이미지란 '신체 감각에 의해 지각된 감각 이미지가 시인이 드러내고자 한 정서나 관념 등을 비유적으로 표현하여 함축적 의미를 담고 있는 경우에 이미지가 중첩'된다고 설명하였다. 아래 시 구절을 보자.

'푸른 하늘에 닿을 듯이'

'푸른'이라는 시각 이미지는 시 속 화자의 상황적 맥락과 연결되어 시적 화자로 설정된 '교목'이 닿고픈, 혹은 지향하는 공간인 하늘에 대한 시인의 긍정적인 정서를 드러내고 있는 것이다. 따라서 '시각' 이미지를 통해 시인이 드러내고자 하는 긍정적인 정서를 비유적으로 함축하여 이상향이나 지향점이라는 의미를 드러내므로 중첩 이미지로 볼 수 있는 것이다.

## EBS Q&A

**Q** 문학 작품과 제시문이 함께 나오는 유형은 어떻게 학습해야 할까요?

**A** 때론 문항에서 작품을 감상하기 위한 외적 준거로 〈보기〉가 주어집니다. 하지만 〈보기〉에 문학 일반론에 대한 설명을 담기에 형식적으로 부족한 부분이 있기에, 하나의 제시문으로 작품들을 좀 더 종합적으로 감상할 수 있는 준거를 제시하기도 합니다. 이 글에서는 감각 이미지와 비유 이미지 그리고 중첩 이미지에 대한 설명을 제시한 후 이와 연관하여 개별 작품들을 감상하도록 하고 있습니다. 따라서 외적 준거가 개별적인 작품 감상론이 아닌 문학 일반론의 입장에서 작품을 분석할 수 있도록 하는 것입니다. 그리고 이러한 일반론을 개별 작품에 학생이 적용할 수 있는지를 평가하고자 하는 것이죠. 따라서 제시문도 〈보기〉와 마찬가지로 외적 준거이기에 무엇보다 꼼꼼하게 읽은 후, 제시문에 있는 일반론의 핵심적인 내용을 파악하고, 이를 개별 작품에 적용하며 감상할 수 있도록 준비해야 합니다.

유형 연습 1

문학 이론 + 현대시 01~04번

# (나) 「교목」 _ 이육사

EBS 수능완성 40쪽

감상 포인트 이 작품은 어두운 시대 현실 속에서도 현실과 타협하지 않고 지켜야 할 신념을 지키고야 말겠다는 시인의 결연한 의지를 노래하고 있다. 이러한 시인의 자세는 강인하면서도 의지적인 어조로 드러나며, 줄기가 굵고 하늘 높이 곧게 자라는 교목에 그 의지를 투영하여 치열한 삶의 자세와 죽을지언정 부정적 현실에 굴복하지 않겠다는 굳센 태도를 형상화하고 있다.

주제 현실에 굴하지 않고 극한 상황에 저항하는 의지

이상적 공간, 염원의 세계
푸른 하늘에 닿을 듯이
의지적 자세
세월에 불타고 우뚝 남아 서서
나무가 보내 온 시간이 준 혹독한 시련
차라리 봄도 꽃피진 말아라.
부정적 종결어 및 명령적 표현으로 의지를 드러냄. ①
← 1연: 현실에 굴할 수 없다는 의지의 선언

낡은 거미집 휘두르고
부정적 현실 상황
끝없는 꿈길에 혼자 설레이는
부정적 종결어 및 명령적 표현으로 의지를 드러냄. ②
마음은 아예 뉘우침 아니라.
자신의 선택에 대한 후회가 없다는 강한 의지의 표현
← 2연: 신념에 따라 살아가는 삶에 대한 뉘우침 없는 태도

검은 그림자 쓸쓸하면
암울한 상황 하강적 이미지, 죽음의 이미지
마침내 호수 속 깊이 거꾸러져
부정적 종결어 및 명령적 표현으로 의지를 드러냄. ③
차마 바람도 흔들진 못해라.
죽음을 불사해서라도 외압에 흔들리지 않겠다는 강한 의지
← 3연: 죽을지언정 현실에 굴복하지 않겠다는 강인한 의지

## 이것만은 꼭 익히자!

### 포인트 1 표현상의 특징

이 작품에서는 '차라리, 아예, 차마' 등의 부사어와 '말아라, 아니라, 못해라' 등의 부정어를 사용하여 현실과 타협하지 않겠다는 화자의 단호하고 강한 의지를 보여 주고 있다. 또한 '세월에 불타고 우뚝 남아' 있는 모습, '낡은 거미집 휘두르'는 모습, '호수 속 깊이 거꾸러'지는 모습 등을 통해 신념과 의지를 굽히지 않으며 현실에 안주하거나 굴복하지 않겠다는 의지를 형상화하고 있다.

### 포인트 2 '호수 속'의 의미 (문항 03 관련)

이육사의 「절정」의 한 구절을 살펴보자.

'하늘도 그만 지쳐 끝난 고원 / 서릿발 칼날진 그 우에 서다'

육사는 땅에 머물고 싶지만 그가 사는 현실의 공간에서의 삶은 그를 하늘과 맞닿은 높이의 고원이나 '푸른 하늘'을 지향하도록 한다. 즉 그는 땅에 머물고 싶지만 그곳에서 머물기 위해 현실에 타협하기보다는 '칼날진' 곳이나 '호수 속'을 선택하는 모습이 드러난다. 육사에게 하늘이나 호수는 현실과 타협하지 않기 위해 선택해야 할 극단적인 상황이자, 현실을 초극할 수 있는 공간이라는 의미를 지니게 된다. 따라서 이러한 상황과 공간을 선택하는 화자를 통해 현실에 굴하지 않겠다는 화자 혹은 시인의 의지를 드러내고 있다고 볼 수 있다.

## 배경지식 더 알아보기

■ **이육사 시인의 시 세계**

육사의 시 세계에서 드러난 현실에 대한 신념은 미래에의 약속이다. 「교목」뿐 아니라 「절정」에서 드러난 화자의 자세는 육사의 선비 정신과 이를 기반으로 한 현실에 대한 강력한 투쟁 의식이 담겨 있다. 실제로 그는 독립운동 단체 의열단에 가입하여 활동하였으며, 북경 사관 학교에 입학하여 교육을 받은 후 다양한 독립 투쟁에 참여하였다. 육사가 활동하던 시기에 많은 문인들이 변절하여 친일 문학을 창작하였지만 그는 마지막까지 민족적 신념을 지켰고, 결국 감옥에서 생을 다하고 만다. 이러한 그의 삶과 작품이 얽혀지면서 육사 시에 담긴 현실에 굴하지 않겠다는 의지가 더욱 빛을 발하는 것이며, 현실에 대한 투쟁뿐만이 아니라 "청포를 입고 찾아온다고' 한 손님'(「청포도」)을 기다리거나, '백마 탄 초인'(「광야」)을 기다리는 것을 통해 찾아올 것이라 확신하는, 미래에의 희망과 약속을 노래하였다는 점이 특징이다.

유형 연습 1

문학 이론 + 현대시 01~04번

# (다) 「성탄제」 _ 김종길

EBS 수능완성 41쪽

감상 포인트 이 시의 제목인 '성탄제'는 예수가 탄생한 크리스마스를 가리킨다. 화자는 성탄절 가까운 어느 겨울날, 어릴 적 아버지가 보여 준 헌신적인 사랑을 떠올린다. 그러한 회상의 과정에서 아버지의 사랑을 새롭게 느끼고 갈수록 각박해져 가는 도시 문명의 삶 속에서 여전히 자신에게 그때의 사랑이 흐르고 있음을 느낀다. 이를 통해 도시 문명 속 각박한 현대인들이 사랑에 대해 생각해 보도록 이끌고 있다.

주제 아버지의 사랑과 혈육의 정에 대한 그리움

(과거)

어두운 방 안엔
시각 이미지를 통한 공간의 분위기(우울함) 형상화
빠알간 숯불이 피고, ← 1연: 방 안의 정경
밝고 따뜻한 분위기. '어두운 방'과 대조

외로이 늙으신 할머니가
애처로이 잦아드는 어린 목숨을 지키고 계시었다. ← 2연: 할머니가 손자를 돌봄.
어린 시절 아픔을 겪는 화자

이윽고 눈 속을
고난, 어려움
아버지가 약을 가지고 돌아오시었다. ← 3연: 아버지가 가져온 약
산수유 열매, 아버지의 사랑

아 아버지가 눈을 헤치고 따 오신
그 붉은 산수유 열매— ← 4연: 아버지가 가져온 산수유 열매
아버지의 사랑, 마지막 연의 '혈액'과 연결됨.

나는 한 마리 어린 짐생,
연약한 존재
젊은 아버지의 서느런 옷자락에
아버지의 수고로움이 담긴 촉각 이미지
열로 상기한 볼을 말없이 부비는 것이었다. ← 5연: 아버지를 느끼는 어린 화자

이따금 뒷문을 눈이 치고 있었다.
그날 밤이 어쩌면 성탄제의 밤이었을지도 모른다. ← 6연: 눈이 내리던 어린 날에 대한 기억
아버지의 사랑이 가진 숭고함을 드러냄.

『어느새 나도
『 』: 시상 전환(과거 → 현재)
그때의 아버지만큼 나이를 먹었다.』 ← 7연: 아버지처럼 나이가 든 화자

옛것이라곤 찾아볼 길 없는
따스함, 사랑
성탄제 가까운 도시에는

이제 반가운 그 옛날의 것이 내리는데, ← 8연: 옛것을 찾을 수 없는 서러움
눈, 과거 회상의 매개체

현재

서러운 서른 살 나의 이마에
각박한 현실을 살아가는 삶
불현듯 아버지의 서느런 옷자락을 느끼는 것은, ← 9연: 서른에 느낀 아버지의 사랑
반복적 표현, 아버지의 사랑을 떠올리는 매개체

눈 속에 따 오신 산수유 붉은 알알이

아직도 내 혈액 속에 녹아 흐르는 까닭일까. ← 10연: 화자에게 전해진 혈육의 정
이어지는 아버지의 사랑

## 이것만은 꼭 익히자!

**포인트 1 표현상의 특징**

이 작품은 어두움(어두운 방 안)과 밝음(빠알간 숯불)의 대비, 촉각의 대비(서느런 옷자락과 열로 상기한 볼)를 통해 공간의 분위기와 화자의 처한 상황의 분위기를 형상화하고 있다. 또한 시상의 전환을 통해 과거와 달라진 현재의 상황에 대한 비판적 시선을 보여 준다는 것도 특징이다. 과거는 사랑과 따뜻함이 있는 시간이었다면 현재는 그것들을 찾아볼 길 없는 각박한 상황임을 드러내고 있으며, 그러나 '옛것'이 화자의 핏속에 흐르고 있다는 표현을 통해 아직 희망이 있음을 드러내고 있기도 하다.

**포인트 2 '눈 속'의 역할** (문항 03 관련)

이 작품에서 '눈'은 중요한 기능을 한다. '눈'은 성탄제가 속한 계절의 특성을 드러내는 소재이자, 아버지가 산수유 열매를 구하기 위해 헤쳐 나가야만 하는 어려움을 상징하기도 한다. 또한 어른이 된 화자가 과거를 떠올리게 되는 매개체의 기능도 있다. 그리고 마지막 연의 '눈 속에 따 오신 산수유 붉은 알알이'는 어려운 상황에서도 자식을 위해 노력한 아버지의 사랑을 떠올리게 되는 매개체이자 이를 통해 화자에게 아버지의 사랑이 전달되고 있음을 드러내는 것과도 연관이 된다는 점에서 '눈'의 다양한 기능을 확인할 수 있다.

## 배경지식 더 알아보기

■ **아버지의 모습과 관련된 작품**

저 지붕 아래 제비집 너무도 작아
갓 태어난 새끼들만으로 가득 차고
어미는 둥지를 날개로 덮은 채 간신히 잠들었습니다
바로 그 옆에 누가 박아 놓았을까요, 못 하나
그 못이 아니었다면
아비는 어디서 밤을 지냈을까요
못 위에 앉아 밤새 꾸벅거리는 제비를
눈이 뜨겁도록 올려다봅니다
종암동 버스 정류장, 흙바람은 불어오고
한 사내가 아이 셋을 데리고 마중 나온 모습
수많은 버스를 보내고 나서야
피곤에 지친 한 여자가 내리고, 그 창백함 때문에
반쪽 난 달빛은 또 얼마나 창백했던가요
아이들은 달려가 엄마의 옷자락을 잡고
제자리에 선 채 달빛을 좀 더 바라보던
사내의, 그 마음을 오늘 밤은 알 것도 같습니다
실업의 호주머니에서 만져지던
때 묻은 호두알은 쉽게 깨어지지 않고
그럴듯한 집 한 채 짓는 대신
못 하나 위에서 견디는 것으로 살아온 아비,
거리에선 아직도 흙바람이 몰려오나 봐요
돌아오는 길 희미한 달빛은 그런대로
식구들의 손잡은 그림자를 만들어 주기도 했지만
그러기엔 골목이 너무 좁았고
늘 한 걸음 늦게 따라오던 아버지의 그림자
그 꾸벅거림을 기억나게 하는
못 하나, 그 위의 잠

– 나희덕, 「못 위의 잠」

→ 이 작품은 아비 제비와 아버지의 고단한 삶을 병렬적으로 제시하면서 유년 시절 초라했던 아버지의 삶과 그에 대한 연민을 드러낸다. 자식들을 향한 사랑의 마음을 가지고 있지만 실업자이기에 사랑만큼 아이들을 채워 주지 못해 초라했던 아버지, 그리고 가족의 생계를 챙겨야 했던 어머니의 모습을 보여 준다. 그리고 '제자리에 선 채 달빛을 좀 더 바라보던 / 사내의, 그 마음을 오늘 밤은 알 것도 같습니다'라고 표현하여 아내와 자식들에게 미안한 마음으로 가족들의 뒤를 따라가는 아버지에 대한 연민의 감정을 드러낸다.

유형 연습

# 2

현대 소설 01~04번

## 「소금」 _ 강경애

EBS 수능완성 49쪽

**감상 포인트** 이 작품은 「인간 문제」와 함께 1930년대 간도 이주민들의 삶을 사실적으로 다룬 강경애의 대표작 중 하나로, '시대정신의 최대치를 구현한 작품'이라는 평가를 받은 바 있다. 일본 제국주의의 폭압적 식민 통치와 수탈 경제를 견디다 못해 고향을 등지고 이주한 간도에서 우리 민족이 겪어야 했던 삶의 고통, 특히 이주 여성이 겪어야 했던 수난사가 작품 속 주인공인 봉염 모의 삶을 통해 구체적으로 형상화되어 있다.

**주제** 간도 이주민의 힘겨운 현실과 의지적 삶의 자세

**전체 줄거리** 봉염네 가족은 빚에 쫓겨서 조선을 떠나 간도로 이주한다. 그곳에서 중국인 지주 팡둥의 소작농으로 생계를 이어 가나, 중국군의 위협과 횡포로 어려움을 겪는다. 어느 날 봉염의 아버지는 팡둥을 만나러 용정에 갔다가 공산당에게 죽임을 당하고, 이에 분노한 장남 봉식은 집을 떠난다. 봉식을 찾아 용정으로 간 봉염 모녀는 팡둥의 집에 머무르며 일을 거들게 되고, 봉염 모는 팡둥에 의해 원치 않는 임신을 하게 된다. 그러던 어느 날 팡둥은 봉식이 공산당에 들어갔다는 이유로 처형되는 모습을 봤다면서 봉염 모녀를 내쫓고, 만삭의 봉염 모는 헛간에서 해산을 한 뒤 남의 집 유모로 들어가 생계를 유지한다. 그러나 유모로 일하는 동안 자신의 아이들을 제대로 돌보지 못하게 되면서 봉염 모는 결국 자신의 두 딸을 모두 잃게 된다. 유모 자리도 잃고 혼자 남겨진 봉염 모는 소금 밀수를 하다가 발각되어 순사에게 잡혀간다.

(일제 강점기에 일제의 수탈을 피해 이주해 간 간도 지역)

그가 처음 이곳에 와서는 무엇보다도 방 안이 맘에 안 들고 도야지굴이나 쇠 외양간같이 생각되었다(사람이 살 만한 곳이 아니라고 여겨질 만큼 자신의 거주 공간이 낯설고 열악하다고 느낌.). 그리고 어쩌다 손님이 오면 피해 앉을 곳도 없었다. 그러니 멍하니 낯선 손님과도 마주 앉지 않으면 안 되게 되었다. 그러나 시일이 차츰 지나니 낯선 남성 손님이 온다더라도 처음같이 그렇게 어색하지는 않았다(열악한 거주 공간에 차츰 적응함.). 그저 그렁저렁 지낼 만하였다. 그리고 반드시 부뚜막 앞에는 비밀 토굴(보위단이나 마적단 등 적대적 존재가 찾아왔을 때 온 식구가 함께 숨어 있을 곳)을 파 두는 것이다. 그랬다가 어디서 총소리가 나든지 개 소리가 요란스레 나면(총소리, 개 소리: 적대적 존재가 찾아왔음을 짐작하게 해 주는 소리) 온 식구가 그 움 속에 들어가서 며칠이든지 있곤 하였다. 그리고 옷이나 곡식도 이 움에다 넣고서 시재 입는 옷이나 먹을 양식을 조금씩 꺼내 놓고 먹곤 하였다(항시 불안에 떨며 사는 삶). 말할 것도 없이 보위단이며 마적단 등이 무서워서 이렇게 하곤 하였다. ← 간도에서의 궁핍하고 불안한 생활

시렁을 손질한 그는 바구니에 담아 둔 팥을 고르기 시작하였다. 고요한 방 안에 팥알 소리만 재그럭 자르르 하고 났다. 팥알과 팥알로 시선이 옮아지는 그는 눈이 피곤해지며 참새 소리가 한층 더 뚜렷이 들린다. 동시에 저 참새 소리같이 여러 가지 생각이 순서 없이 생각났다. 내일이라도 파종을 하게 되면 아침 점심 저녁에 몇 말의 쌀을 가져야 할 것, 오늘 봉식이('그(봉염의 어머니)'의 아들)가 팡둥(중국인 지주)을 만나지 못해서 쌀을 못 가져올 것, 그러나 나무를 팔아서 사라고 한 찬감은 사 오겠지(봉식이가 쌀은 못 가져오더라도 사 오라고 한 찬감(반찬의 재료)은 사 올 것이라고 기대함.)…… 생각이 차츰 희미해지며 졸음이 꼬박꼬박 왔다. 그는 눈을 비비고 문밖으로 나오다가 무심히 눈에 뜨인 것은 벽에 매달아 둔 메주였다. '참 메주를 내놓아야겠다.' 하며 바구니를 밖에 내놓고서 메주를 떼어서 문밖에 가지런히 내놓았다. 그리고 그는 비를 들고 메주의 먼지를 쓸어 내었다. 그는 하나하나의 메줏덩이를 들어 보며, 간장이나 서너 동이 빼고 고추장이나 한 단지 담그고…… 그러자면 소금이나 두어 말은 가져야지 소금(장을 담그려면 소금이 필요함.)…… 하며 그는 무의식간 한숨을 푹 쉬었다. 그리고 또다시 고향을 그리며 멍하니 앉아 있었다. 고향서는 소금으로 이를 다 닦았건만(현재 간도에서의 삶에 비해 상대적으로 소금이 풍족했던 고향에서의 삶을 그리워함.)…… 다리는* 데도 소금 한 줌이면 후련하게 내려갔는데 하였다. 그가 고향 있을 때는 하도 없는 것이 많으니까(일제의 수탈로 궁핍하게 살아야 했던 조선 농민들의 삶) 소금 같은 데는 생각이 미치지 못하였는지는 모르나 어쨌든 이곳 온 후로부터는 그는 소금 때문에 남몰래 운 적이 한두 번이 아니었다(소금이 비싸서 필요한 만큼 사 먹을 수 없는 처지에서 느끼는 설움). 소금 한 말에 이 원 이십 전! 농가에서는 단번에 한 말을 사 보지 못한다. 그러니 한 근 두 근 극상 많이 산대야 사오 근에 지나지 못

한다. 그러므로 장 같은 것도 단번에 담그지를 못하고 소금 생기는 대로 담그다가도 어떤 때는 메주만 썩혀서 징이라고 먹곤 하였다. 징이 싱거우니 온갖 찬이 싱거웠다.

소금을 구하기 어려워서 장조차 담글 수 없는 형편

끼니때가 되면 그는 남편의 얼굴부터 살피게 되고 어쩐지 맘이 송구하였다. 남편은 입 밖에 말은 내지 않으나 번번이 얼굴을 찡그리고 밥술이 차츰 느려지다가 맥없이 술을 놓곤 하는 때가 종종 있었다. 이 모양을 바라보는 그는 입안의 밥알이 갑자기 돌로 변하는 것을 느끼며 슬며시 술을 놓고 돌아앉았다.

싱거운 반찬을 상에 올려야 하는 상황에 대한 미안함

싱거운 반찬 탓에 입맛이 없음이 행동이나 표정으로 드러남.

미안한 심리를 촉각적으로 표현함.

← 소금의 부족으로 인한 불편과 서러움

**[중략 부분 줄거리]** 그는 공산당에 의해 남편을 잃고 가장으로서의 고된 삶을 살아가다가 봉염과 봉희 두 딸마저 병으로 잃고 혼자 남겨진다. 갖은 노력에도 먹고살 일이 막막해진 그에게 평소 가깝게 지내던 한 이웃이 일본 순사의 눈을 피해 소금 밀수라도 하여 돈을 벌어 보라는 제안을 한다.

우레 같은 바람 소리가 대지를 뒤흔드는 어느 날 밤 봉염의 어머니는 소금 너 말을 자루에 넣어서 이고 일행의 뒤를 따랐다. 그들 일행은 모두가 여섯 사람인데 그중에 여인은 봉염의 어머니뿐이었다. 앞에서 걷는 길잡이는 십여 년을 이 소금 밀수로 늙었기 때문에 눈 감고도 용이하게 길을 찾아가는 것이다. 그러므로 그들은 이 길잡이에게 무조건 복종을 하였다. 그리고 며칠이든지 소금 짐을 지는 기간까지는 벙어리가 되어야 하며 그 대신 의사 표시는 전부 행동으로 하곤 하였다.

여인이 소금 밀수를 하는 것은 흔하지 않은 일이었음. → 봉염의 어머니의 생활력과 의지적 자세가 드러남.

순사에게 들키지 않기 위함.

그들은 열을 지어 나란히 걸었다. 바람은 여전히 불었다. 그들은 앞사람의 행동을 주의하며 이 바람 소리가 그들을 다그쳐 오는 어떤 신발 소리 같고 또 어찌 들으면 순사의 고함치는 소리 같아 숨을 죽이곤 하였다. 그리고 어제도 이 근방 어디서 소금 짐을 지다 총에 맞아 죽은 사람이 있다지 하며 발걸음 옮김을 따라 이러한 불안이 저 어둠과 같이 그렇게 답답하게 그들의 가슴을 캄캄케 하였다.

바람 소리가 순사의 고함치는 소리로 들릴 만큼 심리적 압박감을 느낌.

불안감을 캄캄한 어둠에 빗대어 표현함.

← 생계유지를 위해 소금 밀수에 가담한 봉염의 어머니

남들은 솜옷을 입었는데 봉염의 어머니는 겹옷을 입고 발가락이 나오는 고무신을 신었다. 그러나 추운 것은 모르겠고 시간이 지날수록 머리에 인 소금 자루가 무거워서 견딜 수 없다. 머리 복판을 쇠뭉치로 사정없이 뚫는 것 같고 때로는 불덩이를 이고 가는 것처럼 자꾸 따가웠다. 그가 처음에 소금 자루를 일 때 사내들과 같이 엿 말을 이려 했으나 사내들이 극력 말리므로 아쉬운 것을 참고 너 말을 이게 된 것이다. 그런 것이 소금 자루를 이고 단 십 리도 오기 전에 이렇게 머리가 아팠다. 그는 얼굴을 잔뜩 찡그리고 두 손으로 소금 자루를 조금씩 쳐들어 아픈 것을 진정하렸으나 아무 쓸데도 없고 팔까지 떨어지는 듯이 아프다. 그는 맘대로 하면 이 소금 자루를 힘껏 쥐어뿌리고 그 자리에서 자신도 그만 넌떡 죽고 싶었다. 그러나 그것은 공연한 맘뿐이었다. 발길은 여전히 사내들의 뒤를 따라간다. 사내들과 같이 저렇게 나도 등에 져 봤더라면…… 이제라도 질 수가 없을까. 그러려면 끈이 있어야지 끈이…… 좀 쉬어 가지 않으려나. 쉬어 갑시다, 금시로 이러한 말이 입 밖에까지 나오다는 콱 막히고 만다. 그리고 여전히 손길은 소금 자루를 들어 아픈 것을 진정하려 하였다.

사내들과 달리, 계절에 맞지 않는 부실한 옷차림을 한 봉염의 어머니

사내들이 봉염의 어머니가 힘이 부족하여 자신들만큼 소금 자루를 옮기지 못할 것을 우려함.

사내들보다 소금 자루를 두 말이나 덜 옮기고 있는데도 무게를 견디기 힘듦.

사내들과 달리 소금 자루를 머리에 이고 가고 있는 상황이 고되게 느껴짐.

차마 입 밖에 내지 못하는 속마음

이마와 등허리에서는 땀이 낙수처럼 흘러서 발밑까지 내려왔다. 땀에 젖은 고무신은 왜 그리도 미끄러운지

걸핏하면 그는 쓰러지려 하였다. 그래서 그는 정신을 바짝 차리면 벌써 앞에 신발 소리는 퍽이나 멀어졌다.
봉염의 어머니가 빨리 따라가지 못해서 앞서가고 있는 일행과의 간격이 점차 벌어지고 있음.
그는 기가 나서 따라오면 숨이 콱콱 막히고 옆구리까지 결린다. 두 말이나 일 것을…… 그만 쏟아 버릴까? 어
소금 자루를 네 말이나 이고 온 것을 후회함.
쩌누? 소금 자루를 어루만지면서도 그는 차마 그리하지는 못하였다.

어느덧 강물 소리가 어렴풋이 들린다. 그들은 이 강물 소리만 들어도 한결 답답한 속이 좀 풀리는 듯하였다. 강가에 가면 이 소금 짐을 벗어 놓고 잠시라도 쉴 것이며 물이라도 실컷 마실 것 등을 생각하였던 것이다. 그러면서도 강 저편에 무엇들이 숨어 있지나 않을까 하는 불안이 강물 소리를 따라 높아 간다. 봉염의 어머니는 시원한 강물 소리조차도 아픔으로 변하여 그의 고막을 바늘 끝으로 꼭꼭 찌르는 듯 이 모양대로 조금만 더
심리적 고통과 불안으로 강물 소리가 육체적 아픔으로 느껴짐.
가면 기진하여 죽을 것 같았다. 마침 앞의 사내가 우뚝 서므로 그도 따라 섰다. 바람이 무섭게 지나친 후에 어디선가 벌레 울음소리가 물결을 따라 들렸다. 낑 하고 앞의 사내가 앉는 모양이다. 그도 털썩하고 소금 자루를 내려놓으며 쓰러졌다. 그리고 얼른 머리를 두 손으로 움켜쥐며 바늘로 버티어 있는 듯한 눈을 억지로 감았다. 그러면서도 앞의 사내들이 참말로 다들 앉았는가 나만이 이렇게 쓰러졌는가 하여 주의를 게을리하지 않았다.

아픈 것이 진정되니 온몸이 후들후들 떨린다. 그는 몸을 웅크릴 때 앞의 사내가 그를 꾹 찌른다. 그는 후닥닥 일어났다. 사내들의 옷 벗는 소리에 그는 한층 더 정신이 바짝 들었다. 그는 잠깐 주저하다가 옷을 훌훌 벗
물을 건너야 하는 상황에 대한 대비
어 돌돌 뭉쳐서 목에 달아매었다. 그때 그는 놀릴 수 없이 아픈 목을 어루만지며 용정까지 이 목이 이 자리에
목의 통증이 심한 상황을 과장되게 표현함.
붙어 있을까 하는 의문이 들었다. 그리고 사내가 이어 주는 소금 자루를 이고 다시 걷기 시작하였다.
← 불안에 떨며 힘겹게 소금을 이고 가고 있는 봉염의 어머니

벌써 철버덕철버덕하는 물소리가 나는 것을 보아 앞사람은 강물에 들어선 모양이다. 벌써 그의 발끝이 모래사장을 거쳐 물속에 들어간다. 그는 오스스 추우며 알 수 없는 겁이 버쩍 들어서 물결을 굽어보았다. 시커멓게 보이는 그 속으로 물결 소리만이 요란하였다. 그리고 뭉클뭉클 내리 밀치는 물결이 그의 몸을 을러 주었다. 그때마다 머리끝이 쭈뼛해지며 오한을 느꼈다. 그리고 흑 하고 숨을 들이마셨다.

물이 깊어 갈수록 발밑에 깔린 돌이 굵어지며 걷기도 몹시 힘들었다. 그것은 돌이 께느른한 해감탕*
바닥의 돌이 미끄러운 진흙으로 덮여 있어서 걷기가 힘듦.
속에 묻히어 있기 때문이다. 그래서 걸핏하면 미끈하고 발끝이 줄달음을 치는 바람에 정신이 아득해지곤 하였다. 봉염의 어머니는 몇 번이나 발이 미끄러지고 또 곱디디었다. 물은 젖가슴을 확실히 지나쳤다. 그때 그의 발끝은 어떤 바위를 디디다가 미끈하여 달음질쳐 내려간다. 그 순간 온몸이 화끈해지도록 그는 소금 자루
물속에서 미끄러져 넘어지면 이고 있는 소금 자루가 물에 빠져서 소금이 녹아 버릴 것을 걱정하며 중심을 잡으려고 애를 씀.
를 버텨 이고 서서 넘어지려는 몸을 바로잡으려 하였다. 그러나 벌어지는 다리와 다리를 모으는 수가 없었다.
넘어지려는 몸을 바로잡았으나, 다시 걸으려고 두 다리를 모았다가는 또 미끄러질 것 같아 어쩌지 못하고 있는 상황
그리고 소리를 쳐서 앞의 사내들에게 구원을 청하려 하나 웬일인지 숨이 막히고 답답해지며 암만 소리를 질러도 나오지도 않거니와 약간 나오는 목소리도 물결과 바람결에 묻혀 버리곤 하였다. 그는 죽을힘을 다하여 왼발에 힘을 들이고 섰다. 그때 그는 죽는 것도 무서운 것도 아뜩하고 다만 소금 자루가 물에 젖으면 녹아 버

린다는 생각만이 미끄러져 내려가는 발끝으로부터 머리털 끝까지 뻗치었다. ← 물에 빠질 위기에 놓인 봉염의 어머니

앞서가는 사내들은 거의 강가까지 와서야 봉염의 어머니가 따르지 않는 것을 눈치채고 근방을 찾아보다가 하는 수 없이 길잡이가 오던 길로 와 보았다. 길잡이는 용이하게 그를 만났다. 그리고 자기가 조금만 더 지체하였더라면 봉염의 어머니는 죽었으리라 직각*되었다. 그는 봉염의 어머니의 손을 잡아 일으키며 일변 소금 자루를 내리어 자기의 어깨에 메었다. 그리고 그의 발끝에 밟히는 바위를 직각하자 봉염의 어머니가 이렇게 된 원인이 여기 있는 것을 곧 알았다. 그리고 자기는 이 바위 옆을 훨씬 지나쳐 길을 인도하였는데 어쩐 일인가 하며 봉염의 어머니의 손을 꼭 쥐고 걸었다.

(발각될 수 있는 위험한 상황에서도 동행자를 함께 챙기려는 밀수 일행의 모습)

(뒤처져서 걷던 봉염의 어머니가 길잡이가 인도한 길과는 다른 길로 접어들어 미끄러운 바위 위를 걷게 됨.)

봉염의 어머니는 정신이 흐릿해졌다가 이렇게 걷는 사이에 정신이 조금 들었다. 그러나 몸을 건사하기 어렵게 어지러우며 입안에서 군물이 슬슬 돌아 헛구역질이 자꾸 나온다. 그러면서도 머리에는 아직도 소금 자루가 있거니 하고 마음대로 머리를 움직이지 못하였다. 그들이 강가까지 왔을 때 맘을 졸이고 있던 나머지 사람들은 우 쓸어 일어났다. 그리고 저마큼* 두 사람을 어루만지며 어떤 사람은 눈물까지 흘리었다. 자기들의 신세도 신세려니와 이 부인의 신세가 한층 더 불쌍한 맘이 들었다.

(길잡이가 소금 자루를 대신 들어 주고 있다는 사실조차 인지하지 못할 만큼 불안과 긴장을 느끼고 있는 상황)

(비슷한 처지에 있는 사람들 간에 서로 공감하며 내적 연대가 형성된 모습이 나타남.)

← 봉염의 어머니를 구조해 온 길잡이와 연민을 느끼는 사내들

**어휘**

*다리는: 체한(경북 방언).
*해감탕: 바닷물 따위에서 흙과 유기물이 썩어서 이루어진 진흙탕(북한어).
*직각: 보거나 듣는 즉시 곧바로 깨달음.
*저마큼: 저만큼(전라 방언).

## 이것만은 꼭 익히자!

### 포인트 1 「소금」의 중심 소재 이해 (문항 02 관련)

'소금'이라는 작품명에서도 알 수 있듯이 이 작품에서 소금과 소금 자루는 매우 중요한 핵심 소재이다. 이 두 소재는 넓게 보면 둘 다 간도 이주민의 가난하고 고달픈 삶을 사실적으로 드러내 주는 소재라는 점에서 유사한 의미를 내포하고 있지만, 작품의 흐름을 고려하여 좀 더 자세히 살펴보면 각각이 의미하는 바가 다음과 같이 차이가 있음을 알 수 있다.

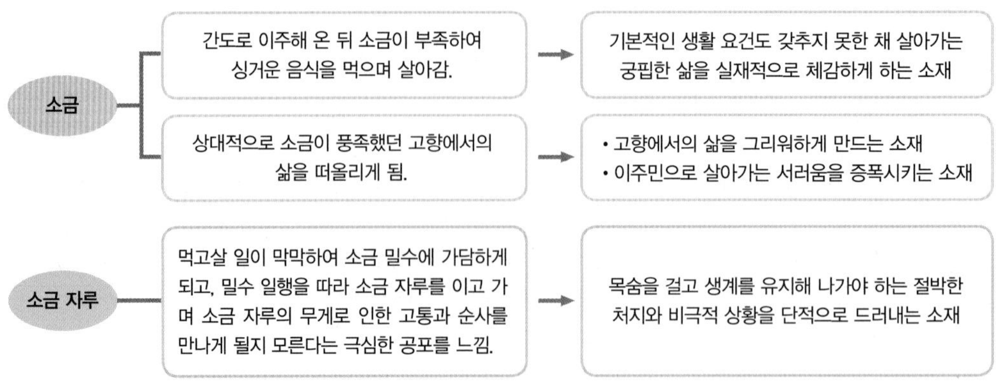

소금
간도로 이주해 온 뒤 소금이 부족하여 싱거운 음식을 먹으며 살아감.
기본적인 생활 요건도 갖추지 못한 채 살아가는 궁핍한 삶을 실재적으로 체감하게 하는 소재
상대적으로 소금이 풍족했던 고향에서의 삶을 떠올리게 됨.
• 고향에서의 삶을 그리워하게 만드는 소재
• 이주민으로 살아가는 서러움을 증폭시키는 소재
소금 자루
먹고살 일이 막막하여 소금 밀수에 가담하게 되고, 밀수 일행을 따라 소금 자루를 이고 가며 소금 자루의 무게로 인한 고통과 순사를 만나게 될지 모른다는 극심한 공포를 느낌.
목숨을 걸고 생계를 유지해 나가야 하는 절박한 처지와 비극적 상황을 단적으로 드러내는 소재

### 포인트 2 인물의 행동이나 심리에 내포된 의미 (문항 04 관련)

| 인물의 행동이나 심리가 드러난 부분 | 내포된 의미 |
| --- | --- |
| 그가 처음 이곳에 와서는 무엇보다도 방 안이 맘에 안 들고 도야지굴이나 쇠 외양간같이 생각되었다. | 당시 간도 이주민들은 매우 낯설고 열악한 공간에서 살아야 했음. |
| 이곳 온 후로부터는 그는 소금 때문에 남몰래 운 적이 한두 번이 아니었다. | 당시 간도 이주민들은 일상의 기본적 요건도 갖추지 못해 물질적으로도, 정신적으로도 결핍된 삶을 살았음. |
| 그들 일행은 모두가 여섯 사람인데 그중에 여인은 봉염의 어머니뿐이었다. | 가족을 모두 잃고 홀로 남겨진 여인의 처지임에도 꿋꿋하게 살아가는 적극적 삶의 자세를 견지함. |
| 며칠이든지 소금 짐을 지는 기간까지는 벙어리가 되어야 하며 그 대신 의사 표시는 전부 행동으로 하곤 하였다. | 순사에게 들키면 죽음을 각오해야 하는 극도의 불안과 공포 속에서도 소금 밀수를 감행해야 하는 절박한 처지에 놓여 있음. |
| 그들이 강가까지 왔을 때 맘을 졸이고 있던 나머지 사람들은 우 쓸어 일어났다. 그리고 저마큼 두 사람을 어루만지며 어떤 사람은 눈물까지 흘리었다. | 비슷한 처지에 놓인 사람들 간에 공감과 내적 연대가 형성되어 함께 고통을 견디어 나가는 모습을 보임. |

## 배경지식 더 알아보기

■ **작가 강경애와 간도 문학, 디아스포라 문학**

간도는 백두산 북쪽 만주 지역 일대를 가리키는 지명인데, 우리 문학에서 간도는 대체로 중국 길림성 동쪽 연변 조선족 자치주에 해당하는 북간도를 지칭한다. 강경애(1907~1943)는 왕성하게 작품 활동을 하던 1930년대를 대부분 간도에서 보냈다. 그래서 강경애의 소설에서 간도는 단순히 작품의 배경이 아니라 실제 삶의 터전이자 한민족의 비극적 체험이 담긴 역사적 공간으로서의 의미를 갖는다.

1910년부터 1918년 사이에 일제의 토지 조사 사업이 강행되면서 착취로 고통받던 조선의 농민들은 억압과 수탈에서 벗어나고자 간도로 대거 이주하기 시작했고, 이후 항일 독립운동을 위해, 또 30년대부터는 일제의 정책에 의해 많은 조선인이 집단적 규모를 이뤄 간도로 향했다. 이처럼 고국을 떠나 다른 지역으로 집단 이주하여 그들의 문화와 관습을 유지하며 살아가는 민족 집단, 또는 그 거주지를 디아스포라(diaspora)라고 하는데, 일제 강점기 우리 민족이 대거 간도로 이주한 것은 단순히 공간상의 이동이 아니라 일제의 토지 수탈과 식민지 자본주의화가 빚어낸 민족의 비극적 디아스포라라 할 수 있다. 「소금」을 비롯하여 1930년대 간도 이주민의 삶을 생생하게 그려 낸 강경애의 작품들은 한 개인의 삶을 통해 간도 이주민의 삶 전체를 조망하게 만든다는 점에서 간도 문학, 디아스포라 문학의 대표작으로 인정받고 있다.

## EBS Q&A

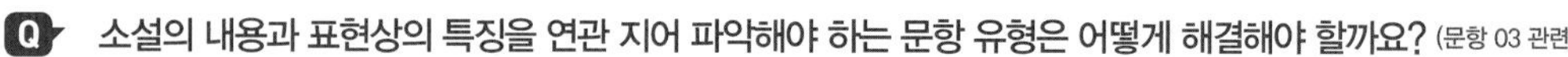

**Q** 소설의 내용과 표현상의 특징을 연관 지어 파악해야 하는 문항 유형은 어떻게 해결해야 할까요? (문항 03 관련)

**A** 시 문학뿐만 아니라 소설 문학에서도 감각적인 표현을 활용하여 인물의 심리를 드러내고 있는 부분이 적잖게 나타납니다. 시 문학에서 항상 출제되는 표현상의 특징을 묻는 문항은 주로 특정 표현법에 대한 이해 여부가 정오 판단에 중요하게 작용하지요. 하지만 소설 문학에서는 문항에서 묻고 있는 부분에서 주로 어떤 감각이 주되게 드러나는지, 그리고 그 감각을 바탕으로 인물의 어떤 상황이나 심리가 부각되고 있는지를 파악하는 것이 중요합니다. 그러므로 선지의 설명이 해당 부분에서 나타나고 있는 감각의 유형을 제대로 제시하고 있는지를 먼저 확인하고, 그것이 부각하고 있는 인물의 상황과 심리에 대한 이해가 적절한지를 순차적으로 살피면서 선지 내용의 정오 판단을 해 나가면 됩니다.

유형 연습

# 3 고전 시가 01~04번 「낙은별곡」_ 남도진

EBS 수능완성 59쪽

감상 포인트 이 작품은 남도진이 1722년경에 지은 강호 가사로, 경기도 용문산 북쪽 계곡에 자리 잡은 낙은암(樂隱岩) 주변 일곡 팔경(逸谷八景)을 완상하면서 살아가는 사대부의 안빈낙도의 자세가 나타나 있다. 이 작품은 속세의 삶을 중앙 정계에 있는 관리의 생활과 직접적으로 연결하여 나타내고 있으며, 화자와 관리의 여름, 겨울의 생활을 대비해 편안하고 한가로운 화자의 모습과 관리의 분주한 모습을 구체적으로 제시함으로써 화자의 삶이 더욱 긍정적이고 가치 있다는 인식을 보이고 있다. 이 작품에서 주목할 것은 화자가 자기 가족과 형의 가족이 모여 사는 삶을 바람직하고 행복하게 여긴다는 점이다. 이는 강호 가사의 시대적 변화를 반영한 것으로 볼 수 있는데, 강호 가사의 내용이 자연과의 정신적 합일 추구라는 성리학적 가치관에서 벗어나, 자연을 삶의 공간으로 인식하고 가족의 행복과 가문의 화목 등 현실적 가치를 지향하는 쪽으로 변화했음을 드러낸다고 볼 수 있다.

주제 자연을 완상하면서 살아가는 즐거움과 가문의 화목 추구

헌사한 조화옹이 산천을 빚어낼 때
(야단스러운 조물주)
낙은암(樂隱岩) 깊은 골을 날 위하여 삼겨시니
(경기도 용문산 북쪽, 제목과 관련 있음.)
산봉우리도 빼어나고 경치도 뛰어나다

어와 주인옹이 명리(名利)에 뜻이 없어
(화자 자신을 가리키는 말. 주인 늙은이)
진세를 하직하고 암혈에 깃들이니
(속세 / 산속, 자연)
내 생애 담백한들 분수이니 상관하랴 ← 명리에 뜻이 없어 낙은암에 은거함.
(자연 속에서 안빈낙도하는 태도)
농환재(弄丸齋) 맑은 창에 주역을 점검하니
(남도진의 당호(집의 이름에서 따온 그 주인의 호))
『소장진퇴*는 성훈*이 밝아 있고
(『 』: 주역을 읽고 느낀 깨달음)
낙천지명*은 경계도 깊어셰라』

달을 희롱하고 말 잊고 앉았으니

천지를 몇 번이나 왕래한고
(주역의 이치에 통달한 식견을 비유함.)
장금을 빗기 안아 슬상*에 놓아두고
(거문고를 비껴 안아)
평우조(平羽調) 한 소리를 보허사(步虛詞)에 섞어 타며
(중국에서 수입된 당악의 일종인 '보허자'의 가사)
긴 가사 짧은 노래 천천히 불러 낼 때

유연이 흥이 나니 세상 걱정 전혀 없다
(왕성하게)
남촌의 늙은 벗님 북린의 젊은이들
(화자가 어울리는 사람들)
송단에 섞여 앉아 차례 없이 술을 부어
(소나무가 있는 언덕)
두세 잔 기울이고 무슨 말을 하옵나니

『앞 논에 벼가 좋고 뒷내에 고기 많데
(『 』: 화자가 들은 내용을 인용하고 있음.)
춘산에 비 온 후에 미궐*도 살졌다네』

한중의 이런 말씀 소일이 족하거니

분분한 한 시비(是非)야 귓결엔들 들릴쏘냐 ← 천명에 순응하여 속세의 일에 관심을 두지 않음.
(옳음과 그름)

**현대어 풀이**

야단스러운 조물주가 산천을 빚어낼 때
낙은암 깊은 골짜기를 날 위해 만들었으니
봉우리도 빼어나고 경치도 뛰어나다
어와 주인 늙은이 명리에 뜻이 없어
속세를 하직하고 산속에 깃들이니
내 생애 담백한들 분수이니 상관하랴
농환재 맑은 창가에서 주역을 살펴보니
소장진퇴는 성현의 밝은 가르침이요
낙천지명은 성현의 깊은 경계로다
달을 희롱하고 말 잊고 앉았으니
천지를 몇 번이나 왕래했던가
거문고 비껴 안아 무릎 위에 놓아두고
평우조 한 곡조를 보허사에 섞어 타며
긴 가사 짧은 노래 천천히 불러 낼 때
흥이 솟아나니 세상 걱정 전혀 없다
남쪽 마을 늙은 벗님 북쪽 마을 젊은이들과
소나무 언덕에 섞여 앉아 차례 없이 술을 부어
두세 잔 기울이고 무슨 말씀 하는가
"앞 논에 벼가 좋고 뒷내에 고기 많데
봄 산에 비 온 후에 고사리도 살졌다네"
한가하게 이런 이야기로 소일하기 충분하니
떠들썩한 시비야 귓결엔들 들릴쏘냐

해당화 깊은 곳에 낚싯대 메고 내려가며

어부사(漁父詞) 한 곡조를 바람결에 흘려 불러
십이 가사 중 한 곡. 고려 시대부터 전해 내려오던 곡을 이현보가 개작한 것으로 알려짐.

목동의 피리 소리에 넌지시 화답하니

석양 방초(芳草) 길에 걸음마다 더디구나

동풍이 건듯 불어 세우를 재촉하니
가랑비

도롱이 걸치고서 바위에 앉으니

용면*을 불러내어 이 형상 그리고쟈

영욕을 불관하니 세사를 내 알더냐

주육(酒肉)에 빠진 분들 부귀를 자랑 마오
세속적 가치를 추구하는 사람들

『여름날 더운 길의 홍진* 간에 분주하며
『 』: 분주하고 고달픈 벼슬살이를 표현함.

겨울밤 추운 새벽 대루원*에 서성이니』

자네는 좋다 하나 내 보기엔 괴로워라

어와 내 신세를 내 말하니 자네 듣소

삼복에 날 더우면 백우선(白羽扇) 높이 들고

풍령*에 기대 다리 펴고 누웠으니

편안한 이 거동을 그 누가 겨룰쏘냐
관리의 생활과 대조하며 만족감을 드러냄.

동지 밤 눈 온 후에 더운 방에 이불 덮고

목침을 돋워 베고 해 돋도록 잠을 자니

편함도 편할시고 고단함 있을쏘냐

삼공이 귀타 하나 나는 아니 바꾸리라

값으로 따진다면 만금인들 당할쏜가

보리밥 맛 들이니 팔진미 부럽잖고
□: 화자의 현재 생활을 상징하는 소재

헌 베옷이 알맞으니 비단 가져 무엇 할까 ← 관리의 삶과 대조하며 자신의 삶에 대한 자부심을 드러냄.

(중략)

옥류폭(玉流瀑) 노한 물살 돌을 박차 떨어지니
팔절탄(낙은암 주변의 아름다운 경치를 지닌 장소, 일곡 팔경) 중의 하나

합포의 명월주를 옥반에 굴리는 듯

은고리 수정렴을 난간에 걸었는 듯
수정으로 만든 발

티끌 묻은 긴 갓끈을 탁영호(濯纓湖)에 씻어 내니
팔절탄 중의 하나

해당화 핀 깊은 곳에 낚싯대 메고 내려가며
어부사 한 곡조를 바람결에 흘려 불러
목동의 피리 소리에 넌지시 화답하니
석양 방초 길에 걸음마다 더디구나
동풍이 슬쩍 불어 가랑비를 재촉하니
도롱이 걸치고서 바위 위에 앉으니
용면을 불러내어 이 모습 그리고 싶네
영욕을 상관치 않으니 세상일 내 알겠는가
주육에 빠진 분들 부귀를 자랑 마오
여름날 더운 길의 속세에서 분주하며
겨울밤 추운 새벽에 대루원에서 서성이니
자네는 좋다 하나 내 보기에 괴롭구나
어와 내 신세를 내가 말하니 자네는 들어 보소
삼복에 날 더우면 백우선 높이 들고
바람 부는 창가에 기대 다리 펴고 누웠으니
편안한 이 거동을 그 누가 겨룰쏘냐
동지 밤 눈 온 후에 더운 방에서 이불 덮고
목침을 돋워 베고 해 돋도록 잠을 자니
편함도 편할시고 고단함이 있을쏘냐
삼정승 귀하다 하나 나는 아니 바꾸리라
값으로 따진다면 만금인들 당할쏜가
보리밥 맛 들이니 팔진미 부럽지 않고
헌 베옷이 알맞으니 비단 가져 무엇 할까
(중략)
옥류폭 노한 물살 돌을 박차며 떨어지니
합포의 구슬을 옥쟁반에 굴리는 듯
은고리로 수정 발을 난간에 걸었는 듯
티끌 묻은 긴 갓끈을 탁영호에 씻어 내니

귀 씻던 옛 할아비[*] 자네 혼자 높을쏘냐
자신의 기상이 허유에 비교할 만하다는 자부심
반곡천(盤谷川) 긴긴 굽이 초당을 둘렀으니
팔절탄 중의 하나
드넓은 저 강물아 세상으로 가지 마라

연사[*]에 막대 짚어 무릉계(武陵溪) 내려가니
팔절탄 중의 하나
양안의 나는 도화(桃花) 붉은 안개 자욱하다
'무릉계'라는 명칭과 '도화'라는 소재를 연결하여 자신이 완상하는 공간이 무릉도원과 같은 아름다운 장소임을 은연중에 드러냄.
물 위에 뜬 꽃을 손으로 건진 뜻은

춘광을 누설하여 세간에 전할세라
속세와 떨어진 탈속적 공간에서 혼자 마음껏 즐기고 싶은 심정
단구(丹丘)를 넘어 들어 자연뢰(紫煙瀨) 지나가니
팔절탄 중의 하나
향로봉 남은 안개 햇빛에 비치었다

구변담(鷗邊潭) 고인 물이 거울처럼 맑구나
팔절탄 중의 하나
「속세 잊은 저 백구(白鷗)야 너와 나와 벗이 되어
「 」: 물아일체의 심정. 고전 시가의 관습적 표현임.
물가에 노닐면서 세상을 잊자꾸나」

청학동(靑鶴洞) 좁은 길로 선부연(仙釜淵) 찾아가니
팔절탄 중의 하나
반고씨 적 생긴 가마 제작도 공교하다
선부연이라는 연못이 가마솥 모양임.
형산에 만든 솥을 뉘라셔 옮겨 왔나

석간에 걸린 폭포 상하연에 떨어지니
폭포 위아래 연못에
공연한 벼락 소리 대낮에 들리는고

계산[*]에 취한 흥이 해 지는 줄 잊었는데
경치를 완상하다가 시간이 흘러 석양 무렵이 됨.
쌍계암(雙溪庵) 먼 북소리 갈 길을 재촉하네
인근에 있는 절 이름
퉁소에 봄을 담아 유교(柳橋)로 돌아드니
버드나무가 늘어선 다리
서산(西山)의 상쾌한 기운 사의당[*]에 이어졌네

← 낙은암 주변의 여러 장소를 이동하며 봄 경치를 완상하고 노닒.

「어와 우리 형님 환정[*]이 전혀 없어
「 」: 화자와 형의 가치관과 삶의 자세가 유사함.
공명을 사양하고 삼족와[*]로 돌아오니」

재앙의 남은 물결 신변에 미칠쏘냐

긴 베개 높이 베고 두 노인이 나란히 누워
화자와 형
슬하의 모든 자손 차례로 늘어서니

먹으나 못 먹으나 이 아니 즐거운가

아마도 수석에 소요하여 남은 세월 마치리라
자연, 산천

← 가문의 화목을 추구하며 살아가려 함.

귀 씻던 옛 할아비 자네 혼자 높을쏘냐
반곡천 긴 물굽이 초당을 둘렀으니
드넓은 저 강물아 속세로 가지 마라
안개 낀 모래톱에 막대 짚어 무릉계로 내려가니
양 언덕에 도화 날려 붉은 안개 자욱하다
물 위에 뜬 꽃을 손으로 건진 뜻은
봄 경치를 세상에 누설할까 해서라네
단구를 넘어 들어 자연뢰 지나가니
향로봉에 남은 안개 햇빛에 비치었다
구변담 고인 물이 거울처럼 맑구나
속세 잊은 저 백구야 너와 나와 벗이 되어
물가에 노닐면서 세상을 잊자꾸나
청학동 좁은 길로 선부연 찾아가니
반고씨 적 생긴 가마솥 공교히 만들었네
형산에서 만든 솥을 누가 옮겨 왔나
바위 사이 걸린 폭포 위아래 연못에 떨어지니
까닭 없이 벼락 소리 대낮에 들리는구나
자연에 취한 흥이 해 지는 줄 잊었는데
쌍계암 먼 북소리 갈 길을 재촉하네
퉁소 소리에 봄을 담아 유교로 돌아드니
서산의 상쾌한 기운 사의당에 이어졌네
어와 우리 형님 벼슬할 뜻 전혀 없어
공명을 사양하고 삼족와로 돌아오니
재앙의 여파가 신변에 미칠쏘냐
긴 베개 높이 베고 두 늙은이 나란히 누웠는데
슬하의 모든 자손 차례로 늘어서니
먹으나 못 먹으나 이 아니 즐거운가
아마도 자연에서 노닐며 남은 세월 마치리라

어휘

* **소장진퇴**: 세상사가 변화하는 이치. 음양의 이치.
* **성훈**: 성현의 교훈.
* **낙천지명**: 천명을 깨달아 즐기면서 이에 순응함.
* **슬상**: 무릎 위.
* **미궐**: 고비와 고사리.
* **용면**: 송나라 때 화가 이공린.
* **홍진**: 번거롭고 속된 세상을 비유적으로 이르는 말.
* **대루원**: 이른 아침에 대궐로 들어가려는 사람이 대궐 문이 열리기를 기다리던 곳.
* **풍령**: 바람이 시원한 창가.
* **귀 씻던 옛 할아비**: 중국 요임금 시절의 은사인 허유.
* **연사**: 안개가 낀 모래사장 또는 물가.
* **계산**: 시내와 산.
* **사의당**: 남도진의 형인 남도규의 서재 당호(堂號).
* **환정**: 벼슬을 하고 싶어 하는 마음.
* **삼족와**: 남도진의 형인 남도규의 서재 당호.

## 이것만은 꼭 익히자!

### 포인트 1 화자와 벼슬아치들의 상황 대조 (문항 03 관련)

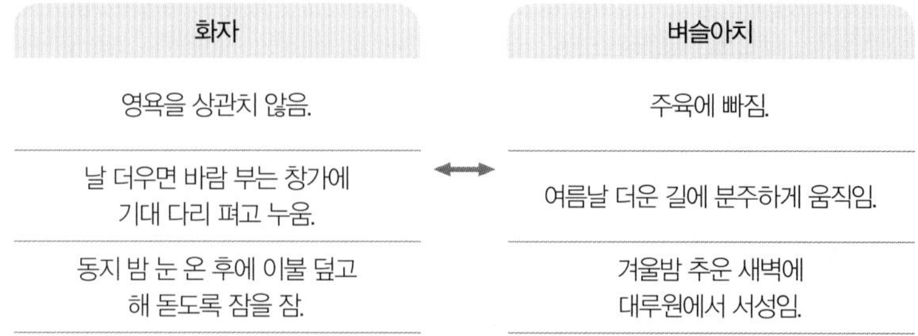

| 화자 | ↔ | 벼슬아치 |
|---|---|---|
| 영욕을 상관치 않음. | | 주육에 빠짐. |
| 날 더우면 바람 부는 창가에 기대 다리 펴고 누움. | | 여름날 더운 길에 분주하게 움직임. |
| 동지 밤 눈 온 후에 이불 덮고 해 돋도록 잠을 잠. | | 겨울밤 추운 새벽에 대루원에서 서성임. |

### 포인트 2 공간의 이동에 따른 내용 전개 (문항 04 관련)

낙은암 주변의 아름다운 경치를 지닌 장소(팔절탄, 일곡 팔경)를 완상하는 내용 전개. 지문에는 총 7개의 장소가 제시됨. 나머지 한 곳은 옥류폭 이전에 완상하는 '와룡추'라는 늪임.

### 포인트 3 동양적 이상향의 이미지 암시

'무릉계'는 중국 도연명의 「도화원기」에 나오는 동양적 이상향인 '무릉도원'의 이미지를 암시하는 장소이다. 시냇가 양쪽 기슭에 피어난 복숭아꽃(도화)은 무릉도원의 모습을 연상시키며 '물 위에 뜬 꽃을 손으로 건진 뜻은 / 춘광을 누설하여 세간에 전할세라'라는 표현은 「도화원기」에서 복숭아꽃이 시냇물에 떠서 흘러 내려오는 장면과 연결할 수 있다. 이는 탈속적 공간인 '무릉계'의 아름다운 경치를 마음껏 즐기고 싶은 화자의 심정을 드러낸 것으로 볼 수 있다.

## 배경지식 더 알아보기

■ **팔절탄**

경기도 용문산 북쪽 계곡에 자리 잡은 낙은암 주변의 아름다운 장소 8곳을 가리키며, 일곡 팔경(逸谷八景)이라고도 한다. 중국 당나라의 시인인 백거이가 만년에 낙양에 은거하며 낙양의 동쪽에 있는 향산(香山)에 석루(石樓)를 짓고 뚫은 여울을 '팔절탄'이라고 했는데, 이 명칭을 차용해 낙은암 주변의 아름다운 장소를 표현한 것이다. 팔절탄은 '와룡추, 옥류폭, 탁영호, 반곡천, 무릉계, 자연뢰, 구변담, 선부연'이다.

■ **수록되지 않은 부분(중략 부분) 소개**

내 신세 한가하구나 경치도 맑고 깨끗하다

녹문산 달빛 아래 나뭇가지에 안개 끼니

방덕공(龐德公)의 맑은 절개 산처럼 높고 물처럼 기네
(방덕공(龐德公): 중국 한나라 말의 은사)

율리의 높은 바람 소유산을 불어 넘어

낙천당(樂天堂) 베개 위에서 이내 꿈을 맑게 하네

「천마봉 씩씩한 형세 구름에 닿았으니
(「 」: 오랜 시간에 걸쳐 갈고 닦여 천마봉이 만들어졌다는 의미임.)

동쪽 하늘 돌아갈 때 몇 겁 동안 갈았는고」

천만년 지나도록 낮아질 줄 모르도다

중산의 아침 안개 절벽 가운데 덮여 있고

곡령(鵠嶺)의 어두운 구름 처마에 비꼈구나

용문산 그림자가 팔절탄(八節灘)에 잠겼으니

입협(立峽)서 내려온 물 와룡추(臥龍湫) 되었구나
(와룡추(臥龍湫): 팔절탄 중의 하나)

물결을 잔잔히 다스려 만곡의 물 담았으니
(만곡의 물: 만곡이나 되는 아주 많은 물)

노룡(老龍)이 서린 자취 굴곡이 되어 있다

풍운을 언제 좇아 굴을 옮겨갔는고

## EBS Q&A

**Q** 문학사에서 강호 가사의 특성은 어떻게 정리할 수 있나요?

**A** 문학사에서 강호 가사는 속세를 떠나 자연 속에 묻혀서 한가롭게 살아가는 삶을 즐겨 노래한 가사를 말합니다. 일반적으로 벼슬에서 물러나거나 벼슬길에 나아갈 수 없는 사대부가 세속과 거리를 둔 채 자연을 벗 삼으며 안빈낙도를 추구하는 내용을 담고 있습니다. 조선 전기의 강호 가사는 주로 귀향한 작가가 자연과 정신적 합일을 추구하며 연군 의식을 드러내는 경향을 보였으나, 조선 후기의 강호 가사는 성리학적 가치관보다는 개인의 풍류 의식과 자족감에 초점을 맞추어 형상화하는 경향을 보이고 있습니다.

유형 연습 **4**

문학 이론 + 고전 소설 01~04번

# (가) 「옥루몽」의 강남홍에게서 나타나는 여성 영웅적 면모

EBS 수능완성 68쪽

감상 포인트 고전 소설 속 여성 영웅들은 당대 남성 중심 사회의 영향을 받아 형상화되는 경우가 많다. 예를 들어 남복 후 영웅으로서의 정체성을 가지는데, 이러한 정체성 또한 충이라는 남성 사대부 중심의 가치관을 반영한 것이 대부분이다. 또한 영웅적 활약이 남성을 조력하기 위한 것이거나 남성 인물의 인정을 받는 계기로 작용하는 경우도 많다. 「옥루몽」의 강남홍 역시 여성 영웅으로 분류될 수 있는 인물로서 영웅적 능력을 가지고 전장에서 활약을 펼치지만, 결국 이 능력이 양창곡을 위해서만 발휘된다는 점에서 여성 영웅으로서의 한계로 지적되기도 한다.

주제 「옥루몽」의 강남홍에게서 나타나는 여성 영웅적 면모

작품 속 인물이 형상화될 때는 당대의 사회적 지배 의식의 영향을 받는다. 고전 소설 속 여성 영웅으로 그려지고 있는 인물들 역시 남성 중심 사회라는 당대의 영향을 받아 형상화되는 경우가 많다. 영웅 소설의 관습에 따라 그려지는 여성 영웅들의 경우 대다수가 남성적인 삶을 영위하는 모습이 형상화될 뿐 자신이 여성으로서 가질 수밖에 없는 사회적 한계에 대한 개선 의지는 드러나지 않는 경우가 많다. 예를 들어, 작품 속 여성 인물들은 남복 후 영웅으로서의 정체성을 가지게 되며, 이러한 정체성 또한 충이라는 당시 남성 사대부 중심 가치관을 반영한 것이 대부분이다. 또한 전장에서의 영웅적 활약이 애정 관계에 있는 남성을 조력하기 위한 것이거나, 남성 인물의 인정을 받는 계기로 작용하기도 한다.

다수의 여성 영웅 소설이 보이는 경향

고전 소설 속 여성 영웅의 특징 ①

고전 소설 속 여성 영웅의 특징 ②

고전 소설 속 여성 영웅의 특징 ③

고전 소설 속 여성 영웅의 특징 ④

← 남성 중심 사회의 영향을 받아 형상화된 고전 소설 속 여성 영웅

「옥루몽」의 강남홍 역시 여성 영웅으로 분류할 수 있는 인물이다. 그녀는 양창곡에 대한 절개를 지키려다 강물에 빠져 죽을 위기에 놓였지만, 도사에 의해 구조된 후 그로부터 도술, 검술을 전수받아 영웅적 능력을 가지게 된다. 도사의 명을 받고 고국인 명나라에 맞서 영웅적 활약을 펼치지만, 그녀의 능력은 전장에 도원수로 출정한 양창곡과 맞닥뜨린 이후 양창곡을 위해서만 발휘된다. 이러한 면모는 남성 중심 사회에서 여성 영웅으로서의 작품 속 인물이 가질 수밖에 없었던 일종의 한계로 지적되기도 한다.

강남홍이 보이는 영웅적 면모

강남홍이 여성 영웅으로서 가지는 한계

←「옥루몽」에 나타나는 여성 영웅으로서의 강남홍의 특징

## 이것만은 꼭 익히자!

### 포인트 1 고전 소설 속 여성 영웅으로서의 강남홍 (문항 04 관련)

강남홍이 소유경과의 전투에서 탁월한 능력을 발휘하며 소유경을 무력화하고 승리를 거두는 것에서 그녀의 영웅적 면모를 엿볼 수 있다. 또한 피리를 불어 상대 병사들의 사기를 꺾으려는 기지를 발휘하기도 한다. 그러나 강남홍이 이러한 영웅적 변모를 발휘할 수 있는 것은 남장을 통해서 가능했으며, 명나라의 도원수가 양창곡임을 확인한 이후에는 그를 위해 능력을 발휘한다는 점에서 여성 영웅으로서의 한계를 보여 주는 것이라는 평가를 받기도 한다.

### 포인트 2 여성 영웅 소설

여성 영웅 소설이란 조선 후기에 나타난 영웅 소설 중 여성 인물의 영웅적 활약을 중심으로 사건이 전개되는 작품들을 일컫는다. 즉, 여성 인물의 역할이 가정 내에서 남성 인물을 보조하는 것에 머물지 않고, 전쟁과 같은 국가적 위기 상황에서 능력을 발휘하는 내용을 담고 있는 작품이 이에 해당한다. 이처럼 소설 속에서 나타나는 여성 영웅들의 활약은 여성 역시 사회적으로 활약할 수 있는 존재임을 보여 주고, 소설 속에서처럼 실제로도 여성들이 활약했으면 좋겠다는 소망을 담은 것으로 볼 수 있다. 대표적인 여성 영웅 소설에는 「박씨전」, 「홍계월전」 등이 있다.

## 배경지식 더 알아보기

■ **옥루몽에 등장하는 여성 인물들의 특징**

천상계의 선녀들이었던 제방옥녀, 천요성, 홍란성, 제천선녀, 도화성은 선관인 문창성과 연꽃을 꺾어 술을 마시며 즐겼다는 이유로 인간계의 윤 소저, 황 소저, 강남홍, 벽성선, 일지련으로 각각 태어나게 된다. 인간계에서도 이들은 조력 및 갈등 관계를 통해 내용 전개에 중요한 영향을 미친다. 강남홍은 문창성이 인간계에서 환생한 인물인 양창곡과 인연을 맺고, 윤 소저를 양창곡의 처로 소개하며 윤 소저와 우정을 나눈다. 또한 일지련은 영웅적 면모를 지닌 강남홍과 함께 전쟁터에서 활약하기도 하고, 벽성선은 질투심에 눈이 멀어 자신을 해치려 한 황 소저의 목숨을 구해 주는 지혜로움을 보이기도 한다. 이들은 두 명의 부인과 세 명의 첩으로 양창곡과 인연을 맺으며, 온갖 부귀영화를 누리다가 마침내 천상계로 돌아가 다시 선관이 된다.

## EBS Q&A

**Q** 고전 소설에서 인물의 특징을 파악하려면 어떻게 해야 하나요? (문항 01, 04 관련)

**A** 소설 속 인물들은 성격이 변화하는지 여부에 따라 평면적 인물과 입체적 인물로 나누어 볼 수 있습니다. 평면적 인물은 한 작품 내에서 처음부터 끝까지 성격이 변하지 않는 인물을 가리키며, 입체적 인물은 성격이 변하는 인물을 가리킵니다. 고전 소설에 등장하는 인물들은 주로 평면적 인물에 해당합니다. 따라서 영웅 소설, 가문 소설, 송사 소설 등 고전 소설의 유형을 익히고 각 유형에서 주로 등장하는 인물 유형이 어떠한지를 파악해 두는 것이 중요합니다. 또한 고전 소설에서는 권선징악이라는 주제 의식이 드러나는 경우가 많으므로 해당 인물이 선인에 속하는지, 또는 악인에 속하는지를 파악해 보는 것도 필요합니다. 다만 등장인물에 따라 전형적인 유형에서 벗어나는 면모를 보일 수 있으므로, 각 인물의 행동과 말을 통해 개별적 특성을 파악할 수 있어야 합니다.

유형 연습

# 4

문학 이론 + 고전 소설 01~04번

## (나) 「옥루몽」 _ 남영로

EBS 수능완성 68쪽

**감상 포인트** 이 작품은 19세기에 남영로가 지은 것으로 알려진 고전 소설이다. 총 64회의 회장체로 이루어져 있는 방대한 양의 장편 소설로, 조선 후기 사람들에게 많은 인기를 끌었다. 주인공 양창곡의 영웅적 일대기를 그리고 있는 작품으로, 유교 사상을 바탕으로 하면서도 불교, 도교 사상의 특징이 드러나기도 한다. '현실–꿈–현실'의 환몽 구조가 나타난다는 점에서는 「구운몽」과 밀접한 관련이 있지만, 세속적 삶을 부정적인 것으로 다룬 「구운몽」과는 달리 현실에서의 부귀영화를 긍정하고 있다는 점에서는 차이를 보인다.

**주제** 양창곡의 영웅적 일대기

**전체 줄거리** 천상계의 선관이던 문창성이 지상계를 그리워하는 시를 읊고 선녀들과 술을 마시며 유흥을 즐기자, 옥황상제 밑에 있던 신불은 문창성과 선녀들을 인간계로 내려보낸다. 그리하여 문창성은 중국 남쪽의 옥련봉 밑에 사는 양현이라는 처사의 아들 양창곡으로, 다섯 선녀는 각각 윤 소저, 황 소저, 강남홍, 벽성선, 일지련으로 태어나게 된다. 양창곡은 과거에 응시하고자 황성으로 가던 길에 기녀 강남홍을 만나 인연을 맺는다. 강남홍은 양창곡에게 윤 소저를 그의 배필로 추천하고, 자신은 윤 소저의 시녀가 되기를 원하며 윤 소저와 우정을 맺는다. 이 무렵 소주자사 황 공이 강남홍을 탐하려 하자 강남홍은 강물에 몸을 던지는데, 이러한 일이 벌어질 것을 예상한 윤 소저의 도움으로 목숨을 구하고 남쪽 나라에 도착하여 절에 몸을 의탁한다. 한편, 남만이 중국을 침공하자 양창곡은 대원수로 출전하게 되고, 남만의 원수가 되어 있던 강남홍은 적국의 장수로 출전하게 된다. 전장에서 명의 대원수가 양창곡임을 알게 된 강남홍은 명군으로 도망쳐 명의 부원수가 되고 적국은 항복한다. 이후 연왕으로 책봉된 양창곡은 윤 소저, 강남홍을 비롯한 처첩들과 부귀영화를 누리다가 천상계로 돌아간다.

홍랑이 다시 공중을 향해 두 손으로 쌍검을 받고 바람과 같이 몸을 돌려 말 위에서 춤추며 사방으로 내달리니, 휘날리는 흰 눈이 공중에 나부끼는 듯하고 조각조각 떨어진 꽃잎이 바람 앞에 날리는 듯하더니, 갑자기 한 줄기 푸른 기운이 안개같이 일어나며 사람과 말이 점점 보이지 않더라.(홍랑의 영웅적 면모 ①) 소유경이 크게 놀라 방천극을 들고 동쪽으로 충돌하면 무수한 부용검이 공중에서 떨어져 내려오고, 서쪽으로 충돌해도 무수한 부용검이 공중에서 떨어져 내려오니, 소유경이 허둥지둥해 우러러보니 무수한 부용검이 하늘에 흩어져 있고, 굽어보니 무수한 부용검이 땅에 가득 차 있어 칼날 천지에서 벗어날 길이 없으매, 정신이 혼미하고 진퇴할 길이 없어 마치 구름과 안개 사이에 있는 듯하더라.(홍랑의 영웅적 면모 ②)

소유경이 하늘을 우러러 탄식해,

"내가 어찌 이곳에서 죽을 줄 알았으리오?"

방천극을 들어 푸른 기운을 헤쳐 나가고자 하는데, 갑자기 공중에서 낭랑하게 외치는 소리가 들리더라.

"명나라의 이름난 장수를 내 손으로 죽임은 의리가 아니라. 살길을 마련해 주노니, 장군은 원수에게 돌아가 빨리 대군을 거두어 돌아가도록 아뢰어라."

말을 마치매 푸른 기운이 점차 사라지고, 홍랑이 다시 부용검을 들고 웃으며 바람에 나부끼듯 본진으로 돌아가니, 소유경이 감히 쫓지 못하고 돌아와 양 원수를 뵙고 숨을 헐떡이며 망연자실하더라.

"제가 비록 용렬하나 병서를 여러 줄 읽고 무예를 약간 배워, 전쟁터에 나서면서 겁낸 적이 없고 적을 대해 용맹을 떨쳤나이다. 그런데 오늘 남만 장수는 사람이 아니요 분명 하늘 위의 신으로, 바람같이 빠르고 번개같이 급해 어지럽고 황홀해 헤아리기 어려우니, 붙잡고자 하나 붙잡을 수 없고 도망가고자 하나 피하기 어렵더이다. 사마양저의 병법과 맹분 · 오획의 용맹이 있더라도 이 장수 앞에서는 소용없을까 하나이다.(소유경이 홍랑의 뛰어난 능력을 인정함.)"

양 원수가 이 말을 듣고 매우 근심해,

"오늘은 이미 해가 졌으니 내일 다시 싸우되, 만약 이 장수를 사로잡지 못하면 내가 맹세코 회군하지 않으리라."

← 소유경과의 전투에서 홍랑이 크게 승리함.

(중략)

양 원수가 귀 기울여 들으니 어찌 그 곡조를 모르리오? 여러 장수를 돌아보며,

"옛적에 장자방이 계명산에 올라 퉁소를 불어 초나라 병사들을 흩어지게 했는데, 알지 못하겠도다. 이곳에서 어떤 사람이 능히 이 곡조를 아는고? 내가 어렸을 때 옥피리를 배워 몇 곡조를 기억하니, 이제 마땅히 한 곡조를 시험해 삼군의 처량한 마음을 진정시키리라."

상자에서 옥피리를 꺼내어 장막을 높이 걷고 책상에 기대어 한 곡을 부니, 그 소리가 화평하고 호방해, 마치 봄 물결이 천 리 장강에 흐르는 듯하고, 삼월의 화창한 바람이 아름다운 나무에 불어오는 듯해, 한 번 불매 처량한 마음이 기쁘게 풀어지고, 두 번 불매 호탕한 마음이 저절로 생겨나 군중이 자연히 평온해지더라. 양 원수가 또 음률을 바꾸어 한 곡을 부니, 그 소리가 웅장하고 너그러워 도문의 협객이 축에 맞춰 노래하는 듯하고, 변방에 출전하는 장군이 철기를 울리는 듯하더라. / 막하 삼군이 기세가 늠름해져 북을 치고 칼춤을 추며 다시 한번 싸우길 원하니, 양 원수가 웃으며 옥피리 불기를 그치고 다시 군막으로 들어가 몸을 뒤척이며 생각하되,

양 원수가 명나라 군사들의 사기를 진작시키려고 옥피리를 붊.

(중략 부분의 내용) 홍랑이 장자방의 술법을 본받아 피리로 슬픈 곡조를 연주하여 명나라 군사들의 사기를 떨어뜨렸음.

← 양 원수가 군사들의 사기를 높이기 위해 옥피리를 붊.

'내가 천하를 두루 다니며 인재를 다 보지는 못했으나, 오랑캐 땅에 이렇게 뛰어난 인재가 있을 줄 어찌 알았으리오? 남만 장수의 무예와 병법을 보니, 참으로 이 나라의 선비 가운데 그와 견줄 사람이 없고 천하의 기재이거늘, 이 밤 옥피리 역시 평범한 사람이 불 수 있는 바가 아니로다. 이는 하늘이 우리 명나라를 돕지 않고 조물주가 나의 큰 공로를 시기해 인재를 내어 남만 왕을 도움이로다.'

양 원수가 남만 장수가 홍랑이라는 사실을 알지 못한 채, 남만 장수의 뛰어난 능력을 인정함.

잠을 이루지 못하다 군막으로 소사마를 다시 불러 묻기를,

"장군이 어제 진중에서 남만 장수의 용모를 자세히 보았는가?"

소사마가 대답하길,

"가시덤불 속 꽃다운 풀이 분명하고, 기와 조각 속 보석이 완연하니, 잠깐 보았으나 어찌 잊을 수 있으리이까? 당돌한 기상은 이 시대의 영웅이요, 아리따운 태도는 천고의 가인이라. 연약한 허리와 가느다란 눈썹은 남자의 풍모가 적으나, 빼어난 용모와 용맹한 기상 역시 여자의 자태가 아니니, 대개 남자로 논한다면 고금에 없는 인재요, 여자로 논한다면 나라와 성을 기울게 할 미인일까 하나이다."

홍랑이 남장을 하고 전투에 참여하였음을 알 수 있음.

양 원수가 듣고 묵묵히 말이 없더라. / 이때 홍랑이 『사부의 명으로 남만 왕을 도우러 왔으나 또한 부모의 나라를 저버리지 못해,』 조용히 옥피리를 불어 장자방이 초나라 병사인 강동의 자제들을 흩어지게 한 술법을 본받고자 함이거늘, 뜻밖에 명나라 진영 안에서도 옥피리로 화답하니, 비록 곡조는 다르나 음률에 차이가 나지

← 소사마(소유경)가 홍랑의 용모와 용맹함을 예찬함.

『 』: 홍랑이 '부모의 나라', 즉 명나라에 대한 충성심을 버리지 못함.

않고, 기상은 현격하게 다르나 뜻에 다름이 없어, 마치 아침 햇살에 빛깔 고운 봉황 암수가 화답함과 같더라. 홍랑이 옥피리 불기를 멈추고 망연자실해 고개를 숙이고 오래 생각하길,

'백운 도사께서 말씀하시길, 이 옥피리가 본디 한 쌍으로 한 개는 문창성*에게 있으니 그대가 고국에 돌아갈 기회가 이 옥피리에 달려 있노라 하셨거늘, 명나라 원수가 어찌 문창성의 성정이 아니리오? 그러나 하늘이 옥피리를 만들되 어찌 한 쌍을 만들었으며, 이미 한 쌍이 있다면 어찌 남북에서 그 짝을 잃게 하여 서로 만남이 이같이 더딘고?'

홍랑이 명나라 원수가 양창곡일 수도 있겠다는 생각을 하게 됨.

또 생각하길,

'이 옥피리가 짝이 있다면, 그것을 부는 사람이 분명 짝이 될지라. 하늘이 내려다보시고 밝은 달이 비추시니, 강남홍의 짝이 될 사람은 양 공자 한 분이라. 혹시 조물주가 도우시고 보살께서 자비를 베푸시어 우리 양 공자께서 이제 명나라 진영의 도원수가 되어 오신 것인가? 내가 어제 진영 앞에서 병법을 보았고 오늘 달빛 아래 다시 옥피리 소리를 들으니, 이 세상에 둘도 없는 인재라. 내가 마땅히 내일 도전해 원수의 용모를 자세히 보리라.'

홍랑이 명나라의 도원수가 양 공자(양창곡)인지 궁금해하며 확인해 보고자 함.

← 양 원수가 부는 피리 소리를 듣고 홍랑이 도원수의 정체를 궁금해함.

어휘

*문창성: 양창곡이 인간 세계에 태어나기 전 선계에서 신선일 때의 이름.

## 이것만은 꼭 익히자!

### 포인트 1 지문에 등장하는 인물

| | |
|---|---|
| 양창곡 | = 양 원수, 양 공자, 문창성<br>• 명나라의 도원수로 전쟁에 출전함.<br>• 전생에 문창성이라는 신선이었다가 인간 세계에서 양창곡이라는 인물로 다시 태어남. |
| 강남홍 | = 홍랑<br>• 남만의 장수로 전쟁에 출전함.<br>• 백운 도사의 가르침을 받음. |
| 소유경 | = 소사마<br>• 명나라의 뛰어난 장수이나, 전투에서 홍랑에게 패배함. |
| 백운 도사 | 홍랑의 스승 |

### 포인트 2 피리 소리의 역할 (문항 02 관련)

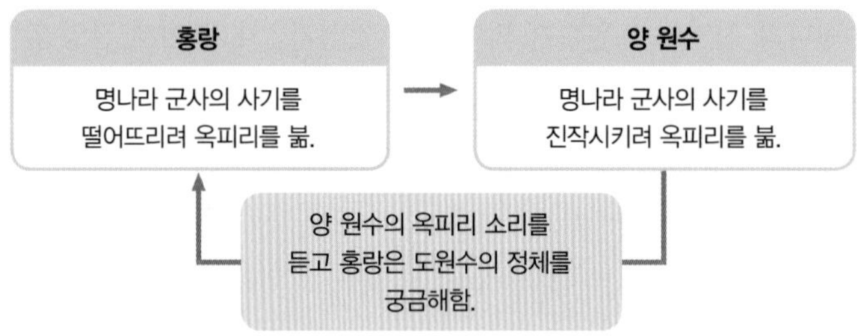


## 배경지식 더 알아보기

■ **「옥루몽」과 「구운몽」의 비교**

「옥루몽」은 작품의 구조 · 주제 · 사상 등의 측면에서 「구운몽」과 매우 밀접한 관련이 있는 동시에, 「구운몽」과 사뭇 다른 면모를 보여 주는 작품으로 평가된다. 천상계와 지상계로 이원화된 구조와 천상계의 인물이 유희를 이유로 인간계에서 환생하게 되었다는 내용은 두 작품이 유사하다. 그러나 「구운몽」이 현실의 삶을 꿈으로 처리하며 부정적인 인식을 보여 준 것과 달리, 「옥루몽」은 현실의 삶을 긍정적으로 평가하고 있다는 점이 차이점으로 꼽힌다.

## EBS Q&A

**Q** 고전 소설에서 서사의 흐름을 쉽게 파악하는 방법에는 어떤 것이 있을까요? (문항 01, 03 관련)

**A** 고전 소설에서는 인물 간의 갈등, 인물의 행동 및 발화 등을 통해 서사의 흐름을 파악할 수 있습니다. 인물 간의 갈등을 파악하기 위해서는 한 인물을 가리키는 여러 명칭을 정확히 파악할 수 있어야 합니다. 예를 들어, 양창곡이라는 인물이 도원수, 양 원수, 양 공자 등으로 지칭되고 있다는 것을 파악해야 합니다. 또한 인물의 행동이나 발화를 통해 인물 간의 관계를 파악해야 합니다. 예를 들어 소유경은 양 원수와 명나라 장수로 출전했다는 점을 읽어 낼 수 있어야 합니다. 또한 인물 간의 대사뿐만 아니라 혼잣말, 인물의 생각 등을 종합하여 내용을 파악할 수 있어야 합니다.

유형 연습

5

극 01~04번

# 「농토」_ 윤조병

EBS 수능완성 77쪽

**감상 포인트** 이 작품은 윤조병 작가의 농민극 3부작 중 하나로, 우리나라 농촌 사회의 현실과 농사꾼들의 삶을 사실적으로 묘사한 희곡이다. 소작농으로 삼대째 지주 어른의 가문에서 노비 생활을 하고 있는 돌쇠네는 동학 혁명, 일제 강점, 6·25 전쟁 등의 역사적 시련을 겪으면서 지주 어른의 횡포에도 농토에 정을 주며 농사일에 파묻혀 살아간다. 지주 어른의 배신으로 농토를 빼앗겼음에도 그에 저항하지 못하는 돌쇠의 모습을 통해 당대 농민들의 비극적인 운명과 농촌의 사회 구조적인 모순이 강조된다. 산업화 시대의 도시와 농촌의 격차 확대, 정부의 개발 사업으로 인한 삶의 터전 상실, 그로 인한 농민들의 참상과 고달픔을 드러내고 있다.

**주제** 근대화의 폐해와 농촌의 사회 구조적 모순 및 지주의 횡포 고발

**전체 줄거리** 돌쇠 가문은 할아버지 덤쇠 때부터 아버지 한쇠, 아들 돌쇠에 이르기까지 150년간 삼대에 걸쳐서 지주 어른 가문의 노비로 살면서 위기가 올 때마다 지주 어른을 대신하여 헌신하였다. 그때마다 지주 어른의 가문은 돌쇠 가문에게 노비 문서와 땅문서를 주기로 약속하며 회유하였으나, 위기가 지나간 뒤에는 그 문서들을 다시 빼앗는 일을 반복하였다. 돌쇠는 지주 어른에게 받기로 약속한 석산 땅을 일구어 봉답을 마련하고자 한다. 그러던 중 돌쇠의 아들이 죽고 손자 창열이 도회지로 나간 뒤 실종된다. 댐 공사가 진행되면서 돌쇠가 살고 있던 지렁내 마을이 수몰 지구로 선정되었다는 소식이 들려오자 점순네는 전전긍긍한다. 돌쇠는 지주 어른으로부터 석산을 깨서 둑을 쌓는 데 사용하기로 했다는 이야기를 전해 듣는다. 점순네의 딸 점순은 도회지에서 술집을 전전하던 끝에 실어증에 걸려 돌아오고, 점순네는 점순을 회복시키고자 해골 물을 마시게 하는 등 미신에 집착한다. 어느 날, 점순은 혼자 석산에 올라갔다가 남포가 터지면서 떨어진 돌에 맞아 죽는다. 점순의 장례를 마치고 모인 마을 사람들은 상만으로부터 지주 어른이 석산 봉답 있는 자리에 별장을 짓기로 했다는 얘기를 전해 듣는다. 점순이 죽은 이유와 돌쇠가 할아버지 때부터 일궈 온 석산을 빼앗기는 것이 모두 지주 어른의 별장을 짓는 것에서 비롯되었음을 알게 된 마을 사람들은 분노하고, 지주 어른에게 복수를 하고자 무기를 든다. 그때 청년 일수로부터 수문이 건설되어 곧 마을로 물이 들어찰 것이라는 경고를 들은 마을 사람들은 절규하고, 돌쇠는 다시 지주 어른의 밑에 들어가 소작농으로 살아가려고 한다.

[앞부분 줄거리] 돌쇠는 지렁내 마을에서 지주 어른의 땅을 경작하는 소작농이다. (돌쇠와 어른의 관계를 파악할 수 있음. 돌쇠 : 어른 = 소작농 : 지주) 돌쇠의 할아버지 덤쇠와 아버지 한쇠는 지주 어른의 가문에 예속된 노비로, 위기가 올 때마다 주인을 대신해 헌신했지만 그 대가로 받기로 약속한 노비 문서와 땅문서를 번번이 빼앗겼다. (소작농의 헌신을 유도하기 위한 지주 어른 가문의 거짓된 약속) 댐 건설로 인해 마을이 수몰 지구로 선정되자 다른 주민들은 걱정하지만, (근대화, 산업화의 시기에 이루어진 국가의 토지 개발) 돌쇠는 지주 어른에게 받기로 약속한 석산* 땅을 믿고 농사일에 매진하며, 며느리 점순네, 손녀 점순과 함께 틈틈이 석산 땅을 일군다.

• 이 작품의 주된 표현상의 특징: 방언을 구사하여 향토성과 사실성, 현장감을 강조함.

점순네: 뭔 소리지유?
(지주 어른의 별장을 짓기 위해 들리는 남포 소리)

돌쇠: 글씨…….

점순네: 공사장 남포* 소리룬 너무 가깐 디서 들리네유.
(댐을 건설하는 곳에서 들리는 남포 소리와 다른 소리임을 알아차린 점순네)

점순네, 돌쇠, 일수가 시선을 마주치며 불안해하는데, 또 한 차례 땅이 울린다.

일수: 석산 쪽이유.

점순네: 뭣이여? (벌떡 일어선다.)

점순네가 고샅*으로 달려가고, 일수는 연초 건조장 탑으로 뛰어 올라가고, 돌쇠는 뒷마당으로 간다.

점순네: 워디여?

(점순네가 들었던 남포 소리가 석산에서 발생한 소리임을 알게 되는 근거)
일수: (탑에서) 석산이 맞구먼유. 석산에서 먼지가 피어올라유.
(석산: 지주 어른이 돌쇠에게 주기로 약속한 땅이 있는 곳)

점순네: 워디……. 워디…….

일수: 봐유, 땜 공사 허는 오봉산이믄 저쪽인디 바루 배암산 뒤에서 먼지가 오르잖유.
(국가가 댐을 건설하기 위해 오봉산에서 공사를 진행하고 있음을 알 수 있음.)

점순네: 틀림없구먼. 이 일을 워치키 헌댜……. 아부님, 뭔 일이래유? 왜 우리 석산꺼정 깬대유? 야?

돌쇠: (한번 시선을 줄 뿐 대답을 않는다.)

'석산에서 나는 남포 소리'를 둘러싼 점순네와 돌쇠의 태도 대비
점순네: 놀라고 의아해함. ↔ 돌쇠: 무덤덤함.

일수: 석산두 바루 골채기*구먼유.

→ 석산에서 진행되는 지주 어른의 별장 공사에 대해 돌쇠는 이미 알고 있음을 암시함.

점순네: 뭐여? 그럼 우리 봉답*은 워치키 된 거여……. 잘 봐.

일수: 골채기 양지짝*이 틀림읎어유. 양지짝이유.

논에 물을 대기 위한 수리 시설의 하나인 '보'에 괸 물 / 빗물에 의하여서만 벼를 심어 재배할 수 있는 논 ≒ 봉답

점순네: 이 일을 워쩌? 양지짝이믄 봇물을 파 논 딘디 거길 깨면 우리 엿 두럭*은 천둥지기두 못 허는디……. 아부님, 뭔 일이래유? 야? 아부님…….

점순네는 석산에서 여섯 마지기의 논인 봉답(奉畓)을 경작하는 데 필요한 물을 담아 둘 수 있는 '보'를 만들어 놓았음.

돌쇠: 봇물은 그대루 남는구먼. 바로 그 윈께.

돌쇠는 석산에서 이루어지는 공사에 대해 이미 알고 있음.

점순네: 봉답허구 봇물은 그대루 남는다구유?

돌쇠: 그려……. 양지짝 위만 깨니께.

점순네: (다행이다 싶어) 야! 그러믄 살았어유! (가슴을 진정시키면서 가까스로 들마루로 다가와서 귀퉁이에 앉는다.)

← 석산에서 남포 소리가 남.

돌쇠: 점순이가 호미로 돌을 깨는 디여.

돌쇠네 가족은 자신들이 소유하게 될 석산에 올라가 돌을 깨면서 땅을 가꾸어 왔음을 알 수 있음.

점순네: 야? 그럼 우리가 점순이……. (달려가서 아랫방 윗방 문을 열어젖힌다.) 읎어유, 읎구먼유! (툇마루 밑을 본다.) 신발허구 호미가 읎어졌이유. 점순이가 산에 갔이유……. (들마루의 책을 보고) 책은 있는디……. 이 일을 워쩌……. 꼭 산에 갔구먼유, 산에 갔이유…….

남포가 터진 석산에 점순이가 간 것으로 추정되어 걱정하는 점순네

일수: (탑에서 내려와) 야, 지가 산엔 가두 좋다구 했어유.

오토바이가 요란스럽게 달려온다.

점순네: 워쩌……. 점순이가 석산엘 갔는디 남포가 터졌단 말여……. 워쩌……. 이 일을…….

『일수: 가 봐야지 워쩌유……. 지가 가 봐야겠구먼유……. (달려간다.)

점순네: 아부님, 지두 댕겨와야겠어유……. (허둥대며 달려간다.)』 『 』: 점순이의 안전을 걱정하는 일수와 점순네

오토바이가 달려와서 급히 멎고, 헬멧 쓴 두 사나이가 어른네로 들어간다. 돌쇠가 불안한 듯 석산 쪽을 바라보다가 들마루에 널려진 몫몫의 돈을 물끄러미 바라본다. 석산 쪽에서 사람들의 외침이 들려온다.

소리들: 사고다. 사고여!

돌쇠가 퍼뜩 그쪽을 본다.

소리들: 점순이가 돌에 맞었다! 점순이가 돌에 맞었다!

석산에서 터진 남포 때문에 점순이가 사고를 당했음.

돌쇠가 휘청한다. 가까스로 오동나무에 기댄 그가 석산을 향해 뭔가 외치려고 한다. 그러나 소리가 나오지 않아 애를
손녀 점순의 사고 소식에 충격을 받고 절망하는 돌쇠
쓴다. 결국 한마디도 내뱉지 못하고 무릎을 꿇듯 미끄러져 내린다. 무대가 서서히 어두워진다.
← 석산에서 터진 남포로 점순이가 돌에 맞음.

Ⅲ-2

: 조명의 암전을 통한 장면 전환

무대가 밝아진다. 낡은 상복을 입은 점순네가 옥돌네 부축으로 툇마루에 걸터앉아서 허공을 바라본다. 돌쇠는 덕근, 진
석산에서 돌에 맞은 죽은 점순이의 장례식을 치렀음을 암시함.
모, 갑석 등 마을 사람과 들마루에 앉아 있다. 점순을 묻고 돌아온 듯 삽, 괭이, 가래 따위가 옆에 놓였다.
마을 사람들이 죽은 점순이를 매장하고 돌아온 상황임을 암시함.
(중략)
← 돌에 맞아 죽은 점순이의 장례식을 치름.

상만 : 내가 안 그러게 됐어? 안 그러게 됐느냐 말여?

덕근 : 이 사람아, 그늘루 들어오기나 혀. 들어와서 뭔 말인지 차분하게 혀야 알지.

상만 : (그대로) 내가 말여, 집으루 가다가 찬물 내를 건너는디 너무 뜨거워서 시수를 안 혔겄어.
세수

덕근 : 그려서?

상만 : 시수를 허구 난께 시상이 야속허구나, 허는 맴이 들어……. 점순이가 누운 자리래두 한 번 더 볼까 허구
세상 / 죽은 점순이를 묻은 무덤
돌아보는디, 글씨…… 석산 골채기에 웬 사람들이 잔뜩 몰켜 있잖겄어.
상만이 석산 골짜기에 많은 사람이 몰려 있는 장면을 목격함.

덕근 : 그려서?

상만 : 올라갔지. 본께 글씨 읍내 사람들허구 서울 사람들이 스무남은 명은 되게 몰켜 있는디, 저 어르신허구
지주 어른과 지주 어른의 둘째 아들을 가리킴.
서울서 높은 디 있는 둘째가 보이드란 말여.

진모 : 그려서유?

상만 : 읍내 사람 붙잡구 물어본께…… 글씨…… 어르신네가 거기다가 별장을 짓는댜, 별장을 말여.
지주 어른이 돌쇠에게 주기로 한 석산 골짜기

모두 : 뭣이여?

점순네 : 아니…… 아저씨…… 우리 봉답 있는 디다가 별장을 짓는다구유?

상만 : 그렇다니께.

진모 : 그럴 리가 있겄어유……. 아니것지유…….

상만 : 나두 기연가 미연가 혀서 달려왔는디, 지금 본께 참말이구먼그랴. 가서 보라구. 대문만 남은 거여. 문지
'긴가민가'의 본말, 그런지 그렇지 않은지 분명하지 않은 모양 / 마을에 있던 지주 어른의 집을 허물고 있음.
방허구 머름*지방 다 뜯구 개와*꺼정 내려놨어.

모두 : 뭣이여?

돌쇠의 태도가 마을 사람들의 태도와 대비되는 이유: 지주 어른이 마을에서 석산 골짜기로 거주지를 이주한다는 사실을 돌쇠는 이미 알고 있기 때문임.

모두 우르르 달려가 담 너머로 혹은 문틈으로 안을 들여다본다. 돌쇠는 움직이지 않는다. 그들은 엄청난 사실을 확인한 충격과 마을을 떠날 때가 눈앞에 닥쳤다는 절박한 현실감에 아무도 말을 꺼내지 못하고, 한 사람씩 두 사람씩 서서히 돌아온다.

① 상만의 말이 진실임을 확인하고 놀람. → 돌쇠에게 주기로 약속한 석산을 지주 어른이 다시 빼앗아 갔음을 알게 됨.
② 지주 어른이 집을 허문다는 것은 마을이 곧 수몰 지구가 될 것임을 의미함. → 이주할 공간을 찾지 못한 마을 사람들이 정신적 충격과 절박감을 느끼게 됨.

거기. 여기서는 '석산 골채기 양지짝'을 가리킴.

상만: 땜에 물이 차면 게가 전망이 젤루 좋다드만, 점순이가 돌에 맞은 것두 땜 공사 남포가 아니구 별장 짓는 남포에 맞은 것이여.

지주 어른이 석산 골짜기 양지쪽에 별장을 짓기로 한 이유: 수몰된 마을을 내려다볼 수 있어 전망이 좋기 때문임. 점순이가 죽게 된 원인

점순네: 몰랐구먼유……. 지두 까맣게 몰랐어유……. 지가 어르신네 간 게 엊그젠디 이럴 수가 있대유? 읎쥬?

지주 어른이 석산에 별장을 짓기로 한 사실을 몰랐던 점순네

점순네가 흩어진 보릿대 위에 무너지듯 주저앉고, 옥돌네가 다가가서 말없이 점순네를 끌어안는다. 침묵이 흐른다.

절망하는 점순네 ← 상만이 마을 사람들에게 점순이의 죽음의 원인과 지주 어른의 별장 공사에 대한 소식을 알려 줌.

갑석: 우리두 인전 떠나야 허는디 워디루 간대유…….

댐 건설로 마을이 수몰될 상황에서 이주할 곳을 찾지 못해 막막한 심정임.

돌쇠: (비로소) 쌘 게 산천이구, 쌘 게 논밭인디, 워디 가믄 몸 둘 디 읎것어. (사이) 고향을 떠나는 게 쉰 일이 아니구, 산천마다 주인이 있구, 논밭마다 임자가 있어서 증이나 몸 둘 디 읎으믄…… 내허구 석산 골채기루 가자구. 음지짝은 몸 둘 수 있으니께…….

이를 통해 알 수 있는 돌쇠의 성격
① 지주 어른에게 석산 골짜기 양지짝을 순순히 내어 줌. → 순종적임.
② 갈 곳이 없는 마을 사람들에게 음지짝에 함께 머물자고 먼저 제안함. → 인정이 있음.

덕근: 가만. 돌쇠 자넨 어른이 양지짝으루 간다는 걸 알구 있었구만?

모두의 시선이 돌쇠에게 집중된다.

덕근: 그렇지?

돌쇠: …….

상만: 싸게 말을 혀!

'빨리'의 방언

점순네: 아부님…….

돌쇠: 그려.

지주 어른이 자신에게 주기로 약속했던 석산에 별장을 짓는다는 사실을 이미 알고 있었음을 실토함.

모두: 뭣이.

돌쇠: 워쩌어……. 주인이 간다는디…….

지주 어른에게 토지를 빼앗기고도 저항하지 못하는 돌쇠의 순종적인 태도

덕근: 주인?

근대화 정책의 일환으로 국가가 댐 건설을 추진하면서 농민들이 삶의 터전을 빼앗기게 됨.
→ 국가 정책에서 소외된 농민들의 비극적인 처지

돌쇠: 우린 [문서]가 읎어. (사이) 땜에 수문이 꽂히구, 지렁내가 물에 잠기믄 떠나야 허는디, 우리나 어르신네나 마찬가지여.

석산에 별장을 짓겠다는 지주 어른의 요구를 들어줄 수밖에 없는 이유

[ ]: 석산 토지에 대한 돌쇠의 소유권을 보장해 줄 근거

상만: 예끼 망할 자석! 우리헌틴 말 한마디 읎이 어른네헌티 가세유 가세유 했어?

덕근: 어른네가 양지짝에 별장을 세우믄 돌쇠 자네헌티 음지짝을 줄 것 같은감? 음지짝에 들어가 봉답 뙈기 부쳐 먹구살 것 같여?

상만: 속알갱이두 읎어? 달나라 댕겨오구 별나라꺼정 가는 시상이여. 선대가 당헌 원혼을 몰러?

신분제가 폐지되어 시대가 변화한 세상에서 조상 대부터 힘들게 얻어 낸 토지를 억울하게 수탈당하면서도 저항하지 않는 돌쇠의 어리석음에 대한 비난

점순네: 아저씨들, 아부님을 너무 닦달허지 마세유. 밭을 살라믄 변두리를 보구, 논을 살라믄 두렁을 보라고 했는디…… 그걸 못 헌 게 한이구먼유.

돌쇠의 입장을 두둔하는 점순네

돌쇠: 내헌티 궁성들 대는 건 괜찮은디, 조상꺼정 말칠렵*시키믄 못써.
'여러 사람이 모여 소란스럽게 떠드는 소리가 자꾸 나다'를 뜻하는 '웅성거리다'의 방언
상만: 허, 효자 났구먼. 선대가 종살이해서 맹그러 준 땅두 뺏기믄서!
조상들이 노비로서 헌신하며 힘겹게 얻은 석산 땅을 지주 어른에게 빼앗긴 돌쇠를 비난함.
돌쇠: 내두 그분들이 워치키 살아오셨는지 알구 있어. 아부지 한쇠 씨가 말짱 얘기허셨구, 내 눈으루다가 똑똑허게 보기두 했응께…….
'어떻게'의 방언 → 노비로서 헌신해 온 조상들의 안타까운 삶
← 조상이 애써 일군 토지를 지주 어른에게 빼앗긴 돌쇠를 마을 사람들이 비난함.

* **석산**: 돌이나 바위가 많은 산.
* **남포**: 도화선 장치를 하여 폭발시킬 수 있게 만든 다이너마이트.
* **고샅**: 시골 마을의 좁은 골목길. 또는 골목 사이.
* **골채기**: '골짜기'의 방언.
* **봉답**: 빗물에 의하여서만 벼를 심어 재배할 수 있는 논. ≒ 천둥지기, 천수답.
* **양지짝**: 양지쪽. 볕이 잘 드는 쪽.
* **두럭**: '두렁, 두둑'의 방언.
* **머름**: 바람을 막거나 모양을 내기 위해 미닫이 문지방 아래나 벽 아래 중방에 대는 널조각.
* **개와**: 기와로 지붕을 임. 또는 기와.
* **말칠렵**: 말추렴.

## 이것만은 꼭 익히자!

### 포인트 1 대사에 담긴 인물의 정서와 태도 (문항 01, 04 관련)

| 대사 | 인물의 정서와 태도 |
|---|---|
| 점순네: 이 일을 워쪄? 양지짝이믄 봇물을 파 논 딘디 거길 깨면 우리 엿 두럭은 천둥지기두 못 허는디……. 아부님, 뭔 일이래유? 야? 아부님……. <br> 점순네: (다행이다 싶어) 야! 그러믄 살았어유! | ① 지주 어른의 별장 건설을 모르는 상황에서 석산에서 진행되는 공사를 의아하게 여기고 놀람. <br> ② 석산에 일구어 놓은 여섯 마지기 봉답에 대한 애착이 강함. |
| 점순네: 아부님, 지두 댕겨와야겠어유……. (허둥대며 달려간다.) | ① 남포가 터진 석산에 점순이가 간 것을 알고 당황하고 놀람. <br> ② 점순이에 대한 걱정과 모성애가 드러남. |
| 갑석: 우리두 인전 떠나야 허는디 워디루 간대유……. | 마을이 수몰되기 전에 이주를 시작한 지주 어른과 달리, 아직 이주할 곳을 찾지 못한 자신의 처지를 막막해함. |
| 돌쇠: 워쩌어……. 주인이 간다는디……. | 지주 어른의 요구에 저항하지 못하는 돌쇠의 순종적인 태도가 드러남. |
| 덕근: 어른네가 양지짝에 별장을 세우믄 돌쇠 자네헌티 음지짝을 줄 것 같은감? 음지짝에 들어가 봉답 뙈기 부쳐 먹구살 것 같여? <br> 상만: 속알갱이두 읎어? 달나라 댕겨오구 별나라꺼정 가는 시상이여. 선대가 당헌 원혼을 몰러? <br> 상만: 허, 효자 났구먼. 선대가 종살이해서 맹그러 준 땅두 뺏기믄서! | 조상 대부터 힘들게 일궈서 얻게 된 석산 땅을 다시 지주 어른에게 무력하게 빼앗긴 돌쇠를 답답해하며 비난함. |

### 포인트 2 '농토'의 의미 (문항 02 관련)

**돌쇠**
- 조상들의 노고와 헌신으로 얻은 땅
- 마을이 수몰된 이후에 가족들과 이주하여 살게 될 삶의 터전
- 돌을 깨고 보를 만드는 등 열심히 일구어 놓은 소중한 공간
- 소유권을 보장받을 문서가 없어 지주 어른의 뜻대로 처리해야 하는 공간

→ **농토 (석산 봉답)** ←

**지주 어른**
- 돌쇠에게 주기로 약속한 땅
- 수몰 지구가 된 마을을 바라볼 수 있어서 전망이 좋은 공간
- 소유권을 보장받을 문서를 근거로 돌쇠의 소유권을 부정하고 자신이 마음대로 착취할 수 있는 공간

### 포인트 3 공간의 의미 (문항 03 관련)

| | 지렁내 마을 | 석산 골채기 양지짝 | 석산 골채기 음지짝 |
|---|---|---|---|
| 상황 | 국가의 댐 건설로 인해 수몰 지구로 선정됨. | 돌쇠가 지주 어른에게 받기로 약속된 땅으로, 돌쇠네 가족들이 보를 만들고 봉답을 일구기 위해 호미로 돌을 쪼개며 일구어 옴. | |
| 관련된 인물들의 처지 | 마을 사람들은 이주할 곳을 찾지 못해 막막한 처지에 놓임. | 수몰된 마을을 내려다보는 전망이 좋다는 이유로, 지주 어른이 자신의 별장을 짓기로 함. | 지주 어른에게 양지짝을 양보한 돌쇠가 머무르고자 하는 곳으로, 마을 사람들에게 함께 이주할 것을 제안함. |
| 의미 | 근대화·산업화의 과정에서 이루어진 국가의 개발 정책으로부터 소외된 농민들의 비극적인 처지를 보여 줌. | 지배 계층이 삼대에 걸쳐 피지배 계층이 어렵게 소유하게 된 토지를 수탈하는 부당한 현실을 보여 줌. | 지배 계층과의 종속 관계에서 벗어나지 못한 인물이 부당한 요구에 순종하며 착취를 당하는 현실을 보여 줌. |

## 배경지식 더 알아보기

■ **'윤조병'의 작품 세계에 대한 이해**

윤조병(1939~2017)은 일상에서 소외되고 무시당하는 자의 삶을 사실적으로 묘사하는 희곡 작가로, 농촌을 배경으로 한 농민극 3부작[「농토」(1981), 「농녀」(1982), 「농민」(1983)]을 비롯하여 다수의 사실주의 작품을 발표하였다. 특히, 농민극 3부작은 농촌 사회를 배경으로 계급 사회에 대한 비판, 세대 간의 갈등, 여성을 둘러싼 갈등 등 여러 갈등 구조를 복합적으로 다루었다고 평가받는다. 「농토」는 지주 어른과 돌쇠의 종속적 관계를 통해 토지 소유를 둘러싼 지배 계층의 횡포에 대하여, 「농녀」는 수난의 삶을 살아온 바우 할멈을 통해 농촌을 일구어 온 여성들의 한에 대하여, 「농민」은 젊은 농사꾼들의 이야기를 통해 급변하는 농촌의 사회상에 대하여 이야기하는 사실주의극이다.

■ **농민극의 이해**

농민극은 농민 문학의 일종으로, 농민과 농민 생활을 반영한 극을 말한다. 농민과 농촌을 소재로 사용하는 것에 그치지 않고 농촌 현실과 당대 농민들이 직면한 사회적 문제를 다루는 것이 주요한 특징이다. 농민 문학이 본격적으로 대두되기 시작한 시기는 일제 강점기로, 1920년대 일제의 토지 수탈이 자행되면서 농민들의 생활 환경이 급격히 변하였고 농촌과 도시의 생활 격차가 더욱 벌어지면서 농민들이 빈곤한 생활을 이어 가게 되었기 때문이다. 그러던 중 6 · 25 전쟁을 거치며 전후 문학들이 두각을 드러내며 농민 문학이 잠잠해졌다가 1960년대에 들어 근대화가 시작되면서 농민극 창작이 다시 활기를 띠기 시작하였다. 왜냐하면 국가 주도의 근대화 운동이 진행되면서 도시의 인구가 급증하는 것과 달리 농촌의 노동 인구가 감소하였고 농식품과 관련된 신품종의 개발로 여러 사회 문제가 대두되면서 농민들의 가난과 농촌의 사회 구조적 모순에 다시 주목하게 되었기 때문이다.

## EBS Q&A

**Q** 희곡에서 무대 상연을 가정하고 연출 계획을 묻는 문항이 반드시 출제되는 이유는 무엇일까요? (문항 04 관련)

**A** 대부분의 희곡은 공연을 목적으로 하는 연극의 대본을 말합니다. 소설과 달리 작품 속 상황과 분위기 등을 전달해 주는 서술자가 없는 희곡 갈래의 특성상, 무대에 등장하는 인물들의 말과 행동을 기본 수단으로 하여 인물의 성격, 사건, 갈등 구조, 주제 등을 표현해야 합니다. 따라서 희곡 작품에서는 등장인물들의 대사와 행동의 의미를 문맥적으로 파악하여 사건의 전개 양상 및 인물의 내면 등을 추론해야 하며, 이것이 무대 상연 과정에서 제대로 구현될 수 있도록 연출 계획의 적절성 여부를 판단하는 문항이 출제될 수밖에 없는 것입니다.

# 문학

## 실전 모의고사

고전 소설 18~21번

# 「유씨삼대록」_ 작자 미상

EBS 수능완성 142쪽

감상 포인트 이 작품은 유씨 가문의 3대에 걸친 자손들의 결혼 생활과 그들의 충효담을 담은 국문 장편 소설이다. 삼대록계 소설의 전형적인 구조를 갖추고 3대에 걸친 가문의 이야기를 다루고 있다. 이 작품에는 유씨 가문의 주요 인물의 이야기가 유장하게 펼쳐져 있는데, 1대는 유우성, 2대는 유세형, 3대는 유현이 각 세대의 중심인물로 설정되어 있으며 유세형과 유현에 의해 야기되는 사건이 가장 많은 비중을 차지한다. 제시된 부분은 2대인 유세창의 혼인과 관련된 이야기이다. 이 작품은 각 세대의 중심인물을 중심으로 가문의 창달과 번영을 비롯하여 인생살이의 다채로운 모습을 밀도 있게 보여 준다는 평가를 받고 있다.

주제 유씨 가문 3대의 이야기

전체 줄거리 유씨 가문의 3대(1대 유우성, 2대 유세기, 유세형, 유세창, 3대 유관, 유현, 유몽)의 이야기를 담고 있다. 1대는 유우성의 계속적인 승진 및 전장에서의 무훈, 2대는 유우성의 여덟 자녀의 혼사와 입신(立身), 부부 생활에서의 갈등 및 시련, 3대는 유세형의 자녀 중 관, 현 형제의 무훈과 가족 간의 갈등, 유세창의 아들인 몽의 영웅담 등을 중심으로 이야기가 진행된다.

태우가 경사(京師)*에 다다라 먼저 대궐에 가서 천자의 은혜에 정중하게 사례하였다. 상이 크게 반기시어 불러 보시고 공적을 표창하시어 예부상서 영릉후에 임명하셨다. 태우가 천자의 성은에 감사를 드리고 집안에 돌아와 부모를 뵈었다. 기한을 어긴 지 석 달이 지났기에 식구들이 기다리는 근심이 끝이 없더니 온 집안에 반김이 무궁하였다. 승상과 부인이 태우가 더디게 온 것을 꾸짖었다. 태우가 사죄하고 설생을 데리고 왔음을 고하자 모두들 놀라고 괴이하게 여겼다.

(경사: 한 나라의 수도를 이르는 말로 현재 천자가 머무는 곳)
(천자의 은혜: 돌아오기로 한 기한보다 늦어진 것을 허락해 준 것에 대한 감사)
(공적: 부친(승상)과 함께 풍양에서 발생한 반란을 제압한 일)
(기한을 어긴 지 석 달이 지났기에: 반란을 제압한 후 잠시 사천을 유람하고 오겠다고 하였으나, 설초벽을 만나 기한을 넘기게 됨.)

← 설초벽과 함께 집으로 돌아온 태우

승상이 모든 자식들과 더불어 서헌에 나와 설생을 보았는데, 맑고 높은 기질이 표연히 선풍도골(仙風道骨)*이었으니, 수려하고 깨끗한 풍채가 눈을 놀라게 하였다. 승상 및 태우의 여러 형제들이 매우 놀라서 십분 공경하고 별채인 송죽헌에 거처하게 하면서 의식을 각별히 하여 후대하였다. 승상은 설생이 너무 청아하고 아름다움을 괴이하게 여기었고 이부상서 유세기는 한 번 설생을 보자 결단코 남자가 아닌 것을 알았지만 입을 열어 말하지 않고 아우들에게 당부하였다.

(맑고 높은 기질이 ~ 놀라게 하였다: 외양 묘사를 통해 설생의 비범함을 드러냄.)
(승상은 설생이 ~ 알았지만: 설생의 정체가 남자가 아닐 것이라고 의심함.)

"설생이 타향 사람으로 우리를 서먹하게 여길 것이다. 너희들은 번잡하게 가서 보지 말고 설생을 편히 있게 하여라."

(설생의 처지를 배려하여 설생을 편히 대해 줄 것을 당부함.)

← 설초벽의 수려한 용모에 놀라는 태우의 가족들

이부상서 형제가 명을 받들어 구태여 설생을 찾지 않으나 유독 영릉후가 된 세창의 자취가 송죽헌을 떠나지 않았다. 이날 영릉후가 매화정에 나가 부인인 남 소저를 대하자 소저가 얼굴에 희색을 띠어 맞이하고 서너 명의 자녀가 겹겹이 반겼다. 영릉후가 다시금 애정이 새롭게 솟아오르면서 이별의 회포를 이르며 반가워하는 것이 끝이 없었다. 그러나 영릉후의 한 조각 마음에는 설생이 객수(客愁)*에 가득 차 있는 것을 잊지 못할 뿐만 아니라 남자인지 여자인지가 미심쩍어 마음이 갈리니 이 밤을 겨우 새워 아침 문안 인사를 끝낸 후 바로 송죽헌에 가 설생을 보았다. 영릉후가 설생과 종일토록 말하였는데, 말마다 의기투합하는 것을 신기하게 여겨 밥 먹고 잠자기를 다 잊을 정도였다.

(영릉후의 한 조각 마음에는 ~ 마음이 갈리니: 설생의 처지에 대한 걱정과 함께 설생의 정체에 대한 의심을 가짐.)

← 설초벽을 자주 찾아가는 영릉후

세창은 이미 결혼한 처지이기 때문

[중략 부분 줄거리] 설생은 세창에게 혼인을 구하는 것이 순탄치 않고 마땅하지 못할 것이라 생각하였다. 이에 과거 시험에 급제하여 천자께 세창과 자신의 혼사를 성사시켜 줄 것을 청해 명분을 얻고자 한다. 과거 시험에 응시하여 문무 장원에 뽑혀 천자로부터 큰 칭찬을 듣는다.

초벽이 머리를 조아리고 죄를 청하였다.

남장을 하여 자신의 성별을 속인 일

"신이 일월을 속이고 음양(陰陽)을 바꾼 죄가 있으니 감히 조정에 아뢰지 못하겠으나, 신의 죄를 용서하시면 진정을 아뢰겠습니다."

차설(且說). 천자가 놀라시어 설초벽에게 마음속에 품은 것을 숨기지 말고 아뢰라 하시자, 초벽이 다시 머리를 조아리고 아뢰었다.

"신(臣)은 본래 설경화의 어린 딸입니다. 부모가 함께 돌아가시자 혈혈단신의 아녀자가 강포한 자로부터 욕을 볼까 두려워 남장(男裝)을 하고 무예를 배워 풍양의 진중에 들어갔다가 산으로 도망하여 은거하면서 천신만고를 겪었습니다. 그러다가 유세창을 만나게 되었습니다. 유세창이 비록 제가 여자인 줄을 알지 못하고 지기(知己)로 허락하였으나, 신이 여자의 몸으로 세창과 동행하여 먹고 자기를 한가지로 하였사오니 의리로 다른 사람을 좇지 못할 것이고 스스로 구하여 유세창에게 시집간다면 뽕나무밭과 달빛 아래에서 몰래 만나는 비루한 행실과 다를 것이 없습니다. 그렇기에 뜻을 결정하여 인륜을 폐하고 몸을 깨끗하게 마치는 것이 소원입니다.

초벽이 남장을 하게 된 이유

초벽의 곧은 절개와 강직한 성품이 드러남.

그러나 돌아보건대 부모의 혈맥이 다만 신첩(臣妾)의 한 몸에 있기에 차마 사사로운 염치와 의리 때문에 죽어 종족을 멸망시키고 후사(後嗣)를 끊게 하는 죄인이 되지는 못할 것입니다. 온갖 계책을 생각해도 방법이 없으나 그윽이 생각하건대 폐하께서는 만민의 부모가 되시니 반드시 신첩의 사정을 불쌍히 여기시고 윤리를 완전케 해 주실 것 같았습니다. 그런 까닭에 일만 번 죽기를 무릅쓰고 감히 방목(榜目)*에 이름을 걸어 성총을 어지럽게 함으로써 저의 진정한 회포를 아룁니다."

천자의 권력을 이용하여 세창과의 혼사를 이루고자 함.

← 자신의 청원을 천자께 아뢰는 설초벽

상께서 매우 놀라고 기특하게 여기시어 영릉후인 유세창을 돌아보셨다. 영릉후 또한 매우 놀라 안색이 흙빛이었다. 상이 유 승상에게 명령하여 말씀하셨다.

"설씨녀의 재주와 용모와 의협심이 옛사람보다 뛰어나고 사정이 불쌍하니 짐이 중매가 되어 세창과 혼인시킬 것이다. 경은 육례(六禮)를 갖추어 저 설씨녀를 맞이하고 평범한 며느리로 대접하지 마라. 저 사람이 타향에 떠도는 나그네가 되어 혼사를 말하기가 어려운 까닭에 과거에 급제하는 것을 계기로 뜻을 이루고자 하였으니 이 또한 묘책이다. 충성심이 세상을 덮을 만하고 문무 장원을 하였으니 삼백 칸 집과 가동(家僮)과 노비를 전례대로 사급하며 특별히 여학사(女學士) 여장군에 임명하여 영릉후 세창의 둘째 부인으로 정하나니 선생은 명심하라."

← 설초벽의 처지를 이해하며 그의 청원을 들어주는 천자

어휘

*경사: 한 나라의 중앙 정부가 있는 곳.
*선풍도골: 신선의 풍채와 도인의 골격이라는 뜻으로, 남달리 뛰어나고 고아한 풍채를 이르는 말.
*객수: 객지에서 느끼는 쓸쓸함이나 시름.
*방목: 과거 급제자의 이름을 적은 책.

## 이것만은 꼭 익히자!

### 포인트 1 설초벽의 남장 전환이 갖는 의미 (문항 20 관련)

설초벽은 본래 설경화의 딸로, 부모가 일찍 죽고 돌봐 줄 친척조차 없자 스스로를 보호하기 위해 어렸을 때부터 남장을 하고 생활한다. 설초벽의 남장으로 유세창과 결연을 맺게 되는 계기가 되지만, 실제 혼사에 이르지 못하게 되는 장애가 된다.

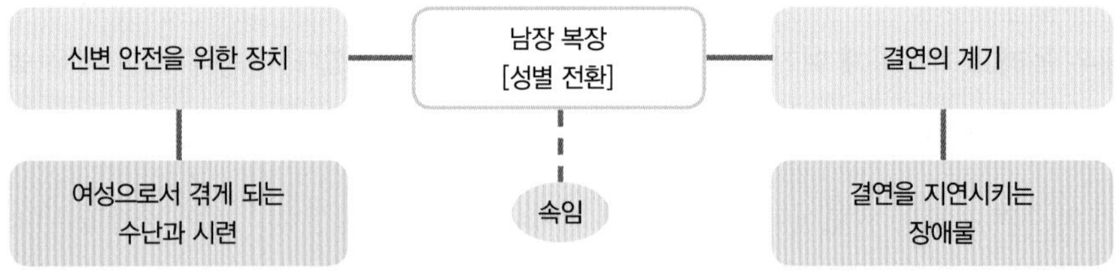


### 포인트 2 설초벽을 통해 제시한 여성상 (문항 21 관련)

'여자의 몸으로 세창과 동행하여 먹고 자기를 한가지로 하였사오니 의리로 다른 사람을 좇지 못'하며, '유세창에게 시집간다면 뽕나무 밭과 달빛 아래에서 몰래 만나는 비루한 행실과 다를 것이 없'다고 한 설초벽의 말에서 가부장제 체제하의 제도적 관습에 구속되어 있는 여성상이 드러난다. 하지만 자신의 애정을 관철하기 위해 과거에 응시하고, 과거에 급제하여 임금에게 혼사를 요구하는 모습에서는 자신들의 욕망을 충족해 나가기 위한 적극적이고 주체적인 여성상을 제시하기도 한다. 이를 통해 「유씨삼대록」은 여성의 사회적 지위에 대한 새로운 인식을 보여 주고 있다.

**배경지식 더 알아보기**

■ **복장 전환 화소**

고전 장편 소설 속에서 복장 전환은 서사적 기능에 따라 1)애정 실현형, 2)애정 갈등형, 3)영웅 부각형으로 나뉜다. 애정 실현형은 복장 전환이 등장인물의 애정 욕구를 실현하는 도구로서 기능하는 경우를 가리키며, 애정 갈등형은 복장 전환이 애정 상대로 설정된 인물 간의 갈등 형성의 계기 및 소재로서 기능하는 경우를 말한다. 영웅 부각형은 복장 전환이 위기와 고난에 대처하는 복장 전환자의 영웅적 성격을 부여하는 데 기여하는 경우를 가리킨다. 이때 한 인물의 복장 전환이 반드시 한 가지 유형에 종속되는 것은 아니다.

복장 전환 화소는 남녀 등장인물이 서로의 성별을 오해하게 하여 결연을 지연시키는데, 이 과정에서 남성끼리의 관계에서나 가능할 법한 남녀 사이의 지적 교류를 보여 준다. 이는 현실 세계에서는 불가능했던 상호 평등을 전제로 한 남녀의 연애를 묘사하고 있다는 점에서 소설 향유층들의 남녀 지기 환상을 실현시키는 의미를 갖는다.

**EBS Q&A**

**Q** 화소란 무엇이며 고전 소설 감상에서 왜 중요한가요? (문항 21 관련)

**A** 화소(話素)란 '이야기를 구성하는 최소 단위'이며, 작품 속에서 '이야기를 이루는 공유 단락' 혹은 '작품 창작의 재료원'의 의미를 갖는다고 할 수 있습니다. 따라서 고전 소설의 감상과 학습에서 '화소'를 이해하고 감상하는 것은 이야기의 공유 단락을 이해함으로써 지문을 좀 더 잘 이해할 수 있는 토대를 마련하는 것이고, 관련 문제를 접할 때에도 등장인물들의 관계나 사건의 전개를 파악하는 힘을 기르는 데 도움이 될 것입니다.

현대시 + 현대 수필 22~26번

# (가) 「뺄셈」 _ 김광규

EBS 수능완성 144쪽

**감상 포인트** 이 작품은 평이한 시어를 통해 일상에서 발견한 삶의 의미를 그려 내고 있다. 덧셈과 뺄셈이라는 셈법에 삶의 자세를 빗대어 채우는 삶에 대한 반성과 비우는 삶에 대한 다짐을 드러내고 있다. 일상적인 행동을 구체적으로 나열하거나 의문형 어미를 사용하여, 산다는 것의 의미를 되새겨 보고 있다.

**주제** 욕망을 버리고 마음을 비우며 사는 삶

덧셈은 끝났다

밥과 잠을 줄이고

뺄셈을 시작해야 한다 ← 1~3행: 줄이는 삶인 뺄셈 같은 삶에 대한 다짐

남은 것이라곤

때 묻은 문패와 해어진 옷가지
현실에서 추구하던 가치가 부질없어진 모습을 보여 줌.

이것이 나의 모든 재산일까 ← 4~6행: 가진 것 없는 현재

돋보기안경을 코에 걸치고
과거의 삶의 태도와 방식을 버리지 못하고 있는 화자의 태도가 드러남.

아직도 『옛날 서류를 뒤적거리고
『 』: 덧셈의 삶의 방식을 추구하는 모습

낡은 사전을 들추어 보는 것』은

품위 없는 짓

『찾았다가 잃어버리고
『 』: 덧셈의 삶의 방식은 결국 잃어버리고, 사라지고 마는 허망한 것임을 나타냄.

만났다가 헤어지는 것』 또한

부질없는 일 ← 7~13행: 품위 없고 부질없는 삶의 허망함에 대한 깨달음

이제는 정물처럼 창가에 앉아
이전과는 다른 삶의 자세를 지향하는 화자의 태도가 드러남.

바깥의 저녁을 바라보면서

뺄셈을 한다

『혹시 모자라지 않을까
『 』: 비우며 살아가는 삶의 자세에 대한 성찰적 태도

그래도 무엇인가 남을까』 ← 14~18행: 조용한 마음으로 비우며 사는 삶

## 이것만은 꼭 익히자!

### 포인트 1 의문형 어미를 통한 삶의 의미 성찰

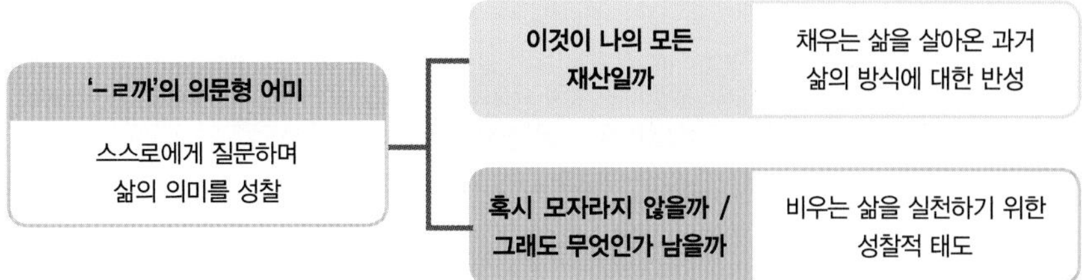

'-ㄹ까'의 의문형 어미
스스로에게 질문하며
삶의 의미를 성찰
이것이 나의 모든
재산일까
채우는 삶을 살아온 과거
삶의 방식에 대한 반성
혹시 모자라지 않을까 /
그래도 무엇인가 남을까
비우는 삶을 실천하기 위한
성찰적 태도


### 포인트 2 덧셈과 뺄셈에 빗대어 삶의 자세를 제시 (문항 24 관련)

덧셈
채우며 살아가는 욕심의 삶을 빗댐.
쉽게 변하고 사라지고 마는
허망하고 부질없는 거짓된 가치
뺄셈
비우며 살아가는 진솔한 삶을 빗댐.
화자가 지향하는 삶의 모습


## EBS Q&A

**Q** 일상적 언어와 시어는 어떻게 다른가요?

**A** 시에서 쓰이는 언어와 일상생활에서 쓰이는 언어는 명확하게 구분되는 별개의 것이 아닙니다. 일상생활의 언어를 시에 맞게 세련되게 깎고 다듬어 쓴 것이 바로 시어입니다. 일상적 언어를 시에 맞게 다듬고 깎을 때에는 함축적 의미, 다의성, 이미지, 운율 등을 고려하게 됩니다. 이를 위해 시어는 비유, 상징, 반어, 시적 허용 등의 다양한 표현 기법을 바탕으로 엄밀히 조직돼 작품 속에서 독립된 체계를 갖게 됩니다.

현대시 + 현대 수필 22~26번

# (나) 「낙화의 적막」_ 이태준

EBS 수능완성 144쪽

감상 포인트 이 작품은 뜰 안에서 꽃이 핀 나무를 보며 꽃의 아름다움을 감상하던 글쓴이가 간밤에 내린 비로 땅에 떨어져 버린 꽃잎을 보며 느낀 생각을 전하고 있다. 낙화를 보며 낙화가 가지는 진정한 아름다움을 깨달으면서, 낙화의 아름다움을 제대로 인식하지 못했던 자신을 반성하는 모습을 보여 주고 있다. 글쓴이는 자신이 꽃을 사랑하는 사람이라고 생각하였으나, 정작 낙화가 가지는 아름다움에 대해서는 제대로 인식하지 못했던 자신의 태도를 성찰하고 있다.

주제 낙화의 가치와 진정한 아름다움

'언제나 나무 있는 뜰 안을 거닐며 살아 보나' 하던 소원이 이루어지매, 그때는 나무마다 벌레 먹은 잎사귀 하나 가지에 남지 않은 쓸쓸한 겨울이었다. 그래서 어서 봄이 되었으면 하고 조석(朝夕)으로 아쉽던 그 봄, 요즘은 그 봄이어서 아침마다 훤하면 일어나 뜰을 거닌다.

(글쓴이의 소원이 이루어졌으나, 꽃을 볼 수 없는 상황에 대한 아쉬움을 보임. / 꽃이 피기를 기대하는 봄 / 꽃이 피지 않아 아쉬운 봄 / 꽃이 피어 만족감을 느끼는 봄 / 글쓴이가 기대하던 소원이 충족된 상황)

진달래나무 앞에 가서 한참, 개나리 나무 옆에 가서 한참, 살구나무 밑에 가서 한참, 그러다가 거리에 나올 시간이 닥쳐 밥상을 대하면 눈엔 아직 붉고 누른 꽃만 보이었다. 눈만 아니라 코에도 아직 꽃향기였다.

(꽃의 아름다움을 만끽한 여운이 가시지 않음.)

← 봄이 되어 뜰을 거닐며 나무에 핀 꽃의 아름다움을 감상함.

그러던 꽃이 다 졌다. 며칠 동안 그림 구경하듯 아침저녁으로 한참씩 돌아가며 바라보던 꽃이 간밤 비에 다 떨어져 흩어졌다. 살구꽃은 잎잎이 흩어졌고 진달래와 개나리는 송이째 떨어져 엎어도 지고 자빠도 졌다. 그 중에도 엎어진 꽃이 더욱 마음을 찔렀다.

(글쓴이의 아쉬움이 드러남.)

가만히 보면 엎어진 꽃만 아니라 모두가 쓸쓸한 모양이었다. 가지에 달려서는 소곤거리지 않는 송이가 없는 것 같더니, 떨어진 걸 보니 모두 침묵이요, 적막이요, 슬픔이다.

그러나 거기에는 조그만큼도 죽음은 느껴지지 않았다. 오직 삶도 아니요, 죽음도 아닌 마음에 사무칠 따름이었다.

(꽃의 아름다움과 가치의 소멸을 느끼지 못함.)

← 간밤의 비에 떨어진 꽃잎을 보며 안타까워함.

낙화(落花)의 적막! 다른 봄에도 낙화를 보았겠지만 이번처럼 마음을 찔려 본 적은 없었다.

나는 낙화는 생각도 하지 못했었다. 그래서 꽃이 열릴 나뭇가지는 자주 손질을 하였으나 꽃이 떨어질 자리는 한 번도 보살펴 주지 못했다. 이제 그들의 놓일 자리가 거칠음을 볼 때 적지 않은 죄송함과 '나도 꽃을 사랑하는 사람인가?' 하고 스스로 부끄러움을 누를 수 없다.

(스스로의 삶의 태도에 대한 성찰)

← 낙화를 생각하지 않았던 과거 자신의 태도를 성찰함.

낙화는 꽃이 아니냐 하는 옛 말씀도 있거니와 낙화야말로 더욱 볼 만한 꽃인가 싶다. 그는 의지할 데 없는 몸이라 가지에 달려서보다 더욱 박명(薄命)은 하리라. 그러나 떨어진 꽃의 그 적막함, 우리 동양인의 심기로 그 적멸*의 경지에서처럼 위대한 예술감이 어디서 일어날 것인가. 낙화는 한번 보되 그 자리에서 천고(千古)를 보는 양, 우리 심경에 영원한 감촉을 남기는 것인가 한다.

(낙화의 진정한 아름다움과 가치)

← 낙화가 지닌 가치와 아름다움에 대해 고찰함.

그런 낙화를 위해 나무 아래의 거칠음을 나는 한 번도 생각하지 못하였다. 다시금 부끄럽다.

← 낙화의 아름다움을 제대로 인식하지 못한 자신의 태도를 반성함.

어휘

* 적멸: 세계를 영원히 벗어남. 또는 그런 경지

## 이것만은 꼭 익히자!

**포인트 1** **시간의 흐름에 따른 글쓴이의 정서 변화를 중심으로 내용 전개** (문항 23 관련)

겨울이라 벌레 먹은 잎사귀 하나 가지에 남지 않은 나무
아쉬움과 안타까움
봄이 되어 꽃을 피운 나무
만족감과 즐거움
간밤 비에 져 버린 꽃
아쉬움
바닥에 엎어져 있는 꽃
쓸쓸함과 슬픔
꽃이 떨어진 나뭇가지의 자리
부끄러움


## 배경지식 더 알아보기

■ **이태준의 수필 세계**

상허 이태준은 한국 근대 문학에서 언어와 문학, 또는 말과 글의 관계에 대해 폭넓은 사유를 보여 준 작가이자, 『무서록(無序錄)』으로 대표되는 수필을 다수 창작한 수필가이기도 하다. 『무서록』은 그의 중요한 수필들 대부분이 수록되어 있는 만큼 소설과는 또 다른 매력을 지닌 이태준 수필 문학의 진수이면서, 동시에 현재 시점에서도 뛰어난 문학성을 인정받고 있는 수필 문학으로서의 전범을 보여 준다.

"필자의 면목이 첫마디부터 드러나는 글이 수필이다. 그 사람의 자연관, 그 사람의 습성, 취미, 그 사람의 지식과 이상, 이런 모든 '그 사람의 것'이 직접 재료가 되어 나오기 때문이다. 누구에게 있어서나 수필은 자기의 심적 나체다. 그러니까 수필을 쓰려면 먼저 '자기의 풍부'가 있어야 하고, '자기의 미(美)'가 있어야 할 것이다."

위 내용은 이태준의 『문장 강화』 내용 일부이다. 이를 통해 그의 수필관을 짐작할 수 있다. 이태준에게 있어 수필 쓰기란 '그 사람의 것'이 재료가 되기 때문에 주체의 면목이 직접적으로 노출되는 것이지만, 단순히 기록이나 전달이 아니라 '자기의 풍부'와 '자기의 미'와 같은 자신만의 심미안으로 체험을 감별하고 전유하는 것이 필요하며, 세사에 통효한 작가의 밀도 있는 의견과 주장이 드러나되, 이러한 작가의 세계관은 그 시선이나 표현에서 자기 개성을 가져야 하는 것이다.

현대 소설 27~30번

# 「고장 난 문」_ 이범선

EBS 수능완성 146쪽

**감상 포인트** 이 작품은 평소 그림 그리기에 열정을 쏟던 화가가 자신의 작업 공간에 갇혀 질식사에 이르는 과정을 그리고 있다. 화가는 문이 고장 나 자신의 작업 공간에 갇힌 채 밖으로 나갈 수 없는 상황에서, 괴로워하며 점점 미쳐 간다. 이러한 화가의 모습을 통해 외적 요소에 의해 개인의 자유가 억압당하는 절망적 현실을 비유적으로 그려 내고 있다. 한편, 화가가 폐쇄된 공간에서 밖으로 나오기 위해 절규하는 모습을 진심으로 이해하지 못하는 인물들의 모습을 통해 진정한 소통이 이루어지지 않는 현실을 폭로하고 있다.

**주제** 개인의 자유를 억압하는 사회와 진정한 소통이 이루어지지 않는 부조리한 현실에 대한 비판

**전체 줄거리** 열여덟 살 만덕은 자신이 모시던 화가 선생님의 질식사로 경찰서에서 수사를 받고 있다. 경찰 수사관은 화가의 죽음이 만덕과 관련이 있다고 보고 화가의 죽음에 대한 의문점을 끈질기게 추궁하지만, 만덕은 억울함을 주장한다. 화가는 집이 서울이지만 그림 작업을 위해 서울에서 이십 리나 떨어진 별장 화실에서 지내고 있었다. 만덕은 그러한 화가의 심부름을 하고 화가의 작업실을 관리하는 청년이다. 그러던 어느 날 만덕이 화가에게 편지를 전해 주러 갔는데 화실의 문이 안으로 잠겨 열리지 않는 일이 발생했다. 만덕은 화가에게 받은 열쇠로 밖에서 문을 열어 보려 했지만, 결국 문은 열리지 않았다. 문이 고장 난 것이다. 문이 열리지 않아 화실에 갇혀 있는 시간이 점점 길어질수록 화가는 난폭해졌고, 만덕은 고장 난 문을 고치기 위해 목수를 부르러 읍내로 달려갔다. 하지만 목수는 술에 취해 깊은 잠에 빠져 버렸고 아주머니와 실랑이해 보았지만 내일 아침 목수를 깨워 보낸다는 말뿐 더 이상 상대를 해 주지 않았다. 다음 날 목수가 화가가 갇힌 화실로 찾아와 문을 고쳐 보려 했지만, 소용이 없었다. 결국 문을 통째로 떼어 내고 화실 안으로 들어가자 엉망으로 흐트러진 화실에서 화가는 꼼짝도 하지 않은 채로 쓰러져 있었다.

"야 인마, 너 정말 목수한테 가긴 갔었어?"

선생님은 저녁 해가 떨어지자 역정을 내시더군요.
화실 안에 갇혀 있는 시간이 오래 경과하자 답답해하는 인물의 심리 제시

"아 그럼요. 제가 선생님한테 거짓말을 하겠어요."

"그럼 왜 아직 안 와!"

"글쎄 꼭 오라고 부탁을 했다니까요."

"그런데 아직 안 오지 않아."
반복적 표현을 통해 현재 자신의 답답한 심정을 제시

"헤 참, 선생님도 급하시긴. 전에는 며칠씩도 문밖에 안 나오시곤 했으면서 뭘 그러셔요."

나는 화실 창문 밖 등나무 밑에 쭈그리고 앉아서 쇠창살 안의 선생님 말동무를 해 주며 그렇게 웃었죠. 그랬더니 창턱에 걸터앉은 선생님은 곰방대를 빼끔빼끔 빨면서,
이전의 경험을 떠올리며 현재 상황을 심각하게 받아들이지 않는 '나'

"이 녀석 봐라! 그거야 내가 나가고 싶지 않아서 안 나간 거구 지금은 내가 안 나가는 게 아니라 못 나가는 거 아냐."
스스로의 선택과 의지가 아닌 외부적 상황이나 요소로 속박된 처지

하며 웃더군요.

"마찬가지죠 뭘. 안 나가나 못 나가나 화실 안에 있는 건 같지 않아요. 뭘 심부름시킬 일 있으면 시키셔요. 제가 다 해 드릴게요."
선생님이 처한 상황을 진정으로 이해하지 못하는 모습을 보이는 '나'

"일은 무슨 일이 있어, 이 녀석아."

"그럼 됐죠 뭐."

"허 녀석. 정말 바보 같은 녀석이구나, 넌."

"어디 제 말이 틀렸어요. 뭐 불편하신 게 있어요, 서울 가실 일이라도 있다면 모르지만요."

"듣기 싫다, 이 녀석아. 너하고 이야길 하느니 차라리 우리 안의 돼지하고 하겠다."

자신의 상황을 이해하지 못하는 '나'를 답답해하는 선생님의 모습

"헤 참, 선생님도. 이제 목수 아저씨가 올 겁니다. 조금만 더 기다려 보시죠. 그동안 선생님 저녁이나 드셔요. 전 식은 밥이라도 한술 먹어야겠어요."

난 일어나 별채로 나왔어요. 선생님은 화실에 전등을 켤 생각도 않고 그대로 창턱에 걸터앉아 있더군요.

그런데 기다려도 목수 아저씨는 오지 않았습니다. ← 화실에 갇혀 문을 고쳐 줄 목수를 기다리는 선생님

(중략)

"야 인마! 가면 어떡해! 어서 목수 못 불러 와!"

선생님은 창문으로 달려와 쇠창살을 두 손으로 꽉 쥐고 마구 흔들어 대며 소리소리 지르지 뭡니까. 그건 언제나 인자하시던 그 선생님이 아니었어요. 무서웠어요. 난 전엔 그런 선생님의 무서운 얼굴을 본 일이 없었거든요. 아마 창에 쇠창살이 없었더라면 뛰어넘어 나와서 날 박살을 냈을 겁니다. 정말 겁났어요. 이마엔 핏줄이 서고 입은 꽉 다물고. 선생님은 자기 성질을 못 이겨서 두 손으로 그 긴 머리카락을 마구 쥐어뜯더군요.

외부 세계로부터 고립된 상황이 해소되지 않자 괴로움이 심화되어 가는 모습을 나타냄.

"야! 빨리 문 열어!"

갑자기 선생님이 미친 것이나 아닌가 했다니까요. ← 고립된 상황으로 괴로움이 심화되는 선생님

"예, 목수 아저씨한테 또 갔다 올게요, 선생님!"

나는 겁이 나서 그렇게 말하고는 돌아서서 읍내로 달렸습니다. 그땐 벌써 밤이 꽤 깊었죠. 캄캄한 길을 나는 거의 단숨에 읍내에까지 달렸어요. 그런데 뭡니까. 목수 아저씨는 잔뜩 술에 취해서 자고 있지 뭡니까.

"아저씨, 빨리 좀 일어나세요. 문을 좀 열어 주어야 해요."

"음, 문……? 문을 열면 되지 뭘 그래."

목수 아저씨는 눈도 안 뜨고 그렇게 중얼거릴 뿐이었습니다.

"아저씨, 좀 일어나요. 우리 선생님 지금 잔뜩 화났단 말예요!"

"화가 나……? 왜 화가 나……."

목수 아저씨는 여전히 눈을 감은 채였습니다. 그러니까 그건 취해서 아무렇게나 지껄이는 말이죠.

선생님의 사정에 무관심한 태도

"문이 고장이 나서 안 열린단 말예요!"

"문이…… 고장이 났다!" / "예, 그래요."

"인마, 문이 무슨 고장이 나고 말고가 있어…… 열면 되지…… 문이란 인마, 열리게 돼 있는 거지, 인마."

목수 아저씨는 그렇게 중얼거리며 쓱 몸을 돌려 벽을 향해 돌아누워 버렸어요.

"그게 아냐요. 아저씨가 달아 준 저의 선생님 화실 문 알잖아요."

"에이, 시끄럽다! 걷어차라 걷어차! 그럼 제가 열리지 안 열려! 열리지 않는 문이 어디 있어, 인마."

목수 아저씬 잔뜩 몸을 꼬부리며 좀처럼 깨어 일어날 것 같지도 않았아요.

← 화실의 고장 난 문을 고쳐 달라고 목수에게 부탁하는 '나'

"총각, 웬만하면 낼 아침 일찍 고치지. 저렇게 취했으니 뭐가 되겠어 어디."

목수네 아주머니가 말했어요.

"글쎄 그런데 그게 안 그렇단 말입니다. 우리 선생님 지금 미칠 지경이거든요."

「"미쳐? 아니 문이 안 열린다고 미칠 거야 뭐 있어?"

「 」: 선생님의 상황을 이해하지 못하는 주변 인물의 모습

"글쎄나 말이죠. 내 생각도 그런데 우리 선생님은 안 그런 걸 어떡해요."」

"왜, 뒷간에라도 가고 싶은가?"

"뒷간엔요! 그런 건 다 안에 있죠."

"그럼 배가 고픈가?"

"허 참, 아주머니도. 먹을 건 얼마든지 안에 다 있다구요!"

"그런데 왜 그래. 먹을 것 있구 뒤볼 데 있으면 됐지, 그런데 미치긴 왜 미쳐? 오, 바람이 안 통해서 숨이 답답한가 보구먼 그래."

"허 참, 그런 게 아니라니까요. 바람이 왜 안 통해요. 스무 평 방의 사방이 창문인데!"

"그럼 뭐야, 알다가도 모를 일이네. 더구나 지금 밤인데, 열어 놓았던 문도 걸어 잠그고 잘 시간인데 문이 열리지 않는다고 발광이야 그래! 원 참 별난 양반 다 보겠네."

← 선생님이 처한 상황에 대해 이야기를 나누는 '나'와 목수네 아주머니

## 이것만은 꼭 익히자!

**포인트 1** **'고장 난 문'의 상징적 의미** (문항 30 관련)

작품 속 선생님은 화가로서 작업에 몰입하면 자신의 의지로 화실에 며칠씩 머물기도 한다. 하지만 '문'이 고장 나 열리지 않게 되면서 선생님은 자신의 의지와 무관하게 화실에 고립되자 점차 괴로워하다 극단적 결말을 맞이한다. 이렇게 볼 때, '고장 난 문'은 한 개인의 자유 의지를 속박하고 억압하는 외부적 요소를 상징적으로 보여 주는 것이라 할 수 있다. 불합리한 사회 현실 및 권력 등의 외적 요소로 개인의 자유가 억압당할 때, 개인이 겪게 되는 고통과 괴로움을 보여 줌으로써 '고장 난 문'으로 상징되는 부조리한 외적 상황과 현실에 대한 비판 의식을 드러내고 있는 것이다.

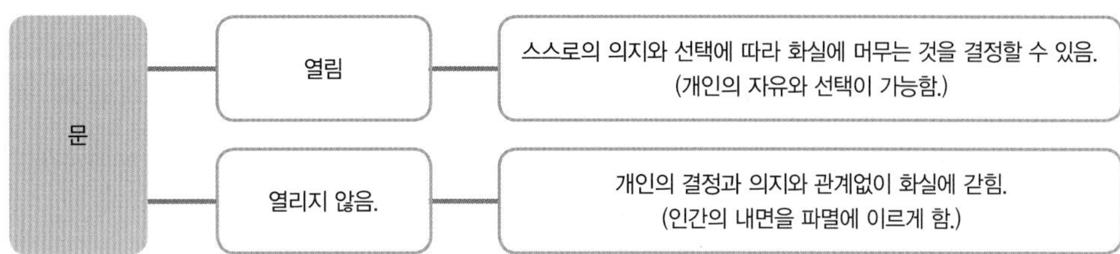


**포인트 2** **등장인물들 간 대화의 특징**

이 작품의 등장인물들은 진정한 소통에 이르지 못하는 면모를 보여 준다. 화실의 문이 고장 나 열리지 않게 돼 화실에 갇힌 선생님의 사정을 진정으로 이해하지 못하고, 문제 해결을 위한 적극적인 소통에 참여하지 않는 태도를 보인다. 이는 당대 사회의 부조리한 현실을 제대로 인식하지 못하는 소시민들의 어리석은 행태를 비판하려는 작가의 의도가 담긴 것이다.

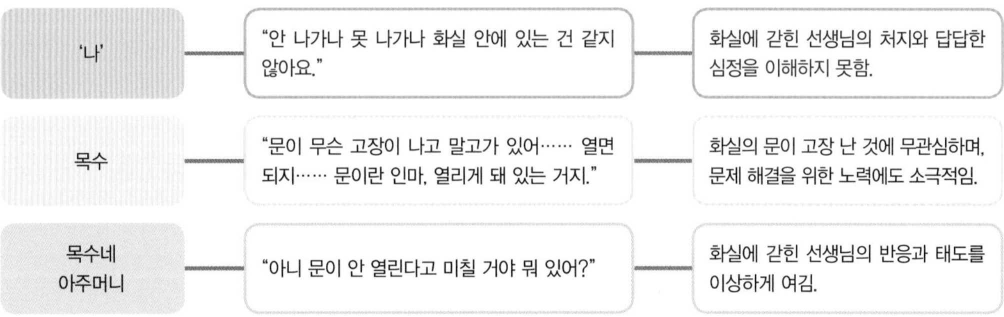


## 배경지식 더 알아보기

■ **액자 소설의 구조와 「고장 난 문」**

「고장 난 문」은 액자 소설의 구조를 취하고 있다. 액자 소설이란 바깥 이야기(외화) 속에 하나 이상의 속 이야기(내화)를 가진 소설을 가리킨다. 이러한 구조는 서술자의 시점을 다각화하여 다양한 관점에서 이야기를 전개하는 데 효과적이다. 「고장 난 문」은 경찰서에서 화가 선생님의 죽음과 관련하여 수사관의 심문을 받고 있는 '만덕'(바깥 이야기) – 화가 선생님과 '나'가 겪은 상황에 대한 진술(속 이야기) – '만덕'의 진술이 거짓이라고 단정 짓는 수사관(바깥 이야기)이라는 액자식 구조를 보인다. 그리고 '만덕'을 범인이라고 단정 짓는 바깥 이야기에서 의사가 제출한 검안서에 '질식사'로 기록된 것을 보면서도 콧방귀를 뀌며 화가의 죽음을 '질식사'라고 생각하지 않는 수사관을 통해 진정한 이해와 소통이 부재한 상황에 대한 비판적 의식을 다시 한번 강조하고 있다.

# (가) 소지형 시가의 특징

EBS 수능완성 148쪽

 이 글은 고문서의 한 양식인 '소지(所志)' 형식이 국문 시가와 교섭하며 나타난 소지형 시가에 대해 소개하고 있다. 소지형 시가는 청원 및 진정을 자유롭게 진술하며 다양한 문학적 수사 장치를 활용하여 작가의 심적 지향을 진술하거나 소망하는 바를 청원하는 시가를 일컫는다. 소지형 시가는 시적 화자의 소망이 다양하게 발현되는 과정에서 말놀음, 극한 과장, 전고(典故) 차용 등 다양한 수사적 장치가 동원된다는 특성을 지니고 있다.

주제 소지형 시가의 특징

소지형 시가는 조선 후기로 넘어오면서 소송의 사례가 증가하고 여기에 동원되는 '소지(所志)' 형식이 널리 보편화되면서(문학 갈래와의 교섭을 가능하게 한 배경 ①), 고문서의 한 양식인 소지가 국문 시가와 갈래 교섭을 일으키며 문학사에 등장한 형태이다. 소지는 일반적으로 관부(官府)에 올리는 소장(訴狀), 청원서, 진정서('소지'의 구체적 종류) 등을 통틀어 일컫는데, 청원 내용을 비교적 자유롭게 진술할 수 있고 내용의 기술 과정에서 다양한 문학적 수사 장치가 동원된다는 점(문학 갈래와의 교섭을 가능하게 한 배경 ②)에서 문학 양식과의 접변 및 교섭 가능성이 일정 부분 열려 있는 특성을 지니고 있었다. ← 소지형 시가의 등장 배경

소지의 본래 성격은 청원(請願) 및 진정(陳情)에 있다. 따라서 소지를 활용한 소지형 시가의 경우 작가가 지니고 있는 심적 지향을 진술하거나 소망하는 바를 청원하는 특성('소지'의 본래적 성격이 반영된 소지형 시가의 특성)을 지니고 있다. 특히 시적 화자의 소망이 다양하게 발현되는 과정에서 말놀음, 극한 과장, 전고(典故) 차용 등 다양한 수사적 장치가 동원(작가의 심적 지향 및 소망하는 바를 실현하기 위해 다양한 문학적 장치 활용)된다. 한편 소지형 시가 작품은 개인이 지니고 있는 욕망을 무절제하게 표출하기만 하는 것이 아니라, 작품 말미에서 청원 및 진정을 처리해 주는 권한자의 처분을 제시하여 화자의 과도한 욕망을 경계하는 주제 의식을 보여 주기도 한다. ← 소지형 시가의 특징

## 이것만은 꼭 익히자!

**포인트 1 다양한 문학적 수사 장치가 활용되는 소지** (문항 32 관련)

소지를 작성하는 근본적인 목적은 억울함을 호소하거나 다툼의 여지를 해소하여 궁극적으로는 자신이 원하는 바를 얻어 내기 위함이다. 소지는 작성 후, 관부에 제출하는 실용체 산문의 형식을 지니고 있지만, 소지 작성의 본래 목적을 관철하기 위해서 사실에 근거하면서도 판결의 주체자를 논리적으로 설득하기 위한 다양한 문학적 수사 장치가 동원되기도 하였다. 즉 소송 전략 차원에서 청원하는 의도와 목적이 정확하게 전달될 수 있도록 비유, 점층, 대조, 열거 등의 수사적 요소가 활용되었다. 나아가 사실에 기반하되 과장의 수법도 일정 부분 허용되는 측면이 있었다. 이와 같은 소지의 특성이 반영된 소지형 시가에서도 작가가 기대하는 바나 소망하는 바를 이루고자 하는 심정을 표출하기 위해 말놀음, 극한 과장, 전고(典故) 차용 등 다양한 수사적 장치가 동원된다.

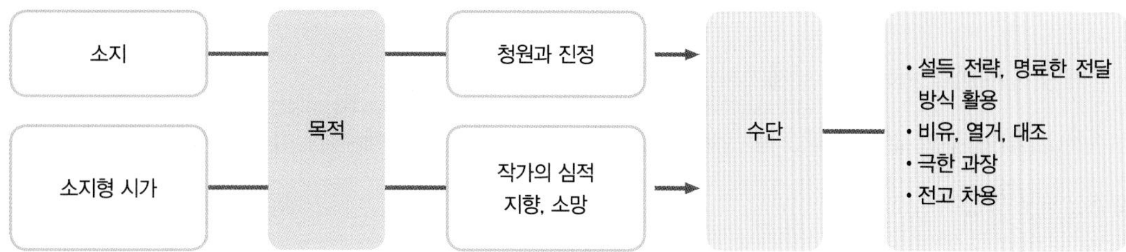


## 배경지식 더 알아보기

■ **소지(所志)의 의미**

사서(士庶), 하민(下民), 천민(賤民) 등 당사자 개인의 특수성을 띤 문제 해결을 위해, 해당 문제를 해결해 줄 수 있는 책임자인 관찰사, 수령, 암행어사 등에게 올리는 소장(訴狀)이나 청원서 및 진정서의 성격을 가진 문서를 말한다. 문서의 표기가 국문으로 된 것은 발괄[白活]이라고도 한다. 소지류는 현존하는 고문서 중에 가장 많은 양을 차지하고 있는 유형으로서, 조선 후기에 이르면 전국적으로 널리 보편화된 문서 형식이라 할 수 있다.

소지를 작성하는 근본적인 목적은 억울함을 호소하거나 다툼의 여지를 해소하여 궁극적으로는 자신이 원하는 바를 얻어 내기 위함이다. 따라서 소지의 내용은 크게 보면 청원자의 청원과 권한자의 처결이라는 두 축으로 구성된다. 그중에서도 가장 본질적인 부분에 해당하는 청원 내용은 특별한 형식적 제약이 없이 비교적 자유롭게 내용을 기술하였다.

실전 모의고사 **1회**

문학 이론 + 고전 시가 31~34번

# (나) 「삼가 뜻하는 바를 아뢰오니 ~」 _ 작자 미상

EBS 수능완성 148쪽

**감상 포인트** 이 작품은 풍류, 취락(醉樂) 같은 현세적 삶에 대한 강한 욕구를 표출하면서도 과도한 욕망을 경계해야 한다는 작가 의식을 드러내고 있다. 화자는 오랫동안 방치되어 있는 주천(酒泉)을 자신에게 내려 달라고 청원하고 있다. 주천은 중국 감숙성의 지명으로 술맛 나는 물이 샘솟는 곳이라 하여 붙여진 이름인데, 역대 풍류 소객(騷客)들의 심상 공간으로 널리 회자되었다. 화자는 이런 장소를 자신에게 내려 달라는 것인데, 이는 풍류와 취락 관련 즐거움을 독차지하고 싶은 화자의 욕구를 드러낸 것이다. 이에 대해 상제는 화자의 청원을 거부함으로써 과도한 욕망에 대한 경계를 보이고 있다.

**주제** 세속적 욕망 추구와 이에 대한 경계

삼가 뜻하는 바를 아뢰오니 상제께서 처분하오소서 ← 초장: 상제께 청원하는 화자
(시적 화자가 소망하는 일을 이뤄 주기를 청원함.)

주천(酒泉)*이 주인 없어 오래도록 황폐하였으니 그 이유 살피신 후에 제가 바라는 일을 처결하여 허락함을 공증문서로 발급하옵소서 ← 중장: 주천을 내려 줄 것을 청원하는 화자
(주천의 주인이 되고 싶은 화자의 소망 / 주천을 차지하고 싶은 화자의 욕망)

상제께서 소장 안에 호소하는 바를 다 살펴보았거니와 유령* 이백*도 토지나 전결세를 나눠 받지 못했거든* 하물며 세상의 공적 물건이라 제 마음대로 못 할 일이라 ← 종장: 청원을 거부하는 상제
(상제: 청원 및 진정을 처리할 수 있는 권한자 / 토지나 전결세: 주천에 대한 권리 / 세상의 공적 물건이라: 화자의 청원을 들어줄 수 없는 이유)

**어휘**

- *주천: 중국 감숙성의 지명으로 술맛 나는 물이 샘솟는 곳이라 하여 붙여진 이름. 풍류와 취락의 이상적 공간으로 널리 이름난 곳.
- *유령: 중국 진나라 때의 죽림칠현 중의 한 사람으로, 술을 몹시 즐기던 시인.
- *이백: 당나라 현종 때의 시인. 술을 친구로 삼은 시선(詩仙)으로 불림.
- *토지나 전결세를 나눠 받지 못했거든: 주천에 대한 소유의 권리를 받지 못했다는 의미.

## 이것만은 꼭 익히자!

**포인트 1** '화자의 청원-권한자의 처결' 구조

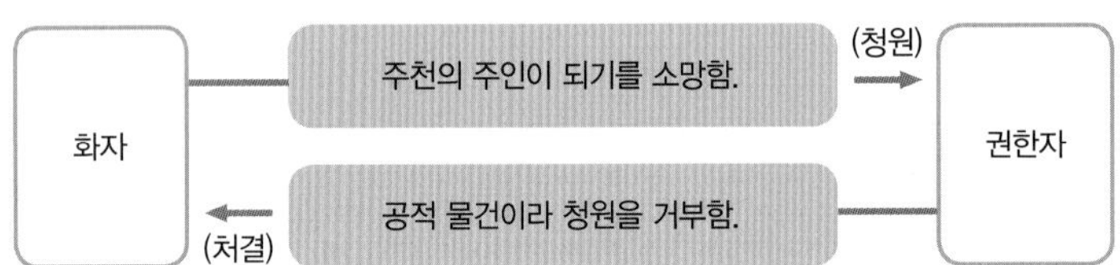


## 배경지식 더 알아보기

■ **작품 원문**

右謹陳所志矣段은 上帝處分ᄒᆞ오쇼셔
酒泉이 無主ᄒᆞ여 久遠陳荒爲有去乎鑑當情由教是後에 矣身處許給事를
立旨成給爲白只爲
上帝題辭ㅅ 內에 所訴知悉爲有在果劉伶李白段置折授不得爲有去等
況彌天下公物이라 擅恣安徐向事

문학 이론 + 고전 시가 31~34번

# (다) 「순창가」 _ 이운영

EBS 수능완성 148쪽

감상 포인트 이 작품은 전라도 순창현의 서리 최윤재가 담양 부사를 배행해 강천사를 유람하다가 실족해 다친 후에 관기(官妓)를 가해자로 지목하여 전라도 관찰사에게 올린 소장(訴狀)을 중심으로 최윤재, 관찰사, 관기가 갈등하는 내용을 노래하고 있다. 이를 통해 자신보다 지위가 높은 양반에게는 아무 말도 못 하면서 자신보다 신분이 낮은 기생들에게 죄를 떠넘기는 비겁한 아전과, 인간 대접을 받지 못하고 고통을 겪는 힘없는 기녀라는 전형적 인물상을 그려 내고 있다.

주제 부도덕한 지배층의 횡포

순창 서리(胥吏) 최윤재는 사또님께 소지(所志) 올려
(서리: 하급 관리직의 이름 / 사또님: 청원을 처리할 수 있는 권한자(관찰사))
원통함을 아뢰오니 올바르게 처결해 주소서 ← 1~2행: 사또에게 소장을 올림.
(원통함: 소지를 올리게 된 이유)
구월 십사일은 담양 부사 생신이라
소인의 사또가 사흘 전에 달려갈 때
소인이 사령의 우두머리로 행차를 따라갔는데
(사령: 조선 시대에, 각 관아에서 심부름하던 사람)
광주 고을 목사와 화순 창평 남평 원님
십사일 조식 후에 일제히 모이셨네
(일제히 모이셨네: 담양 부사의 생일을 축하하기 위함.)
바야흐로 큰상에 성찬을 벌여 놓고
관악기 현악기는 누각에 늘어놓고
구름 같은 묘한 곡에 씩씩한 몸 상좌에 앉아 있고
도내의 제일 명창 담양 순창 명기들이
가무를 대령하여 이날을 보낸 후에
(이날: 담양 부사의 생일날)
십오야 밝은 달의 후약이 어디인가 ← 3~13행: 담양 부사를 배행하며 모심.
(후약: 호남 소금강의 경치를 유람하는 것)
호남 소금강의 경치를 보시려고
「화려한 육각 양산 청산에 나부끼고
(「 」: 호남 소금강의 경치를 보기 위해 떠나는 행렬의 화려한 모습 묘사)
오마(五馬) 쌍전은 단풍 숲으로 들어갈 제
옥패는 쟁그랑쟁그랑 걸음마다 울리고
낭랑한 말소리는 말 위에서 오갈 제 ← 14~18행: 산수를 유람하는 행렬의 모습
동산의 고상한 놀이* 용문의 눈 구경*에
기생이 따르기는 자고로 있는지라」
아리따운 기생들이 의기양양 무리 지어
말 타고 군졸들과 수레를 뒤따르니

창안백발 화순 원님 기생에게 다정하사

굽이진 곳에서 자주 돌아보시기에

소인은 하인이라 말에 앉아 있기 황송하와
말에 오르내리기를 반복한 이유

올랐다가 내렸다가 내렸다가 올랐다가
대구, 반복을 통한 화자의 모습 희화화

오르락내리락 몇 번인 줄 모르겠네

망망히 내렸다가 다시 올라타노라니

석양에 큰길 아래서 실족하야 넘어지니
화자가 크게 다치게 되는 직접적 원인

돌들이 흩어진 곳에 콩 태 자로 자빠지니
과장을 통한 화자의 모습을 희화화

『팔다리도 부러지고 옆구리도 삐어서
『 』: 위중한 화자의 상태 묘사

어혈(瘀血)이 마구 흘러 흉격이 펴지지 않고』

금령이 지엄하와 개똥도 못 먹고
개똥을 약으로 쓰던 민간요법을 쓰지 못하게 하는 명이 있었던 것으로 보임.

병세가 기괴하와 날로 위중하니

푸닥거리 경 읽기는 다 해 봐야 헛되도다

이제는 하릴없이 죽을 줄로 알았더니

『곰곰 앉아 생각하니 이것이 뉘 탓인고
『 』: 자문자답, 자신을 위중한 상태로 만든 가해자로 기생을 지목

강천에서 배행하던 기생들의 탓이로다』

네 쇠뿔이 아니런들 내 담이 무너지랴
속담을 인용하여 현재 상황의 잘못이 기생의 탓임을 강조

속담에 이른 말씀 예부터 이러하니

소인의 죽는 목숨 그 아니 불쌍한가
의문형 표현을 통해 자신의 억울함을 강조

소인이 죽거든 저년들을 죽이시어

불쌍히 죽는 넋을 위로하여 주옵실까

실낱같이 남은 목숨 살려 주시길 바라나이다 ← 19~44행: 낙마의 억울함을 하소연하는 최윤재
억울하고 원통한 화자의 심정을 풀어 주기를 간절히 청원함.

(중략)

죄범이 중타 하시어 저리 행하옵시니

『수화(水火)에 들라 하신들 감히 거역하리까
『 』: 자신들에게 내려진 처분을 수용하겠다는 의녀들의 모습

죽이시거나 살리시거나 처분대로 하려니와』

의녀 등도 원통하와 소회를 아뢸 것이니

일월같이 밝으신 순찰 사또님께

한 말씀만 아뢰옵고 매를 맞고 죽겠나이다
자신들의 현재 상황에 대한 억울함을 호소
의녀 등은 기생이요 최윤재는 아전이라

기생이 아전에게 간섭할 일 없사옵고

「화순 사또 뒤돌아보시기는 구태여 의녀들을 보시려 하셨던 건지
「 」: 화순 사또가 뒤를 돌아보심이 의녀들을 보기 위한 것인지가 분명하지 않음을 고함.
산 좋고 물 좋은데 단풍이 우거지니

경물을 구경하려다 우연히 보셨던 건지」

「아전이 제 인사로 제 말에서 내리다가
「 」: 서리 최윤재의 낙마는 본인의 실수임을 강조
우연히 낙마」하여 만일에 죽는다 한들

어찌 의녀들이 살인이 되리이까
의문형 표현을 통해 자신들의 억울함을 부각함.

← 45~58행: 억울함을 하소연하는 기생

어휘

*동산의 고상한 놀이: 진(晉)나라 사안(謝安)이 화계 땅 동산에서 은거하면서 한가로이 노닐 적에 항상 가무에 능한 기녀를 대동했다는 고사를 이름.

*용문의 눈 구경: 서도(西都)의 태수 전유연이 송나라 사희심과 구양수가 눈이 내린 용문의 향산(香山)에 이르자 용문의 눈경치를 구경할 것을 권유한 고사를 이름.

## 이것만은 꼭 익히자!

### 포인트 1 화자의 전환을 통한 시상 전개

「순창가」는 화자가 교대(최윤재와 의녀)하며 자신의 청원을 직접 진술하는 방식을 취하고 있다. 각 사건과 관련된 화자의 발화를 직접 제시하는 방식을 취하여 화자가 겪은 사건과 그로 인한 자신의 심정을 진술하는 상황의 극적인 효과를 높여 준다.

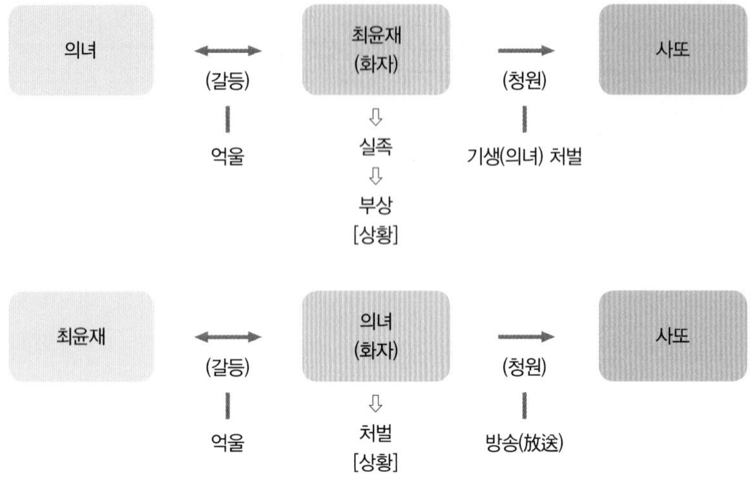


### 포인트 2 희화화를 통한 비판 의식 강조

대구, 반복, 과장 등을 활용하여 최윤재의 모습을 희화화함으로써 작가의 비판 의식을 드러냄.

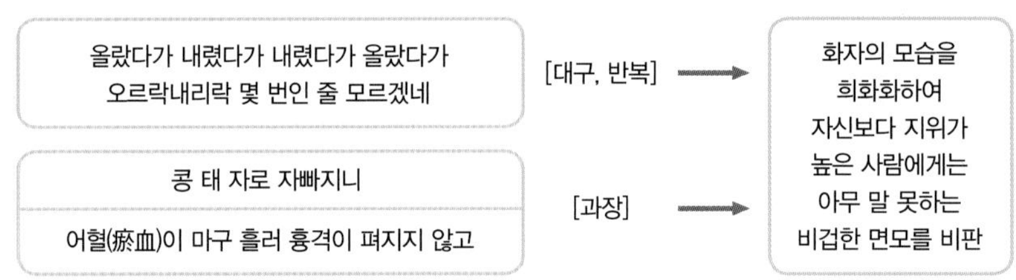

올랐다가 내렸다가 내렸다가 올랐다가
오르락내리락 몇 번인 줄 모르겠네
[대구, 반복]
콩 태 자로 자빠지니
어혈(瘀血)이 마구 흘러 흉격이 펴지지 않고
[과장]
화자의 모습을
희화화하여
자신보다 지위가
높은 사람에게는
아무 말 못하는
비겁한 면모를 비판


## EBS Q&A

**Q** 문학 이론과 작품이 함께 지문으로 나오는 경우는 어떻게 해결해야 하나요?

**A** 지문으로 제시되는 문학 이론은 문항에서 제시되는 〈보기〉와 달리 개별적인 작품 감상론이 아닌 일반적인 관점 및 입장에서 문학 작품을 감상하거나 분석할 수 있는 개념들을 설명하는 경우가 많습니다. 이 지문에서는 고문서의 한 양식인 '소지'의 형식이 활용된 시가 작품들의 특징을 설명하고 있습니다. 그리고 이와 연계하여 감상할 수 있는 시조와 가사 작품을 함께 제시하였습니다. 문항에서는 지문에서 설명한 개념 및 특징들을 개별 작품에 적용하여 각 작품의 내용을 이해하고 특징을 분석할 수 있는지를 평가하고자 합니다. 이를 고려할 때, 지문으로 제시된 문학 이론 역시 문항에서 제시되는 〈보기〉와 마찬가지로 개별 작품을 감상하는 외적 준거로 제시되는 것입니다. 따라서 문학 이론에서 제시하고 있는 특징, 개념 등을 정확히 이해하여 이를 개별 작품에 적용하고 그 특성을 파악하는 것이 중요합니다.

고전 소설 18~21번

# 「낙성비룡」 _ 작자 미상

EBS 수능완성 165쪽

이 작품은 중국을 배경으로 한 영웅 소설로, 비범한 인물이 처지가 몰락한 후 자신을 알아주는 사람을 만나 결연하게 되지만 그 후 장애를 겪다 결국 능력을 발휘하게 된다는 내용을 담고 있다. 특히 다른 영웅 소설과는 달리 주인공이 잠꾸러기에 먹성이 엄청난 먹보로 설정된 것이 특징이다. 작품의 내용에서 한문 투가 아닌 순우리말 어구가 발견되는 점이 주목할 만하다.

주제 영웅 이경모(경작)의 고난 극복과 승리

명나라 북경 유화촌에 이주현이라는 선비가 있었다. 그의 부인 오 씨가 어느 날 큰 별이 방 안에 떨어졌다가 황룡이 되어 승천하는 꿈을 꾸고 잉태한 뒤, 18개월 만에 아들을 낳아 경모(아명 경작)라고 이름을 지었다. 경모는 어려서 부모를 잃은 뒤, 남의 집 머슴살이를 하며 떠돌아다니다가 퇴임 재상 양 승상의 눈에 띄어 그의 사위가 된다. 그러나 승상이 죽자 처가의 박대를 견디지 못한 그는 집을 나가 청운사로 들어가 학문을 닦아 장원 급제를 하게 된다. 마침 번왕이 모반하여 쳐들어오자 그는 원수가 되어 이를 평정하고 평원왕에 봉해져서 양 승상의 딸과 해로하게 된다.

"네 아까 읊던 글을 들으니 큰 뜻을 품었음이 분명한데, 나를 속이지 마라."

"잠결에 읊는 것이 무슨 뜻이 있겠소? 말하기 싫으니 가겠소."

일어나 소를 끌고 가려 하자, 양자윤이 잡아 앉혔다.

"네 비록 어린아이나 예의를 모르는구나. 나는 나이 든 사람이고 너는 나이 어린 아이인데 어찌 그리 버릇없이 구느냐?"

"목동이 무슨 예를 알겠소?"

"너는 내 얼굴을 자세히 봐라."

경작이 머리를 헤쳐 쓸고 보니, 흰옷을 입은 어른이 머리에 갈건을 쓰고 오른손에는 보석으로 장식된 채를 잡고 왼손에는 명아줏대로 만든 지팡이를 짚고 있었다. 흰 수염이 가슴에 늘어졌는데 골격이 맑아 마치 신선 같았다. 경작은 마음속으로 '사람을 많이 보았지만 이러한 사람 없었으니 이 사람은 뭔가 있는 늙은이로구나.'라고 생각하였다.

(경작이 양 승상의 외양을 보고 그의 범상치 않은 면모를 깨닫게 됨.)

"제가 대인의 기상을 보니 봉황이 그려진 궁궐의 전각 위에 홀을 받들 기질이요, 구중궁궐의 신하로 나라를 다스리고 백성을 편안하게 할 재주와 덕이 있어 보이는데 무슨 이유로 갈건과 평복 차림으로 이리저리 다니십니까?"

양자윤이 웃으며 말하였다.

"네 말이 우습구나. 뒤늦게 공경하는 것은 무슨 이유냐? 네 승상 양자윤을 아느냐?"

"가장 어진 재상이라 들었습니다. 지척에서 만나 뵙게 되었습니다."

(양 승상에 대한 세간의 평판이 좋았으며 경작도 이에 대해 들은 바가 있음을 알 수 있음.)

"알아보다니, 얼굴 보기를 좀 하는구나."

"아까 그 말씀에 깨달았습니다."

"내가 비록 보는 눈이 없지만 평생 사람을 눈여겨보았다. 너를 보니 결코 천한 신분의 사람이 아니고, 지은 글이 틀림없이 뜻이 있는 듯하니, 나를 속이지 마라."

(경작의 영웅됨을 알아보는 양 승상의 면모(지인지감 화소))

"그렇게 물어보시니 마음속에 담은 일을 말씀드리겠습니다."

이어서 경작은 세 살에 부모를 잃고 유모에게 맡겨졌다가 일곱 살에 유모가 죽자 의지할 데 없어 장우의 집 머슴이 된 사연을 이르고 동쪽 산을 가리키며 말하였다.

주인공 행적의 요약적 제시

"저 분묘가 제 부모의 분묘입니다."

경작이 말을 끝내고 눈물을 흘리니, 양자윤이 슬퍼 탄식하며 말하였다.

"예로부터 어려운 처지에 놓인 영웅호걸이 많다 하나, 어찌 너 같은 사람이 있겠느냐? 네 나이 얼마나 되었느냐?"

"속절없이 열네 봄을 지내었습니다."

"내가 너에게 청할 말이 있는데 받아들이겠느냐?"

"들을 말씀이면 듣고 못 들을 말씀이면 못 듣는 것이지 미리 정할 수 있겠습니까?"

"다른 일이 아니다. 내가 두 아들과 두 딸을 두었는데 위로 셋은 결혼을 하고 막내만 남았다. 막내딸의 나이가 열넷인데, 결혼할 때가 되어 제법 아름다우나 현명한 군자를 만나지 못하였다. 이제 너와 내 딸이 쌍을 이루게 하려고 하는데 허락할 수 있느냐?"

경작이 하늘을 보며 크게 웃었다.

"어르신의 따님은 재상의 천금과 같은 소저로 존귀하기가 끝이 없습니다. 저는 상민 집의 종인데 어르신의 말씀이 사실인가 의심이 갑니다. 하지만 정말로 숙녀라면 어찌 사양하겠습니까?"

← 목동 경작의 자질을 알아본 양 승상이 그에게 사위가 되어 줄 것을 요청함.

**[중략 부분 줄거리]** 경작은 양자윤의 사위가 되지만, 그가 죽자 처가에서 쫓겨난다. 거리를 떠돌다 어려운 처지에 놓인 사람을 만나 자신이 가진 전부인 은자 삼백 냥을 준 후 하룻밤 신세를 질 집을 찾게 된다.

서당에 촛불이 휘황하고 누각이 기이하여 세상 같지 않았다. 백의 노인이 당상에 앉아 있는데, 맑고 기이하여 평범한 사람 같지 않았다. 경작이 다가가 계단 가운데에서 예를 취하였다. 노인이 팔을 들어 인사하며 말하였다.

배경의 비현실성 암시

"귀한 손님이 저녁을 못 하셨을 것이니 밥 한 그릇 내오는 것이 어떻겠느냐?"

경작이 감사히 여겨 말하였다.

"궁한 선비가 길을 잘못 들어 귀댁에 이르렀습니다. 이렇게 과하게 대접하시니 몸 둘 바를 모르겠습니다."

"대인은 작은 인사를 하지 않는다고 합니다. 어찌 작은 일에 감사하려 합니까?"

그러고 나서 동자를 불러 말하였다.

"귀한 손님의 양이 매우 많아 보이니 밥을 한 말을 짓고 반찬을 갖추어 내어 오라."

경작이 대식가라는 사실을 이미 알고 있음.

경작이 '처음 보는데도 내 양이 많은 줄을 아니 슬기로운 어른이구나.' 하고 생각하였다. 이윽고 동자가 식
상대의 안목을 바탕으로 비범함을 직감함.
반을 가져 오는데 과연 말밥이 푸짐하고 산채가 정결하면서도 많았다. 경작이 저물도록 주렸던 까닭에 밥술을 크게 떠서 먹었다. 노인이 말하였다.

"양에 차지 못할 터인데 더 가져오라고 하는 것이 어떠합니까?"

경작이 사양하여 말하였다. / "주신 밥이 많아서 소생의 넓은 배를 채웠으니 그만하십시오."

"그대는 양이 적군요! 나는 젊어서는 이렇게 두 그릇을 먹었습니다. 그대가 오늘 큰 적선을 하여 깊이 감동
경작이 어려움에 처한 사람에게 삼백 냥을 건네준 사실을 노인이 이미 알고 있음. 노인이 범상한 인물이 아니라는 것을 짐작할 수 있음.
하였소."

경작이 노인장이 이렇듯 신기한 것을 보고 평범한 사람은 아닐 것이라 생각하며 의아해 마지않았다.

"어르신이 무엇을 말씀하시는 것입니까? 저는 가난하여 적선한 일이 없습니다."
자신의 선행을 숨기려는 모습에서 경작의 겸손한 성품을 엿볼 수 있음.

"대인은 사람 속이는 일을 하지 않소. 그런데 그대 그렇게 많이 먹으면서 양식 없이 어찌 다니려 하는 것이오?" / "이처럼 얻어먹으면 못 살겠습니까?"
앞일을 걱정하지 않는 경작의 낙천적인 성격이 드러남.

"젊은 사람의 말이 사정에 어둡구료. 나는 마침 그대 먹는 양을 알아 대접하였지만, 누가 그대의 먹는 양을 알겠소? 나는 그대의 성명을 알거니와 그대는 나의 성명을 알아도 부질없으니 말하지 않겠소. 그대는 이렇게 떠도느니 평안히 거처하며 학문을 하는 것이 어떻겠소? 길거리에 떠돌아다니는 것은 무익하오. 낙양 땅
경작의 후원자였던 장인 양 승상이 죽은 후에도 상계에서 내려와 후원을 이어가는 모습을 보여 줌.
청운사가 평안하고 조용한데, 그 절의 중이 의롭고 부유하여 어려운 선비를 많이 대접하였다오. 그리로 가서 몸을 편안히 하고 공부를 착실히 하시오. 노자가 없으니 노부가 간단하게나마 차려 주겠소."

말을 마치고 문득 베개 밑에서 돈 네 꾸러미를 내어 주었다.

"이 정도면 가는 길에 풍족하게 먹을 것이오. 청운사로 가면 좋은 일이 많을 것이외다."

경작이 사례하는데 노인이 웃으며 말하였다.

"삼백여 냥 은자는 통째로 주고도 사례하는 것에 대해 기뻐하지 않더니 도리어 네 냥 화폐를 사례하시오?"
경작이 가난한 이에게 적선한 돈 / 노인이 경작에게 노잣돈으로 건네준 돈

그리고 이어서 말하였다.

"여행의 피로로 노곤할 것이고, 본래 잠이 많으니 어서 자고 내일 떠나시오. 그리고 다시 나를 찾지 마시오.
경작이 잠이 많다는 사실도 알고 있는 노인의 모습
내일 부어 놓은 차를 마시고 가시오. 후일 영화를 이루고 부귀할 것이니 미리 축하하오."
인물의 앞날을 예고함.

경작이 깜짝 놀라 물었다. / "어르신의 말씀이 예사롭지 않으니 무슨 뜻입니까?"

"내 말이 그르지 않을 것이니 의심치 마시오."

← 길을 떠돌던 경작이 자신이 누구인지 알아보는 노인을 만나 그의 집에서 신세를 짐.

경작이 의심스러웠지만 여러 날 고생한 탓에 졸음이 몰려와 잠이 들었다. 동방이 밝은 줄을 깨닫지 못하다가 막 일어나 보니 곁에 돈과 차 한 종지와 글이 쓰인 종이 한 장이 있을 따름이었다. 웅장한 누각은 없어지고
노인과의 만남이 비현실적인 경험이었음이 드러남.
편한 바위 위에 누워 있었다. 노인의 자취가 없어 신선인가 의심하고 스스로 탄식하면서 종이를 펼쳐 보았다.

"장인 양 공이 사랑스러운 이 서방에게 부친다. 노부가 세상을 버린 뒤 너의 몸이 항상 괴롭구나. 떠나가는 길에 행낭마저 사람에게 적선하고 밤늦도록 숙소를 찾지 못하여 배가 고픈데도 행낭을 아쉬워 않는구나. 마음이 크고 덕이 넓어 사람을 감동케 하니 푸른 하늘이 어찌 감동하지 않겠는가? 내 너를 위하여 하늘에 하루 말미를 급하게 구하였다. 가르친 말을 어기지 말고 차를 마시고 빨리 떠나라."

노인의 정체가 드러나며, 노인(장인)이 경작을 찾아온 연유가 밝혀짐.

경작이 편지를 다 읽고 크게 놀라고 슬퍼 눈물을 흘렸다. 차를 마시니 정신이 상쾌하였다. 차 종지를 거두고 돈을 허리에 찼다. 옛일을 생각하며 어젯밤을 떠올리고는 슬픔을 금치 못하여 돌 위에 어린 듯이 앉아 있었다. 한바탕 부는 바람에 종이와 차 종지가 간데없고 다만 공중에서 어서 가라는 소리만 들렸다. 경작이 공중을 향해 두 번 절하고 떠났다.

경작이 슬픔에서 벗어나 현실로 돌아가도록 재촉함.

← 잠에서 깨자 노인은 사라지고, 그가 남긴 편지를 통해 노인의 정체를 알게 되고 슬퍼함.

## 이것만은 꼭 익히자!

### 포인트 1 가정 지향적 영웅 소설 「낙성비룡」

「낙성비룡」은 기존 영웅 소설과는 여러 가지 다른 면모를 보이고 있다. 주인공의 비범한 능력보다는 지나치게 많이 자고 많이 먹는 특성이 강조되고 있으며, 이는 혼인 이후 주인공이 처 가족들에게 멸시와 핍박을 받는 원인이 되기도 한다. 주인공이 입신양명한 후에도 영웅으로서의 활약보다 처 가족과 상봉하여 그들을 용서하는 장면 및 아내와 백년해로하는 장면이 주를 이룬다. 이는 이 작품이 가정 지향적 성향이 짙은 영웅 소설임을 보여 주는 것이라고 할 수 있다.

### 포인트 2 「소대성전」과의 연관성

「낙성비룡」은 조선 왕실에서 향유되었던 낙선재본 소설이다. 이 작품은 영웅 소설인 「소대성전」과 내용이 유사하다고 평가되고 있다. 이 두 작품의 주인공은 모두 다음과 같은 공통점을 지니고 있다.

- 신이한 태몽을 가지고 탄생한다.
- 어려서 부모를 여의고 고생한다.
- 인물됨을 알아보는 장인 될 사람을 만난다.
- 한때 잠을 많이 자는 모습을 보인다.
- 장모의 구박으로 처가를 나온다.
- 수련을 거쳐 전쟁에서 공을 세운다.
- 아내와 해후하여 행복하게 산다.

### 포인트 3 지인지감(知人之鑑) 화소 (문항 21 관련)

조선조 장편 국문 소설 중에는 '지인지감(知人之鑑-인간의 드러나지 않는 자질이나 장래를 알아보는 감식안)'을 가진 인물인 지자(知者)가 비범함이 아직 드러나지 않은 피지자(被知者)를 알아보고 선택함으로써 이야기를 흥미롭게 풀어 나가는 작품들이 많으며 「낙성비룡」도 그중 하나이다. 이 화소를 바탕으로 한 소설들은 대체로 '피지자 제시 → 피지자의 처지 몰락 → 지자의 지인지감에 의한 피지자의 발탁과 결연 → 피지자에 대한 후원과 피지자의 장애 → 피지자의 수학(修學) → 피지자의 비범한 능력 발휘 → 부귀영화 향유'라는 서사 구조를 취한다.

## 배경지식 더 알아보기

■ **「낙성비룡」 뒷부분 줄거리(〈중략〉과 그 후반 부분 포함)**

양 승상은 경작의 영웅됨을 알아보고 사위로 삼기를 바라서 상민 집의 종인 그의 몸값을 치러 속량하고 구혼한다. 양 승상이 부인 한 씨에게 경작을 사위 삼을 것이라 하니 가족들은 그의 천한 신분을 이유로 모두 반대한다. 그러나 승상은 자신의 안목을 믿으며 완강하게 주장하니 가족들이 마지못해 따른다. 그러나 양 승상이 죽자 경작은 글은 읽지 않고 게으름만 피우니 한씨 부인과 두 아들이 경작을 박대한다. 그러나 경작의 아내인 경주는 어머니와 오빠들의 그런 태도를 모르는 척하며 말없이 남편을 공경하고 따른다. 한씨 부인은 시녀를 시켜 경주가 손수 짠 새 옷을 입고 있는 경작에게 똥물을 던지게 한다. 그러나 경작이 옷에 똥이 묻어도 조용히 앉아 있자 한씨 부인은 경작을 더욱 멸시하며 의복을 종들처럼 입게 하고 밥을 조금만 주어 배를 채우지 못하게 한다. 경주의 오빠들 또한 경작이 깊이 잠든 모습을 못마땅해하며 사지를 매어 공중에 매다나 경작은 움직이지 않고 오히려 코를 골고 자니 오빠들 또한 경작을 더욱 무시한다. 이에 안타까운 경주가 경작에게 글공부를 권하나 경작은 배가 고파 글공부를 할 수 없다고 한다. 그러자 경주는 장신구를 팔아 경작의 식사비에 보탠다. 한씨 부인이 경작을 미워하는 마음에 병이 나자 경주는 경작에게 차마 말하지 못하고 안타까워한다. 이를 눈치챈 경작이 더는 모르는 척할 수 없어 경주에게 10년간 공부한 후 다시 만나겠노라 약속하고 증표를 나누어 가진 후 집을 나온다. 거리를 떠돌던 경작은 관가의 빚을 갚지 못해 늙은 어머니가 대신 옥에 갇혔다며 울고 있는 노인에게 가진 돈 은자 삼백 냥을 모두 내어 준다. 이후 경작은 자신을 만나기 위해 상계에서 내려온 양 승상을 만나 청운사로 가라는 말을 듣는다. 경작은 그의 지시에 따라 청운사에 의탁한 후 현불장로의 도움으로 5년간 밤낮으로 수학하여 달통한다. 경작은 또한 임강수와 유백문 두 현사를 만나 친교를 나눈다. 한편 경작을 6년째 기다리던 경주는 이웃 마을에 사는 젊고 인품 있는 김후성의 청혼을 받지만 거절하고 경작만을 기다린다. 경작은 장로와 더불어 4년 동안 명산대해를 유람한 후 과거에 응시하여 장원 급제한다. 이후 번왕이 침범하여 나라가 위태로워지자 경작은 병부상서 대원수로 출전하여 승리를 거두고 번왕이 보낸 자객을 인품으로 감동시켜 돌려보낸다. 이에 번왕이 항복하고 경작은 대승상이 된다. 경주는 약속한 10년이 되어도 경작에게서 아무런 소식이 없자 남복 차림을 하고 그를 찾아가려고 하나 한씨 부인의 반대로 뜻을 이루지 못한다. 경주는 기다리는 마음이 병이 되어 자리에 누워 병세가 돌이키기 어려운 지경에 이른다. 이에 대승상이 되어 나타난 경작의 지극한 간호로 경주의 병이 회복되고 경작은 처 가족과 상봉하여 그들을 용서한다. 부모와 양 승상의 묘에 제하고 경주와 함께 경사로 향한 후 경작은 선왕의 죽음으로 다시 벼슬을 하지 못하고 있던 양 승상의 두 아들을 천자에게 상소하여 벼슬길을 열어 준다. 경작은 벼슬이 높아져 청강후가 되고 성사를 잘하여 세상이 태평하고 백성들이 편안히 살게 된다. 경작과 경주의 15남 5녀 모두 현달하고 부귀영화를 누린다.

## EBS Q&A

**Q** 소재에 따른 고전 소설의 유형에는 어떤 것이 있나요?

**A** 고전 소설은 다양한 소재와 복합적인 구성을 보이는 현대 소설과 달리, 크게 몇 가지 유형으로 분류됩니다. 비슷한 주제와 소재를 담고 있는 작품들로 분류할 수 있는데, 주인공의 영웅적 일대기 구조를 나타내는 영웅 소설, 주인공의 전쟁에서의 활약상을 중심으로 하는 군담 소설, 가정 안에서 일어날 수 있는 처첩 갈등, 부부 갈등, 시부 갈등, 계모 갈등 등을 소재로 하는 가정 소설, '현실–입몽–꿈–각몽–현실'의 구조를 통해 현실의 인물이 꿈속의 사건에도 관여하는 몽유록계 소설, 주인공이 꿈속에서 다른 인물의 삶을 사는 과정이 드러나 있으며 꿈을 꾸고 깨어나는 과정을 통해 깨달음을 얻게 되는 몽자류 소설, 동물이나 사물을 의인화하여 인간 세상의 모습을 풍자적으로 드러내는 우화 소설, 남녀 간의 만남, 사랑, 이별 등을 주된 내용으로 다루는 애정 소설이 그 대표적인 유형이라고 할 수 있습니다. 「낙성비룡」의 경우 주인공인 경작의 영웅으로서의 활약상을 담은 영웅 소설로 분류할 수 있지만 처가와의 갈등과 화해 등이 많은 비중을 차지하고 있어 가정 소설의 성격도 함께 보인다고 할 수 있습니다.

고전 시가 22~24번

# 「갑민가(甲民歌)」 _ 작자 미상

EBS 수능완성 168쪽

감상 포인트 이 작품은 창작 시기와 작가는 분명히 밝혀지지 않았지만 조선 영 · 정조 때(18세기) 성대중이 함경도 북청 부사로 있을 당시 근처 갑산(甲山) 지역에 살았던 사람이 지은 것으로 추정된다. 갑산은 변방인 함경남도 북동부에 위치한 곳으로, 조선 시대에 삼수와 더불어 유명한 귀양지 중 하나였다. 기온이 낮고 지형이 험준하여 경작지가 많지 않았기 때문에 이곳의 사람들은 신역으로 인한 부담이 클 수밖에 없었다. 특히 몰락 양반이나 힘이 없는 민중은 족징(族徵)과 지방 관리의 학정 등으로 신역에 대한 부담이 더욱 커졌는데, 이를 견디다 못한 사람들은 결국 고향을 떠날 수밖에 없었다. 이처럼 조선 후기 백성들의 삶을 힘겹게 하는 당대 사회의 모습을 작품 속 갑민의 삶의 모습을 통해 고발하고 있다는 점에서 이 작품은 현실 비판적인 성격의 가사 작품으로 평가받고 있다. 또한 갑민과 생원이라는 두 사람의 대화 형식을 통해 내용이 전개된다는 점이 특징이다.

주제 부조리한 현실 비판

어져 어져 저기 가는 저 사람아
대화 상대인 '갑민'을 가리킴.
네 행색 보아하니 군사 도망 네로고나
행색을 보고 군사 도망하는 상황임을 알아챔. 당시 사회적 상황을 짐작할 수 있음.
「요상(腰上)으로 볼작시면 베적삼이 깃만 남고
「 」: 군사 도망, 즉 유리하는 사람들의 초라한 행색 묘사
허리 아래 굽어보니 헌 잠방이 노닥노닥
곱장 할미* 앞에 가고 전태발이* 뒤에 간다」
십 리 길을 하루 가니 몇 리 가서 엎어지리
「내 고을의 양반 사람 타도타관 옮겨 살면 천(賤)히 되기 상사이거늘
「 」: 고향을 버리고 이주하는 것을 만류하는 내용
본토 군정(軍丁) 싫다 하고 자네 또한 도망하면
일국 일토(一國一土) 한 인심에 근본 숨겨 살려 한들 어데 간들 면할손가」
「차라리 네 살던 곳에 아무렇게나 뿌리박아
「 」: 이주하지 않고 고향에서 계속 살아갈 수 있는 방책을 제시함.
칠팔월에 삼을 캐고 구시월에 돈피(獤皮)* 잡아
공채(公債) 신역(身役)* 갚은 후에 그 나머지 두었다가
함흥 북청 홍원 장사꾼 돌아가며 잠매(潛賣)*할 때
후한 값에 팔아 내어 살기 좋은 넓은 곳에
가사 전토(家舍田土) 다시 사고 살림살이 장만하여
부모처자 보전하고 새 즐거움 누리려무나」 ← 서사: 유리하는 갑민을 본 생원의 말
「어와 생원인지 초관(哨官)인지
「 」: 화자가 생원에서 갑민으로 바뀜. 갑산의 사정에 대해 잘 모르는 생원의 제안에 갑민이 반박하기 시작함.
그대 말씀 그만두고 이내 말씀 들어 보소」
이내 또한 갑민(甲民)이라 이 땅에서 생장하니 이때 일을 모를소냐
「우리 조상 남쪽 양반 진사 급제 계속하여
「 」: 갑민의 집안이 몰락하게 된 과정을 서술함.
금장 옥패 빗기 차고 시종신*을 다니다가

시기인의 참소 입어 전가사변(全家徙邊)* 하온 후에

국내 변방 이 땅에서 칠팔 대를 살아오니

조상 덕에 하는 일이 읍중 구실 첫째로다

들어가면 좌수 별감 나가서는 풍헌 감관

유사 장의 채지* 나면 체면 보아 사양터니

애슬프다 내 시절에 원수인의 모함으로 군사 강등 되단 말가』

내 한 몸이 헐어 나니 좌우 전후 많은 일가 차차 충군(充軍)* 되었구나

누대봉사(累代奉祀)* 이내 몸은 하릴없이 매여 있고

시름없는 친족들은 자취 없이 도망하고

고향을 버리고 이주하는 유리민이 많았음을 알 수 있음.

여러 사람 모든 신역 내 한 몸에 모두 무니

한 몸 신역 삼 냥 오 전 돈피 두 장 의법(依法)이라

『열두 사람 없는 구실 합쳐 보면 사십육 냥

『 』: 과도한 신역에 대한 부담이 화자가 유리하려는 이유임이 드러남.

해마다 맞춰 무니 석숭*인들 당할소냐』

(중략)

'북청'을 가리킴.

그대 또한 내 말 듣소 타관 소식 들어 보게

대화 상대인 생원을 가리킴.

북청 부사 뉘실런고 성명은 잠깐 잊어 있네

충군애민함으로써 화자가 찬양하는 대상

많은 군정 안보(安保)하고 백골 도망(白骨逃亡) 원한 풀어 주네

공정한 군정으로 백성들의 한을 풀어 줌.

부대 초관(哨官) 모든 신역 대소 민호(大小民戶) 나누니

많으면 닷 돈 푼수 적으면 서 돈이라

(북청에서는) 신역에 대한 부담이 적음.

인읍(隣邑) 백성 이 말 듣고 남부여대(男負女戴) 모여드니

군정 허오(虛伍)* 없어지고 민호(民戶) 점점 늘어 간다

『나도 또한 이 말 듣고 우리 고을 군정 신역

『 』: 북청과 같이 군정을 개선하고자 건의했다가 곤장만 맞고 돌아옴.

북청같이 하여지라 감영에 의송(議送)* 보냈더니

본읍(本邑) 맡겨 제사(題辭)* 맡은 본 관아(本官衙)에 부치온즉

불문 시비 올려 매고 곤장 한 번 맞단 말인가』

천신만고 놓여나서 고향 생애 다 떨치고

인근 친구 하직 없이 부로휴유(扶老携幼)* 한밤중에

후치령 길 비켜 두고 금창령을 허위 넘어

단천 땅을 바로 지나 성대산을 넘어서면 북청 땅이 그 아닌가

좋은 거처 다 떨치고 모든 가속 보전하고 신역 없는 군사 되세
화자가 바라는 삶

내곧 신역 이러하면 이친 기묘(離親棄墓)* 하올소냐 ← 본사: 생원의 제안에 대한 갑민의 반박

비나이다 비나이다 하나님께 비나이다

「충군애민 북청 원님 우리 고을 들르시면
「 」: 갑산 지역의 군정 문제를 임금께 알려 개선이 이루어지기를 희망함.
군정 도탄(塗炭) 그려다가 임금님께 올리리라」

「그대 또한 내년 이때 처자 동생 거느리고
「 」: 갑산에 살아보면 자신의 말을 이해할 수 있을 것이라는 것으로, 상대가 갑산의 현실을 제대로 파악하지 못한다고 여김을 알 수 있음.
이 고갯길 접어들 때 그때 내 말 깨치리라」

내 심중에 있는 말씀 횡설수설하려 하면

내일 이때 다 지나도 반 정도도 모자라리

날 저물고 갈 길 머니 하직하고 가노매라 ← 결사: 갑민의 소원과 작별 인사

어휘

*곱장 할미: 등이 굽은 노인.
*전태발이: 다리를 저는 사람.
*돈피: 담비 종류 동물의 모피.
*신역: 나라에서 부과하는 군역과 부역.
*잠매: 물건을 몰래 거래함.
*시종신: 임금 곁에서 문학으로 보필하던 벼슬아치.
*전가사변: 죄인을 그 가족과 함께 변방으로 옮겨 살게 하던 일.
*채지: 유사나 장의 같은 하급 관리를 채용할 때의 사령서.
*충군: 군대에 편입시킴.
*누대봉사: 여러 대의 조상의 제사를 받듦.
*석숭: 중국 진나라 때의 부자 이름.
*허오: 군적에 등록만 되어 있고 실제로는 없던 군정.
*의송: 고을 원의 판결에 불복하여 관찰사에게 올리던 민원서류.
*제사: 백성이 제출한 소송이나 민원에 쓰던 관부의 판결이나 지령.
*부로휴유: 늙은 부모는 업고 어린 자식은 손을 잡음.
*이친 기묘: 친족들과 이별하고 조상의 묘는 버림.

## 이것만은 꼭 익히자!

### 포인트 1 다양한 표현 방식 (문항 22 관련)

| 구절 | 내용 |
|---|---|
| 요상으로 볼작시면 ~ 뒤에 간다 | 갑민과 그의 가족들의 초라한 행색을 묘사함. |
| 일국 일토 ~ 어데 간들 면할손가 | 타지에서 자신의 신분을 속이고 살기 어려움을 의문형을 통해 강조함. |
| 이내 또한 갑민이라 ~ 모를소냐 | 갑산 지역에 대해서는 자신이 잘 알고 있음을 의문형을 통해 강조함. |
| 우리 조상 ~ 군사 강등 되단 말가 | 가문의 몰락 과정을 시간의 흐름에 따라 표현함. |
| 열두 사람 없는 구실 ~ 석숭인들 당할소냐 | 과도한 신역에 대한 부담을 의문형과 대유법(석숭)을 통해 강조함. |
| 많으면 닷 돈 ~ 서 돈이라 | 대구적 표현으로 북청에서의 신역은 부담이 적음을 강조함. |
| 후치령 길 비켜 두고 ~ 북청 땅이 그 아닌가 | 북청을 향한 경로를 열거함으로써 녹록하지 않은 과정이지만 북청을 향한 이주 의지가 강함을 드러냄. |
| 내곧 신역 이러하면 이친 기묘 하올소냐 | 신역에 대한 부담이 없었다면 유리를 하지 않았을 것임을 의문형을 통해 강조함. |

### 포인트 2 생원의 역할

'생원'은 궁색하고 설득력 없는 논리로 '갑민'의 이주를 만류하지만 실패한다. 오히려 「갑민가」에서 '생원'의 역할은 갑민의 이주 논리를 더욱 공고하게 만들어 준다. 즉 갑민의 일방적 토로에 의해 작품이 전개되다시피 한다. 하지만 이 작품에서 생원이 등장하지 않는다면 현실의 재현이라는 측면에서 작품의 존립 기반에 타격을 입을 수도 있을 것이다. 즉 생원의 진술에 드러난 이주에 대한 반박 논리가 있었기에 상대적으로 갑민의 이주 논리가 좀 더 구체적인 실재성을 획득할 수 있는 것이다.

### 포인트 3 「갑민가」 전체 내용 흐름

(1) 서사('생원'의 말)
① 군사 도망가는 갑민에 대한 행색 묘사
② 갑민에게 유리하지 말고 고향에서 살 것을 권장함.

(2) 본사('갑민'의 대답)
① 자신의 말을 들어 달라고 요구하는 갑민
② 자신의 출신을 밝히며, 원수인의 모함으로 군사 강등이 된 사연을 밝힘.
③ 일가들이 모두 도망하여 그들의 군역을 대신 짊어지게 되는 갑민
④ 농사를 그만두고 채삼(採蔘)과 돈피 산행(㹠皮山行)을 하지만 얻는 것이 없음.
⑤ 가산을 탕진한 갑민
⑥ (대신 끌려간) 아내의 죽음
⑦ 유리를 결정하지 못했던 갑민
⑧ 임금의 선정을 받지 못하는 변방 지방의 현실
⑨ 북청 부사에 대한 소식
⑩ 영문의송을 하지만 형문을 맞게 되는 갑민
⑪ 북청으로의 이주를 결심하는 갑민

(3) 결사('갑민'의 대답)
① 갑민의 바람 제시
② 갑민의 작별 인사

## 배경지식 더 알아보기

■ **수록되지 않은 부분(중략 부분) 소개**

약간농사 전폐하고 삼 캐러 입산하여
모두 닫음. (농사를) 그만둔다는 뜻
허항령 보태산을 돌고 돌아 찾아보니
인삼 싹은 전혀 없고 오갈피 잎이 날 속인다
할 수 없이 빈손으로 되돌아와 팔구월 고추바람
살을 에는 듯한 바람
안고 돌아 입산하여 돈피 산행하려 하고
백두산 등에 지고 경계의 강 아래로 내려가서
싸리 꺾어 누대 치고 이깔나무 우등 놓고
모닥불
하나님께 축수하며 산신님께 발원하여
소원을 빎.
물채줄을 갖추어 꽂아 놓고 사망하기 원하고 바라되
장사에서 이익을 많이 보는 운수
내 정성이 미치지 못하는지 사망함이 붙지 않네
빈손으로 돌아서니 삼지연이 잘 참이라
삼지연(호수)에서 자야 할 만큼 궁핍함.
입동 지난 삼 일 후에 일야설이 사뭇 오니
밤에 오는 첫눈
다섯 자 깊이 이미 넘어 네다섯 보를 못 옮기네
식량이 다하고 의복이 얇으니 앞에 근심을 다 떨치고
추위와 눈 속에서 살아남아야 하는 근심이 더 커짐.
목숨을 살려 욕심 내어 지사위한 길을 헤아려
죽을 때까지 자기의 의견을 주장해 나아감. 여기서는 죽기 살기로 나아간다는 의미
인가가 있는 곳을 찾아오니 검천거리 첫눈에 보인다
첫닭 울음소리 이윽하고 인가가 적적한 것이 아직 잠들어 있는 것 같네
집을 찾아 들어가니 혼비백산 반주검이
아무 말 못하고 넘어지니 더운 구들 아랫목에
송장같이 누웠다가 산란한 정신을 가라앉힌 후에
두 발 끝을 굽어보니 열 개의 발가락이 간 곳 없네
동상으로 열 개의 발가락을 잃음.
간신이 몸조리로 목숨을 부지하여 소에게 실려 돌아오니
팔십 되신 우리 노모 마중 나와 하시던 말씀
살아왔다 내 자식아 사망 없이 돌아온들
모든 신역 걱정할소냐 논밭과 세간 살림 모두 팔아
사십육 냥 돈 가지고 파기소 찾아가니
중군파총 호령하되 우리 사또 분부 내에
각 초군의 모든 신역을 돈피 외에는 받지 마라
전답을 팔아 돈을 마련해 갔지만 신역을 돈피로만 받노라며 거절당함.
관가의 명령이 이와 같이 매우 엄하니 할 수 없이 물러나는구나

**현대어 풀이**

약간 있는 농사 그만두고 인삼을 캐러 산에 들어가
허항령과 보태산을 돌고 돌아 찾아보니
인삼 싹은 전혀 없고 오갈피가 날 속인다.
할 수 없이 빈손으로 돌아와 팔구월에 매서운 바람
안고 돌아 입산하여 담비 사냥하려 하고
백두산 등에 지고 국경 경계의 강 아래로 내려가서
싸리 꺾어 울타리를 치고 이깔나무로 모닥불을 피우고
하나님께 손 모아 빌며 산신님께 소원 빌어
물채줄 갖추어 꽂고 소망 성취 바라오되
내 정성이 부족한지 운이 붙지 않네.
빈손으로 돌아서니 삼지연에서 자야 하네.
입동 지나 삼 일 후에 밤새도록 눈이 오니
눈 깊이가 다섯 자를 이미 넘어 네다섯 걸음 못 옮기겠네.
식량은 떨어지고 옷은 얇으니 앞선 근심 다 떨치고
목숨 살려는 욕심에 죽을 각오로 길을 헤쳐
인가를 찾아오니 검천거리 입구로다.
첫닭 울음소리 밤은 깊은데 인가는 적적한 것이 아직 한잠이네.
집을 찾아 들어가니 혼비백산 반주검이 되어
아무 말 못하고 넘어지니 더운 구들 아랫목에
송장같이 누웠다가 정신을 차리고
두 발끝을 굽어보니 열 발가락 없어졌네.
간신이 조리하여 목숨을 부지하여 소에게 실려 돌아오니
팔십 되신 우리 노모 마중 나와 하시던 말씀
살아왔다 내 자식아 죽지 않고 돌아오니
모든 신역 걱정할소냐 논밭과 세간 살림 모두 팔아
사십육 냥 돈 가지고 파기소를 찾아가니
중군파총 호령하되 우리 사또 분부하시길
각 초군의 모든 신역을 담비 가죽 외에는 받지 마라
관가의 명령이 이와 같이 매우 엄하니 할 수 없이 물러나는구나

돈 가지고 물러나와 원정 지어 하소연하니
억울한 사정을 글과 말로 지어

번잡한 소송이나 판결에 이르지 말라 하고 군노 장교 파견하여

다급히 재촉하니 노부모의 원행치장

팔 승 네 필 두었더니 팔 냥 돈을 빌어서 받고

팔아다가 채워 내니 오십여 냥 되겠구나

삼수각진 두루 돌아 이십육 장 돈피 사니
여러 군데

십여 일이 가까이 왔네 성화 같은 관가 분부에
여러 방도로 돈을 모아 돈피를 사 왔지만 십여 일이 지체됨.

아내를 잡아 가두었네 불쌍하다 병든 아내는

감옥 안에 갇히어서 목을 매어 죽었단 말인가

내 집 문 앞 돌아드니 어미 불러 우는소리

구천에 사무치고 의지 없는 노부모는
땅속 깊은 밑바닥이란 뜻으로, 죽은 뒤에 넋이 돌아간다는 곳

인사불성 누웠으니 기절한 탓이로다

여러 신역 바친 후에 시체 찾아 장사 지내고
아내의 시체

사묘 모셔 땅에 묻고 애끓도록 통곡하니

무지미물 뭇 참새가 저도 또한 슬피 운다

변방 가운데 있는 우리 인생 나라의 백성 되어서

군사 되기 싫다고 도망하면 화외민이 되려니와

한 몸의 여러 신역 물다가 할 새 없어

또 금년이 돌아오니 정할 곳 없이 떠돌아다니는 것이라

나라님께 아뢰자니 아홉 겹의 대궐 문은 멀어 있고

요순 임금 같은 우리 성군 해와 달같이 밝으신들

임금의 교화가 더하지 못하는 이 극한 변방의 엎은 동이 아래에 있으니 비칠소냐
엎어 둔 동이는 속이 어둡다는 뜻

돈을 들고 억울한 사정을 글로 지어 아뢰려니
번거로이 소송이나 판결에 이르지 말라 하고 군노 장교 파견하여
다급히 재촉하니 노부모의 장례 준비로
팔 승 네 필 두었던 것을 여덟 냥 받고
팔아 모았더니 오십여 냥 되겠구나
삼수각진 두루 돌아 이십육 장 담비 가죽 사니
십여 일이 지난 지라. 성화 같은 관가 분부에
아내를 잡아 가두었네 불쌍하다 병든 아내는
감옥 안에 갇히어서 목을 매어 죽었단 말인가
내 집 문 앞 돌아드니 어미 불러 우는 소리
구천에 사무치고 의지 없는 노부모는
인사불성 누웠으니 기절한 탓이로다
여러 신역 바친 후에 시체 찾아 장사 지내고
사당 모셔 땅에 묻고 애끓도록 통곡하니
무지한 미물인 참새가 저 또한 슬피 운다.
변방이라도 우리 인생 나라의 백성이 되었는데
군사 되기 싫다고 도망가면 화외민이 되려니와
한 몸이 여러 신역 물려 하니 할 새 없어
또 금년이 돌아오니 정처 없이 떠도노라
나라님께 아뢰자니 아홉 겹의 대궐 문은 멀리 있고
요순 임금 같은 우리 성군 해와 달같이 밝으신들
임금의 교화가 더하지 못하는 이 극한 변방의 엎은 동이 아래 같은 곳에도 비칠소냐

■ **「갑민가」의 배경과 작자층, 표현 수법**

작품의 배경이 되는 함경남도 갑산은 산악 지대에 근접해 있으며 농토가 적었기 때문에 산악 지대를 배경으로 하는 채삼이나 돈피 수렵이 성행하였다. 기본적으로 농가의 생산력이 미약하였기 때문에 관북민들의 생활상은 언제나 궁핍한 상태였다. 갑산민은 자기가 살고 있는 갑산 지방을 떠나 북청으로 간다고 하며 그 이유를 그곳에서는 대소가(大小家)가 고루 군액을 분담하여 많아야 삼 량 오 전을 내기 때문이라고 하였다. 이 작품의 주인공인 갑산민은 자신이 사족층이었음에도 불구하고 당대에 와서 군역에 들게 되었다고 하였다. 이로 미루어 본다면 그가 조선 후기 사회 신분제의 동요 과정에서 향촌 내 지배력의 행사에서 밀려날 수밖에 없었던 소외 계층이었음을 알 수 있다. 이러한 사족 출신인 갑산민의 사정에 비추어 볼 때 일반 농민의 처지는 말할 것도 없었을 것이다. 이와 같이 「갑민가」는 조선 후기 변방 지역의 사회 신분제의 극심한 혼란과 변화를 배경으로 하고 있다.

작자는 성대중이 함경도 북청 부사로 있을 때, 이웃 고을인 갑산에 살던 사람으로 추정되는데 그는 자신의 유리를 만류하는 상대에게 자신의 집안의 내력을 소개하며 부역을 감당할 수 없어 세간을 모두 팔아 관아에 바치고 학정에 아내마저 잃고 집은 폐가가 되어, 왕의 은택이 미치지 못함을 한탄하며 북청 부사의 선정을 기대하여 그곳으로 도망친다고 말한다.

표현 수법은 정철의 「속미인곡」이나 박인로의 「누항사」 등에도 나타나는 대화 형식으로, 실상은 북청 부사 성대중의 선정을 찬양한 것이지만 표면적으로 갑산 백성들의 학정에 시달리는 참상을 묘사한 것으로 볼 수 있다.

**EBS Q&A**

**Q** 현실 비판 가사에 대해서 알려 주세요. (문항 24 관련)

**A** 현실 비판 가사란 18세기 말에서 19세기 중엽에 삼정의 문란이 심해진 향촌 사회를 중심으로 창작된 가사 작품들로 관료들의 수탈 행위를 고발하고 당대 농민의 피폐한 현실을 서술한 작품들을 말합니다. 대표적인 작품으로 「갑민가」, 「합강정가」, 「향산별곡」, 「거창가」, 「민탄가」 및 텍스트가 전하지 않는 「장연가」, 「풍덕가」 4편, 「진주가」 등이 있습니다. 이들 가사 작품은 주로 몰락한 양반층의 작가들에 의해 창작되었으며, 다루고 있는 주제는 지배층의 착취에 고통받고 있는 민중의 현실을 서술함으로써 민중의 생존권이 보장된 좀 더 나은 세상을 꿈꾸는 데 있다고 할 수 있습니다. 결국 민중의 삶을 중심에 놓고 지배층의 착취를 문제 삼아 현실을 비판하고 민중의 생존권이 보장된 좀 더 나은 세상을 희구하는 가사를 '현실 비판 가사'라고 유형화할 수 있습니다.

# 현대 소설 25~28번 「목넘이 마을의 개」_ 황순원

EBS 수능완성 170쪽

**감상 포인트** 이 작품은 동물을 주인공으로 한 설화적인 성격의 소설로, 마을 사람들에 의해 죽을 위기에 처한 개 '신둥이'와 그 개를 도망치게 도와준 한 노인의 이야기를 통해서 우리 민족의 수난을 암시하는 한편, 휴머니즘을 통해서 고난을 극복할 수 있음을 보여 주고 있다. 노인이 들려준 이야기를 다시 '나'가 전해 주는 액자식 구성 방식을 취하고 있다.

**주제** (신둥이로 상징되는) 우리 민족의 수난과 강인한 생명력, 생명에 대한 외경감

**전체 줄거리** 서북간도로 떠나는 사람들이 반드시 지나가야 하는 곳에 위치해 '목넘이 마을'이라 불리는 곳에 어느 날 떠돌이 개 신둥이(흰둥이)가 나타난다. 신둥이는 방앗간을 근거지로 삼고서 마을 개들의 먹이 그릇을 뒤지며 목숨을 부지하던 중 마을 사람들에 의해 미친개 취급을 받으며 뒷산으로 쫓겨난다. 마을 사람들은 마을의 개 누렁이, 검둥이, 바둑이 세 마리가 신둥이와 함께 사라졌다가 돌아오자 마을 개들도 미친개라고 여겨 잡아먹는다. 다시 신둥이가 마을의 방앗간으로 돌아오자 마을 사람들은 신둥이를 잡기 위해 모인다. 그중 간난이 할아버지는 신둥이가 새끼를 밴 것을 보고 차마 죽이지 못하고 빠져나가도록 내버려둔다. 겨울이 오자 간난이 할아버지는 산에 나무를 하러 갔다가 우연히 신둥이의 새끼들을 보게 되어 그들을 몰래 보살펴 준다. 그러고는 신둥이의 새끼들이 자라자 한 마리씩 다섯 마리를 모두 데려와 이웃에 나누어 주고, 그로 인해 마을의 개들은 신둥이의 피를 이어받게 된다.

**[앞부분 줄거리]** 서북간도로 이주하기 위해 거쳐야 할 길목에 위치한 목넘이 마을에 떠돌이 개 신둥이가 나타난다. 동장 형제는 신둥이를 미친개로 몰아 동네 개 누렁이, 검둥이, 바둑이가 신둥이와 어울렸다는 이유로 잡아먹고, 신둥이도 잡으려 든다.

동네 사람들이 방앗간의 터진 두 면을 둘러쌌다. 그리고 방앗간 속을 들여다보았다. 과연 어둠 속에 움직이는 게 있었다. 그리고 그게 어둠 속에서도 흰 짐승이라는 걸 알 수 있었다. 분명히 그놈의 신둥이 개다. 동네 사람들은 한 걸음 한 걸음 죄어들었다. 점점 뒤로 움직여 쫓기는 짐승의 어느 한 부분에 불이 켜졌다. 저게 산 개의 눈이다. 동네 사람들은 몽둥이 잡은 손에 힘을 주었다. 이 속에서 간난이 할아버지도 몽둥이 잡은 손에 힘을 주었다. 한 걸음 더 죄어들었다. 눈앞의 새파란 불이 빠져나갈 틈을 엿보듯이 휙 한 바퀴 돌았다. 별나게 새파란 불이었다. 문득 간난이 할아버지는 이런 새파란 불이란 눈앞에 있는 신둥이 개 한 마리의 몸에서 나오는 것이 아니고 여럿의 몸에서 나오는 것이 합쳐진 것이라는 생각이 들었다. 말하자면 지금 이 신둥이 개의 뱃속에 든 새끼의 몫까지 합쳐진 것이라는. 그러자 간난이 할아버지의 가슴속을 흘러 지나가는 게 있었다. 짐승이라도 새끼 밴 것을 차마?

> 어느 한 부분: 신둥이의 눈을 가리킴.
> 간난이 할아버지도 몽둥이 잡은 손에 힘을 주었다: 신둥이에 대한 간난이 할아버지의 태도가 변화하기 전
> 별나게 새파란 불: 신둥이의 공포심과 생존 본능을 보여 줌.
> 가슴속을 흘러 지나가는 게: 생명에 대한 경외심과 신둥이에 대한 연민

이때에 누구의 입에선가, 때레라! 하는 고함 소리가 나왔다. 다음 순간 간난이 할아버지의 양옆 사람들이 욱 개를 향해 달려들며 몽둥이를 내리쳤다. 그와 동시에 간난이 할아버지는 푸른 불꽃이 자기 다리 곁을 빠져나가는 것을 느꼈다.

> 푸른 불꽃: 신둥이를 가리킴.

뒤이어 누구의 입에선가, 누가 빈틈을 냈어? 하는 흥분에 찬 목소리가 들렸다. 그리고 저마다, 거 누구야? 거 누구야? 하고 못마땅해하는 말소리 속에 간난이 할아버지 턱 밑으로 디미는 얼굴이 있어,

"아즈반*이웨다레."

> * 아즈반: 아저씨의 방언. 여기서는 간난이 할아버지를 가리킴.

하는 것은 동장네 절가였다.

그러자 저편 어둠 속에서 궁금한 듯 큰동장의,

"어떻게들 됐노?"

하는 소리가 들려왔다.

"파투*웨다."

절가의 말에 크고 작은 동장이 한꺼번에 지르는 목소리로,

"파투라니?"

하는 소리에 이어 큰동장이 이리로 걸어오는 목소리로,

"틈새를 낸 놈이 누구야?"
생명을 존중하고자 하는 간난이 할아버지의 태도가 드러나는 소재

하는 결난 소리가 들려왔다.

간난이 할아버지는 옆의 자기 집으로 들어갔다.

좀 뒤에 역시 큰동장의 결난 목소리로,

"늙은 것은 뒈데야 해, 뒈데야 해."
큰동장의 비인간적인 면모가 드러남.

하는 소리가 집 안까지 들려왔다.
← 마을 사람들에 의해 위기에 처한 신둥이를 간난이 할아버지가 구해 줌.

이런 일이 있은 지 한 달쯤 뒤, 가을도 다 끝나고 이제 곧 겨울 나무 준비로 바쁜 어느 날, 간난이 할아버지는 서산 너머의 옛날부터 험한 곳이라고 해서 좀처럼 나무꾼들이 드나들지 않는, 따라서 거기만 가면 쉽게 나무 한 짐을 해 올 수 있는 여웃골로 나무를 하러 갔다. 손쉽게 나무 한 짐을 해 가지고 돌아오는 길에, 무심코 길 한옆에 눈을 준 간난이 할아버지는 거기 웬 짐승의 새끼가 뭉켜 있는 걸 보았다. 이게 범의 새끼나 아닌가 하고 놀라 자세히 보니, 그것은 다른 것 아닌 잠든 강아지들이었다. 그리고 저만큼에 바로 신둥이 개가 이쪽을 지키고 서 있는 것이었다. 앙상하니 뼈만 남아 가지고.
신둥이의 고단한 삶과 모성애를 엿볼 수 있음.

간난이 할아버지가 강아지께로 가까이 갔다. 다섯 마린가 되는 강아지는 벌써 한 스무 날은 넉넉히 됐을 성싶었다. 그러자 간난이 할아버지는 다시 한번 속으로 놀라고 말았다. 잠이 들어 있는 다섯 마리 강아지 속에는 틀림없는 누렁이가, 검둥이가, 바둑이가 섞여 있는 게 아닌가. 그러나 다음 순간, 이건 놀랄 일이 아니라 응당 그럴 일이라고, 그 일견 험상궂어 뵈는 반백의 텁석부리 속에 저절로 미소가 지어지는 것이었다. 좀 만에 그곳을 떠나는 간난이 할아버지는 오늘 예서 본 일은 아무한테나, 집안사람한테도 이야기 말리라 마음먹었다.
신둥이가 함께 어울렸던 동네 개들의 모습. 우리 민족의 조화와 화합을 상징

← 간난이 할아버지가 신둥이가 낳은 새끼를 산속에서 발견함.

이것은 내 중학 이삼 년 시절 여름 방학 때 내 외가가 있는 목넘이 마을에 가서 들은 이야기로, 그때 간난이 할아버지와 김 선달과 차손이 아버지가 서산 앞 우물가 능수버들 아래에 일손을 쉬며 와 앉아 이런 이야기 저런 이야기 끝에 한 이야기다. 간난이 할아버지가 주가 되어 이야기를 해 나가는 도중 벌써 수삼 년 전 일이라 이야기의 앞뒤가 바뀐다든가 착오가 있으면 서로 바로잡고, 빠지는 대목은 서로 보태 가며 하는 것이었다.
전지적 시점에서 1인칭 시점으로 전환되는 부분. 액자식 구성의 특징이 엿보임.

간난이 할아버지는 여웃골에서 강아지를 본 뒤부터는 한층 조심해서 누가 눈치채지 못하게 나무하러 가서는 이 강아지들을 보는 게 한 재미였다. 사람이 먹기에도 부족한 보리범벅이었으나, 그 부스러기를 집안사람 몰래 가져다주기도 했다. 아주 강아지가 밥을 먹게쯤 됐을 때 간난이 할아버지는 집안사람들보고 아무 곳 아무개한테서 얻어 오는 것이라 하며 강아지 한 마리를 안고 내려왔다. 한동네 곱단이네도 어디서 얻어 준다고 하고 한 마리 안아다 주었다. 그리고 여웃골에서 그냥 갈 수 있는 절골 사는 아무개네도 한 마리, 서젯골 사는 아무개네도 한 마리, 이렇게 한 마리씩 다섯 마리를 다 안아다 주었다.

이런 이야기 끝에, 간난이 할아버지는 지금 자기네 집에 기르는 개가 그 신둥이의 증손녀라는 말과 원체 종자가 좋아서 지금 목넘이 마을에서 기르는 개란 개는 거의 다 이 신둥이의 증손이 아니면 고손이라고 했다. 크고 작은 동장네 두 집에서까지도 요새 자기네 개가 낳은 신둥이 개의 고손자를 얻어 갔다는 말도 했다.

(원체 종자가 좋아서: 신둥이의 유전적 우수함. 신둥이의 상징성을 고려하면 우리 민족의 우수성을 의미한다고 할 수 있음.)
(크고 작은 동장네 두 집: 신둥이를 잡으려는 데 가장 앞장섰던 인물들)
← '나'가 중학 시절 여름에 외가가 있는 목넘이 마을에 갔을 때 전해 들었다고 밝힘.

**어휘**

*아즈반: '아저씨'의 방언.
*파투: 일이 잘못되어 흐지부지됨을 비유적으로 이르는 말.

## 이것만은 꼭 익히자!

### 포인트 1 등장인물의 특징 (문항 25 관련)

| 주요 인물 | 특징 |
|---|---|
| 신둥이 | 많은 난관 속에서도 꿋꿋하게 살아가는 뜨내기 개로 일제 강점하와 해방 직후 우리 민족의 모습을 상징함. |
| 간난이 할아버지 | 이해심이 많고 신둥이에게 우호적인 인물. 한국의 전통적인 노인 혹은 어른의 모습을 반영하고 있으며 그가 보여 준 생명 존중 의식은 우리 민족의 보편적인 정서라고 할 수 있음. |
| 동장 형제 | 신둥이를 미친개로 몰아 죽이려 드는 인물들. 신둥이와 같이 지냈다는 이유로 마을 사람들과 자기 집의 개를 잡아먹는 잔혹함을 보여 줌. |

### 포인트 2 작품의 주제 의식 (문항 28 관련)

이 작품의 전반부는 개와 간난이 할아버지의 이야기고, 후반부가 작가 자신이 내레이터(화자)가 되는 구조의 이원성을 보인다. 이 작품은 일제 시대 우리 민족의 고난과 삶을 떠돌이 개 신둥이를 통해 상징적으로 보여 주고 있지만 이 작품의 주제는 이 상징성에 있는 것이 아니다. 주제는 후반부에서 선명히 드러나는데, 해방 직후 한민족이 좌우익 이데올로기의 혼란에 처해 갈팡질팡할 때 민족의 의미가 무엇인가를 보여 주기 위한 것이라고 할 수 있다. 즉 민족의 의미를 혈통의 동일성 측면에서 강조하고 있는 것이다. 그것은 바로 어떠한 고난을 겪으면서도 면면히 이어 오는 생명력의 존재 방식이며, 이 존재 방식이 시류적인 이데올로기를 초월한다는 것을 의미한다.

## 배경지식 더 알아보기

■ **작품의 구조: 액자식 구성** (문항 26 관련)

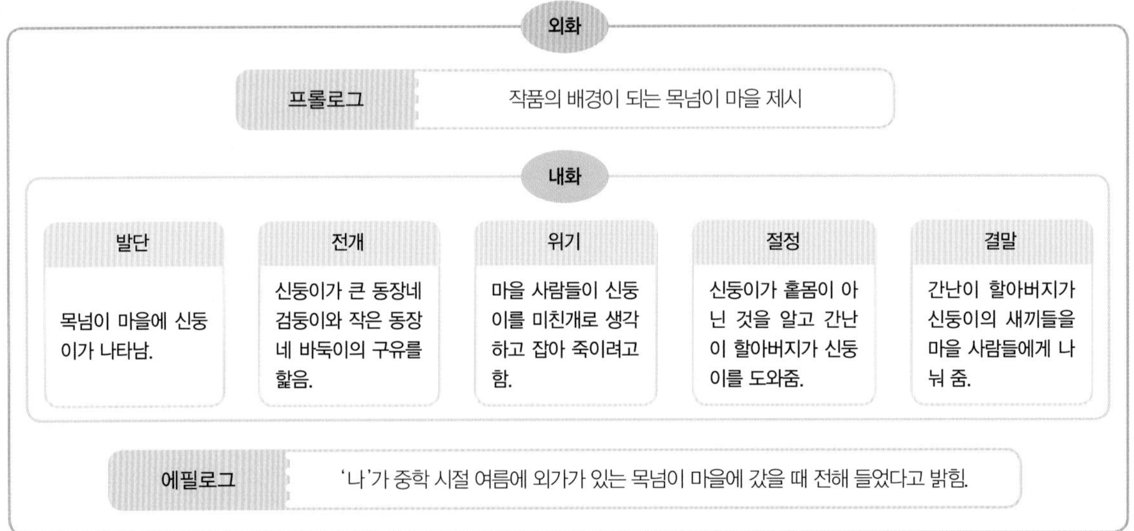


■ **황순원 소설의 문체상 특성**

황순원의 소설은 묘사나 대화의 사용이 절제되는 대신 설화식의 서술에 기대고 있다. 이것은 사실의 기록에 충실하고자 하는 작가의 의식이 반영된 것으로 보이는데 이러한 묘사와 대화의 절제는 '주제나 소재에 대해 작가가 통제하고 재구성한다'는 것으로 현대 소설의 보여 주기 방식과는 이질적인 면이 있다. 「목넘이 마을의 개」에서도 작가는 묘사나 대화를 거의 사용하지 않고 있는데 이는 간난이 할아버지에게 들은 이야기, 즉 설화를 바탕으로 하고 있는 이 작품의 구성과 관계있는 것이며 작품의 소재와 줄거리를 작가가 통제하고 기술하려는 작가의 소설관과 관련된 것으로 이해된다.

현대시 + 현대 수필 29~34번

# (가) 「북어」 _ 최승호

EBS 수능완성 172쪽

감상 포인트 이 작품은 밤의 식료품 가게에 놓인 말라비틀어진 '북어'의 모습을 통해 비판적으로 생각하고 말하는 능력을 잃어버린 현대인들을 비판하고 있다. 전반부에서 화자는 꼬챙이에 나란히 꿰어진 북어를 관찰하다가 어느 순간 북어의 모습에서 현대인의 모습을 발견하고 연민을 느끼게 된다. 후반부에서는 북어들이 화자를 향해 외치는 소리를 듣고, 화자 자신도 다른 사람들과 다를 바 없다는 것을 인식하고 자신에 대한 반성을 하게 된다. 이 부분에서 시상의 반전이 일어나 비판의 주체였던 화자는 비판의 대상이 된다.

주제 비판 정신과 삶의 지향성을 잃은 현대인에 대한 비판

일상적 삶의 공간 속에 주검이 있음.
밤의 식료품 가게
암울하고 부정적인 사회
케케묵은 먼지 속에
부조리한 현실
죽어서 하루 더 손때 묻고
생명력을 상실한 모습
터무니없이 하루 더 기다리는
하루하루 문제의식 없이 살아가는
북어들,
무기력한 현대인을 상징함.
북어들의 일 개 분대가
군대 용어를 통해 억압적인 시대 상황 암시
나란히 꼬챙이에 꿰어져 있었다. ← 1~7행: 가게에 진열된 북어의 모습 묘사

나는 죽음이 꿰뚫은 대가리를 말한 셈이다.
생명력을 상실한 모습
한 쾌의 혀가
북어를 묶어 세는 단위
자갈처럼 죄다 딱딱했다.

나는 「말의 변비증을 앓는 사람들과
「 」: 침묵하는 현대인의 모습. 할 말을 제대로 하지 못하는 모습
무덤 속의 벙어리」를 말한 셈이다.

말라붙고 짜부라진 눈,
현실을 제대로 보지 못하는 모습
북어들의 빳빳한 지느러미.
경직된 모습
막대기 같은 생각
굳어 버린 생각
빛나지 않는 막대기 같은 사람들이

「가슴에 싱싱한 지느러미를 달고
「 」: 삶의 방향과 목적을 상실함.
헤엄쳐 갈 데 없는 사람들이」

불쌍하다고 생각하는 순간, ← 8~19행: 북어를 통해 무기력한 현대인 비판

느닷없이
시상의 전환
북어들이 커다랗게 입을 벌리고

거봐, 「너도 북어지 너도 북어지 너도 북어지
「 」: 자기 폭로를 통해 무기력한 스스로에 대한 반성과 자책을 드러냄.
귀가 먹먹하도록 부르짖고 있었다.」 ← 20~23행: 비판의 대상이 된 화자 자신

## 이것만은 꼭 익히자!

### 포인트 1 시어의 상징성

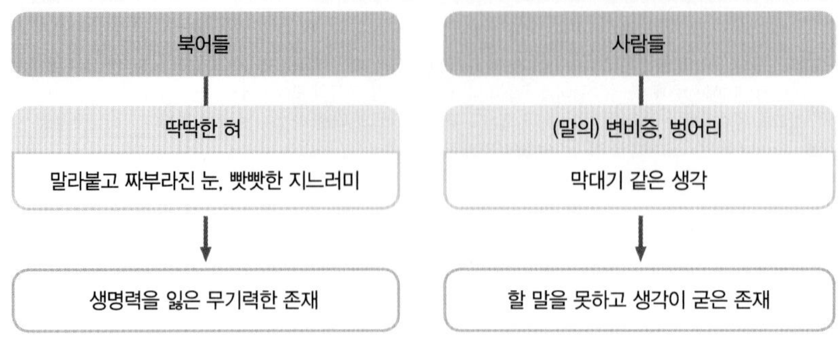


### 포인트 2 표현상 특징 (문항 29 관련)

• 감각적 이미지로 시적 대상을 구체적으로 묘사함.
• 유추의 방법을 활용하여 주제 의식을 확장함.
• 비판의 주체가 비판의 대상으로 반전되며 시적 긴장감을 고조시킴.
• 대상을 의인화하여 주제 의식을 부각함.

### 포인트 3 주제 의식 (문항 31 관련)

이 시의 주제는 비판 정신을 잃고 무기력하게 굴종하며 살아가는 현대인들에 대한 반성이라고 할 수 있다. 현대인들의 의욕 상실과 획일성을 부정적으로 인식하는 화자의 어조는 성찰적이며 풍자성과 상징성을 띠고 있다. 이 시에서 '북어'라는 일상적인 소재는 인격이 부여되어 독특한 해석으로 새롭게 형상화되며 이는 소시민성의 비판이라는 주제와도 잘 부합한다. 시의 첫 행인 '밤의 식료품 가게'는 이 시의 시 · 공간적 배경이 매우 구체적임을 밝히는데, 이는 작가가 일관되게 다루어 온 죽음과 도시화의 경험들을 드러내기에 적합한 공간이기 때문이다. 시의 마지막에서 화자는 북어의 외침을 통해 자신의 삶을 되돌아보며 반성을 하게 되는데 이는 굴종의 삶을 살아가는 자신의 삶에 대한 비판이자 반성이다.

## 배경지식 더 알아보기

■ 「북어」의 창작 배경

「북어」는 사북에서 초등학교 교사로 근무할 때 겪은 시인의 체험을 바탕으로 하고 있다. 시인은 1987년 "북어가 나를 향해서 '너도 북어지 너도 북어지' 하고 포효하기 시작한 것은 그러니까 6, 7년 전 사북에서의 일"이라고 하면서 "그때의 초조한 반응의 흔적들을 백지 위에 남기면서 '북어'를 통해 삶의 허망함과 인간을 화석화시키는 현대적 상황에 대한 나름대로의 절규를 드러내고자 하였다."라고 한 바 있다.

현대시 + 현대 수필 29~34번

# (나) 「물증」 _ 오규원

EBS 수능완성 172쪽

**감상 포인트** 이 작품은 화자가 수족관에서 우연히 발견한 '폐어'의 모습에서 현대인의 모습을 연상하고, 그에 대한 비판의 내용을 담은 시이다. 폐어는 아가미로 숨을 쉬는 어류의 성격과 폐를 통해 숨을 쉬는 양서류의 성격을 모두 가지고 있음에도 불구하고, 보다 진화된 단계인 양서류로 넘어가지 못하고 정체된 상태의 생물이다. 화자는 폐어에서 현대인의 모습을 발견하게 되는데, 현대인들 역시 날로 진화하기보다는 폐어처럼 정체되거나 답보된 삶을 살아가고 있음을 지적한다. 이는 마지막 행의 '깨끗하게 썩지도 못하겠구나'라는 진술에 드러난 자조적이며, 부정적 인식을 통해 다시 한번 확인할 수 있다.

**주제** 현대 문명 속에서 살아가는 인간의 삶에 대한 반성

아프리카 탕가니카호(湖)에 산다는

폐어(肺魚)는 학명이 프로톱테루스 에티오피쿠스

그들은 폐를 몸에 지니고도

3억만 년 동안 양서류로 진화하지 않고

살고 있다 네 발 대신

(의도적인 행 배열을 통해 시적 긴장감 조성)

가느다란 지느러미를 질질 끌며

물이 있으면 아가미로 숨 쉬고

물이 마르면 폐로 숨을 쉬며

고생대(古生代) 말기부터 오늘까지 살아

어느 날 우리나라의 수족관에

그 모습을 불쑥 드러냈다 ← 1~11행: 수족관에 모습을 드러낸 폐어의 내력

(화자가 수족관의 폐어를 바라보고 있음.)

뻘 속에서 4년쯤 너끈히 살아 견딘다는

(너끈히 살아 견딘다는: 반어적 표현)

프로톱테루스 에티오피쿠스여 뻘 속에서

(프로톱테루스 에티오피쿠스여: 폐어를 의인화하여 청자로 설정함. / 뻘: 문맥상 부정적인 인간 사회를 의미함.)

수십 년 견디는 우리는

(시상의 초점이 외부(폐어)에서 내부(화자를 포함한 현대인)로 이동함.)

그렇다면 『30억만 년쯤 진화하지 않겠구나

(『 』: 영탄적 표현, 현대 문명의 문제점 및 부작용 시사)

깨끗하게 썩지도 못하겠구나』 ← 12~16행: 폐어와 견주어 본 인간의 모습

## 이것만은 꼭 익히자!

### 포인트 1 표현상 특징

- 유추에 근거하여 시적 대상(폐어 → 현대인)을 전환함.
- 외부에서 내부로 화자의 초점이 이동됨.
- 영탄적 어조로 시상을 종결하여 현대 문명의 문제점을 시사함.
- 반어적 풍자를 통해 현대인의 삶을 비판함.

### 포인트 2 작품의 상징성 (문항 30, 31 관련)

| 폐어 | 우리(현대인) |
|---|---|
| '뻘' 속 | (깨끗하게 썩지도 못하는) 현대 사회 |
| 4년쯤 (너끈히) 살아 견딤. | 수십 년을 견딤. |
| 3억만 년 동안 (양서류로) 진화하지 않음. | 30억만 년쯤 진화하지 않을 것임. |

↓

수족관에서 폐어를 바라봄. → 현대인의 삶에 대해 성찰함.

## 배경지식 더 알아보기

■ **폐어**

몸길이가 무려 1~2미터 가까이 되는 '폐어'는 아가미로 숨을 쉬는 어류의 성격과 폐를 통해 숨을 쉬는 양서류의 특성을 모두 가지고 있다. '폐어'는 물속에서는 아가미로 숨을 쉬지만, 비가 오지 않는 건기에는 펄 속에서 잘 발달한 부레로 숨을 쉬며 산다. 그런데도 더 진화된 단계인 양서류로 넘어가지 못하는 정체된 상태의 생물이다. 또한 살기 힘든 부정적인 환경인 펄 속에서도 4년쯤 너끈히 살아 견딜 수 있는 생명력을 지니고 있다. 시인은 이 점에 주목하여 폐어의 삶을 통해, 열정과 치열함을 잊어버리고 부정적인 현실에 안주하며 살아가는 현대인의 삶을 떠올리고 있는 것이다.

# (다) 「명태에 관한 추억」_ 목성균

EBS 수능완성 172쪽

감상 포인트 이 글은 명태에 관한 글쓴이의 경험과 추억을 통해 명태가 가진 속성을 예찬하고 있는 수필이다. 다른 생선들이 비릿함을 개성으로 내세우는 반면 명태는 비릿하지 않고 담백하며 어획 시기의 특성상 거의 부패하지 않는데, 이것이 바로 명태가 가진 개성임을 강조하며 명태의 다양한 쓰임과 명태와 어울리는 식재료 등을 소개하고 있다.

주제 명태의 담백한 맛과 개성

생선은 비린 만큼 교만하다. 비린 생선들은 비린 그의 개성을 우선 존중해 주지 않으면 우리가 의도하는 맛을 내주지 않는다. 그러나 명태는 맛에 대한 자기주장을 관철하려 들지 않는다(일반 생선과 달리 비리지 않고 담백함.). 줏대도 없는 놈이라고 할지 모르지만, 그건 줏대가 없는 것이 아니고 줏대 없는 그의 본성 자체가 그의 줏대인 것이다(명태에 대한 글쓴이의 애정이 엿보임.).

나는 여태껏 썩은 명태를 보지 못했다. 오늘날의 명태 말고, 냉동 산업과 운송 여건이 불비한 시절, 동해안에서 태산준령을 넘어 충청도 산읍 5일장의 어물전까지 실려 온 명태를 두고 하는 말이다. 당연하다. 명태는 썩지 않는 철에만 잡히기 때문이다. 명태는 바닷물이 섭씨 1도에서 5도가 되어야 산란을 하러 북태평양에서 동해로 떼 지어 내려오는데, 그때가 명태의 어획기다. 부패의 철을 비켜서 어획기를 설정한 주체는 어부가 아니라 명태이다. 가급적 주검을 부패시키지 않으려는 명태의 의지(명태가 겨울철에만 잡혀 썩지 않는 것에 대해 서술자의 관점에서 의미를 부여함.)가 진화된 결과로 보고 싶다. 어차피 그물코에 걸릴 수밖에 없는 회유성(回游性)이 운명일 바에는 주검을 부패시켜 가지고 혐오스러워하는 사람의 손길에 뒤채이며 어물전의 천덕꾸러기(생선이 어획되고 난 이후의 일반적인 모습)가 될 필요는 없다는 게 명태의 결론이었을지 모른다. 얼마나 생선다운 고결한(명태에 대한 글쓴이의 평가) 결론인가.

← 명태의 담백함과 썩은 명태를 보기 어려운 이유

'썩어도 준치'(본래 좋고 훌륭한 것은 비록 상해도 그 본질에는 변함이 없음을 비유적으로 이르는 말)란 말이 있다. 참 가소롭기 그지없는 말이다. 명태가 들으면 "무슨 소리야, 썩으면 썩은 것이지—" 하고 실소를 금치 못할 것이다. 부패 직전의 살코기에서는 글리코겐이 분해되며 젖산을 발생시켜서 구수하고 단맛을 낸다는 요리학적 설명이 있긴 하지만, 그건 숙성을 뜻하는 것이지 부패를 이른 말이 아니다. 자연에서 생선의 숙성은 순식간에 지나가는 과정에 불과하다. 숙성을 보전하는 것은 기술이고 부가가치를 창출하는 것으로 요리사의 몫이지 준치의 몫이 아니다.

'썩어도 준치'란 말은 꼭 청문회장에 나온 사람의 뻔뻔스러운 변명 같아서 부패한 냄새가 코를 찌른다. 준치는 4월에서 7월까지 부패가 촉진되는 철에 잡힌다(명태와 대조적임.). 제 주검의 선도(鮮度)에 대한 대책도 없는 주제에 '썩어도 준치'라니, 명태에 비하면 비천하기(명태의 '고결함'과 대비됨.) 이를 데 없는 본성이다.

보릿고개가 준치의 어획기다. 배가 고픈 백성들은 준치의 어획을 고마워하며 먹었으리라. 어쩌다 숙성된 준치를 먹었을지 모르지만 대개 썩은 준치를 먹고 삶의 비애를 개탄하는 마음으로 짐짓 '썩어도 준치'라고 역설적인 감탄((썩은) 준치를 먹을 수 밖에 없는 처지에 대한 위안)을 했을지 모른다. 얼마나 우리들의 슬픈 시대를 단적으로 대변하는 감탄구인가.

← '썩어도 준치'라는 말이 생겨난 배경

명태는 무욕으로 일관한 제 생의 담백한 육질을 신선하게 보전해서 사람들에게 보시(布施)*했다. 명태는 제

속을 비워 창난젓과 명란젓을 담게 주고 몸뚱이만 바닷가의 덕장에서 바닷바람에 말라 북어가 되고, 대관령 너머 눈벌판의 덕장에서 눈바람에 말라 더덕북어가 되었는데, 알다시피 제상의 좌포(左脯)로 진설되거나, 고사상 떡시루 위에 실타래를 감고 누워 사람들의 국궁 재배*를 받는 귀물(貴物)로 받들어졌다.

명태의 다양한 활용을 열거함.

← 명태의 다양한 쓰임

명태를 생각하면 언뜻 늦가을 텃밭의 황토 흙에 하반신을 묻고 상반신을 햇살에 파랗게 드러낸 채 서 있던 청정한 조선무가 떠오른다. 그 순박 무구하고 건강하기가 과년한 산골 큰아기 같은 조선무가 없으면 명태의 담백한 맛을 살려 내기 힘들었을지 모른다. 산골 동네 텃밭에서 그 청정한 무가 가으내 담백한 맛의 진수를 보여 주려고 뼈 무르면서 명태를 기다렸다. 순박한 무와 담백한 생선의 만남, 그야말로 산해(山海)가 진미로 만나는 것이다.

명태와 맛의 조합이 뛰어남.

'산'에서 나는 조선무와 '해(바다)'에서 나는 명태

← 명태와 가을무의 어울림

*보시: 자비심으로 남에게 재물이나 불법을 베풂.

*국궁 재배: 허리를 굽혀 두 번 절함.

## 이것만은 꼭 익히자!

### 포인트 1 전체 구성 및 줄거리

취중에 아버지가 명태를 사 들고 오심. → 아버지의 두루마기가 명태로 더럽혀져 있음. → 아버지가 언제든 두루마기를 입을 수 있게 글쓴이의 아내가 항상 잘 다려 놓음. → 글쓴이가 명태를 사 오며 옷에 명태 비린내를 묻히지 않으려고 조심함. → 그것이 쉽지 않다는 것을 깨닫고 아버지를 이해함. → 아버지와 함께 명탯국으로 아침 식사를 하던 때가 그리움. → 명태의 맛을 폄하하는 친구를 비판함. → **(교재에 수록된 부분) 명태의 담백한 맛을 예찬함. → 명태의 담백함은 겨울에 어획되어 썩지 않기 때문임. → '썩어도 준치'라는 말이 생겨난 배경을 통해 준치와 명태를 비교함. → 명태의 다양한 활용을 소개함. → 명태와 가을무가 잘 어울림.** → (명태를 매개로) 집안의 대주이시던 아버지를 떠올림.

### 포인트 2 표현상의 특징

- 명태의 담백함을 명태의 덕으로 인한 것이라고 의인화하여 표현함.
- 속담을 인용하여 준치의 비릿함을 강조함으로써 명태를 돋보이게 함.
- 열거를 통해 명태의 다양한 활용을 제시함으로써 명태를 예찬함.

## 배경지식 더 알아보기

■ **목성균의 작품에 나타난 아버지상** (포인트 1 참고)

「명태에 관한 추억」에서 글쓴이의 아버지는 '삶의 어느 경지에서 취해서' '두루마기 앞섶을 휘날리며' 이슥해진 밤길을 취한 걸음으로 집에 돌아와, 마중 나온 며느리에게 명태 한 코를 건네주는 모습으로 나타난다. 취한 아버지가 두루마기 자락에 온통 비린내를 칠하며 사 온 명태를 며느리가 공손히 받아 부엌 기둥에 걸어 둔 모습을 글쓴이는 '다소곳한 주검 한 쌍의 모습은 제자리를 옳게 차지한 때문인지 천생연분이란 제목을 달고 싶은 한 폭의 정물화였다.'라고 표현하며 그 풍경을 통해 '한 집안 대주의 권위가 나를 감동시켰다.'라고 한다. 세월이 흘러 그 호기롭고 권위 있던 아버지는 늙으셨고, 아들인 글쓴이가 실질적인 가장이 된 어느 늦가을, 그는 갈걷이를 끝내고 집으로 돌아오는 길에 명태를 한 코 샀다. 다음날 아침 아내는 명탯국을 끓였고, 아버지는 명탯국을 좋아하시면서 '우리 집에 나 말고 명태 사 들고 올 사람이 또 있구나!'라고 하셨다. 글쓴이는 그 말이 왠지 모르게 눈물겹게 느껴졌고, 지금도 그 명탯국 맛을 생각하면 마음이 아릿해진다고 하였다. 이러한 내용에서 글쓴이가 아버지를 큰 존재로 여기며 아버지에게 인정받는 것을 기뻐하는 모습을 엿볼 수 있다. 이 작품에서 명태는 글쓴이에게 아버지를 떠올리게 해 주는 매개물로서, 명태를 좋아하시던 아버지에 대한 그의 존경과 애정이 명태를 바라보는 글쓴이의 태도에 영향을 주었다고 할 수 있다.

목성균의 수필에서는 부자간의 관계와 아버지상에 대한 내용이 자주 등장한다. 그의 수필에서 아버지상은 다양한 비유와 묘사로 형상화된다. 목성균이 바라보는 아버지상을 세 가지로 정리하면 첫째 유가(儒家)적 엄격성과 권위의 표상으로서의 전통적 아버지, 둘째 투박한 부성과 '아버지 되기'의 인생길 안내자로서의 아버지, 셋째 한 집안의 운명 공동체이자 실존적 동반자로서 동행하는 아버지이다. 이 세 가지 아버지상의 저변에는 도덕과 내적 질서를 지향하는 가부장적 이데올로기 아래 아버지와의 동일시를 갈망하는 글쓴이의 욕구가 깔려 있다고 할 수 있다.

실전 모의고사

# 3회

고전 소설 18~21번

## 「흥부전」_ 작자 미상

EBS 수능완성 191쪽

이 작품은 조선 후기의 대표적 판소리계 소설로서 당시 서민들에게 많은 사랑을 받았다. 「흥부전」은 다른 판소리계 소설과 마찬가지로, 설화가 판소리로, 판소리가 소설로 정착되는 과정을 거쳤을 것이라고 여겨지며, 선인이 우연히 선행으로 행운을 얻은 뒤 악인이 선인의 행위를 흉내 내다가 불운의 결과를 얻는다는 민담의 구조를 따른 것으로 보기도 한다. 또한 「흥부전」은 선인은 복을 받고 악인은 벌을 받는다는 주제가 표면에 드러나지만, 이면적으로는 빈부 격차 등 조선 후기 사회에 대한 비판적 의식이 발견되기도 한다.

주제 형제간의 우애와 권선징악

전체 줄거리 경상도와 전라도 접경 지역에 심술궂은 형 놀부와 착하고 어진 동생 흥부 형제가 살고 있었는데, 부모가 돌아가신 뒤 놀부는 유산을 독차지하고 흥부를 쫓아낸다. 흥부는 놀부의 집에 쌀을 구하러 갔다가 매만 맞기도 하고, 매품을 팔러 갔다가 이마저도 실패하는 등 가난하게 살아간다. 어느 날 흥부는 자신의 집에 둥지를 틀고 살던 제비의 다리가 부러지자, 제비를 치료해 주고 정성껏 돌본다. 이듬해 제비가 흥부에게 박씨를 물어다 주었는데, 그것을 심자 박 속에서 온갖 금은보화가 나와 흥부는 부자가 된다. 그 소식을 들은 놀부는 일부러 제비의 다리를 부러뜨려 이를 치료하고, 이듬해 제비는 놀부에게도 박씨를 물어다 준다. 그러나 그 박씨를 심어 자란 박에서는 온갖 몹쓸 것들이 나와 놀부는 패가망신하게 된다. 흥부는 놀부에게 자신의 재물을 나누어 주고, 이에 놀부도 개과천선한다.

흥부는 집도 없어, 집을 지으려고 집 재목을 내려가려고 만첩청산에 들어가서 소부등 · 대부등을 와드렁 퉁탕 베어다가 안방 · 대청 · 행랑 · 몸채 · 내외 분합 물림퇴에 살미살창 가로닫이 입 구 자로 지은 것이 아니라, 이놈은 집 재목을 내려 하고 수수밭 틈으로 들어가서 수수깡 한 뭇을 베어다가 안방 · 대청 · 행랑 · 몸채 두루 짚어 아주 작은 말집을 꽉 짓고 돌아보니, 수숫대 반 뭇이 그저 남았다. 방 안이 넓든지 말든지 양주* 드러누워 기지개를 켜면, 발은 마당으로 가고 대가리는 뒤꼍으로 맹자 아래 대문하고 엉덩이는 울타리 밖으로 나가니, 동리 사람이 출입하다가,

(상황을 터무니없이 과장되게 표현함. → 흥부 가족의 가난함을 드러냄.)

"이 엉덩이 불러들이소."

하는 소리를 흥부 듣고 깜짝 놀라 대성통곡 우는 것이었다.

(자신이 처한 상황에 대한 감정을 직접적으로 드러냄. → 가난한 생활에 대한 서러움을 토로함.)

"애고 답답 서럽구나. [어떤 사람은 팔자 좋아] 대광보국숭록대부 삼정승과 육조 판서로 태어나서 고대광실 좋은 집에 부귀공명 누리면서 호의호식 지내는가. [내 팔자는 무슨 일로] 말만 한 오막집에 별빛이 빈 뜰에 가득하니 지붕 아래 별이 뵈고, 청천한운세우시에 우대량이 방중이라. 문밖에 가랑비 오면 방 안에 큰비 오고, 해어진 자리와 허름한 베잠방이, 찬 방 안에 헌 자리 벼룩 빈대 등이 피를 빨아먹고, 앞문에는 살만 남고 뒷벽에는 외만 남아 동지섣달 한풍이 살 쏘듯 들어오고, 어린 자식 젖 달라 하고 자란 자식 밥 달라니 차마 서러워 못 살겠네."

(□: 타인과 자신의 처지를 비교함. → 흥부가 부정적인 팔자를 타고났음을 강조함.)

(집에 비가 새는 상황을 과장되게 표현함. → 흥부 가족이 열악한 주거 환경에서 생활함을 드러냄.)

(집의 모습을 '앞'과 '뒤'를 대응시켜 표현함. → 흥부의 가족이 가난에 시달리고 있음을 드러냄.)

가난한 중에 웬 자식은 풀마다 낳아서 한 서른남은 되니, 입힐 길이 전혀 없어, 한방에 몰아넣고 멍석으로 씌우고 대강이만 내어놓으니, 한 녀석이 똥이 마려우면 뭇 녀석이 시배*로 따라간다. 그중에 값진 것을 다 찾는구나. 한 녀석이 나오면서,

『"애고 어머니, 우리 열구자탕에 국수 말아 먹었으면."

또 한 녀석이 나앉으며,

"애고 어머니, 우리 벙거지전골 먹었으면."

또 한 녀석이 내달으며,

"애고 어머니, 우리 개장국에 흰밥 조금 먹었으면."

또 한 녀석이 나오며,

"애고 어머니, 대추찰떡 먹었으면."』 『 』: 자식들의 말을 반복하여 인용함. → 흥부의 가족이 가난에 시달리고 있음을 부각하여 표현함.

"애고 이 녀석들아, 호박국도 못 얻어먹는데, 보채지나 말려므나."

또 한 녀석이 나오며,

"애고 어머니, 왜 올부터 불두덩이 가려우니 날 장가들여 주오."

이렇듯 보챈들 무엇 먹여 살려 낼까. 집 안에 먹을 것이 있든지 없든지 소반이 네 발로 하늘에 축수하고, 솥이 목을 매어 달렸고, 조리가 턱걸이를 하고, 밥을 지어 먹으려면 책력을 보아 갑자일이면 한 때씩 먹고, 생쥐가 쌀알을 얻으려고 밤낮 보름을 다니다가 다리에 가래톳이 서서 종기를 침으로 따고 앓는 소리에 동리 사람이 잠을 못 자니, 어찌 아니 서러울 건가.

흥부의 가족이 곡식이 없는 상황을 과장되게 표현함. → 집에 먹을 것이 없어 굶주려야 하는 흥부 가족의 처지를 부각함.

상황에 대한 서술자의 판단을 드러냄.

← 가난으로 흥부 가족이 의식주를 제대로 해결하지 못함.

**[중략 부분 줄거리]** 흥부는 다리를 다친 제비를 치료해 주고, 이듬해 봄 그 제비가 물어온 박씨를 심자 박 네 통이 열린다.

그달 저 달 다 지나가고 8, 9월이 다다라서 아주 견실하였으니, 박 한 통을 따 놓고 양주가 켰다.

흥부가 다리를 치료해 준 제비가 은혜를 갚기 위해 흥부에게 박씨를 물어다 줌.

"슬근슬근 톱질이야, 당기어 주소 톱질이야. 북창한월성미파에 동자박도 좋도다. 당하자손만세평에 세간박도 좋도다. 슬근슬근 톱질이야."

툭 타 놓으니, 오운이 일어나며 청의동자 한 쌍이 나오는데, 저 동자 거동 보소. 만일 봉래에서 학을 부르던 동자가 아니면 틀림없이 천태채약동이라. 왼손에 유리반 오른손에 대모반을 눈 위에 높이 들어 재배하고 하는 말이,

박에서 나온 청의동자의 신비로운 모습

"천은병에 넣은 것은 죽은 사람을 살려 내는 환혼주요, 백옥병에 넣은 것은 소경 눈을 뜨이는 개안주요, 금잔지로 봉한 것은 벙어리 말하게 하는 개언초요, 대모 접시에는 불로초요, 유리 접시에는 불사약이니, 값으로 의논하면 억만 냥이 넘사오니 매매하여 쓰옵소서."

하고 간데없는지라, 흥부 거동 보소.

"얼씨고절씨고 즐겁도다. 세상에 부자 많다 한들 사람 살리는 약이 있을소냐."

흥부의 아내가 하는 말이,

"우리 집 약국을 연 줄 알고 약 사러 올 사람이 없고, 아직 효험 빠르기는 밥만 못하외."

흥부 말이,

"그러하면 저 통에 밥이 들었나 타 봅세."

하고 또 한 통을 탔다.

"슬근슬근 톱질이야, 우리 가난하기 일읍에 유명하매 주야 설워하더니, 부지허명 고대하던 천 냥을 일조에 얻었으니 어찌 좋지 않을 건가. 슬근슬근 톱질이야. 어서 타세 톱질이야."

툭 타 놓으니, 온갖 세간이 들었는데, 자개함롱 · 반닫이 · 용장 · 봉방 · 제두주 · 쇄금들미 삼층장 · 계자다리 옷걸이 · 쌍룡 그린 빗접고비 · 용두머리 · 장목비 · 놋촛대 · 광명두리 · 요강 · 타구 벌여 놓고, 선단이불 비단요며 원앙금침 잣베개를 쌓아 놓고, 사랑 기물로 보자면 용목쾌상 · 벼룻집 · 화류책장 · 각게수리 · 용연벼루 · 앵무 연적 벌여 놓고, 『천자』 · 『유합』 · 『동몽선습』 · 『사략』 · 『통감』 · 『논어』 · 『맹자』 · 『시전』 · 『서전』 · 『소학』 · 『대학』 등 책을 쌓았고, 그 곁에 안경 · 석경 · 화경 · 육칠경 · 각색 필묵 퇴침에 들어 있고, 부엌 기물을 의논하자면 노구새옹 · 곱돌솥 · 왜솥 · 전솥 · 통노구 · 무쇠두멍 다리쇠 받쳐 있고, 왜화기 · 당화기 · 동래 반상 · 안성 유기 등물이 찬장에 들어 있고, 함박 · 쪽박 · 이남박 · 항아리 · 옹박이 · 동체 · 깁체 · 어레미 · 김칫독 · 장독 · 가마 · 승교 등물이 꾸역꾸역 나오니, 어찌 좋지 않을쏜가.

선행으로 인해 복을 받은 흥부 가족에 대한 서술자의 판단을 드러냄.

← 흥부가 다리를 고쳐 준 제비가 물어다 준 박씨에서 열린 박을 타자 온갖 귀한 것들이 쏟아져 나옴.

어휘

*양주: 부부를 이르는 말.

*시배: 따라다니며 시중을 드는 일. 또는 그 하인.

## 이것만은 꼭 익히자!

### 포인트 1 「흥부전」에 드러나는 이면적 주제

「흥부전」은 표면적으로 형제간의 우애를 강조하며 착한 흥부가 복을 받고 악한 놀부가 벌을 받는다는 권선징악이라는 주제 의식을 드러내고 있다. 그러나 그 이면에는 조선 후기의 새로운 사회상이 반영되어 있다는 평가를 받기도 한다. 즉, 당시 급변하던 사회 현실에서 몰락한 양반의 모습을 보여 주면서, 양반으로서의 위세를 부리는 것이 허망한 일이라는 인식을 반영한다는 것이다. 한편으로는 빈부 격차와 같은 사회적 모순을 지적하고 있으며, 부의 축적에 대한 당시 사람들의 열망을 보여 주는 작품으로 보기도 한다.

### 포인트 2 「흥부전」에서 현실을 형상화하는 방식 (문항 21 관련)

「흥부전」의 장면들을 분석해 보면 현실적으로 상황을 묘사하는 부분과 현실성 여부와는 무관하게 환상적으로 장면을 구현하는 부분으로 나누어 볼 수 있다. 그런데 여기에 더해 장면을 현실적으로 포착했다고 보기도 어렵지만 그렇다고 환상을 구현했다고도 볼 수 없는 장면이 존재한다. 즉, 현실의 상황을 기괴하고 과장되게 표현하는 부분이 존재하는 것이다. 「흥부전」에서는 이처럼 장면을 다양한 방식으로 형상화함으로써 작품 속에서 인물들이 보여 주는 욕망을 다양하게 표현해 낸다.

## 배경지식 더 알아보기

■ **판소리계 소설의 특징**

판소리계 소설이란 '판소리 사설을 바탕으로 형성되었거나 판소리적 성격이 강한 고전 소설'을 의미한다. 「춘향전」, 「심청전」, 「흥부전」 등이 이에 해당한다. 판소리계 소설은 여러 향유층의 다양한 관심사를 담고 있으며 해학과 풍자를 기본으로 하는 판소리의 특징을 잘 반영하고 있다. 판소리계 소설은 평민 계층의 체험과 바람을 투영하고 있으며, 특정 작가가 아니라 판소리와 소설을 향유하던 당시 민중들에 의해 창작, 개작된 것으로 볼 수 있다. 즉 설화적 이야기가 구전되고 정착되는 과정에서 이를 함께 누렸던 민중들의 참여에 의해 그들의 체험이 투영되며 끊임없이 개작되어 온 것이다.

## EBS Q&A

**Q** 판소리계 소설에서 흔히 나타나는 표현상 특징에는 무엇이 있을까요? (문항 19 관련)

**A** 판소리계 소설에서는 판소리의 영향을 받아 '장면의 극대화'와 같은 표현 방식이 나타나는 경우가 있습니다. 장면의 극대화란 독자들의 흥미나 관심을 끌 수 있는 장면을 매우 자세하고 구체적으로 표현하는 방식인데, 이때 열거나 과장 등의 방식이 활용됩니다. 판소리에서는 정해진 대본에 따르지 않고 창자가 관중의 반응을 살피며 상황에 따라 가창하였는데, 이러한 점이 판소리계 소설에도 반영된 것으로 볼 수 있습니다.

# (가) 「관동별곡」_ 정철

EBS 수능완성 193쪽

**감상 포인트** 이 작품은 정철이 선조 13년에 강원도 관찰사로 부임하여 강원도를 순회하면서 금강산과 관동 팔경을 유람한 내용을 노래한 기행 가사이다. 아름다운 자연을 감상하면서 관찰사로서의 선정의 포부와 연군의 정을 나타내고 있다. 그리고 자연에 동화되어 신선의 풍류를 지향하는 개인적 욕망도 나타나는데, 관리로서의 공적인 임무와 개인적 욕망 사이의 내적 갈등과 해소 과정을 적절하게 형상화하고 있다. 표현에 있어서는 역동적이며 생동감 넘치는 풍경 묘사와 속도감 있는 내용 전개 등이 인상적이다.

**주제** 관동 지방의 절경 감상과 선정의 포부

산중을 매양 보랴 동해로 가쟈스라
(금강산에서 바다로 이동함.)
남여(藍輿) 완보(緩步)하야* 산영누의 올나하니

녕농(玲瓏) 벽계(碧溪)와 수셩(數聲) 뎨됴(啼鳥)는 니별을 원(怨)하는 듯
(주체와 객체의 전도, 감정 이입)

「정긔(旌旗)를 떨치니 오색이 넘노는 듯
(「 」: 위풍당당한 관찰사의 행차 광경)
고각(鼓角)을 섯부니 해운(海雲)이 다 것는 듯」

명사 길 니근 말이 취션(醉仙)을 빗기 시러
(흥취를 느끼는 화자 자신)
바다를 겻태 두고 해당화로 드러가니

백구야 나디 마라 네 버딘 줄 엇디 아난 ← 동해로 이동하며 흥취를 드러냄.
(물아일체의 심정)
금난굴 도라드러 총셕뎡 올라하니
(관동 팔경의 하나 ①)
백옥누 남은 기동* 다만 네히 셔 잇고야
(사선봉을 비유함.)
공슈(工倕)*의 셩녕*인가 귀부(鬼斧)로 다드믄가

구태야 뉵면은 므어슬 샹(象)톳던고
(육면으로 된 돌기둥은 무엇을 형상화했는가?)
고셩을란 뎌만 두고 삼일포를 차자가니
(관동 팔경의 하나 ②)
단셔(丹書)는 완연하되 사션(四仙)*은 어디 가니
(사선이 썼다는 붉은 글씨)
예 사흘 머믄 후의 어디 가 또 머믈고

션유담 영낭호 거긔나 가 잇는가

청간뎡 만경대 몃 고대 안돗던고
(관동 팔경의 하나 ③) ← 총석정의 장관에 감탄하고 삼일포에서 사선을 회고함.

(중략)

텬근(天根)을 못내 보와 망양뎡의 올은말이
(관동 팔경의 하나 ④)
바다 밧근 하늘이니 하늘 밧근 므서신고

갓득 노한 고래 뉘라셔 놀내관대
(커다란 파도의 비유)
블거니 뿜거니 어즈러이 구는디고

**현대어 풀이**

산중을 매양 보랴 동해로 가자꾸나
남여 타고 천천히 걸어서 산영루에 올라가니
맑고 푸른 시냇물과 지저귀는 새소리는 이별을 원망하는 듯
정기를 떨치니 오색이 넘노는 듯
북을 치고 나팔을 섞어 부니 바다 위에 구름이 다 걷히는 듯
밟으면 소리가 나는 모래밭에 익숙한 말이 취한 신선을 비스듬히 실어
바다를 곁에 두고 해당화가 만발한 길로 접어드니
갈매기야 날지 마라 네 벗인 줄 어찌 아느냐
금란굴을 돌아들어 총석정에 오르니
백옥루 남은 기둥 다만 넷이 서 있구나
공수(工倕)의 작품인가 귀부로 다듬었는가
구태여 (돌기둥의) 육면은 무엇을 형상했던가
고성일랑 저만치 두고 삼일포를 찾아가니
붉은 글씨는 뚜렷하되 (이 글을 쓴) 사선은 어디로 갔는가
여기서 사흘 머무른 뒤에 어디 가서 또 머물렀던가
선유담 영랑호 거기나 가 있는가
청간정 만경대 몇 곳에 앉았던가
(중략)
하늘의 끝을 끝내 보지 못하여 망양정에 올랐더니
바다 밖은 하늘인데 하늘 밖은 무엇인고
가뜩 성난 고래 누가 놀라게 하기에
(물을) 불거니 뿜거니 어지럽게 구는지고

『은산(銀山)을 것거 내여 뉵합(六合)의 나리는 듯
『 』: 파도가 출렁이며 물보라를 만드는 모습
오월 댱텬(長天)의 백셜(白雪)은 므사 일고』 ← 망양정에서 동해를 바라봄.

져근덧 밤이 드러 풍낭이 뎡(定)하거늘

부상(扶桑) 지쳑(咫尺)의 명월을 기다리니

셔광(瑞光) 쳔댱(千丈)이 뵈는 듯 숨는고야
천 길 만큼 뻗은 상서로운 빛. 달빛

쥬렴을 고텨 것고 옥계를 다시 쓸며

계명셩* 돗도록 곳초 안자 바라보니

백년화(白蓮花) 한 가지를 뉘라셔 보내신고
달

일이 됴흔 셰계 남대되 다 뵈고져
애민 정신, 선정의 포부 ①

뉴하쥬(流霞酒)* 가득 부어 달다려 무론 말이

영웅은 어디 가며 사션(四仙)은 긔 뉘러니

아매나 맛나 보아 녯 긔별 뭇쟈 하니
영웅과 사선의 옛 소식

션산(仙山) 동해(東海)예 갈 길히 머도 멀샤
← 망양정에서 월출을 보며 애민 정신을 드러냄.

숑근(松根)을 볘여 누어 픗잠을 얼풋 드니

꿈애 한 사람이 날다려 닐온 말이
신선

그대를 내 모르랴 샹계(上界)예 진션(眞仙)이라
화자

『황뎡경(黃庭經)* 일자(一字)를 엇디 그릇 닐거 두고
『 』: 화자가 천상계에서 지상계로 내려온 신선이라고 말함.
인간의 내려와셔 우리를 딸오는다』

져근덧 가디 마오 이 술 한 잔 머거 보오

븍두셩(北斗星) 기우려 챵해슈(滄海水) 부어 내여

저 먹고 날 머겨늘 서너 잔 거후로니

『화풍(和風)이 습습(習習)하야* 냥액(兩腋)*을 추혀 드니
『 』: 우화등선, 신선이 된 기분
구만리 댱공(長空)애 져기면 날리로다』

『이 술 가져다가 사해(四海)예 고로 난화
『 』: 애민 정신, 선정의 포부 ②
억만 창생을 다 취케 맹근 후의』

그제야 고텨 맛나 또 한 잔 하쟛고야

말 디쟈 학을 타고 구공(九空)의 올나가니

공듕 옥쇼(玉簫) 소래 어제런가 그제런가

은으로 된 산을 꺾어 내어 온 천지에 내리는 듯
오월의 드넓은 하늘에 흰 눈은 무슨 일인가
잠깐 사이에 밤이 들어 풍랑이 가라앉거늘
해 돋는 동쪽 바다 가까운 근처에서 밝은 달을 기다리니
천 길이나 길게 뻗친 상서로운 빛이 보이는 듯 숨는구나
구슬로 꿰어 만든 발을 고쳐 걷어 올리고 옥돌 같은 층계를 다시 쓸며
샛별이 돋아나도록 곧게 앉아 바라보니
흰 연꽃과 같은 달을 어느 누가 보내셨는고
이렇게 좋은 세계를 다른 사람에게 다 보이고 싶구나
신선이 마신다는 술을 가득 부어 달에게 묻는 말이
옛날의 영웅은 어디 가고 (신라 때) 사선은 그 누구인가
아무나 만나 보아 옛 기별을 묻자 하니
신선의 산이 있다고 하는 동해에 갈 길이 멀기도 멀구나
소나무 뿌리를 베고 누워 풋잠이 잠깐 드니
꿈에 한 사람이 나에게 이르는 말이
그대를 내가 모르랴 하늘 나라의 참된 신선이라
황정경 한 글자를 어찌 잘못 읽어 두고
인간이 사는 세계에 내려와서 우리를 따르는가
잠깐 동안 가지 마오 이 술 한 잔 먹어 보오
북두칠성을 기울여 푸른 바닷물 부어 내어
저 먹고 나를 먹이거늘 서너 잔 기울이니
봄바람 산들산들 불어 양 겨드랑이를 추켜올리니
구만리나 되는 멀고 높은 하늘에 자칫하면 날겠도다
이 술을 가져가서 온 천하에 고루 나누어
모든 백성을 다 취하게 만든 후에
그제서야 다시 만나 또 한 잔 하자꾸나
말이 끝나자 (신선은) 학을 타고 높은 하늘로 올라가니
공중의 옥퉁소 소리가 어제던가 그제던가

나도 잠을 깨여 바다할 구버보니
꿈에서 깨어 현실로 돌아옴.
기픠를 모르거니 가인들 엇디 알리

명월이 천산 만낙(千山萬落)*의 아니 비쵠 대 업다 ← 꿈속에서 신선을 만남.
임금의 은혜가 온 세상에 미치고 있음을 노래함.

> 나도 잠을 깨어 바다를 굽어보니
> 깊이를 모르는데 바다의 끝을 어찌 알겠는가
> 밝은 달이 온 세상에 비치지 않는 곳이 없다

*남여 완보하야: 남여(가마)가 천천히 나아가.
*백옥누 남은 기동: 총석정 앞의 돌기둥.
*공슈: 중국 고대의 솜씨 좋은 장인의 이름.
*셩녕: 솜씨.
*사션: 신라 때의 선도(仙徒) 네 사람.
*계명셩: 샛별.
*뉴하쥬: 신선이 먹는다는 술.
*황뎡경: 도가의 경서로, 이 경서의 한 글자만 잘못 읽어도 이 세상에 내쳐진다는 말이 있음.
*화풍이 습습하야: 바람이 부드럽게 부는 모양.
*냥액: 양 겨드랑이.
*천산 만낙: 온 세상.

## 이것만은 꼭 익히자!

**포인트 1 꿈을 통한 적강 모티프의 구체화와 그 효과** (문항 23 관련)

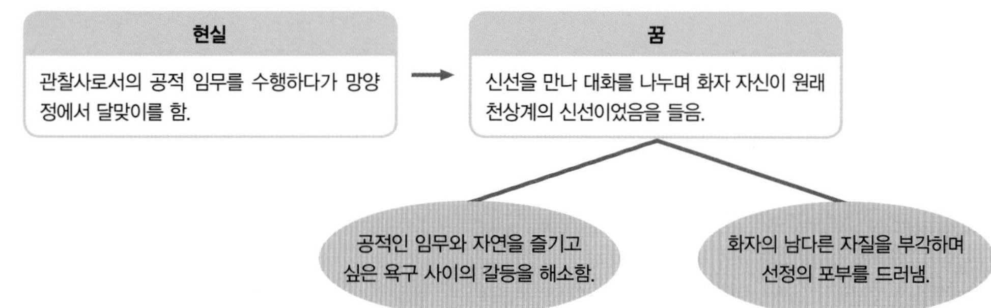


**포인트 2 망양정에서 조망한 파도에 대한 인상적 비유** (문항 25 관련)

## 배경지식 더 알아보기

■ **선우후락(先憂後樂)의 자세**

중국 북송(北宋) 때의 정치가이자 학자인 범중엄이 지은 「악양루기(岳陽樓記)」에는 "천하의 근심보다 앞서 근심하고 천하의 즐김보다 나중에 즐긴다[先天下之憂而憂 後天下之樂而樂]."라는 표현이 있다. '선우후락'은 여기서 나온 말로 위정자가 먼저 천하와 백성을 걱정하고 자신은 나중에 즐긴다는 위정자의 바람직한 태도를 강조하는 것이다.

지문에서 "이 술 가져다가 사해예 고로 난화 / 억만 창생을 다 취케 맹근 후의 / 그제야 고텨 맛나 또 한 잔 하잣고야"가 선우후락의 자세와 관련되는 부분인데, 좋은 것을 백성에게 먼저 즐기게 하고 자신은 나중에 즐기겠다는 작가의 애민 정신과 선정의 포부가 잘 담겨 있다.

■ **구강의 「총석곡」**

「관동별곡」에서는 작가가 강원도의 동해안을 다니며 관동 팔경을 둘러보는 여정이 나타나는데, 문항 24 〈보기〉에 제시된 「총석곡」은 오로지 강원도 통천의 '총석정' 일대만을 기행한 감상을 제시한 작품이다. 이 작품에서 작가는 총석정 주변 기암괴석에 대한 형용, 관동 팔경 중 총석정이 가장 뛰어나다는 찬사, 여정을 마무리하며 인재를 찾겠다는 소회 등을 진술했다. 특히 총석정 주변에 가득 들어선 육면의 돌기둥(주상 절리)의 뛰어난 경치를 형상화하면서 이에 대한 감흥을 다양한 고사와 결부시켜 묘사하는 점이 인상적이다.

# (나) 「마포」 _ 백석

EBS 수능완성 194쪽

감상 포인트 이 글은 1935년 『조광』 창간호에 '자연의 전당 대경성 풍광'이라는 기획 아래 수록된 수필 중의 하나로, 백석이 문예지에 발표한 최초의 수필이다. 이 글은 마포의 풍경과 그에 투영된 글쓴이의 단상이 체계적인 의미 단위를 이루고 있다. 1930년대 중반 마포 포구와 그 주변의 모습을 보여 주면서 지난 시절의 풍경을 되돌아보게 하는 작품으로, 글쓴이의 사색과 비판 의식을 담고 있으며 감각적인 문체에 정교한 형식까지 갖추고 있어 높은 평가를 받고 있다.

주제 마포의 풍광이 지닌 양면적 특성

사장(沙場)(모래벌판)은 물새가 없이 너무 너르고 그 건너 포플러의 행렬은 이 개포*의 돛대들보다 더 위엄이 있다. 오래 머물지 못하는 돛대들이 쫓겨 달아나듯이 하구(河口)를 미끄러져 도망해 버린다(포구에 배들이 오래 정박하지 않고 자주 드나듦.). 나무 없는 건넌산들은 키가 돛대보다 낮다. 피부 빛은 사공들의 잔등보다 붉다(헐벗은 민둥산). 물속에 들어간 닻이 얼마나 오래 있나 보자고 산들은 물 위를 바라보고들 있는 듯하다. ← 1문단: 마포 포구 주변의 풍경

개포에는 낮닭이 운다. 기슭 핥는 물결 소리가 닭의 소리보다 낮게 들린다. 저 아래 철교 아래 사는 모터보트가 돈 많은 집 서방님같이 은회색 양복을 잡숫고* 호기 뻗친 노라리* 걸음으로 내려오곤 한다. 빈 매생이*가 발길에 차이고 못나게 출렁거리며 운다. ← 2문단: 마포 포구 안의 모습

커다란 금 휘장의 모자를 쓴 운전수들이 빈손 들고 내려서는 동둑(크게 쌓은 둑)을 넘어서 무엇을 찾는 듯이 구차한 거리로 들어간다. 구멍 나간 고의(남자의 여름 홑바지)를 입은 사공들을 돌아다보지 않는 것이 그들의 예의이다. 모두 머리를 모으고 몸을 비비대고 들어선 배들 앞에는 언제나 운송점의 빨간 트럭 한 대가 놓여 있다. 때때로 퐁퐁퐁퐁…… 거리는 것은 아마 시골 손들에게 서울의 연설(트럭의 엔진 소리)을 하는지 모른다. ← 3문단: 부둣가의 풍경

여의도에 비행기가 뜨는 날 먼 시골 고장의 배가 들어서는 때가 있다. 돛대 꼭두마리의 팔랑개비를 바라보던 버릇으로 뱃사람들은 비행기를 쳐다본다. 그리고 돛대의 흰 깃발이 말하듯이 그렇게 하늘이 무서운 것이 아니라고 생각한다. 이럴 때에 영등포를 떠나오는 기차가 한강 철교를 건넌다. 시골 운송점과 정미소에서 내는 신년 괘력(掛曆)*의 그림이 정말이 되는 때다(달력에서만 보던 비행기와 기차를 마포에서 직접 바라봄.). ← 4문단: 마포에서 볼 수 있는 비행기와 기차

"마포는 참 좋은 곳이여!" 뱃사람의 하나는 반드시 이렇게 감탄한다.

흰 수염 난 늙은이가 매생이에서 낚대를 드리우지 않는 날을 누가 보았나?(자주 볼 수 있는 장면이라는 의미) 요단강의 영지(靈智)*가 물 위에 차 있을 듯한 곳이다. 강상(江上)에 흐늑이는* 나룻배를 보면 「비파행」*의 애끊는 노래가 들리지 않나 할 곳이다. ← 5문단, 6문단: 마포에서 발견할 수 있는 전통적 요소

뗏목이(한강 상류에서 마포 포구로 내려온 뗏목) 먼저 강을 내려와서 강을 올라오는 배를(바다를 통해 한강을 거슬러 마포로 오는 외지의 배) 맞는 일이 많다. 배가 떠난 뒤에도 얼마를 지나서야 뗏목이 풀린다. 뗏목이 낯익은 배들을 보내고 나는 때에 개포의 작은 계집아이들이 빨래를 가지고 나와서 그 잔등에 올라앉는다. 기름 바른 머리 분칠한 얼굴이 예가 어덴가 하고 묻고 싶어 할 것이 뗏목의 마음인지 모른다.
← 7문단: 마포에 정박한 뗏목과 그 위에서 빨래를 하는 계집아이들의 모습

뱃지붕을 타고 먼산바라기를 하는 사람들은 저 산 그 너머 산 그 뒤로 보이는 하이얀 산만 넘으면 고향이
배의 지붕에서 고향 방향의 먼 산을 바라보는 것
보인다고들 생각한다. 서울 가면 아무 데 산이 보인다고 마을에서 말하고 떠나온 그들이 서울의 개포에 있는 탓이다.

← 8문단: 타지에서 마포에 온 뱃사람들의 반응

배들은 낯선 개포에서 본(本)과 성명을 말하기를 싫어한다. 그들은 머리에다 커다랗게 붉은 글자로 백천(百川), 해주(海州), 아산(牙山), …… 이렇게 빼젓한 본을 달고 금파환(金波丸), 대양환(大洋丸), 순풍환(順風丸), 이렇게 아름답고 길상(吉祥)한 이름을 써 붙였다. 그들은 이 개포의 맑은 하늘 아래 뿔사납게 서서 흰 구름과
자기 고향에 대한 뱃사람들의 애착 / 볼썽사납게
눈빨기*를 하는 전기 공장의 시꺼먼 굴뚝이 미워서 이 강에 정을 못 들이겠다고 말없이 가 버린다.

← 9문단: 뱃사람들의 귀향과 자연을 해치는 공장에 대한 거부감

*개포: 마포의 포구.
*잡숫고: 입고.
*노라리: 건달처럼 빈둥거리는 짓.
*매생이: 돛이 없는 작은 배.
*괘력: 벽이나 기둥에 걸어 놓고 보는 일력(日曆)이나 달력.
*영지: 신령스럽고 기묘한 지혜.
*흐늑이는: 느리고 부드럽게 흔들리는.
*비파행: 중국 당나라 시인 백거이가 지은 칠언 고시.
*눈빨기: '눈 흘기기'의 평북 방언.

## 이것만은 꼭 익히자!

### 포인트 1 마포의 풍광이 지닌 양면적 특성 (문항 26 관련)

1930년대 마포 포구와 그 주변의 모습을 구석구석 보여 주는 이 수필은 자연과 인간, 물과 육지, 전통적 요소와 근대적 요소가 공존하는 마포의 양면적 특성을 마포 거주자와 타지인의 시선을 오가면서 구체적으로 형상화하고 있다. 그중 가장 인상적으로 묘사되는 것이 전통적 요소와 근대적 요소의 공존이다.

| 항목 \ 요소 | 전통적 요소 | 근대적 요소 |
|---|---|---|
| 배 | 매생이(돛이 없는 작은 배) | 철교 아래 모터보트 |
| 차림새 | 구멍 나간 고의를 입은 사공 | 커다란 금 휘장의 모자를 쓴 운전수 |
| 풍경 | 매생이에서 낚대를 드리운 늙은이 | 여의도에서 뜨는 비행기와 한강 철교를 건너는 기차 |
| 환경 | 맑은 하늘과 흰 구름 | 전기 공장의 시꺼먼 굴뚝 |

### 포인트 2 다양한 표현 기법의 활용 (문항 22 관련)

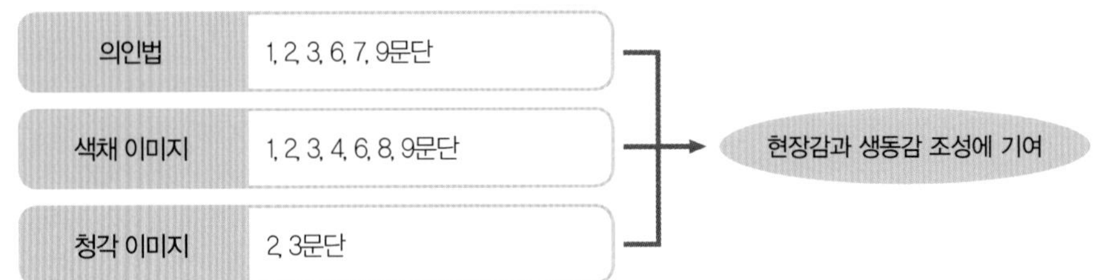


## EBS Q&A

**Q** 문항의 〈보기〉가 작품 이해에 어떤 도움을 주나요?

**A** 문항의 〈보기〉는 해당 작품을 감상하기 위한 방향을 제시하는 외적 준거로 볼 수 있습니다. 특히 생소하고 낯선 작품을 접했을 때 먼저 〈보기〉를 읽고 핵심적인 정보를 찾아 이를 바탕으로 작품을 감상하는 것이 좋습니다. 예를 들어 문항 26 〈보기〉의 경우 「마포」라는 작품이 근대적 요소와 전통적 요소가 공존하는 상황을 통해 공간적 배경의 양면적 특성을 나타내고 있다는 내용이 작품 감상의 Tip 역할을 합니다. 여기에 맞춰 두 가지 요소를 빨리 찾고 선지의 타당성을 파악하면 되는 것입니다.

현대 소설 28~31번

# 「갈매나무를 찾아서」_ 김소진

EBS 수능완성 197쪽

이 작품은 백석의 시 「남신의주 유동 박시봉방」과 상호 텍스트성을 갖는 소설이다. 「남신의주 유동 박시봉방」에는 타향에서 슬픔을 안고 살아가는 화자의 내적 지향을 상징하는 소재인 '굳고 정한 갈매나무'가 등장한다. 이 작품의 주인공인 두현은 심리적 아픔으로 고통받고 있는 상황에서 「남신의주 유동 박시봉방」을 떠올리면서, 추운 계절도 꿋꿋이 견디며 서 있는 수칼매나무를 상상하며 그러한 자세로 자신의 아픔을 극복해 나갈 것을 다짐하는 모습을 보인다. 이 작품의 핵심 소재인 갈매나무는 아름다운 기억과 지옥 같은 기억을 동시에 떠올리게 만드는 역설적 성격을 띠는데, 이를 통해 독자는 우리의 삶이 '아름다운 지옥'이라는 찻집의 이름과도 같이 본래 역설적인 것임을 이해하게 된다. 그리고 수칼매나무를 꿈꾸며 살아가는 두현의 모습을 통해 우리의 역설적 삶 안에 이미 아픔과 고통을 이겨 낼 힘이 숨어 있다는 사실을 깨닫게 된다.

**주제** 삶의 의지를 회복하고자 하는 열망

**전체 줄거리** 두현은 이혼한 아내 윤정과 '아름다운 지옥'이라는 찻집의 갈매나무 앞에서 찍은 사진을 발견하고는 바로 그 찻집으로 향하면서 과거를 회상한다. 윤정과 이혼하자마자 두현은 할머니를 찾아갔고, 할머니의 위로를 받던 두현은 할머니 집 안마당에 있는 갈매나무와 관련한 어린 시절의 기억을 떠올렸다. 두현이 찾아간 '아름다운 지옥'은 오리탕 전문점으로 바뀌어 있었으나 갈매나무는 그대로 있었다. 식당의 여주인과 술을 마시며 윤정과의 일, 수칼매나무 꿈에 대해 이야기하던 두현은 식당 앞 갈매나무를 보며 백석의 시 「남신의주 유동 박시봉방」을 떠올리고, 시의 화자의 처지가 자신과 비슷하다고 느낀다. 식당을 나서면서 두현은 여주인의 시어머니가 기다리고 있다는 시동생을 만나게 되고, 여주인이 자신에게 들려준 이야기가 사실이 아닐 것이라는 생각을 한다.

어제 우연히 책 정리를 하다 보니 낯익은 배경을 두르고 윤정이의 어깨에 팔을 걸뜨린 채 다정스레 찍은 사진이 발등에 떨어졌다. 둘은 너무나도 환히 웃고 있었다. 특히 이마가 초가집 지붕 선처럼 푸근하고 서늘했던
(현재와 대비되는 과거의 행복한 모습)
그녀. 우리에게도 이렇게 환한 웃음이 깃들인 적이 있었던가. 그는 갑자기 콧마루가 시큰해져 왔다. 둘 뒤에
(윤정과의 이혼으로 힘겨운 상황에서 과거의 행복한 기억을 떠올리게 하는 사진을 보고 울컥함.)
이파리 무성한 갈매나무가 눈에 띄었던 것이다. 그 갈매나무만 아니었다면 두현이 불현듯 출판사에 지독한 몸
('아름다운 지옥'으로 가기 위해 출판사에 거짓으로 핑계를 댐.)
살이라는 전화를 넣고 이렇듯 '아름다운 지옥'을 향해 실성한 사내처럼 마음만 급해 허둥지둥 비바람 부는 들
(사진 속 갈매나무를 보러 갑작스럽게 '아름다운 지옥'으로 가고 있는 두현의 불안정한 심리를 비유적으로 드러냄.)
판을 가로질러 가고 있진 않았을 것이다. ← 윤정과 찍은 사진 속 갈매나무를 보고 '아름다운 지옥'으로 향하는 두현

갈매나무는 두현의 기억이 미칠 수 있는 어린 시절부터 내면에 자리 잡아 온 움직일 수 없는 한 풍경이었다.
(갈매나무는 어린 시절부터 두현에게 의미 있는 존재였음.)
어릴 적 한때 할머니의 손에서 자란 두현이도 그 갈매나무와 더불어 컸다. 할머니 집 안마당에 어른 키의 갑절만큼 자라 있던 그 늙은 나무는 노년 들어 홀로 대청마루에 나앉는 일이 잦았던 할머니에게는 무언의 친구이
(갈매나무는 할머니에게도 의미 있는 존재임.)
기도 했을 터였다.

가지 끝에 뾰족뾰족한 가시를 달고 있는 그 갈매나무는 두현에겐 지옥이자 천당이었다. 갈매나무 아래서 윤
(두현에게 갈매나무는 이중적 의미를 갖는 대상임.)
정이와 사진을 찍고 난 다음 그녀와 가진 첫 입맞춤이 천당에 대한 기억에 해당한다면 아내가 됐던 윤정이와
(갈매나무와 관련된 행복한 기억 – 천당)
이 년이 채 안 돼 헤어지기로 동의한 다음 이혼 서류에 마지막으로 도장을 찍고 내려가 찾아뵌 할머니 집 앞의
(갈매나무와 관련된 가슴 아픈 기억 – 지옥)
갈매나무는 바로 캄캄한 지옥이었다.

현아 니 맴이 많이 아프제…….
(직접 인용 부호가 없이 대화를 그대로 제시함.)

두현은 두렵고 송구스런 마음 때문에 엎드려 드린 큰절을 차마 일으키지 못하고 등짝을 들썩거리며 흐느꼈
(할머니께 윤정이와 잘 사는 모습을 보여 드리지 못한 것에 대한 죄송스러운 마음)
다. 그 격정의 잔등을 삭정이처럼 야윈 할머니의 손길이 잔잔히 더듬고 지나갔다.
(흐느끼는 두현의 등을 쓰다듬으며 위로하고 있는 할머니의 모습)

할머니…… 이 매욱한* 손자가 세상에 다시없는 불효를 저지르고 이렇게 찾아뵈었으니 이 일을 어쩌면 좋습

니까? 호되게 꾸짖어 주세요, 부디!

꾸짖긴 눌로? 어림도 없지러. 니가 아프면 낼로(나를) 찾아와야지 그럼 눌로(누구를) 찾아…… 옹냐 잘 왔네
할머니는 두현이 심적으로 힘든 상황에서 자신을 찾아온 것에 대해 포용적 입장을 보임.
라. 에구 불쌍한 내 새끼야, 니 맴 할미가 알제 하모 하모…….

부엌 문짝에 옆 이마를 기대어 집게손가락으로 눈가를 꼭꼭 찍어 누르고 섰던 작은숙모한테 더운밥을 지
작은숙모도 두현의 상황을 함께 슬퍼하고 있음.
어 내오도록 한 할머니는 그가 물에 만 밥그릇을 앞에 두고 천근만근으로 무거워진 깔깔한 밥술을 놀리는 걸 지켜보다가 숙모의 부축을 받아 갈매나무 아래 평상에 나앉으셨다. 그러고는 등을 돌린 채 눈물을 지으셨다. 두현은 밥이 아니라 눈물을 떠 넣고 씹었다.
마치 눈물을 떠 넣고 씹는 듯하다고 느낄 만큼 슬프고 죄송스러운 마음이 큼.

지집한테 찔리운 까시는 오래가는 벱인디…….
할머니는 윤정과의 이혼으로 두현이 입은 마음의 상처가 오래 지속될 것을 걱정함.

할머니가 갈매나무 우듬지께를 망연자실한 눈길로 쳐다보시며 중얼거렸다. 그러자 그도 어릴 적 겁도 없이 갈매나무에 오르려다 가시에 찔려 떨어졌던 기억이 났던 것이다. 아마 할머니도 그때 기억 때문에 더 북받치시는 것일지도 모를 일이었다. 눈물이 그렁그렁한 어린 손자의 손바닥에 깊숙이 박힌 가시를 입김을 몇 번이고 호호 불어 가면서 빼 주실 때 해 주던 할머니의 말씀이 새삼 엊그제 일인 양 생생할 뿐이었다.

『까시 아프제? 앞으로두 세상의 숱해 많은 까시가 널 괴롭힐지도 모르제. 그래도 사내니깐 울지는 말그래이.
살면서 겪게 될 수많은 시련
그럴수록 더 독한 까시를 가슴속에 품어야 하니라. 알긋제?』
『 』: 어릴 때 할머니께서 손바닥에 박힌 가시를 빼 주시면서 두현에게 해 주셨던 말씀

야아…… 할무이.

세상의 독한 가시를 이기라는 그 말씀은 삼 년 전 늦깎이 시인으로 등단한 그가 여태껏 시의 화두로 삼아 온
어릴 때 할머니가 해 주신 말씀이 두현의 삶에서 매우 중요한 의미를 지님.
것이었다.
← 갈매나무에 얽힌 과거의 기억을 떠올리는 두현

**[중략 부분 줄거리]** 두현이 찾아간 '아름다운 지옥'은 이제 찻집이 아닌 오리탕 전문점으로 바뀌어 있었고, 두현은 그 식당의 여주인과 이야기를 나눈다.

아내가 가고 없는 그 신혼방에서 두현은 한사코 자신에게서 달아나려는 어떤 아이에 대한 꿈을 서너 번 꾸었다. 힐끗 뒤를 돌아다보는 꿈속의 작은 아이는 그를 닮아 보일 때도 있었고 얼굴이 하얗게 지워져서 나타날 때도 있었다. 아주 무서운 꿈이었다. 꿈자리에서 깨어날 때마다 그는 눈물이 핑 돌아 낯선 곳에서 잠이 설깬
서럽고 무서운 심리를 낯선 곳에서 잠이 설깬 아이에 빗대어 표현함.
아이처럼 훌쩍거리곤 했다.

그래서요?

그래서 그렇다는 말이죠.

에이, 시시해. 그럼 전 부인은 진짜 유학을 갔어요?

아직까지 한 번도 못 만났으니 그럴 가능성도 있을 겝니다.

그럼 요즘도 아이 꿈을 꾸세요?
두현에게 서러움과 무서움을 느끼게 만드는 꿈

아뇨. 요즘은 한 나무에 대한 꿈을 꾸는 편이죠.
삶에 대한 두현의 의지와 희망을 드러내는 꿈

나무요?

나뭅니다. 아주 헌걸차고 씩씩한 녀석이죠. 바로 수칼매나무입니다. 갈매나무가 암수딴그루 나무인 건 아시죠?

암수딴그루라뇨?

왜, 은행나무처럼 암수가 따로 있다 이겁니다. 제가 여태껏 보아 온 건 모두 암그루였죠. 아직 수그루를 한 번도 보지 못했죠. 아마 어느 깊은 계곡 어디에선가 뿌리를 박고 홀로 눈보라와 찬비와 거친 바람을 맞으며 (살면서 겪게 되는 시련) 추운 계절을 꿋꿋이 견디며 힘차게 수액을 높은 우듬지 위로 뽑아 올리는 자태를 (시련에 굴하지 않는 의지적 자세 – 두현이 지향하는 삶의 자세) 간직한 수그루를 알아보게 될 겁니다. 그런 날이 꼭 올 겁니다. 제 꿈이 그렇거든요. 그놈을 봤어요. 한 번도 아니고, 두 번도 아니고……

몹시 앓을 땐 내가 직접 그 수칼매나무가 되는 꿈을 꿔요. 아주 편안한 나무가 되는 꿈을 꿔요.
수칼매나무와 자신을 동일시할 만큼, 수칼매나무와 같은 삶을 살고자 하는 강렬한 소망과 의지가 드러남. ← 수칼매나무 꿈에 대해 이야기하는 두현

*매욱한: 하는 짓이나 됨됨이가 어리석고 둔한.

## 이것만은 꼭 익히자!

### 포인트 1 갈매나무의 역설적 의미 (문항 31 관련)

갈매나무는 두현에게 천당이면서 동시에 지옥으로 인식되는 역설적 대상이다. 두현에게 갈매나무는 윤정과의 행복한 추억을 떠올리게 하는 아름다운 배경이기도 하면서, 윤정과의 이별을 더 가슴 아프게 느끼도록 만드는 가시와도 같은 존재이기 때문이다. 어릴 때부터 어른이 된 현재에 이르기까지 갈매나무는 두현에게 줄곧 유의미한 존재였다. 갈매나무 가시에 찔려 아팠던 경험, 그리고 가시에 찔린 아픔을 이기기 위해서는 더 독한 가시를 가슴에 품을 수 있어야 한다는 할머니의 말씀은, 두현이 살아가면서 겪게 되는 시련을 이겨 나가는 마음가짐에 중요한 밑바탕이 되어 준다. 결국 두현에게 갈매나무는 삶이 때로 가시일 수 있음을, 그리고 그런 가시를 이겨 내는 힘인 더 독한 가시가 우리의 내면에 있음을 알려 주는 존재로서의 의미를 갖는다. '아름다운 지옥'이라는 찻집의 이름에서, 아름다움과 지옥이 하나로 뒤섞여 있는 것이 우리가 살아가는 삶의 본질이라는 역설적 진리가 드러나듯이, 갈매나무도 우리의 삶이 시련과 그것을 이겨 내는 힘을 동시에 지니고 있음을 보여 준다는 점에서 그 자체로 역설적인 의미를 갖는 소재라 할 수 있다.

### 포인트 2 수칼매나무의 상징적 의미 (문항 31 관련)

두현은 수칼매나무가 등장하는 꿈을 꾸며 그 존재를 상상만 하고 있을 뿐, 아직 수칼매나무를 직접 보지는 못했다. 그러나 꿈에서만 보던 그 가상의 자연물을 언젠가는 자신이 직접 보게 될 것이라 확신하고 있다. 그리고 자신이 보게 될 그 수칼매나무는 지금 어느 깊은 계곡에 뿌리를 박고 홀로 눈보라와 찬비와 거친 바람을 맞으며 추운 계절을 꿋꿋이 견디며 힘차게 수액을 높은 우듬지 위로 뽑아 올리고 있을 것이라고 상상한다. 이는 절망과 허무로 추운 겨울과도 같은 시간을 보내고 있는 두현이 수칼매나무와 같은 삶의 자세를 견지함으로써 지옥과도 같은 현실에 당당하게 맞서겠다는 의지와 다짐을 상징적으로 드러내고 있는 것이라 볼 수 있다.

## 배경지식 더 알아보기

■ 「갈매나무를 찾아서」의 상호 텍스트성

「갈매나무를 찾아서」는 작가 김소진의 친한 친구였던 안찬수의 시 「갈매나무」, 그리고 백석의 대표작 중 하나인 「남신의주 유동 박시봉방」과 상호 텍스트성을 갖는 소설이다. 안찬수의 「갈매나무」 역시 「남신의주 유동 박시봉방」의 영향을 받아 창작된 작품이므로, 「갈매나무를 찾아서」를 깊이 있게 이해하기 위해서는 「남신의주 유동 박시봉방」에 대한 이해부터 선행되어야 한다. 현재 발췌된 지문에서는 「남신의주 유동 박시봉방」에 대한 언급이 나타나지 않지만, 소설의 다른 부분에서는 주인공 두현이 이 시에 대해 직접 언급하는 부분이 나오기도 한다.

「갈매나무를 찾아서」에서와 마찬가지로, 「남신의주 유동 박시봉방」에서도 '갈매나무'는 매우 중요한 소재로 기능한다. 시의 화자는 타향에서 홀로 살아가면서 슬픔과 외로움을 느끼는데, 이때 눈을 맞으며 의연히 서 있는 '굳고 정한 갈매나무'를 떠올리며 힘겨운 현실을 견뎌 내는 모습을 보인다. 이렇듯 시련을 견뎌 내기 위한 화자의 내적 지향을 의미하는 갈매나무의 상징성은, 사랑하는 사람과 이별하고 혼자 남겨진 두현이 수칼매나무를 꿈꾸며 시련을 극복하는 소설 속 상황의 중요한 밑거름이 되어 주고 있다.

어느 사이에 나는 아내도 없고, 또,
아내와 같이 살던 집도 없어지고,
그리고 살뜰한 부모며 동생들과도 멀리 떨어져서,
그 어느 바람 세인 쓸쓸한 거리 끝에 헤매이었다.

(중략)

그러나 잠시 뒤에 나는 고개를 들어,
허연 문창을 바라보든가 또 눈을 떠서 높은 천정을 쳐다보는 것인데,
이때 나는 내 뜻이며 힘으로, 나를 이끌어 가는 것이 힘든 일인 것을 생각하고,
이것들보다 더 크고, 높은 것이 있어서, 나를 마음대로 굴려 가는 것을 생각하는 것인데,
이렇게 하여 여러 날이 지나는 동안에,
내 어지러운 마음에는 슬픔이며, 한탄이며, 가라앉을 것은 차츰 앙금이 되어 가라앉고,
외로운 생각만이 드는 때쯤 해서는,
더러 나줏손*에 쌀랑쌀랑 싸락눈이 와서 문창을 치기도 하는 때도 있는데,
나는 이런 저녁에는 화로를 더욱 다가 끼며, 무릎을 꿇어 보며,
어니 먼 산 뒷옆에 바우섶*에 따로 외로이 서서
어두워 오는데 하이야니 눈을 맞을, 그 마른 잎새에는
쌀랑쌀랑 소리도 나며 눈을 맞을,
그 드물다는 굳고 정한 갈매나무라는 나무를 생각하는 것이었다.

– 백석, 「남신의주 유동 박시봉방」

*나줏손: 저녁 무렵.
*바우섶: 바위 옆.

## EBS Q&A

**Q** 현대 소설의 서술상 특징에 관해 묻는 문항은 어떻게 대비해야 할까요? (문항 28 관련)

**A** 서술상 특징 문항에서는 시점, 구성상의 특징, 표현 방법 등에 대해 묻습니다. 그러므로 서술상 특징을 묻는 문항을 잘 해결하기 위해서는 시점의 종류와 특징, 구성 방식이나 표현 방법의 여러 가지 유형과 그 특징에 대해 먼저 정확하게 학습을 한 뒤, 그 지식을 작품에 하나씩 적용해 보면서 각 선지의 적절성 여부를 판단해야 합니다. 예를 들어, 시점의 경우 서술자가 소설 속 인물이면 1인칭, 소설 속 인물이 아니면 3인칭 시점이 되고, 1인칭 시점이더라도 서술자가 주인공인지 관찰자인지, 또 3인칭 시점이라도 인물의 속마음까지 자유롭게 서술이 되고 있는지 아닌지에 따라 시점은 다양하게 나타날 수 있으므로 소설 속 서술자의 특징을 잘 살펴야 합니다. 이 밖에도 인물 제시 방법이 직접적인지 간접적인지, 사건의 서술이 순차적인지 역전적인지 등 소설마다 중점적으로 살펴야 할 서술상의 특징들이 다양하므로 평소에 소설을 읽을 때 서술상 특징을 고려하면서 작품을 감상하는 습관을 들인다면 이런 유형의 문항을 해결하는 능력이 점차 향상될 것입니다.

현대시
32~34번

# (가) 「오렌지」 _ 신동집

EBS 수능완성 200쪽

감상 포인트 이 작품은 사물의 본질을 파악해 그 사물의 정수를 꿰뚫고 싶은 욕망과 그 욕망을 이루기 어려운 상황을 노래하고 있다. '오렌지'를 소재로 하여 일상적으로 접하기 쉬운 사물조차도 본질을 파악하기 어렵다는 것을 보여 주며, 더불어 본질을 규명하고자 하는 의지와 이러한 의지의 실현 가능성도 보여 준다.

주제 존재의 본질을 파악하고자 하는 의지

궁금증 유발
오렌지에 아무도 손을 댈 순 없다
화자가 본질을 파악하고픈 대상
오렌지는 여기 있는 이대로의 오렌지다
오렌지의 본질
더도 덜도 안 되는 오렌지다

내가 보는 오렌지가 나를 보고 있다 ← 1연: 본질을 파악하고 싶은 대상으로서의 오렌지
'나'와 동등한 존재인 '오렌지'

마음만 낸다면 나도

오렌지의 포들한 껍질을 벗길 수 있다
오렌지에 손을 댐. ①
마땅히 그런 오렌지

만이 문제가 된다

마음만 낸다면 나도

오렌지의 찹잘한 속살을 깔 수 있다
오렌지에 손을 댐. ②
「마땅히 그런 오렌지
「 」: 손을 댄 오렌지에 문제가 발생함.
만이 문제가 된다」 ← 2~3연: 손을 대면 파악할 수 없는 본질

그러나 오렌지에 아무도 손을 댈 순 없다

「대면 순간
'나'의 일방적 기준으로 대상을 파악하려고 하는 순간. 객관적 대상을 '나'의 주관으로 판단하는 순간
오렌지는 오렌지가 아니 되고 만다」
「 」: 손을 댐으로써 발생하는 문제. 대상의 본질이 훼손됨.
내가 보는 오렌지가 나를 보고 있다 ← 4연: 본질적 존재로서의 오렌지

「나는 지금 위험한 상태다
「 」: 본질을 훼손할 수 있는 상태. 본질이 훼손될 수 있는 상태
오렌지도 마찬가지 위험한 상태다」

「시간이 똘똘
「 」: 추상적인 관념인 시간을 시각적으로 형상화함. 뱀이라는 대상을 통해 긴장감을 고조함.
배암의 또아리를 틀고 있다」 ← 5연: 파악하기 어려운 본질로 인한 고민의 시간

그러나 다음 순간

오렌지의 포들한 껍질에

한없이 어진 그림자가 비치고 있다
본질 파악의 가능성, 희망

누구인지 잘은 아직 몰라도.

← 6연: 어쩌면 본질을 이해할 수도 있을 듯한 희망

## 이것만은 꼭 익히자!

### 포인트 1 본질 탐색

우리는 다른 대상을 탐색하고자 할 때 자신이 가지고 있는 인식의 틀을 기준으로 삼는다. 그래서 객관적으로 존재하는 대상을 주관적 인식의 틀로 해석함으로써 대상이 지닌 객관성을 상실시키고, 자신이 지닌 주관의 틀에서 이해되는 부분이 대상의 본질이라고 오해하게 된다. 따라서 우리는 대상을 이해하고 파악했다고 생각하지만, 실상은 대상의 본질을 순수하게 이해한 것이 아니라 우리가 볼 수 있는 부분만을 보고 이해했다고 믿는 것일 뿐이다. 이러한 인식의 부족성을 알고 있다면 다른 대상을 주관적 인식의 틀에 넣어서 해석하는 것이 대상의 본질을 훼손하는 것임을 알기에 조심스러울 수밖에 없다. 또한 다른 대상 역시 인식이나 지각 능력을 갖춘 존재라면 서로를 자신의 주관으로 해석하고자 하기에 갈등이 생길 수밖에 없다. 시인은 이러한 문제의식을 가지고 대상의 본질에 순수하게 다가가고픈 소망을 노래하였던 것이다.

### 포인트 2 추상적 관념의 구체화 (문항 33 관련)

시간이나 감정과도 같이 우리의 감각을 통해 지각할 수 없는 대상을 감각을 통해 지각할 수 있는 것처럼 표현하거나 구체적인 사물로 표현한 것이다. 이 작품에서는 시간의 흐름을 '시간이 똘똘 / 배암의 또아리를 틀고 있다'로 시간의 흐름을 뱀의 동작으로 형상화하였다. 이 외에도 고전 시가에서는 황진이의 시조가 대표적인 사례로 꼽힌다.

동짓달 기나긴 밤을 한 허리를 베어 내어
봄바람 이불 아래 서리서리 넣었다가
사랑하는 님 오신 밤이거든 굽이굽이 펴리라

'밤'이라는 시간을 만질 수 있는 대상으로 구체화하여 허리를 베고, 이불에 넣었다가 펼 수 있는 것으로 표현한 부분에서 추상적 관념을 구체화한 것을 알 수 있다.

## 배경지식 더 알아보기

■ **레비나스의 타자 철학**

레비나스에 의하면 우리('나')는 유한자이고 그러면서 스스로 대단한 능력이 있다고 여기지만 우리가 알고 있고, 할 수 있는 것은 사실 제한되어 있어서 우리가 느끼는 것 이상으로 우리 바깥의 세계는 넓고 높고 심오하다. 그러기에 우리의 바깥을 마음대로 할 수 없다. '타자'는 바깥이고 우리 세계가 포섭하지 못하는 것이다. 우리 삶은 '타자'에 근거해 있는 것이지 '타자'가 우리 삶에 종속되어 있는 것은 아니라고 본다. 이처럼 타자에 대한 개인의 태도 논의는 다방면에서 이루어져 왔다.

현대시 32~34번

# (나) 「거울」_ 이상

EBS 수능완성 200쪽

감상 포인트 이 작품은 현실적 자아와 본질적 자아의 갈등을 표현한 시로, 스스로 분열된 자아를 인식하고 이 분열에 대한 자의식을 드러내면서 자아의 대립과 갈등, 그로 인한 비극성을 표현하고 있다.

주제 자아 분열로 인한 갈등

거울속에는소리가없소
'나'와 단절된 다른 자아가 있는 세계
저렇게까지조용한세상은참없을것이오
소통이 어려운 상황임을 드러냄.
← 1연: 밀폐된 거울 속 세계

거울 속 나
거울속에도내게귀가있소
거울 밖 나
내말을못알아듣는딱한귀가두개나있소
소리가 없어 말을 전달할 수 없는 상황, 자아 분열과 단절의 상황
← 2연: 의사소통이 단절된 거울 속 세계

거울속의나는왼손잡이오
내악수(握手)를받을줄모르는—악수를모르는왼손잡이오
화해나 화합이 불가능한 상황. 단절의 심화
← 3연: 분열된 자아와의 단절된 관계

「거울때문에나는거울속의나를만져보지를못하는구료마는
단절의 기능
거울이아니었던들내가어찌거울속의나를만나보기만이라도했겠소」
연결의 기능
「 」: 거울의 이중성
← 4연: 거울이 지닌 모순과 이중적 구조

나는지금(至今)거울을안가졌소마는거울속에는늘거울속의내가있소
인지하지 않아도 존재하는 거울 속 자아
잘은모르지만외로된사업(事業)에골몰할게요
거울 속의 '나'가 하는 현실 속 '나'가 파악할 수 없는 일
← 5연: 심화되는 자아 분열의 양상

「거울속의나는참나와는반대(反對)요마는
「 」: 자아의 이중성
또꽤닮았소」

나는거울속의나를근심하고진찰(診察)할수없으니퍽섭섭하오
다른 자아를 탐색하고 파악하기가 쉽지 않음.
← 6연: 분열된 자아로부터 소외된 또 다른 자아

## 이것만은 꼭 익히자!

**포인트 1 거울의 의미**

이 작품에서 '거울'은 자신의 또 다른 자아를 볼 수 있게 만드는 소재이다. 또 다른 자아를 볼 수 있지만 거울로 인해 자신과 반대가 될 수밖에 없고, 또한 만질 수도 없다는 점에서 연결과 단절이라는 이중적인 의미를 가지게 된다. 또한 또 다른 자아를 볼 수 있게 한다는 점에서 자아의 분열을 인식시키는 기능도 담겨 있을 뿐 아니라, 거울 밖의 '나'가 볼 수 없더라도 독립적으로 거울 안에서 존재하면서 자신만의 일을 꾸미는 모습을 담아내면서 심화된 자아 분열의 양상을 드러내기도 한다.

**포인트 2 자아 성찰**

이 작품의 화자는 일상에 매몰된 채 살았다면 망각할 수밖에 없었던 다른 자아를 발견한다. 그렇기에 다른 자아를 발견하게 해 준 거울이 없었다면 자아 성찰의 기회나 자기 탐색의 기회가 없었다고 말하고 있는 것이다. 그런데 이렇게 알게 된 다른 자아는 '나'를 소외시킨다. 만질 수도 없고, 악수도 할 수 없는 상황에서 소통의 어려움을 경험하며 '나'와 반대인 또 다른 자아에게 거리감을 느끼는 것이다. 그럼에도 불구하고 존재하고 있음이 분명한 다른 자아를 외면할 수는 없기에 순수한 자아의 합일이 가치 있는 일이라 믿으며 합일을 위해 노력하는 것이다.

## 배경지식 더 알아보기

■ **초현실주의 시**

초현실주의는 제1차 세계 대전 이후 비합리적 인식과 잠재의식 세계를 추구하며 표현의 혁신을 꾀한 프랑스 중심의 예술 운동이다. 전통적 예술 행위에 대한 파괴 운동을 벌인 다다이즘과 연관이 있으며 인간의 원초적 욕망이나 욕구가 논리적인 통제를 받기 이전의 상태인 무의식의 세계를 강조하고 그 안에서 예술의 원리를 찾아야 한다는 입장을 보였다. 초현실주의 시인들은 자동기술법이라는 기법을 주로 사용하였는데, 꿈과 무의식의 내면세계에서 들려오는 이미지를 그대로 기술하는 것이며, 이를 통해 무의식적 이미지의 비논리적인 흐름이 계속되는 말의 덩어리를 예술로 표현하게 되었다. 우리나라에서는 대표적으로 이상이 이러한 초현실주의 계열의 작품들을 선보였다.

고전 소설
18~21번

# 「오유란전」_ 작자 미상

EBS 수능완성 219쪽

 이 작품은 작자, 연대 미상의 고전 소설로, 학문에만 전념하겠다던 인물이 친구와 기녀의 계략에 넘어가 훼절당하는 내용을 담고 있다. 이러한 내용을 통해 양반들의 위선적인 생활을 풍자한다는 점에서 훼절담에 해당하지만, 망신을 당한 인물이 자신에게 망신을 준 친구를 용서한다는 내용으로 마무리된다는 점이 특징이다.

주제 양반들의 위선과 허위의식에 대한 풍자

 김생과 이생은 어릴 적부터 절친한 친구로 지내며 함께 과거 시험을 준비한다. 김생이 먼저 과거에 급제하여 평안 감사가 된 후, 김생은 별당에서 책만 읽으며 지내는 이생을 위해 잔치를 벌인다. 그러나 이생은 그 자리에서 화를 내며 돌아가 버리고, 김생은 기녀인 오유란과 공모하여 이생에게 망신을 줄 계획을 짠다. 이생은 오유란의 유혹과 계략에 넘어가 자신이 죽었다고 믿게 되고, 결국 오유란이 시키는 대로 벌거벗은 채로 사람들 앞에 나섰다가 큰 망신을 당한다. 그제야 자신이 속은 것을 깨달은 이생은 공부에 매진하고, 장원 급제하여 암행어사가 된다. 다시 김생과 오유란을 찾은 이생은 그들에게 복수하려 하였으나, 그들의 말을 듣고 그들을 용서한 뒤 술자리를 베푼다.

하루는 감사가 이생을 위하여 주연을 베풀고 방자를 보내어 이생을 초대했다.

"오늘은 바로 형이 급제하고 처음 맞는 날이니 시인으로서의 시상을 어찌 능히 폐할 수 있겠나. 날씨가 따뜻하고 바람도 화창하여 친구에 대한 생각이 간절하니 형은 금옥 같은 귀한 몸을 아끼지 말고 한번 찾아와서 성긴 우정을 펴 봄이 어떠한가."

감사가 이생에게 잔치에 참석할 것을 설득함.

이생은 마음속으로는 비록 뜻에 맞지 않았으나 거절할 만한 이유가 없어서 책을 덮고 읽기를 그만두고 바로 통인을 따라 선화당으로 오니, 차려 놓은 음식은 처음 보는 이생의 귀와 눈을 놀라게 하였다. 여러 고을의 원님들이 좌우로 늘어앉았고, 수많은 기녀들이 앞뒤로 모시고 앉아서 금슬관현 등의 오음을 방 안에서 연주하고 있으며, 뜰에서는 금석포토 등의 팔음을 번갈아 연주하고 있었다. 술잔과 쟁반은 헝클어졌고, 안주 그릇은 얽혀 있었다.

이생을 맞이하여 좌석을 정하고 인사를 겨우 마치고 나니, 좌우에 앉아 있던 기생들이 다투어 이생에게 술잔을 권하며 노래를 부르기 시작했다. 『이에 이생은 불끈 화를 내며 소매를 뿌리치고 갑자기 일어나,

『 』: 여색을 멀리하며 유흥을 부정적인 것으로 인식하는 이생

"오늘의 이 잔치는 실로 인간의 도리를 위한 것이 아니오."

하며 물러가겠다고 했다.』

감사가 소매를 붙잡고 웃으며,

"형은 일찍부터 독서하는 사람이 아닌가. 정백자*를 본받고자 아니 하고, 또 내 진심으로 거리낌 없이 일러주는 말을 들으려고도 하지 않으니, 무엇 때문에 이렇듯이 상을 찡그리고 지나친 행동을 하는가."

유흥을 부정적인 것으로 생각하지 않는 감사

하며 누누이 타일렀으나 끝내 만류하지 못했다. ← 감사가 잔치를 열고 이생을 초대하였으나 이생이 화를 내며 자리를 떠남.

이날 잔치하는 자리에서 이생의 행동을 보고 그 지나친 고집에 대하여 눈살 찌푸리고 비웃지 않은 사람이 없었다. 잔치가 파하자 감사는 수노에게 분부하였다.

"기녀 가운데서 지혜롭고 쓸 만한 자가 누구냐."

"오유란이란 애가 있습니다. 나이 십구 세로서 가르쳐 주지 아니하여도 잘할 것입니다."

감사는 즉시 오유란을 불러 분부하였다.

"너는 별당의 이랑을 알고 있느냐."

"네, 알고 있습니다."

"그러면 네가 한번 이랑을 모실 수 있겠느냐."
감사와 오유란이 여색을 멀리하는 이생을 변절시킬 것을 모의함.

"하룻저녁으로는 할 수 없거니와 한 달 동안의 말미만 주신다면 반드시 할 수 있겠습니다."
← 감사와 오유란이 이생을 속이고자 공모함.

[중략 부분 줄거리] 오유란은 이생을 유혹한 뒤 속여 이생이 사람들 앞에서 큰 망신을 당하도록 한다. 그길로 이생은 공부에 매진하고, 어사가 되어 감사가 있는 곳으로 간다.

"고인은 평안하셨는가."

어사가 보고도 못 본 체하고 듣고도 못 들은 체하니 감사는 앞으로 나아가서 손목을 잡으며 말했다.

"형은 정말로 남아로서 뜻있는 사람이라고 말할 수 있으니, 자네 일은 드디어 이루어졌네. 오늘 동생이 경악하고 황급하고 곤경에 빠졌던 것으로 말하면 오히려 형이 옛날에 속임을 당한 것보다 못하지는 않을 것일세. 한번 깊이 생각해 보게. 형이 별안간 영화의 길에 올랐음은 어찌 나의 한 정성의 소치로 말미암은 것이 아닌가. 이로써 말할진댄 형이 안 졌다고 말할 수 있으나 진 사람은 어사 자네일세."
이생이 장원 급제할 수 있었던 이유가 자신 때문이라고 말하는 감사

이 말을 들은 어사가 되풀이해서 생각해 보고 또 생각해 보니, 마음은 스스로 시원히 열리고 입에서는 절로 웃음이 나와서,

"때도 이미 지났고 일도 오래되어 할 수 없군."
감사의 말을 듣고 이생이 감사를 용서함.
하고는, 곧 술을 가져오게 해서 감사와 즐겁게 마셨다.

감사가 너무 지나치게 속인 장난을 책망하고 용서를 입은 영광을 사례하니, 어사는 얼굴을 붉히고 웃으며 말했다.

"오늘은 소유문이 되어 친구와 더불어 술을 마시고, 내일은 기주자사가 되어 일을 살핌이 마치 나를 두고 이름일세."
← 장원 급제한 이생이 감사의 말을 듣고 그를 용서함.

이튿날 날이 밝자 어사는 공청에 나아가 앉고 여러 형장을 갖추어 놓고 오유란이란 여인을 묶어 오게 해서 거적자리에 앉혀 섬돌 아래에 엎드리게 하고는 문을 닫고 날카로운 목소리로 문초를 했다.

"너의 죄를 네가 스스로 알고 있으니 매로써 죽이리라."

오유란은 나지막한 소리로 간곡히 아뢰었다.

"소녀가 어리석어서 무슨 죄인지 알지 못하겠나이다."

어사가 크게 노하여 문지방을 두드리며 꾸짖었다.

“관청에 매여 있는 여자로서 장부를 속여 희롱하기를, 산 사람을 죽었다고 하고 사람을 가리켜 귀신이라 하였으니, 어찌 죄 없다고 하느냐. 빨리 처치하고 늦추지 말라.”

오유란은 다시 빌면서 말했다.

“원하옵건대 어사께서는 잠시 문을 열고 한 번만 보아 주시어 소녀가 다만 한 말씀만 드린다면 회초리 아래 귀신이 된다 할지라도 다시는 원통함이 없겠사옵니다.”

어사는 일찍이 인정이 없는 사람이 아닌지라, 그 말을 듣고 낯익은 얼굴을 한 번 보니, 오유란이 몸을 나타내고 살짝 쳐다보고 생긋 웃으며 말했다.

“산 것을 보고 죽었다고 한 것은 산 사람이 스스로 죽지 아니한 것을 판단 못 함이요, 사람을 가리켜 귀신

오유란이 이생으로 하여금 이생 자신이 죽은 사람이라고 믿게끔 속임.

이라고 한 것은 스스로 귀신이 아님을 깨닫지 못한 것이니, 속인 사람이 나쁩니까, 속임을 당한 사람이 나

오유란이 자신의 잘못이 없다고 주장하는 근거 ①

쁩니까. 너무 지나치게 속인 사람은 혹 있다고 할지라도 속임을 당한 사람으로서는 차마 말할 수 없을 것입니다. 또한 저는 사졸이 되어 오직 장군의 명령을 받들 따름입니다. 일을 주장한 사람에게 책임이 돌아가야

오유란이 자신의 잘못이 없다고 주장하는 근거 ②

할 것이어늘, 어찌 사졸을 베려 하십니까.”

어사 듣기를 마치고 보니 사정이 또한 없을 수 없고 사실이 또한 그러하였으므로, 즉시 풀어 주도록 명하고 당상으로 오르게 하여 한번 웃어 얼굴을 보여 주며,

“너는 묘기가 되고 나는 소년이 되어 일이 조금도 괴이함이 없으며, 가운데서 일을 꾸민 사람이 매우 나쁘고 또 괴이하였으나 지금에 와서 생각한들 어찌 말할 수 있겠는가.”

이생이 오유란 역시 용서함.

하고는, 술을 가져오게 해서 잔치를 베풀고 그 옛날의 정회를 다 털어놓고 이야기했다.

← 이생이 오유란을 문초하던 중 오유란의 말을 듣고 그녀를 용서함.

**어휘**

* **정백자**: 중국 송대의 철학자.

## 이것만은 꼭 익히자!

### 포인트 1 고전 소설에서 드러나는 훼절담 (문항 21 관련)

'훼절'이란 절개나 지조를 깨뜨린다는 뜻으로, '훼절담'은 주로 훼절의 주체가 훼절의 대상을 속임으로써 그의 위선적인 면모를 폭로한다는 구조로 이루어진다. 대표적인 훼절담에는 「배비장전」, 「오유란전」이 있다. 「오유란전」에서 훼절의 주체는 감사와 오유란, 훼절의 대상은 이생이라는 인물로 등장하는데, 결말 부분에서 장원 급제한 이생이 감사와 오유란을 용서하며 잔치를 베푼다는 점에서 다른 훼절담과는 차이점이 있다.

### 포인트 2 「오유란전」에 드러나는 해학과 풍자

「오유란전」에서는 여색을 멀리하던 이생이 오유란에게 유혹을 당하고, 그녀에게 속아 자신이 죽었다고 믿음으로써 이생의 위선적인 면모가 드러나는데, 이 과정에서 풍자와 해학이 드러난다. 특히 이생이 자신이 속았음을 깨닫게 되는 부분에서 이 작품의 풍자와 해학이 극대화된다. 이생은 오유란에게 속아 다른 사람들이 영혼인 자신을 볼 수 없을 것이라고 생각하여 벌거벗은 채로 감사의 집에 들어가는데, 감사의 알은체로 자신이 속았음을 깨닫는다. 이처럼 여색을 멀리하던 이생을 우스운 꼴로 전락시킴으로써 그의 위선적 면모에 대한 풍자가 극대화된다.

## 배경지식 더 알아보기

■ **또 다른 훼절담, 「배비장전」**

「오유란전」과 「배비장전」은 훼절을 통해 인물의 위선을 폭로한다는 점에서 주제 의식을 같이한다. 두 작품은 모두 여자를 멀리하겠다고 다짐한 인물이 기녀에게 속음으로써 망신을 당한다는 내용을 담고 있다. 「배비장전」의 내용은 다음과 같다. 배 비장은 제주 목사에게 예방의 소임을 부여받아 제주로 떠나는데, 서울을 떠날 때 어머니와 부인에게 다른 여자를 가까이하지 않겠다는 맹세를 한다. 제주에 도착한 배 비장은 구관 사또를 모시던 정 비장이 기생 애랑에게 넘어가 치아까지 내주는 모습을 보며 비웃고, 기생들과의 술자리에서도 혼자 고고한 척한다. 이를 본 제주 목사는 애랑을 불러 배 비장의 절의를 꺾기 위한 계책을 공모한다. 배 비장은 꽃놀이를 갔다가 애랑을 보고는 상사병에 빠지고, 한밤중에 몰래 애랑을 만나기 위해 애랑의 집을 찾는다. 애랑과 방자의 갖은 속임수에 넘어가 자신이 바다에 빠졌다고 믿게 된 배 비장은 결국 알몸으로 맨땅에서 허우적거리다가 온갖 망신을 당하게 된다.

## EBS Q&A

**Q** **인물의 말하기 방식을 파악하는 방법은 무엇인가요?** (문항 19 관련)

**A** 우선, 인물의 발화 내용과 전후 사건을 통해 인물의 의도를 파악할 수 있어야 합니다. 또한 인물이 자신의 의도를 전달하는 방식을 찾고, 이러한 방식이 의도를 전달하는 데 어떤 역할을 하는지 분석해 보아야 합니다. 예를 들어, 감사가 이생에게 '친구에 대한 생각이 간절하'다고 말하는 것은 자신과 이생이 친밀한 관계임을 내세우기 위한 것이며, 이를 통해 이생이 잔치에 참여해 줄 것을 설득하고 있습니다.

실전 모의고사

# 4회

현대 소설 + 극 22~26번

## (가) 「모범 경작생」 _ 박영준

EBS 수능완성 221쪽

**감상 포인트** 이 작품은 1930년대 일제 강점기에 농촌 수탈 정책으로 피폐해진 한국 농촌의 현실을 보여 주는 소설이다. 일제의 하수인으로 전락한 친일 인사들의 모습, 농민들에게 과중한 세금을 매기는 부패한 관청의 모습, 간도나 만주 이주를 고려할 정도로 경제적 궁핍을 겪는 농민들의 안타까운 모습을 그림으로써 비인간적이고 부조리한 식민지 농촌의 현실을 고발하고 있다.

**주제** 일제의 농촌 수탈 정책으로 인해 피폐해진 농촌 현실

**전체 줄거리** 주인공 길서는 마을에서 혼자 소학교를 졸업하여 면사무소를 출입하고 마을의 일을 도맡아 하는 젊은이로, 근면하고 착실하여 동네 사람들의 신망과 부러움을 얻는다. 길서는 모범 경작생으로 인정받아 마을 대표로 서울의 농사 강습회에 참여한다. 서울에서 돌아온 길서는 시국에 대한 일본의 입장을 대변하는 말을 하고, 자신이 팔 뽕나무 묘목값을 올려 준다는 제안을 받고서 면장과 한통속이 되어 농가 호세 인상에 협력한다. 농민들은 길서에게 소작료 인하 교섭을 부탁했으나, 길서는 이를 거절하고 일본 시찰단으로 뽑혀 떠난다. 뽕나무 묘목값이 급격히 오르고 호세가 과도하게 인상되면서 마을 사람들은 뒤늦게 이 일에 길서가 관여했음을 알게 되고 분노한다. 일본에서 돌아온 길서는 자신의 논에 박혀 있던 '모범 경작생'이라는 말뚝이 뽑혀 쪼개진 것을 보고 놀란다. 길서는 의숙에게 바나나를 주려고 찾아가지만 그녀는 그를 외면하고, 격분한 성두가 쫓아오자 길서는 도망간다.

"오늘 온댔으니 꼭 올 텐데……."

성두가 못단을 왼손에 쥐며 말했다.
(길서와 친구 사이로, 성두의 여동생 의숙이 길서와 사귀고 있음.)

"글쎄…… 꼭 올 텐데…… 요새 모를 못 내면 금년에는 상을 못 탈 거 아냐."
(① 농사 강습회에 참여하러 서울로 간 길서를 기다리며, 길서가 모를 내지 못할 것을 걱정하는 성두 ② 모를 많이 수확한 농민에게 상을 주는 정책이 있었음을 암시함.)

기울어지는 햇살을 쳐다보며 진도 애비가 말했다.

"너 원통할 게 무어 있니? 길서가 상을 탄대두 너는 마꼬* 한 개 못 얻어먹어, 이 자식아!"

기억이가 툭 쏘았다.

"그래도 올랴고 한 날에는 올 텐데……."

은근히 기다리던 성두가 다시 말했다.

「길서는 그 마을에서 가장 칭찬을 받는 사람이다. 물론 사촌 형뻘이 되면서도 기억이 같은 몇 사람은 길서를 시기하고 속으로는 미워하기까지 했으나, 동네 전체로 보아 소학교 졸업을 혼자 했고, 군청과 면사무소에 혼자서 출입하고, 공부를 많이 한 사람에게도 지지 않으리만큼 동네 사람들을 가르치며 지도했다. 나이 젊은 사람으로 일을 부지런히 해서 돈도 해마다 벌며 저축을 하여 마을의 진흥회니 조기회니, 회마다 회장을 도맡고 있는 관계로 무식하고 착한 농부들은 길서를 잘난 위인이라고 생각하지 않을 수가 없었다.」

(「 」: ① 길서는 마을에서 각종 모임의 대표를 맡을 정도로 가장 똑똑하고 근면하여 마을 사람들에게 선망의 대상임. ② 일제 총독부가 조선 농민들을 교화하고 통제하기 위해 '길서'와 같은 인물(마을에서 영향력이 있는 모범 경작생)을 이용했음을 알 수 있음.)

더욱이 서울서 모이는 농사 강습회에 군에서 보내는 세 사람 중에 한 사람으로, 한 주일 전에 그리로 떠난 뒤로 길서를 칭찬하는 소리는 더 커졌다. (← 마을에서 모범 경작생으로 뽑혀 서울의 농사 강습회에 간 길서)

(중략)

길서는 인사를 하고 서울 갔던 이야기를 보고했다.

보고를 듣고 수고했다는 말을 한 뒤는 곧장,

"그런데 이번 호세(戶稅)*는 자네 동네에서도 조금 많이 부담해야겠네. 보통학교를 육 학급으로 증축해야겠으니까."

(면장의 요구: 길서네 동네의 호세 인상 / 호세 인상의 이유 / 보통학교: 일제 강점기에 우리나라 사람들에게 초등 교육을 하던 학교 / 증축: 이미 지어져 있는 건축물에 덧붙여 더 늘리어 지음.)

하고, 길지도 않은 수염을 쓸며 호세 이야기를 했다.
① 길서가 면장에게 협조하고 자신의 이득을 얻는 기회가 됨.
② 훗날 길서에 대한 마을 사람들의 분노가 표출되며 갈등이 고조되는 계기가 됨.

"거야 제가 압니까!"

"아니야. 자네 동네서야 자네만 승낙하면 되는 게니까. 그렇다구 자네에게 해로운 것은 없을 게고……."
일제가 호세 인상에 직접 나서지 않고 길서를 내세워서 그에게 책임을 떠맡기고 있음. (모범 경작생 = 조선 수탈을 위한 일본의 대리인)

"글쎄요."

「길서는 면장의 말에 무엇이라고 대답할 수가 없었다. 만약 그에게 조금이라도 재미없는 말을 해서 비위에 거슬리게 하면, 자기도 끼니때를 굶고 지내는 동네 소작인들이나 다름이 없는 생활을 해야 할 것을 잘 알고 있다. 일본은 둘째로 하고라도 묘목*도 못 팔아먹을 것이며, 그런 말이 보통학교 교장 귀에 들어가면 돈도 빌려다 쓸 수 없게 된다.
일제 강점하에서 궁핍하게 살아가는 농민들의 처지
일본 시찰단으로 선발되어 일본에 가는 것

그러면 묘목 심었던 밭에 조를 심게 되고, 면사무소 사무원들과 학교 선생들에게 팔던 감자와 파도 썩어 버리게 된다. 삼백 평밖에 안 되는 논에 비료를 많이 내지 않으면 미곡 품평회(米穀品評會)에 출품도 못 해 볼 것이며, 그러면 상금을 못 탈 뿐 아니라 벼가 겨우 넉 섬밖에 소출* 못 날 것이다. 그러면 동네 사람들과 똑같이 일 년 양식도 부족할 것이 아닌가.」
쌀의 질이 좋고 나쁨을 평하는 모임
일제 강점하에서 궁핍하게 살아가는 농민들의 처지
「 」: 길서의 내적 갈등 – 길서는 동네 사람들의 곤궁한 처지를 잘 알고 있기 때문에 호세 인상이 무리한 요구임을 알고 있음. 그러나 면장의 요구에 협조했을 때 얻을 수 있는 대가와 이익이 상당하므로 섣불리 거절하지 못하고 있음.

"자네 동네 사람들은 얌전하게 근심 없이 사는 모양이던데."

면장이 다시 말을 꺼낼 때 길서는 곧 대답했다.

"그러문요. 근심이 조금도 없다고야 할 수 없지마는 무던한 편은 됩니다."
호세 인상에 동의하는 발언을 함. → 길서의 이기적인 면모
← 자신의 이익을 위해 면장의 호세 인상 제안에 동조하는 길서

벼는 누릇누릇해서 이삭들이 뭉친 것이 황금 덩이 같았다. 그러나 얼굴의 주름살을 편 사람이라고는 하나도 없었다.
↔ 마을 사람들은 실제로 근심이 많은 상태임.
길서의 발언과 농민들의 실제 처지가 대비됨.

강충이가 먹어 예년에 비해서 절반도 곡식을 거둘 수가 없었기 때문이었다.
벼는 익었지만 벌레 때문에 흉년인 상황 → 농민들이 근심하는 이유

「길서만이 평양 가서 북어 기름을 통으로 사다가 쳤기 때문에 그의 논만은 작년보다도 더 잘되었으나, 다른 논들은 털 빠진 황소 가죽같이 민숭민숭해졌다.」
「 」: 일제에 협조한 대가로 얻은 돈으로 북어 기름을 사서 친 길서의 논에 풍년이 듦. → 흉년이 든 마을 사람들의 논과 대조됨.
직유적 표현을 통해 벼가 우거지지 않아 황량한 논의 상태를 드러냄.

이[蝨] 새끼만 한 작은 벌레까지도 못 살게 하는 것이 원통했으나, 여름내 땀을 빼고도 제 입으로 들어올 것이 없을 것을 생각하니 눈물이 솟아오를 지경이었다.
이목의 곤충을 통틀어 이르는 말
← 흉년이 든 마을의 실상

그들은 할 수 없으므로 성두의 말대로 길서를 시켜 읍내 지주 서재당에게 가서 금년만 도지*를 조금 감해 달래 보자고 했다.
길서에게 마을 대표로 소작료 인하 요구를 해 줄 것을 부탁함.

「그러나 길서는 자기와 관계가 없을 뿐 아니라 정해 놓은 도지를 곡식이 안 되었다고 감해 달라는 것은 흔히 일어나는 소작 쟁의와 같은 당치 않은 짓이라고 해서 거절했다.」 그러고는 며칠 있다가 일본 시찰단으로 뽑히어 떠나가 버렸다.
「 」: 동네 사람들의 처지를 외면하는 길서의 이기적인 면모
소작권과 소작료 따위의 이해관계를 둘러싸고 지주와 소작인 사이에 벌어지는 투쟁

동네 사람들은 어찌할 줄을 몰랐다. 더구나 금년 겨울에는 기어이 잔치를 하려고 하던 성두는 가끔 우는 얼

굴을 하곤 했다. 그들은 할 수 없이 큰마음을 먹고 떼를 지어 읍내로 들어가 서재당에게 사정을 말해 보았으나, 물론 들어주지 않았다. 오히려 아들을 분가시킨 관계로 돈이 물린다는 근심까지를 들었다.

올해의 다음

"너희들 마음대로 그렇게 하려거든 명년부터는 논을 내놓아라."

정해진 소작료를 내지 못하면 소작할 땅을 빼앗겠다는 협박 → 마을 사람들의 소작료 인하 요구를 거절함.

하는 말에는 더 할 말이 없어 갈 때보다도 더 기운 없이 돌아왔다. 그들은 돌아가는 길에 길서의 논 앞에 서서

마을 사람들의 절망적인 상황

'모범 경작'이라고 쓴 말뚝을 부럽게 내려다보았다.

볏대가 훨씬 큰데 이삭이 한 길만큼 늘어선 것이 여간 부럽지 않았다. 그러나 말도 잘하고 신망도 있다고

길서에 대한 마을 사람들의 태도 변화: 부러움 → 미움, 야속함

해서 대신 교섭을 해 달라고 부탁했음에도 불구하고 못 들은 체 들어주지 않은 길서가 미웠다.

"나도 내 땅이 있어 비료만 많이 하면 이삼 곱을 내겠다. 그까짓 것……."

기억이가 침을 탁 뱉으며 말했다. 며칠 뒤 그들이 다시 놀란 것은 값도 모르는 뽕나뭇값이 엄청나게 비싸진

길서가 경제적 이득을 얻어 유리해질 수 있는 상황임.

것과, 십삼 등 하던 호세가 십일 등으로 올라간 것이다.

길서를 제외한 마을 사람들의 호세가 인상되어 마을 사람들이 경제적으로 힘들어지게 된 상황임.

그것보다도 십 등이던 길서네만은 그대로 십 등에 있는 것이 너무도 이상했다. 길서네는 그래도 작년에 돈

길서의 호세만 오르지 않음. → 길서가 면장에게 협조한 대가로 호세 인상 대상에서 제외됨.

을 모아 빚을 주었으나, 다른 사람들은 흉년까지 만나 먹고살 수도 없는데 호세만 올랐다는 것이 우스우면서도 기막힌 일이었다. 무엇을 보고 호세를 정하는지 알 수 없었다.

흉년, 그러면서도 도지를 그대로 바쳐야 하는 데다가 호세까지 오른 그들의 세상은 캄캄했다.

설상가상(雪上加霜): 눈 위에 서리가 덮인다는 뜻으로, 난처한 일이나 불행한 일이 잇따라 일어남을 이르는 말

'아마 북간도나 만주로 바가지를 차고 떠나야 하는가 보다.'

국외로의 이주를 고려할 정도의 생활고 → 일제의 수탈로 피폐해진 농촌을 떠날 수밖에 없는 농민들의 비극적인 처지

성두는 혼자 생각했다. 그들은 마을에 대한 애착심도 잊었고, 제 고장이라는 것도 생각하기 싫었다. 다만 못살 놈의 땅만 같았다.

← 지주와의 소작료 인하 협상에 실패하고 호세마저 인상된 마을 사람들

마을 사람들은 길서의 장난으로 호세까지 올랐다는 것을 다음에야 알고 누구 하나 그를 곱게 이야기하는

호세 인상의 내막을 알게 된 마을 사람들이 길서에 대한 증오심과 적대감을 갖게 됨.

이가 없게 되었다. 길서 때문에 동네를 떠나야겠다는 오빠의 말을 들은 의숙이도 눈물을 흘리며 길서가 그렇

성두의 여동생이자 길서의 애인

지 않기를 속으로 바랐다.

길서는 일본서 돌아올 때 우선 자기 논두렁에서 가슴이 서늘함을 느꼈다. 논에 박은 '김길서'라고 쓴 푯말

이유: 자신의 논에 둔 푯말이 사라지고 말뚝이 쪼개져 있었기 때문임.

은 간 곳도 없고, '모범 경작생'이라고 쓴 말뚝은 쪼개져서 흐트러져 있었다.

길서에 대한 마을 사람들의 증오와 분노가 푯말과 말뚝을 훼손하는 행동으로 표출됨.

← 호세 인상에 동조한 길서에 대한 마을 사람들의 분노

* **마꼬**: 담배 이름.
* **호세**: 살림살이를 하는 집을 표준으로 하여 집집마다 징수하던 지방세.
* **묘목**: 옮겨 심는 어린나무. 여기서는 길서가 관청에 판매하는 뽕나무를 의미함.
* **소출**: 논밭에서 나는 곡식. 또는 그 곡식의 양.
* **도지**: 풍년이나 흉년에 관계없이 해마다 일정한 금액으로 정하여진 소작료.

## 이것만은 꼭 익히자!

### 포인트 1 인물의 특성 (문항 24 관련)

| 인물 | 근거 | 특성 |
|---|---|---|
| 길서 | • 마을 사람들의 궁핍한 형편을 알고 있음에도 불구하고 면장의 제안에 협조하지 않았을 때 자신에게 발생할 피해를 예상하면서 내적 갈등을 겪었음.<br>• 면장의 제안에 동조하여 마을 사람들의 호세 인상에 찬성함.<br>• 지주와의 소작료 인하 협상을 해 달라는 마을 사람들의 요구를 거절함. | 자신의 이익을 위해 마을 사람들을 배신하고 관료의 요구에 동조하는 이기적인 인물 |
| 면장 | • 길서네 마을 주민들의 호세를 인상하고자 함.<br>• 호세 인상이 길서에게 해가 되지 않는다는 이유를 근거로 길서의 동의를 얻어 냄. | 모범 경작생을 이용해 궁핍한 조선 농민을 수탈하려는 친일 관료 |
| 서재당 | • 아들 분가를 이유로 마을 사람들의 소작료 인하 요청을 거절함.<br>• 정해진 소작료를 내지 못하면 소작할 땅을 빼앗겠다고 마을 사람들을 협박함. | 소작농의 어려운 처지를 외면하는 이기적인 지주 |
| 마을 사람들 | • 모범 경작생으로 뽑혀 서울 농사 강습회에 다녀온 길서를 선망함.<br>• 길서에게 지주와의 소작료 인하 협상을 부탁했으나 거절당하자 길서를 미워함.<br>• 호세 인상의 내막에 길서가 관여했음을 알게 된 마을 사람들이 길서를 증오하여 길서의 논에 둔 푯말과 말뚝을 훼손함. | 경제적으로 궁핍하고 열악한 처지로, 생존을 위해 간도와 만주 이주를 고려하는 가난한 소작농 |

### 포인트 2 소재의 서사적 기능 (문항 23 관련)

| 소재 | 기능 |
|---|---|
| 호세 | 마을 사람들에 대한 친일 관료의 수탈을 드러냄. 길서와 마을 사람들이 갈등하는 계기로 작용함. |
| 묘목(= 뽕나무) | 길서가 일본 관청으로부터 받는 혜택으로, 면장의 호세 인상에 동의하게 되는 계기로 작용함. |
| 모범 경작생 말뚝 | 길서에 대한 마을 사람들의 부러움을 유발함. 마을 사람들과 다른 길서의 위상을 단적으로 보여 줌. |
| 쪼개진 말뚝 | 일제의 농촌 수탈 계획에 동조한 길서를 향한 마을 사람들의 분노를 상징함. |

### 포인트 3 '모범 경작생'의 반어적 의미 (문항 26 관련)

주인공 길서는 일제에 의해 모범 경작생으로 선정되어 경제적 이득을 얻고 서울 강습회나 일본 시찰단에 참여할 수 있는 권리를 얻어 마을 주민들의 선망을 얻는다. 그는 일제의 농촌 진흥 정책의 당위성을 마을 사람들에게 알리고 자신의 이익을 위해 친일파 관리의 요구에 협조하며 마을 사람들의 궁핍한 처지를 외면한다. 따라서 길서는 일제와 친일 세력에겐 '모범 경작생'이지만, 열악한 처지에 놓인 피식민지 조선 농민들에겐 사욕만 챙기는 이기적인 인물이자 배신자이므로 독자들에게 비판적으로 인식되는 인물이다. 이를 통해 길서에게 부여된 칭호이자 작품의 제목인 '모범 경작생'은 반어적 의미로 사용되고 있음을 알 수 있다.

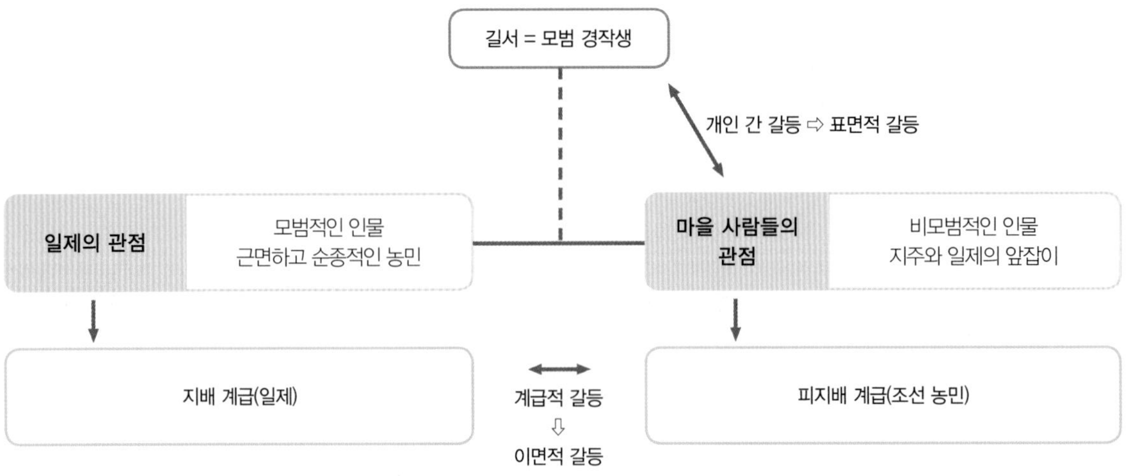

## 배경지식 더 알아보기

### ■ 작품에 반영된 당시 농촌의 현실

「모범 경작생」(1934)은 1930년대 중반의 가난한 평안도 마을을 배경으로 하는 소설로, 당시에 시작된 일제의 동화 정책* 중 하나인 '농촌 진흥 운동'의 허구를 비판하고 있는 작품이다. 농촌 진흥 운동은 1932년 7월부터 1940년 12월까지 조선 총독부 주도하에 전개된 관제 농민 운동으로, 1920년대 후반에 시작된 농업 불황이 예고한 농촌의 경제적 위기와 향촌 지주 계급의 권력과 권위를 손상시킨 농촌 계급 투쟁의 격화에 대한 식민지 국가의 대응책이었다. 즉, 이 운동은 농촌의 빈곤을 해결하고 농촌 사회를 탈정치화함으로써 사회적 안정을 이루고자 하는 데 목적이 있었다. 농촌 진흥 운동보다 먼저 시행된 제도인 '졸업생 지도'는 10대나 20대 초반의 청소년들을 농촌 사회의 중견 인물로 양성하려는 목적하에 농촌의 보통학교가 중심이 되어 현장 지도, 강습회, 강연회 등을 시행하던 것으로, 식민지 조선에서만 실시된 특이한 교육 형태였다. 「모범 경작생」에서 다루어진 '모범 경작생'도 조선 총독부가 농촌 진흥 운동을 통해 양성하고자 하는 중견 인물이며, '졸업생 지도'의 대상이라고 볼 수 있다. 길서가 서울의 농사 강습회와 일본 시찰단에 선발되어 교육을 받으러 가는 것은, 농촌 진흥 운동의 중견 인물을 양성하는 과정에 해당한다. 특히 서울로 농사 강습회에 다녀온 길서가 마을 사람들에게 연설하는 대목에서 일제의 독점 자본과 지주들의 착취 메커니즘을 은폐한 채 열심히 일하고 절약하면 잘 살 수 있다는 논리를 펼치는데, 이는 강습회가 이데올로기 세뇌 정책의 일환임을 보여 준다. 또한, 호세 인상과 관련하여 면장과 길서가 대화를 주고받는 대목에서는, 조선 총독부가 면장과 교장 등을 동원하여 중견 인물을 이용해 농촌 사회를 지배하는 방식 및 중견 인물이 조선 총독부의 하수인 노릇을 하여 얻는 개인적 이익의 구체적 내용을 확인할 수 있다. 즉, 「모범 경작생」은 '길서'라는 부정적 인물을 내세워서 농촌 진흥 정책의 허구성을 비판하고 일제가 조선 농촌을 지배하는 방식을 보여 준다는 점에서 의의가 있다.

*동화 정책: 식민지를 경영하는 나라가 식민지 원주민의 고유한 언어, 문화, 생활 양식 따위를 없애고 자국의 것을 강요하여 동화시키려는 정책.

## EBS Q&A

**Q** 반어적 명명이 무엇인가요?

**A** 소설의 인물은 허구적으로 만들어진 존재이지만, 사건과 긴밀한 관련성을 가지고 있어야 합니다. 따라서 작가가 인물에 대한 정보를 제시하는 방식인 '인물 형상화'가 중요합니다. 인물 형상화의 중요한 요소로 명명법, 육체적(유전적)인 특성, 심리적인 특성(기질 및 정신적 특성), 사회적인 특징(대인 관계 및 사회적 환경) 등이 있습니다. 그중 명명법은 작품에 등장하는 인물에 이름을 부여하는 것으로, 독자들이 쉽게 기억할 수 있도록 가장 명료하고 단순하게 인물을 드러내는 방법입니다. 특히, 반어적 명명은 인물의 이름과 인물이 처한 상황에 모순과 부조화가 내재되어 있는 경우입니다. 김동인의 「감자」에서 비극적인 운명을 지닌 주인공에게 '복녀'라는 이름을 부여하였고, 전영택의 「화수분」에서 가난하고 궁핍한 형편의 주인공 형제에게 '재물이 계속 나오는 보물단지'를 뜻하는 '화수분'이나 '부자 가운데에서도 특히 큰 부자'를 뜻하는 '거부'라는 이름을 부여하였죠. 박영준의 「모범 경작생」에서도 조선 농민을 배신한 이기적인 주인공에게 '훌륭한 농사꾼'을 의미하는 '모범 경작생'이라는 칭호를 부여한 것도 반어적 명명에 해당합니다.

현대 소설 + 극 22~26번

# (나) 「국물 있사옵니다」_ 이근삼

EBS 수능완성 222쪽

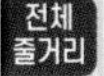
감상 포인트

이 작품은 1960년대 배금주의와 출세주의가 만연한 사회를 풍자하는 서사극이다. 상범은 정직하고 성실한 직장인으로서 항상 손해를 보고 산다. 이내 사회의 부조리를 깨달은 상범은 앞으로는 새로운 가치관에 따라 살겠다고 결심한다. 상범의 '새 상식'은 수단과 방법을 가리지 않고 자신의 이득과 성취를 추구하는 것으로, 비윤리적이고 부도덕한 양상으로 나타난다. 이를 통해 부도덕함과 속물성을 지닌 개인만이 출세할 수 있는 현대 사회의 비정한 면모를 풍자하고 있다.

주제 부조리한 현대 사회에 대한 풍자

전체 줄거리 주인공 김상범은 성실하고 정직한 사회인으로 손해만 보는 삶을 살아왔다. 우연한 방법으로 회사 사장의 눈에 들어 출세할 방법을 깨닫게 된 상범은 상사인 경리과장을 모함하여 그를 쫓아내고 자신이 그 자리로 승진한다. 또한 사장의 며느리이자 비서인 성아미가 박 전무와 불륜 관계이며 회사 공금을 유용한 사실을 알게 되면서, 이를 이용해 성아미를 협박하여 결혼하기로 한다. 건달을 매수하여 강도 짓을 시킨 상범은 그 강도를 잡아 죽임으로써 자신이 강도를 잡은 것처럼 조작하고, 이 공을 인정받아 서울 시민의 영웅이 되며 회사에서 상무로 승진한다. 성아미와 신혼여행을 떠난 상범은 그녀가 임신 사실을 고백하자 개의치 않아 하지만, 한편으로 허전함을 느낀다. 반면, 대학교수의 자리를 포기하고 초등학생을 가르치는 교사가 된 상범의 형, 열심히 공부해서 입사 시험에 합격한 상범의 동생은 행복한 생활을 한다.

상범: (체념하기에는 너무나 억울하다는 태도로) …… 이거…… 결혼 상대자를 빼앗긴 데다가 아버지 환갑잔치 비용도 내가 주선해야만 하는 팔자입니다. 이젠 할 말이 없습니다. 저의 나이는 서른한 살입니다. 앞으로 살아 봤자 한 이십 년……. 나머지 이십 년마저 밤낮 손해만 보는 세월일 것이라고 생각하니 앞이 캄캄해집니다. 저는 여태까지의 모든 생활을 제가 아는 상식의 테두리 안에서 해 왔습니다. 「인천서 근무할 때의 일입니다. 여름에 하도 무덥기에 해수욕장에 나갔죠. 갑자기 저쪽 바위 밑에 옷을 입은 채 기어들어 가는 젊은 여자를 보았습니다. 틀림없는 자살입니다. 저는 밀짚모자를 내던지고 달려가 그 여자를 끌어냈습니다. 얼굴도 예쁜데 왜 자살을 하려고 했는지, 모래 위에 끌어내서 살렸더니 그 여자는 고맙다는 말 대신에 저의 뺨을 갈겼습니다. 그러니까 경찰은 저를 파출소로 연행하더군요.」 이 사회에선 저의 상식이 통용 안 되는 것 같습니다. 이제부터 물에 빠진 놈에겐 돌을 안겨 줘야겠습니다. 자리를 양보하느니 발로 걷어차 길을 터야겠습니다. 즉 기존 상식을 거부하는 겁니다.

> 현재 상범이 느끼는 심정 (이거…… 결혼 상대자를 빼앗긴 데다가 아버지 환갑잔치 비용도 내가 주선해야만 하는 팔자입니다)
> 자신이 좋아하던 여자가 친형 상학과 결혼하게 됨. 심지어 결혼 준비를 핑계로 친형 상학이 아버지 환갑잔치 준비를 상범에게 떠맡겨 버림.
> 밤낮 손해만 보는 세월: 상범이 자신의 삶에 대해 부정적으로 인식함.
> 제가 아는 상식의 테두리: 성실하고 정직한 삶의 태도
> 「 」: 자살하려는 사람을 구조하였으나 곤란에 처했던 과거 경험 → 성실하고 정직한 태도로 살아도 손해만 보았음. → 자신의 삶을 부정적으로 인식하게 됨.
> 이 사회에선 저의 상식이 통용 안 되는 것 같습니다: 성실하고 정직한 삶의 태도가 오히려 부정적인 결과를 초래하는 시대 → 부조리하고 모순적인 사회
> 기존 상식을 거부하는 겁니다: 기존의 성실하고 정직한 삶의 방식을 버리기로 결심함. → 상범의 한계: 성공과 출세를 위해 부조리한 사회에 동화되어 부정적인 인간 유형으로 변모함.
> ← 상범이 손해만 보는 자신의 삶을 돌아보며 기존 상식을 거부하기로 결심함.

(중략)

문 여사: 아 글쎄, 이 아파트의 관리인이 저녁에 돌아가셨대요.

> 문 여사: 중심인물에게 무대 밖 정보를 전달해 주는 역할을 수행함.

상범: 네? 관리인이요?

문 여사: 본래 심장이 약하신 분이었는데…….

상범: 그럼 또 심장 마비로…….

문 여사: 그래요, 심장 마비로 돌아가셨어요. 참 안됐어요. 식구도 많은데……. 그래서 우리 아파트에 들어 있는 사람들끼리 돈을 좀 모아서 조의금이라도 갖다 드릴까 해서요…….

> 심장 마비: 아파트 관리인이 죽은 원인
> 우리 아파트에 들어 있는 사람들끼리 돈을 좀 모아서 조의금이라도 갖다 드릴까 해서요: 문 여사가 상범을 찾아온 용건

상범: 그거 좋은 생각입니다.

문 여사: 여유가 있는 대로 내일 아침 저희 방으로 갖다주셔요.

상범 : 그러죠. (문 여사가 나가려고 한다.) 저…… 어떻게 돌아가셨다죠?

문 여사 : 식사를 하시다 그대로 쓰러졌다는걸요.

상범 : 마지막에 남긴 말도 없이…… 유언도 없으셨군요?

질문의 의도 – 관리인이 자신에게 맡긴 돈에 대해 아는 사람이 있는지를 확인하기 위함.

문 여사 : 유언이 다 뭡니까. 그대로 푹 쓰러졌다는데.

상범이 관리인이 맡긴 돈을 자신이 소유하기로 결심하는 데 영향을 줌.

상범 : 그대로 푹 쓰러졌군. 그럼 내일 아침 뵙겠습니다.

문 여사 : 네, 전 이 방 저 방을 좀 돌아다녀야 합니다. ← 상범은 문 여사를 통해 아파트 관리인이 죽었다는 소식을 들음.

(문 여사가 나간다. 상범은 소파 밑에서 관리인이 맡긴 돈 보따리를 꺼낸다.)

상범 : (관객에게) 이 돈 5만 원! 관리인이 저한테 맡긴 귀중한 돈입니다. 자, 이 돈을 어떡하지? 밥 먹다 푹 쓰러졌다니 이 돈에 대해 말할 여유도 없었을 겁니다. 아니, 도대체 이 돈은 비밀로 해 달라고 했으니까. 이 돈에 대해 말을 했을 리가 없어……. 내 옛 상식에 따를 것 같으면 이 돈은 관리인의 미망인에게 돌려줘야 하겠지만…… 아니지, 이미 내 상식은 버리고 새 상식에 따라 생활을 하고 있는 이 마당에 돈을 돌려줄 필요가 없어. 본시 관리인은 자기의 아내를 싫어했으니까. 오히려 나를 좋아했어. 그러니 이 돈을 내가 쓰는 것을 더 좋아할 거야. 질서 정연한 논리야. (또다시 관객에게) 그래서 이 돈을 제가 쓰기로 했습니다. 다음 날 내 동생, 그 이상한 이름의 회사에 들어갈 시험 준비에 골몰하는 내 동생을 시내 어떤 다방에서 만났습니다.

[음영]: 주인공이 관객에게 말을 걸면서 해설자 역할을 수행하는 서사극의 기법으로, 관객이 극 중 상황에 몰입하는 것을 차단하여 관객이 이성적인 판단을 하도록 유도하는 효과가 있음. (= 소외 효과, 생소화 효과)

옛 상식: 성실하고 정직한 삶의 태도 ↕ 새 상식: 성공과 이득을 위해 수단과 방법을 가리지 않는 삶의 태도

돈을 돌려주지 않기로 한 자신의 행동을 합리화하는 억지 논리

[음영]: 소외 효과, 생소화 효과

← 상범은 새 상식에 따라 아파트 관리인이 맡긴 돈을 자신이 소유하기로 결심함.

(상출이 무대 전면 좌측에 의자를 들고 들어와 앉는다. 현소희가 조그만 티 테이블을 들고 들어온다.)

소희 : 무슨 차 드실까요?

상출 : …… 저…… 사람을 기다리는데…… 그 사람이 온 다음에 같이 들겠습니다.

소희 : 좋도록 하세요.

(소희가 들어간다. 상출은 주머니에서 책을 꺼내 연필로 줄을 그으며 읽는다. 시험 준비다. 잠시 후 상범이 의자를 갖고 들어와 앉는다.)

회사 취업을 위해 입사 시험을 준비하는 상출 (≒ 정직하고 성실한 삶의 태도를 지닌 과거의 상범과 유사함.)

상범 : 오래 기다렸니?

상출 : 아니.

상범 : 다방에서도 시험공부야?

상출 : 할 수 있나.

상범 : 차 들었니?

상출 : 형이 안 오면 혼날라고? 주머니엔 버스표 두 장밖에 없어. 근데 왜 나오라고 했어?

수중에 가진 돈이 없는 처지

상범 : (뒤로 몸을 돌려 소리 지른다.) 여보시오! 파인주스 두 개만 부탁합니다.

상출 : 한 잔에 50원인데…….

상범 : 괜찮아. 나…… 경리과장 됐다.
① 상범이 출세하기 위해 상사(경리과장)를 모함하여 그의 비리를 고발하고 승진한 결과임. ② 상범이 출세의 지름길이 있음을 깨닫는 계기가 됨.

상출 : 뭐? 형이? 경리과장? 굉장한데! 어떻게 벌써?

상범 : 사장이 날 신임하지. 또…… 나도 잘살 수 있는 비결을 배웠고…….
세속적 처세술(= 새 상식)

상출 : 봉급도 두 배쯤 오르겠네?

상범 : 봉급이 문제냐. 그런데…… 너도 그 입사 시험인가 하는 데 합격되려면…… 운동이 좀 필요하지 않을까!

상출 : 무슨 운동?

상범 : 돈을 좀 써야 하지 않을까? 세상은 다 그런 거야. (안주머니에서 돈을 꺼내 상출에게 쥐여 준다.) 이거 5,000원 인데…….
합법적 방법(= 시험 합격)이 아니라 부정한 방법(= 뇌물)으로 입사하도록 제안함. → 새 상식에 기반하여 비도덕적인 방법을 권하는 상범

상출 : 5,000원?

상범 : 돈을 좀 쓰란 말이야. 세상이 그렇게 단순하지 않단다. 문제는 방 안에 들어가야 하는데 앞문으로 들어가건 뒷문으로 들어가건 문제가 아냐. 어떻게 해서든지 그저 들어가면 돼.
목적을 이루기 위해서 수단과 방법을 가리지 않아도 된다는 비윤리적 가치관
← 상범이 상출을 만나 관리인의 돈 일부를 건네며 취업 자금으로 쓸 것을 제안함.

## 이것만은 꼭 익히자!

### 포인트 1 '옛 상식'과 '새 상식'의 의미 (문항 23 관련)

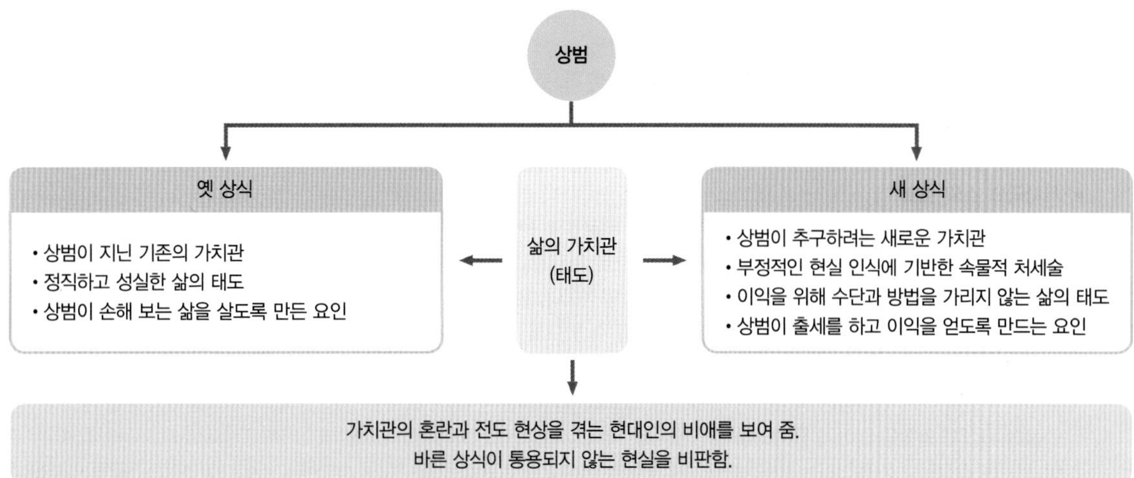


### 포인트 2 주요 사건의 이해 (문항 25 관련)

| 사건 | 상범이 부여한 의미 | 서사적 기능 |
|---|---|---|
| 해수욕장에서 자살하려는 여자를 구조함. | 정직하고 선한 행동이 손해를 볼 수 있음. | 상범이 옛 상식을 거부하는 근거 중 하나로 작용함. |
| 돈을 맡긴 아파트 관리인이 갑자기 죽음. | 사실을 숨기면 자신이 경제적 이득을 얻을 수 있음. | 상범이 새 상식에 따른 비양심적인 선택을 하여 경제적 이득을 취하는 계기로 작용함. |
| 동생 상출이 회사 입사 시험을 준비 중임. | 관리인의 돈 일부를 동생의 취업 자금으로 사용하도록 도와줄 수 있는 기회임. | 상범이 동생에게 조언하는 과정에서 수단과 방법을 가리지 말고 목표를 이루어야 한다는 그릇된 가치관을 드러내는 계기로 작용함. |

### 포인트 3 주인공의 인물 유형 변화 과정 (문항 26 관련)

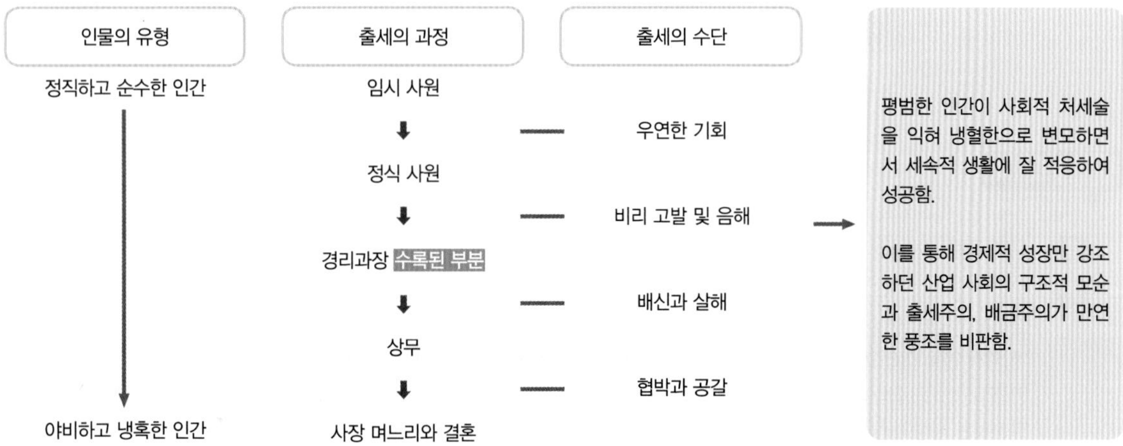

## 배경지식 더 알아보기

■ **제목 '국물 있사옵니다'의 의미**

서사극은 사실주의극의 언어와 달리, 은어, 비속어, 유행어 혹은 아이러니한 어법 등을 사용하여 관객들의 통념을 깨고 모순된 사회를 인식하게 만들려는 경향을 보여 주고 있다. 이 작품이 창작된 1960년대는 '돌아오는 몫이나 이득이 아무것도 없음.'을 뜻하는 관용구인 '국물도 없다'가 유행어로 쓰이던 시대였다. 즉, '국물도 없다'라는 유행어를 변형하여 제목으로 활용함으로써 수단과 방법을 가리지 않고 욕망을 추구하여 이득과 성공만을 노리는 당시의 속물적인 사회상을 풍자하고 있다.

■ **서사극의 소외 효과**

서사극은 1920년대에 독일의 극작가이자 연출가인 베르톨트 브레히트가 시작한 새로운 연극이다. 기존의 연극이 플롯을 중심으로 인과 관계를 밝히는 논리적인 사건 전개를 중심으로 하는 것과 달리, 서사극은 플롯을 거부하고 에피소드의 제시를 통해 관객 스스로가 극적 진실을 판단하도록 하는 변증법적인 양식이다. 브레히트는 친숙한 환경과 대상을 낯설게 보이게 함으로써 관객들이 객관적 세계와 거리를 두고 비판적인 의식을 가질 수 있도록 만들었는데, 이러한 서사 기법을 '소외 효과' 혹은 '생소화 효과'라고 한다. 소외 효과는 연극에서 현실의 친숙한 주변을 생소하게 보이게 만듦으로써 등장인물과 관객의 감정적 교류를 막고 관객이 무대의 사건에 대해 거리감을 형성하여 비판적인 태도를 갖게 하는 것이다. 이러한 장치 중 하나가 해설자의 등장이다. 극 중 등장인물이 해설자 역할을 맡아서 줄거리를 설명하거나 사태를 논평함으로써 표면적인 안내자이자 진행자로서 기능한다. 이는 관객들이 서사에 감정적으로 몰입하는 것을 방해하여 냉철한 이성력과 비판력을 요구하는 효과를 거둔다. 이근삼의 「국물 있사옵니다」는 기존의 사실주의 경향에서 벗어나 등장인물의 서사적 해설자 역할, 시공간의 불연속적 구성, 사실적 재현에서 벗어난 무대 구성 등과 같은 서사극 기법을 도입한 작품이다. 특히, 주인공 상범이 관객을 향해 말을 걸면서 삶의 내력과 가치관의 변화에 대해 설명하는 대목은, 극 중 인물이 해설자 역할을 수행하여 소외 효과를 거둠으로써 서사극적 특성이 강하게 드러나는 부분이다.

## EBS Q&A

**Q** 문학 작품에서 서사 전개에 따라 성격이 변화하는 인물도 있나요? (문항 22 관련)

**A** 문학 작품 속 인물의 유형은 성격 변화 양상에 따라 평면적 인물과 입체적 인물로 나눌 수 있습니다. 한 작품 내에서 처음부터 끝까지 성격이 변하지 않는 인물을 뜻하는 '평면적 인물'과 달리, 작품 속에서 사건이 전개됨에 따라 성격이 변하는 인물을 '입체적 인물'이라고 합니다. 입체적 인물은 인물의 성격이 발전적이고 계속 변화한다는 점에서 '발전적 인물, 동적 인물, 극적 인물'이라고도 합니다. 이때 중요한 것은 성격이 변화하는 계기가 설득력이 있어야 한다는 것입니다. 인물의 성격이 변화하고 발전하는 양상이 작품의 서사 흐름과 상호 연관되고 논리적으로 일치되어야 독자들이 그 과정을 이해하고 자연스럽게 받아들일 수 있기 때문입니다. 또한, 입체적 인물이 등장하는 작품을 읽을 때에는 그 인물이 어떻게 변화했는지도 중요하지만, 왜 변화하였는지 그 이유를 파악하는 것도 중요합니다. 인물의 성격을 변화하게 만든 요인을 통해 작가가 말하고자 하는 중요한 메시지나 핵심 주제가 드러나는 경우가 많기 때문입니다.

고전 시가 27~30번

# (가) 「강호구가」 _ 나위소

EBS 수능완성 225쪽

**감상 포인트** 조선 인조 때의 문신인 나위소가 지은 총 9수의 연시조로 강호가도 계열에 해당하는 작품이다. 작가가 벼슬에서 물러난 후 귀향하여 고향의 자연을 즐기는 한가로운 정취를 형상화하고 있다. 특히 자연 속에서 아무 속박도 받지 않고 마음껏 즐기는 화자의 모습을 '강호한적'이라는 시어로 압축하여 드러내는 점이 인상적이다.

**주제** 자연 속에서 한가롭게 지내는 즐거움

연하(煙霞)의 깊이 든 병(病) 약이 효험 없어
(연하고질(자연의 아름다운 경치를 몹시 사랑하고 즐기는 성벽))
강호(江湖)에 버려진 지 십 년 넘게 되어세라
(자연 속에서 살아간 지)
(각 수의 마지막을 '~노라', '~리라' 등의 어미로 종결해 운율감을 형성하고 통일성을 갖춤.)
그러나 이제 다 못 죽음도 긔 성은(聖恩)인가 하노라. 〈제3수〉
(연군 의식)
← 강호에서 지내면서도 임금의 은혜를 떠올림.

전나귀 바삐 몰아 다 저문 날 오신 손님
(다리를 절름거리는 나귀)
보리피 거친 밥에 찬물(饌物)* 이 아주 없다
아희야 배 내어 띄워라 그물 놓아 보리라. 〈제4수〉 ← 강호에서의 소박한 생활
(물고기를 잡아 손님에게 대접하려는 의도)

달 밝고 바람 자니 물결이 비단 같다
(자니: 잔잔하니)
단정(短艇)* 을 빗기 놓아 오락가락하는 흥을
백구(白鷗)야 하 즐겨 말고려 세상 알까 하노라. 〈제5수〉 ← 달밤에 배를 타고 즐기는 흥취
(물아일체의 상황. 강호에서의 생활에 대한 만족감)

식록(食祿)을 그친 후로 어조(漁釣)를 생애(生涯)하니
(벼슬을 그만둔 뒤로 / 고기 잡고 낚시질하는 것으로 생활하니)
혬* 업슨 아이들은 괴롭다 하건마는
두어라 강호한적(江湖閑適)이 내 분(分)인가 하노라. 〈제9수〉
(자연 속에서 한가롭게 지내는 것)
← 자연 속에서 한가롭게 지내는 것을 자신의 분수로 여김.

**어휘**

- *찬물: 반찬거리가 되는 것.
- *단정: 자그마한 배.
- *혬: 생각.

## 이것만은 꼭 익히자!

### 포인트 1 공간적 배경의 속성을 부각하는 소재들

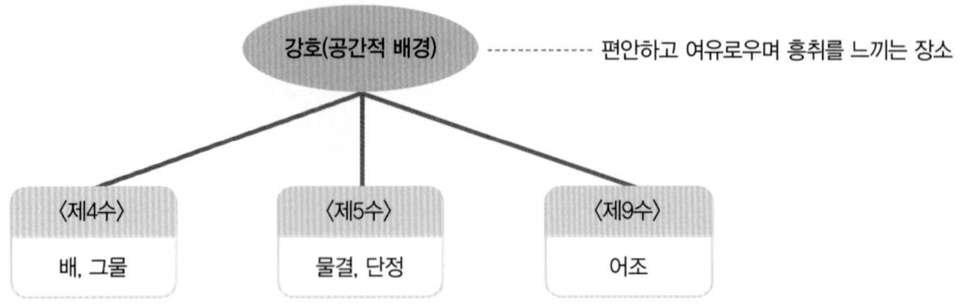


## 배경지식 더 알아보기

■ **수록되지 않은 연 소개**

어버이 나으셨거늘 임금이 먹이시니
낳은 덕(德) 먹인 은(恩)을 다 갚으려 하였더니
숙연히 칠십이 넘으니 할 일 없어 하노라 〈제1수〉

어와 성은(聖恩)이야 망극한 것은 성은이다
강호 안로(安老)*도 분(分) 밖의 일이거든
하물며 두 아들 전성영양(專誠榮養)*은 또 어인고 하노라 〈제2수〉

모래 위에 자는 백구 한가하기도 한가할샤
강호풍취(江湖風趣)*를 네 지닐 때 내 지닐 때
석양의 반범귀흥(半帆歸興)*은 너도 날만 못하리라 〈제6수〉

가는 비 빗긴 바람 낚대 멘 저 할아비
네 생애 얼마 치라 수고로움도 수고롭구나
생애를 위함이 아니라 어흥(漁興)* 계워 하노라 〈제7수〉

피 소주(燒酒)* 무절임 우습다 어른 대접
남들은 하는 말이 초초(草草)타* 하건마는
두어라 이도 내 분이니 분내사(分內事)*인가 하노라 〈제8수〉

* **강호 안로**: 자연 속에서 편안히 늙는 것.
* **전성영양**: 정성을 다해 봉양함.
* **강호풍취**: 자연의 풍경과 정취.
* **반범귀흥**: 돛을 반쯤 올리고 돌아오는 멋.
* **어흥**: 고기잡는 흥취.
* **피 소주**: 피 쌀로 담근 소주.
* **초초타**: 보잘것없다.
* **분내사**: 분수에 맞는 일.

고전 시가 27~30번

# (나) 「어부사시사」 _ 윤선도

EBS 수능완성 225쪽

감상 포인트 이 작품은 윤선도가 노년에 전남 보길도의 부용동에 은거하면서 지은 연시조이다. 사계절의 경치와 감흥을 계절마다 각 10수씩 읊은 것으로 총 40수로 되어 있다. 이전 시기의 「어부가」의 전통을 계승했다고 하나, 새로운 시어로 작가 특유의 미의식을 표현하고 있는 작품으로 윤선도의 대표작 중 하나라고 할 수 있다. 특이한 점은 각 수의 초장과 중장 사이에 배의 운행에 맞추어 조흥구가 다르게 제시되어 있고, 중장과 종장 사이에는 '찌그덩 찌그덩 어여차'를 음차한 '지국총 지국총 어사와'라는 후렴구가 동일하게 제시되어 있다는 것이다.

주제 계절에 따라 펼쳐지는 자연의 모습과 어부의 흥취

앞 개에 안개 걷고 뒤 뫼에 해 비친다
(앞 개: 앞 갯벌)
배 떠라 배 떠라
(조흥구, 각 수마다 다름.)
밤물은 거의 지고 낮물이 밀려온다
(밤물: 썰물 / 낮물: 밀물)
지국총(至匊悤) 지국총(至匊悤) 어사와(於思臥)
(후렴구, 노 젓는 소리와 어부의 '어여차' 소리의 의성어)
강촌 온갖 꽃이 먼 빛이 더욱 좋다
(먼 빛이: 먼 빛으로 바라보니)

〈춘 1〉 ← 밀물이 밀려오는 강촌의 봄 풍경

마름 잎에 바람 나니 봉창(篷窓)* 이 서늘코야
(서늘코야: 촉각적 이미지)
돛 달아라 돛 달아라
여름 바람 정할소냐 가는 대로 배 두어라
(목적지를 정하지 않고 운행함.)
지국총 지국총 어사와
북포(北浦) 남강(南江)이 어디 아니 좋을런가
(북포 남강: 북쪽의 포구와 남쪽의 강)

〈하 3〉 ← 시원한 배 위에서 즐기는 유유자적한 생활

수국에 가을이 드니 고기마다 살져 있다
(고기마다 살져 있다: 풍요로움)
닻 들어라 닻 들어라
만경징파(萬頃澄波)에 실컷 용여(容與)하자*
(만경징파: 넓게 펼쳐진 맑은 물결)
지국총 지국총 어사와
인간을 돌아보니 멀수록 더욱 좋다
(속세에 대한 부정적 인식)

〈추 2〉 ← 속세를 떠나 즐기는 가을의 풍요로움

기러기 떴는 밖에 못 보던 뫼 뵈는고야
(못 보던 뫼 뵈는고야: 지금까지 보지 못했던 산을 발견함.)
이어라 이어라
(이어라: 저어라)

낚시질도 하려니와 취한 것이 이 흥이라
일석이조의 상황
지국총 지국총 어사와
석양(夕陽)이 비치니 천산(千山)이 금수(錦繡) ㅣ 로다
수를 놓은 비단

〈추 4〉 ← 새로운 자연을 대하는 흥취

물가의 외로운 솔 혼자 어이 씩씩한고
화자의 고상한 기상이 투영된 소재
배 매어라 배 매어라
머흔* 구름 한(恨)치 마라 세상을 가리온다
지국총 지국총 어사와
◯: 속세를 차단하는 기능을 하는 자연물
파랑성(波浪聲)*을 염(厭)치 마라 진훤(塵喧)*을 막는도다

〈동 8〉 ← 자신의 삶에 대한 자부심

어휘

* **봉창**: 배의 창문.
* **용여하자**: 느긋한 마음으로 여유 있게 놀자.
* **머흔**: 험하고 사나운.
* **파랑성**: 파도 소리.
* **진훤**: 속세의 시끄러움.

## 이것만은 꼭 익히자!

**포인트 1** **「어부사시사」의 조흥구와 후렴구** (문항 30 관련)

1) 초장과 중장 사이의 조흥구

각 계절에 제시된 10수에서 배의 출항부터 귀항까지의 과정을 보여 주는 것으로 작품을 유기적으로 연결한다.

| 1수 | 2수 | 3수 | 4수, 5수 | 6수 | 7수 | 8수 | 9수 | 10수 |
|---|---|---|---|---|---|---|---|---|
| 배 떠라 | 닻 들어라 | 돛 달아라 | 이어라 | 돛 내려라 | 배 세워라 | 배 매어라 | 닻 내려라 | 배 대어라 |

2) 중장과 종장 사이의 후렴구

이 작품의 모든 수에 일정하게 나타나는 후렴구로, 시상 전개에 사실감을 조성하고 자연에서 느끼는 흥취를 부각하며 작품 전체에 유기적인 통일성을 부여한다.

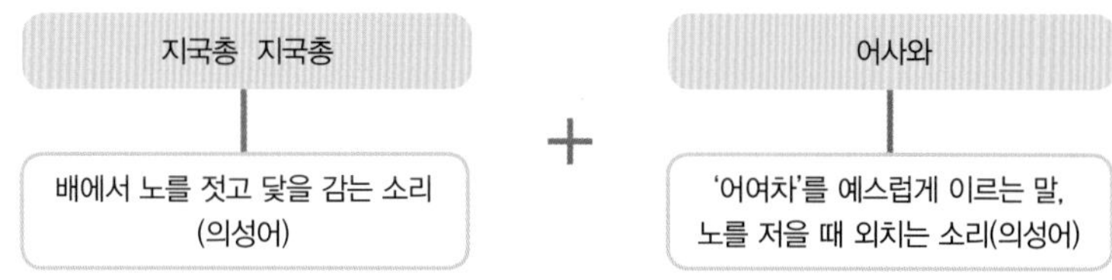

지국총 지국총
배에서 노를 젓고 닻을 감는 소리 (의성어)
+
어사와
'어여차'를 예스럽게 이르는 말, 노를 저을 때 외치는 소리(의성어)

## 배경지식 더 알아보기

■ **「어부사시사」에서 보이는 자연의 모습**

이 작품에서 보이는 자연의 모습은 대체로 강호가도 계열의 시조에서 형상화된 자연의 모습이 그대로 수용되기도 하지만, 혼탁한 현실 세계와 구별되는 청정한 공간으로서의 의미를 지니기도 한다. 대체로 윤선도의 작품들은 관념화된 자연의 면모가 아닌 눈으로 보는 실제의 자연을 작품에 형상화함으로써 강호가도에서 새로운 단계를 개척하였다는 평을 얻고 있다. 즉 「어부사시사」의 자연은 객관적으로 존재하며 화자가 유유자적하며 완상하는 공간이며, 때로는 현실 세계와 대립하는 면모를 지닌 '이상향'이기도 한 것이다.

## EBS Q&A

**Q** 고전 시가에서 '백구'가 자주 등장하는 이유를 알고 싶어요.

**A** 고전 시가에서 자주 등장하는 자연물은 유교적 덕목을 상징해 자기 수양의 본보기로 삼으려는 대상과 자연 속에서 친근하게 어울리며 만족감을 드러내는 데 활용되는 대상이 있습니다. 전자의 대표적인 사례가 소나무, 대나무, 매화 등의 식물이며, 후자의 대표적인 사례가 백구(갈매기)입니다. '백구'의 경우 이 교재에 실려 있는 「낙은별곡」, 「관동별곡」 등에도 등장합니다. '백구'는 강, 호수, 바다 등지에서 자주 볼 수 있는 새이며, 우리 선조들은 '백구'를 바라보며 여유로움과 흥취를 느꼈던 것 같습니다. 그래서 여러 고전 시가에서 '백구'를 등장시켜 자연과 화자 자신이 어울려 하나가 되는 물아일체(物我一體)의 경지를 묘사했고, 이것이 관습적인 표현으로 자리를 잡아 계승된 것으로 추정됩니다.

현대시 31~34번

# (가) 「그릇 · 1」 _ 오세영

EBS 수능완성 227쪽

감상 포인트 이 작품은 흙으로 빚어진, 균형 잡히고 아름다운 원의 형태를 유지하는 그릇이 사실은 불안한 안정을 유지하고 있을 뿐임을 제시하고, 그릇이 깨진다는 것이 가지는 의미적 모순을 바탕으로 균형과 조화에서 벗어났을 때 나타날 수 있는 것들에 대해 다양한 관점에서 고찰하게 한다.

주제 사물을 통한 존재론적 의미 고찰

깨진 그릇은
일상을 벗어난 것. 절제와 균형이 깨어진 것
칼날이 된다. ← 1연: 칼날이 되는 깨진 그릇

절제(節制)와 균형(均衡)의 중심에서
조화와 안정의 세계. 원
빗나간 힘,

부서진 원은 모를 세우고
깨진 그릇 칼날
「이성(理性)의 차가운
「 」: 각성
눈을 뜨게 한다.」 ← 2연: 깨진 그릇에 대한 새로운 인식

맹목(盲目)의 사랑을 노리는
획일화된 이념이나 사상
사금파리여,
깨진 유리 조각
「지금 나는 맨발이다.
「 」: 이성의 힘을 통해 각성하고, 성숙하기를 기다리는 모습
베어지기를 기다리는

살이다.」

상처 깊숙이서 성숙하는 혼(魂) ← 3연: 깨진 그릇이 불러오는 성숙한 혼
아픔을 겪은 후, 혼란을 겪은 후 성숙하는 영혼

깨진 그릇은

칼날이 된다.

「무엇이나 깨진 것은
「 」: 안정의 세계로부터 벗어난 존재들이 겪게 될 아픔과 성숙의 과정
칼이 된다.」 ← 4연: 칼날이 되는 깨진 그릇에 대한 통찰

## 이것만은 꼭 익히자!

### 포인트 1 시구의 이중적 의미

| 시구 | 긍정적 의미 | 부정적 의미 |
|---|---|---|
| 깨진 그릇 | 나태와 안일을 거부하는 의식의 각성과 성숙의 계기가 되는 상태 | 절제와 균형의 상태에서 벗어난 불안정한 상태 |
| 칼날 | 성숙한 존재로 거듭나게 되는 힘 | 균형을 잃은 위험한 힘 |
| 빗나간 힘 | 안일한 상태를 벗어나는 힘 | 파괴적인 힘 |
| 사금파리 | 성숙으로 거듭나게 하는 힘 | 균형이 깨진 위태로운 흔적 |

### 포인트 2 표현상의 특징

- 부서진 원, 모, 사금파리, 칼날과 같이 예리함을 연상하게 하는 시어들을 반복하여 안일함과 나태함에 대한 날카로운 비판적 인식을 보여 줌.
- 변형된 수미상관의 구성: '깨진 그릇은 / 칼날이 된다.'를 시의 처음과 마지막에 반복하면서 마지막 연에는 '무엇이나 깨진 것은 / 칼이 된다.'는 구절을 추가하여 '깨진 것'들이 예외 없이 겪게 되는 상황에 대해 강조하고 있음.

## 배경지식 더 알아보기

■ **오세영의 시 세계**

오세영은 인간 존재의 실존적 고뇌를 주제로 한 작품을 주로 창작한 시인이다. 그의 작품은 존재의 상처와 유한성에 대한 자각에서 출발하는데, 인간이 이 세상에 자신의 의지와 관계없이 내던져진 존재이자 고독한 존재라는 인식과 언젠가 죽을 수밖에 없는 유한한 존재라는 인식을 중심으로 동양적 사고관에 따라 이 주제를 고찰한다. 오세영은 본질적 깨달음에 아직 도달하지 못해 마음이 어지러운 상태를 벗어나 깨달음을 얻고 모든 존재들이 본래 추구해야 할 지향점을 찾아야 한다고 생각하고 이러한 주제를 기반으로 창작 활동을 지속하였다.

현대시 31~34번

# (나) 「꽃 피는 시절」 _ 이성복

EBS 수능완성 227쪽

감상 포인트 이 작품은 꽃이 피기 위해서 겪어야만 하는 필연적인 고통과 이별을 표현하고 있다. 또한 그 어려움을 극복하고 나타나는 생명에 대한 감탄과 경이도 드러낸다. 이는 무언가를 성취하기 위해서는 시련과 고통을 통과해야 한다는 의미를 전하고 있다.

주제 생명의 탄생에 따라오는 필연적인 고통과 개화의 과정

멀리 있어도 나는 당신을 압니다
(나는: 꽃의 외피 / 당신: 꽃)
귀먹고 눈먼 당신은 추운 땅속을 헤매다
(추운 땅속을 헤매다: 겨울 동안 씨앗이었던 당신)
누군가의 입가에서 잔잔한 웃음이 되려 하셨지요 ← 1연: 누군가에게 기쁨을 주는 당신
(잔잔한 웃음: 행복과 기쁨)

「부르지 않아도 당신은 옵니다
「 」: 자연의 섭리로서의 개화, 개화의 당위성
생각지 않아도, 꿈꾸지 않아도 당신은 옵니다」
당신이 올 때면 먼발치 마른 흙더미도 고개를 듭니다 ← 2연: 당신과 '나'의 만남의 필연성
(먼발치 마른 흙더미도 고개를 듭니다: 움트는 상황을 묘사)

당신은 지금 내 안에 있습니다
(꽃이 외피에 감싸져 있는 상황)
당신은 나를 알지 못하고
나를 벗고 싶어 몸부림하지만 ← 3연: '나'를 벗어나려는 당신의 의지

내게서 당신이 떠나갈 때면
(개화의 순간, 이별의 순간)
「내 몸은 갈라지고 실핏줄 터지고
「 」: 개화를 위한 고통과 시련
내 눈, 내 귀, 거덜 난 몸뚱이 갈가리 찢어지고」 ← 4연: 당신과 헤어질 때 겪는 '나'의 고통

「나는 울고 싶고, 웃고 싶고, 토하고 싶고
「 」: 개화의 순간 '나'의 상황을 나열함.
벌컥벌컥 물 사발 들이켜고 싶고 길길이 날뛰며」
절편보다 희고 고운 당신을 잎잎이, 뱉아 낼 테지만 ← 5연: 당신을 떠나보낼 때 '나'의 심경

부서지고 무너지며 당신을 보낼 일 아득합니다
(당신을 보낼 일 아득합니다: 이별(개화)에 대한 '나'의 정서 ①)
굳은 살가죽에 불 댕길 일 막막합니다
(막막합니다: 이별(개화)에 대한 '나'의 정서 ②)
불탄 살가죽 뚫고 다시 태어날 일 꿈 같습니다 ← 6연: 당신을 보낼 일에 대한 '나'의 막막함

지금 당신은 내 안에 있지만

나는 당신을 어떻게 보내 드려야 할지 모르겠습니다
막막함

조막만 한 손으로 뻣센 내 가슴 쥐어뜯으며 발 구르는 당신 ← 7연: '나'를 벗어나려는 당신의 의지와 열망

## 이것만은 꼭 익히자!

### 포인트 1 '나'와 당신의 관계

이 시의 화자인 '나'는 꽃을 감싸고 있는 겉껍질로 볼 수 있으며, 당신은 꽃을 의미한다. 외피를 뚫고 꽃이 피어나는 것을 '나'와 당신의 관계로 형상화하고 이를 이별의 상황으로 표현하고 있다. 그래서 꽃이 피어나는 과정을 온갖 고통과 시련을 거치며 떠나보내야 하는 이별의 상황으로 설정함으로써 절절한 사랑의 정서를 개화와 연결하는 창의적인 표현을 보여 준다.

### 포인트 2 자연의 섭리 (문항 34 관련)

계절의 순환에 따라 꽃이 피고 지며, 씨앗이 차디찬 땅속에 있다가 싹을 내며 자라 다시 꽃을 피우는 과정은 신비로운 자연의 섭리이다. 이러한 섭리는 인간의 의지와는 무관하게 시간의 흐름에 따라 자연스럽게 이루어지는 것이며, 인간 역시 자연에 속한 한 존재로 이러한 과정 속에 놓여 있다. 그렇기에 '부르지 않아도 당신'은 오고, '생각지 않아도, 꿈꾸지 않아도 당신'은 온다고 노래한 것이다.

## 배경지식 더 알아보기

■ **김광규, 「나뭇잎 하나」**

크낙산 골짜기가 온통
연록색으로 부풀어 올랐을 때
그러니까 신록이 우거졌을 때
그곳을 지나가면서 나는 / 미처 몰랐었다

뒷절로 가는 길이 온통
주황색 단풍으로 물들고 나뭇잎들
무더기로 바람에 떨어지던 때
그러니까 낙엽이 지던 때도
그곳을 거닐면서 나는
느끼지 못했었다

이렇게 한 해가 다 가고
눈발이 드문드문 흩날리던 날
앙상한 대추나무 가지 끝에 매달려 있던
나뭇잎 하나 / 문득 혼자서 떨어졌다

저마다 한 개씩 돋아나
여럿이 모여서 한여름 살고
마침내 저마다 한 개씩 떨어져
그 많은 나뭇잎들
사라지는 것을 보여 주면서

**감상 포인트**

계절의 순환 과정(신록 – 단풍 – 낙엽 – 신록)을 통해 자연물의 생성과 소멸이라는 변화 과정이 자연의 섭리임을 깨달으며, 우리의 삶도 그와 같다는 것을 노래하였다. 그러나 나뭇잎들이 저마다의 나뭇잎에 주목하면서 각각 의미 있는 존재로 자연의 섭리 속에 살아가고 있는 존재임을 노래하고 있다. 이처럼 문학 작품들 중에는 자연을 통해 깨달은 것들을 주제로 삼아 노래하는 경우가 많으며 이러한 것들은 우리 고전에서 이어지는 하나의 전통이라 할 수 있다.

**주제** 자연을 통해 깨달은 순리에 따르는 삶

고전 소설 18~21번

# 「춘매전」_ 작자 미상

EBS 수능완성 247쪽

**감상 포인트** 이 작품은 작자 · 연대 미상의 국문 필사본 고소설로서, 민간에 널리 퍼져 있던 열녀 설화와 재생 설화 등을 제재로 한 선행 고소설의 영향을 입은 것으로 추정된다. 주인공인 유씨 부인의 열행이 강조되고 그에 대한 사회적 보상 심리로서 재생을 통한 행복한 결말을 그리고 있다.

**주제** 열녀 유 씨의 고행과 성취

**전체 줄거리** 과거에 급제한 춘매는 모함을 받아 유배를 가게 되고 그곳에서 병을 얻어 죽는다. 부인 유 씨는 춘매의 시신을 직접 수습하기 위해 유배지로 떠나는 길에 여러 가지 어려움과 우여곡절을 겪는다. 하지만 결국 춘매의 시신을 찾게 되고 그를 따라 죽음으로써 함께 염라대왕 앞에 간다. 염라대왕을 향한 유 씨의 간곡한 부탁으로 유 씨와 춘매 두 사람 모두 환생하게 된다.

**[앞부분 줄거리]** 한림학사였던 남편 춘매가 유배지에서 죽자 시신을 수습하러 떠난 유씨 부인은 도중에 회평 원이 밤에 자신의 방을 무단으로 침입하자 그의 팔을 베어 위기를 모면한다.

'어떠한 부인이 이곳에 와서 계시면서 머물렀는데 간밤에 이경에 무단이 앉은 사또님을 목을 벤 연유로 고하나이다.'

회평 원 자신이 무고하게 피해를 입었다며 거짓으로 상부에 보고함. 회평 원의 인물됨을 알 수 있으며 유씨 부인의 고난이 예상되는 부분

라고 하니 감사가 크게 놀라시면서 엄중하게 다스리라고 하시고 급히 와 형벌을 다스리면서 유씨 부인을 잡아 올 때, 저놈들 거동 보소. 구름 같은 머리카락을 왼손으로 거두어 잡고 가늘고 연약한 몸이 큰칼을 견디지 못하여 휘어지는 듯하고 허리는 백공단을 자른 듯하고 눈 가운데 옥매화가 핀 듯하였다. 고귀한 광채와 정결한 태도는 비할 데가 없었다. 연약한 허리를 형틀에 걸치고 여쭈기를,

서술자의 주관이 개입됨.

회평 원의 하인들이 유씨 부인을 함부로 대하는 모습과 유씨 부인의 고결한 자태가 대조적으로 묘사됨.

"소녀는 본래 양주 땅에 사는 유 판관의 여식이고 한림학사 이춘매의 아내였는데, 낭군이 애매한 누명을 입고 수만 리 땅에 귀양을 가서 죽었으므로 신체나 운구하였다가 조상의 산소가 있는 땅에 묻고자 하여 신첩이 분상을 차려 가는 중이었습니다. 마침 회평관에 들어왔을 때 날이 저물어 여기에서 하룻밤을 묵고 이튿날 아침에 가려 하는데 회평 원이 문안하되 그날 출행 길이 불행하다고 하면서 머물렀다가 가라고 하므로 가지 못할 뿐이었습니다. 종들도 발이 아파서 머무르자고 하므로 확실하게 알지 못하여 거기서 머물렀습니다. 그날 밤에 원이 내가 자는 방에 들어오므로 분명히 도적인 줄 알고 큰 칼을 잡고 목을 쳤는데 목은 맞지 않고 팔이 맞아 떨어졌거늘 목을 선참하지 못한 것이 지금도 한이로소이다."

유씨 부인이 회평 원을 해한 이유가 드러나며 회평 원의 거짓말이 탄로 남.

감사가 이 말을 들으시고 크게 놀라 얼굴빛이 하얗게 질려 즉시 형틀에 매인 것을 풀고 세초*를 정하라고 한 후,

"이렇게 놀라운 일이 어찌 있으리오!"

라고 하면서 즉시 절도사와 원주 목사에게 보고하였다. 원주 목사가 그 연유를 들으시고 깜짝 놀라 와 계시면서 유 부인을 모시고는 보시기 위해 바닥에 내려와서,

유씨 부인과 부모 대에도 인연이 깊으며 남편인 춘매를 각별하게 생각하고 있었으므로 죄인이 유씨 부인인 것을 알고 놀람.

"한림학사의 상사에 대한 말씀은 할 말이 없거니와 중도에서 이렇듯이 욕을 당하시오니 이런 참혹한 일이 어디에 있겠습니까!"

춘매의 죽음을 가리킴.

회평 원에게 당한 수모를 가리킴.

라고 하였다. 유 씨가 원통한 심정으로 사례하면서 말하기를,

"소녀의 끝이 없는 원통함은 일을 속히 결정을 짓고 급히 정사를 결단하옵소서. 빨리 낭군의 원통하신 우리 군자님의 신체를 찾아보고자 하나이다."

라고 하며 원통한 심정에도 말하는 모습이 흐트러짐이 없었으니, 조룡이 대강론*하시는 듯하였다. 급히 회평 원의 죄목을 나라에 보고하니 전하께서 들으신 후 별도로 교지를 보내어,

공정한 판결 내용이 담겨 있을 것이 예상됨.

'즉시 회평 원의 죄목을 엄중하게 다스려 죽이고, 유씨 부인을 가둔 하인을 모두 죽이고 자손을 다 잡아 죽이라. 또한 유씨 부인 부부의 설욕을 낱낱이 다 헤아려 주라.'

라고 하셨다.

유씨 부인이

큰 강과 바다

"치욕스러운 일은 잊고자 하니, 소녀의 망극한 일을 갚아 주시니 하해 같으신 은혜를 백골난망이로소이다.

죽어 백골이 되어도 은덕을 잊을 수 없다는 뜻으로, 남에게 큰 은혜나 덕을 입었을 때 고마움의 뜻으로 이르는 말

또한 옛글에 이른 것처럼, 머리를 깨어 신을 삼고 이를 빼내어 총을 박아 갚아도, 백골이 진토가 되어도 잊지 못할 것입니다."

원주 목사가 말하기를,

"한림학사가 귀양 가실 때 내 집에 머물렀다가 가셨고, 약간 노비를 딸려 보낸 후에 다시 연락할 길이 없어 매양 한탄하던 바였습니다. 또한 내 자식과 나이가 같은데 같이 벼슬을 하다 귀양을 갔고, 유 판관께서도 우리 어머니와 친하시고 친자식과 같이 여기시는데, 수만 리 험한 길에 이러한 일이 있을 수 있습니까?"

춘매를 생각하는 마음이 각별함.

유씨 부인의 아버지

← 춘매의 시신을 찾아 떠난 길에서 고난을 겪는 유씨 부인

(중략)

유씨 부인이 삼 일 밤낮으로 울어 그치지 않으니 염라대왕이 들으시고 춘매를 불러 분부하기를,

춘매의 시신을 찾은 후 이에 슬퍼서 울고 있음.

"너의 아내가 저기 왔으니 너 나가서 잠깐만 만나 보고 들어오너라!"

라고 하셨다. 춘매가 즉시 깨어나 보니 유 씨가 혼미한 가운데 잠깐 잠이 와 졸고 있거늘 춘매가 깨워서 말하기를,

"어떠한 부인이 이리 와서 슬퍼하는가?"

라고 하므로 반갑게 붙들고 울면서 말하기를,

"어찌 이 땅에 오게 하며 늙으신 모친은 문에 기대어 비스듬히 서서 오늘 올까 내일 올까 바라는 것이 전부인데, 이렇도록 속이는고. 신첩은 수만 리 험한 길에 힘든 줄을 모르는 것처럼 이렇듯이 속이는고."

하면서 마음속에 품은 생각과 정을 다 풀지 못한 채 날이 새었다. 춘매가 말하기를,

부부 사이에 정이 깊음을 알 수 있음.

"내 몸을 가져다가 고향에 묻고 어머님을 지극정성으로 섬기시니 내가 죽었다고 말씀드려 주시오."

유씨 부인의 평소 효행 실천을 엿볼 수 있음.

라고 하니 유씨 부인이 울면서 말하였다.

"나를 버리고 어디로 가려 하는지요."

춘매가,

"밝은 달이 지기 전에 계수나무에 이슬이 마르기 전에 들어오라고 하시는데 인간 세상의 임금과 같으니 따라야 합니다."

염라대왕의 권위가 드러남.

하고 자는 듯이 사라졌다. / 유씨 부인이 함께 죽어 들어가므로 춘매가 부인을 데리고 염라대왕에게 가니 대왕이 말하기를,

← 춘매의 시신을 보고 울다 잠든 유씨 부인이 염라대왕이 보내 준 춘매를 만남.

"너는 어떠한 계집을 데려왔느냐?"

하니 춘매가 여쭈었다.

"저의 아내로소이다."

유 씨가 여쭙기를,

"소녀는 유 판관의 여식이고 이 학사의 아내옵더니 낭군이 억울한 일로 수만 리 가서 죽었으므로 팔십 노모는 내내 문에 기대어 서서 오늘 올까 내일 올까 주야장천으로 바라는 것이 전부이옵니다."

춘매가 모함을 받고 귀양 간 유배지에서 죽은 것을 말함. / 밤낮으로 쉬지 않고 잇따라

절하고 백배사죄하면서 말하였다.

춘매를 이승으로 데려가고자 하는 간절한 마음과 적극적인 의지가 드러난 행동

"비나이다, 비나이다. 대왕님 앞에 비나이다. 대왕님이시어 적선하소서. 대왕님이시어 적선하소서. 소녀는 이십 세 전이로소이다. 대왕님께서는 적선하소서. 낭군과 원앙 녹수 되자마자 이별되었사오니 어찌 슬프지 않겠습니까!"

결혼하고 얼마 되지 않아 춘매의 유배와 죽음으로 이별하게 됨.

대왕이 말하기를,

"저 불행한 몰골은 안됐으나 이곳에 온 사람의 삶을 내 마음대로 출입하게 하기 쉽겠느냐!"

망자의 이승 복귀는 매우 신중하게 이루어지는 일임을 알 수 있음.

라고 하니, 유 씨가 다시 당 아래에서 네 번 절하고 여쭙기를,

"대왕님요, 적선하소. 소녀는 청춘이 만 리 같고, 모친은 연세가 팔십이니 이곳을 매일 바라보는 것이 전부로소이다. 대왕님요, 적선하여 주소."

밤낮으로 칠 일로써 땅에 엎드려 애걸하니, 대왕이 말하기를,

"너의 마음이 간절하니 너희 둘이 나갔다가 팔십 살이 되거든 같은 날 같은 시에 들어오너라."

라고 하시니 춘매가 유 씨를 데리고 나와서 금강을 지나는데, 밧줄을 놓아서 건너가라고 하므로 다음 디딜 곳을 몰라 밧줄에 올라섰다가 발이 꺾어 자빠지니 깨어나 생시가 되었다.

저승에서의 죽음이 이승으로의 복귀를 의미한다는 것을 알 수 있음. / 살아있는 상태를 의미함.

← 춘매와 함께 저승에 간 유씨 부인이 염라대왕에게 간절히 요청해 남편과 함께 이승으로 복귀함.

*세초: 범죄의 사실을 기록한 글을 가리킴.

*조룡이 대강론: 말이 규모가 크고 넓음을 비유적으로 이르는 말.

## 이것만은 꼭 익히자!

### 포인트 1 「춘매전」에 드러나는 화소 (문항 21 관련)

| | |
|---|---|
| 사자(死者)와의 재회 | 유씨 부인이 죽은 춘매와 재회함. |
| 명부 심판 | 유씨 부인이 죽은 춘매를 따라 명부에 가서 염라대왕의 심판을 받음. |
| 재생 | 저승에 있던 춘매와 유 씨가 이승으로 복귀함. |

### 포인트 2 등장인물

| | |
|---|---|
| 춘매 | 작품의 주인공. 효심이 깊고 한림학사에 오를 만큼 뛰어나나 유배 이후의 행보를 살펴보면 유씨 부인에 비해 진취적이지 못하고 나약하다고 할 수 있음. |
| 유씨 부인 | 난제 해결을 위한 적극적이고 진취적인 노력을 보여 줌. 효행과 절행으로 당대 도덕적 가치를 적극적으로 실현함. 당대 사회에서 추구하는 이상적인 인간형을 반영함. |
| 회평 원 | 유씨 부인과 갈등을 겪는 인물로 탐욕스럽고 속물적임. 유씨 부인을 유린하려다 한쪽 팔을 잃고도 자신의 무고를 주장하는 점에서 비열하고 부도덕한 모습을 엿볼 수 있음. |

## 배경지식 더 알아보기

■ **「춘매전」의 줄거리**

옛날 양주에 유정낭이라는 사람이 있었는데 늦게 낳은 딸 하나가 있었다. 딸이 열여덟 살 되던 때에 강릉에 사는 춘매의 집에서 청혼을 하였는데, 그 인물과 재주가 대단함을 알고 결혼을 허락한다. 초행날 승지, 판서, 참관 등의 고관들이 참석하였으며 동리 사람들이 신부의 아름다운 모습과 춘매의 당당한 모습을 보러 구름같이 모여들어 다들 칭찬하니, 유정낭은 딸과 같은 사위를 얻었다고 기뻐한다.

이때는 나라가 태평하고 백성이 편안하여 나라에서 태평과 시험을 열었는데 춘매도 과거에 응시하여 장원 급제를 하게 된다. 18세에 한림학사가 되자, 만조백관들이 시기하여 춘매가 주색을 탐하고 국사를 그르치며, 국가의 원로들을 업신여긴다고 거짓으로 상소한다. 왕은 그 말을 곧게 듣고 춘매를 호주 절강으로 유배를 보내라고 명한다.

춘매는 나라의 명을 거스르지 못하고 집으로 돌아와 어머니께 하직 인사를 한다. 하직 인사를 하고 다시 대궐로 들어간 춘매는 홀어머니는 홀로 남겨지고, 부인은 청춘과부가 될 것이니 선처를 해 달라고 부탁을 한다. 왕은 조정의 공론 때문에 어쩔 수 없다며 귀양을 보낸다. 춘매가 떠난 후 유씨 부인은 강릉으로 가서 시어머니를 모시고 친정으로 돌아와 극진히 모신다.

춘매는 길을 떠난 지 석 달 만에 병을 얻었으나 어찌할 도리가 없어 치료하지 못한 채 근근이 칠 개월 동안 걸어가 귀양지인 호주 절강 땅에 들어가게 된다. 호주에 가니 같이 과거에 급제했던 양옥이라는 친구가 먼저 귀양을 와 있어 반갑게 해후한다. 춘매의 병이 더 깊어지면서 춘매는 병이 위중함을 알리는 편지를 고향 집에 전하라고 종들에게 말하지만 종들은 가서 마님을 볼 면목이 없다면서 가지 않는다. 춘매는 병이 더욱 심해져 결국 양옥에게 자신의 부고를 전하라는 말을 남기고 죽는다. 양옥은 종들을 시켜 부고를 전하게 한다.

이때 유씨 부인은 춘매가 나타나 부모님을 잘 모시라는 말을 남기고 가는 꿈을 꾼 후 불길한 생각에 사로잡혀 있을 때 종들이 도착하여 춘매의 죽음을 알린다. 유씨 부인이 소식을 접한 후 기절하고 춘매의 어머니도 기절하니, 유씨 부인이 마음을 진정하고는 시어머니의 건강을 염려하여 비장한 각오로 호주 땅에 가서 춘매의 시신을 찾아오겠다고 말한다. 주위에서 멀고 험한 길이므로 연약한 여자의 몸으로는 어렵다고 만류하지만 유씨 부인은 종들을 데리고 떠난다.

유씨 부인이 아름다운 모습으로 슬피 울면서 길을 가자 모든 사람들이 동정하였다. 가던 도중 회평관에 도착하니 날이 저물어 하루를 묵어 다음 날 아침 출발을 하려고 하는데, 회평 원이 와서 출행 길이 위험하니 하루 더 묵었다 가라고 한다. 유 씨는 마음이 조급하였지만 종들도 지쳐서 쉬어가자 하므로 하는 수 없이 하루를 더 묵게 된다. 회평 원은 유 씨를 보고 아름다운 모습에 반하여 흑심을 품고 날 저물기만을 기다린다. 그날 밤 회평 원은 유 씨가 자는 방에 몰래 들어가나 유 씨는 잠 못 들고 있다가 어떤 남자가 오자 문 옆에 숨어 있다가 칼로 목을 내려쳤는데 빗나가 팔을 베고 만다.

(수록된 부분)

한편 양옥과 하인들은 유 씨도 죽었다고 슬퍼하고 있는데 춘매와 유 씨가 모두 살아나자 기뻐한다. 춘매는 양옥에게 자초지종을 이야기하고 난 후 고향에 연락을 보낸다. 이때 나라에서는 죄인들에게 대사령을 내리면서 호주 땅에도 귀양 간 사람들을 풀어 주라고 한다. 춘매와 유 씨는 고향으로 돌아와 부모님과 상봉하게 되고, 유정낭은 사위가 돌아온 기쁨으로 큰 잔치를 열고, 이러한 사연으로 조정에 장계를 올린다. 왕은 국마를 보내어 춘매와 유 씨를 인견하고는 어주를 하사하며 칭찬한다. 춘매는 벼슬이 점점 더 높이 올라 이부 상서가 되고, 유 씨는 정렬부인에 봉해진다. 둘은 부모께 지극하게 효도하다가 부모가 별세하자 삼년상을 마친다. 아들 오형제를 두었는데 모두 소년등과하여 부러움을 산다. 만년에는 전원생활을 하면서 서로 시를 짓고 풍류를 즐긴다. 어느덧 팔십이 되어 유 씨는 슬프고 허무한 마음이 들어 자식들에게 아버지가 위독하다고 거짓 기별을 보내니 자식들은 모두 놀라서 급히 온다. 유 씨는 자식들이 다 모이자 웃으면서 모두 보고 싶어서 거짓 기별을 보냈다고 말한다. 자식들과 손자들이 모두 모여 큰 잔치를 열고 손님들을 초대한다. 3일 잔치가 끝나자 춘매와 유 씨가 죽고 자식들은 삼년상을 치르고 그 후 집안이 번성하고 이름이 만세에 전하게 된다.

■ **「춘매전」에 나타난 여성상**

「춘매전」은 절개와 효를 중심으로 한 전통적 가치를 강조한 작품으로, 여성 인물이 순결과 절의를 지키기 위해 죽음도 두렵게 여기지 않는 면모를 보여 주고 있다. 이러한 윤리 의식을 충실하게 추구하면서도 내면으로 남녀의 순수한 사랑을 보여 주고 있는데, 이는 현실에 돌출하는 주요 난제와 타개가 사랑과 유교 이념을 통해 직조되고 있는 것을 통해 알 수 있다. 그런데 이러한 난제의 해결에는 남주인공 춘매보다 여주인공 유 씨의 활약이 더 돋보이는데, 유 씨가 여성이라는 한계를 극복하고 자신의 의지를 능동적으로 성취하는 면모를 보인다는 점에서 여성을 바라보는 근대적인 시각이 엿보인다.

■ **「춘매전」에 나타난 염라국의 특성**

「춘매전」에서는 열녀계 소설로, 열행(烈行)의 중요성과 당위성을 강조하기 위해 죽음과 재생이라는 모티프를 활용한다. 여자 주인공인 유씨 부인의 열행이 강조되면서 열행에 대한 사회적 보상 심리로서 재생을 통한 행복한 결말을 그리고 있는 것이다. 이를 위해 '염라국'이라는 비현실계를 설정하고 있으나 작품 속에서 '염라국'은 오히려 현실적인 속성을 띠면서 현실에서 지켜야 할 규범을 강조하는 공간으로서의 의미를 갖는다. 특히 유 씨의 열행이 천자를 감동시키고 죽음을 뛰어넘어 염라대왕까지도 감동시킴으로써 남편과 함께 재생할 수 있게 된 것이다.

**EBS Q&A**

**Q** 고전 소설에 자주 등장하는 모티프의 종류에는 어떤 것이 있나요?

**A** 모티프란 어떤 이야기를 구성하고 있는 화소, 즉 이야기의 구성원으로 더 이상 쪼갤 수 없는 이야기의 단위라고 할 수 있습니다. 여러 이야기에서 빈번하게 되풀이되어 나타나는 요소로 특정한 주제, 등장인물, 언어 유형, 서사 구조 등의 반복적인 전이 현상을 포괄하는 광의의 개념인 거죠. 한국 고전 소설에 자주 나타나는 모티프들을 살펴보면 주인공이 하늘의 존재로서 지상에 내려오는 형식으로 설정되는 적강 모티프, 뒷날에 맞추어 보고 증거가 되게 하기 위하여 서로 물건을 주고받는 신물 모티프, 주인공이 귀신과 사랑을 나누는 인귀 교환 모티프, 혼인이 이루어지는 과정에서 발생하는 갈등과 장애와 관련된 혼사 장애 모티프, 통과 의례적 성격으로 변신 이후 주인공의 재생 혹은 재탄생이 이루어지는 변신 모티프, 은혜를 베풀고 받은 은혜를 갚는 보은 모티프, 작중 문제를 송사를 통해 해결하는 송사 모티프, 고을 수령이 귀신의 억울한 사건을 해결하여 원한을 풀어 주는 신원 모티프, 여성이 남장을 하여 사회에 진출해 능력을 발휘하는 남장 모티프, 등장인물이 금기를 파괴하면서 파국을 몰고 오는 금기 모티프 등이 있습니다. 이러한 모티프들을 잘 파악해 놓으면 소설을 읽을 때 인물의 운명과 주제를 파악하는 데 도움이 될 수 있습니다.

고전 시가 + 현대시 22~26번

# (가) 「서경별곡」_ 작자 미상

EBS 수능완성 249쪽

감상 포인트 이 작품은 이별의 정한을 노래한 고려 가요로서, 주요 가사가 세 마디로 나뉘는 율격과 동일한 후렴구를 통해 음악성을 부여하고 있다. 또한 '서경'과 '대동강'이라는 공간적 배경을 중심으로 임과의 이별을 거부하고 사랑을 이어 가려는 화자의 적극적 태도가 드러나 있다.

주제 임에 대한 변함없는 사랑과 떠나는 임에 대한 원망

가락을 맞추기 위한 여음
서경(西京)이 아즐가 서경이 서울이지마는
지금의 평양. 화자의 삶의 터전
위 두어렁셩 두어렁셩 다링디리
후렴구: 악기 소리의 의성어
닷곤 곳 아즐가 닷곤 곳 쇼셩경* 고외마른*
살기 좋게 터를 닦아 놓은 곳 / 서경에 대한 화자의 애정을 확인할 수 있음.
위 두어렁셩 두어렁셩 다링디리

여히므론* 아즐가 여히므론 길삼뵈 버리고
옷감을 짜던 베: 당시 여성의 생계 수단으로, 화자가 여성임을 추정하게 함.
위 두어렁셩 두어렁셩 다링디리
서경과 길쌈베를 버리고 떠나야 하는 심정이 표출됨.
괴시란디* 아즐가 괴시란디 우러곰* 좃니노이다
임의 사랑에 대한 적극적 태도가 드러남.
위 두어렁셩 두어렁셩 다링디리
← 1연: 이별을 거부하며 임을 따라가겠다는 의지

시련, 고난 등을 비유적으로 표현
『구스리 아즐가 구스리 바회에 디신둘
임과의 사랑을 비유적으로 표현
위 두어렁셩 두어렁셩 다링디리

긴히뜬 아즐가 긴히뜬 그츠리잇가 나는*
임과의 사랑, 믿음
위 두어렁셩 두어렁셩 다링디리

즈믄 해를 아즐가 즈믄 해를 외오곰 녀신둘

위 두어렁셩 두어렁셩 다링디리

신(信)잇둔 아즐가 신(信)잇둔 그츠리잇가 나는
설의적 표현의 반복을 통해 변치 않는 사랑과 믿음을 강조
위 두어렁셩 두어렁셩 다링디리』 『 』: 고려 가요 「정석가」 6연에도 나오는 구절로 구전되는 과정에서 삽입된 것으로 보임.
← 2연: 임에 대한 변함없는 사랑과 영원한 믿음

대동강 아즐가 대동강 너븐디 몰라서
이별, 단절의 공간 / 대동강의 속성: 임과의 이별, 단절을 강화하는 효과
위 두어렁셩 두어렁셩 다링디리

빈 내여 아즐가 빈 내여 노훈다 샤공아
임을 직접 비난할 수 없어 사공을 대신 원망함.
위 두어렁셩 두어렁셩 다링디리

네 가시 아즐가 네 가시 럼난디* 몰라서

**현대어 풀이**

서경(평양)이 아즐가 서경이 서울이지마는
위 두어렁셩 두어렁셩 다링디리
새로 닦은 곳인 아즐가 닦은 곳인 소성경(평양)을 사랑합니다마는
위 두어렁셩 두어렁셩 다링디리
이별할 것이라면 아즐가 이별할 것이라면 길쌈하던 베를 버리고서라도
위 두어렁셩 두어렁셩 다링디리
사랑만 해 주신다면 아즐가 사랑만 해 주신다면 울면서 따라가겠습니다
위 두어렁셩 두어렁셩 다링디리

구슬이 아즐가 구슬이 바위에 떨어진들
위 두어렁셩 두어렁셩 다링디리
끈이야 아즐가 끈이야 끊어지겠습니까 나는
위 두어렁셩 두어렁셩 다링디리
천 년을 아즐가 천 년을 홀로 살아간들
위 두어렁셩 두어렁셩 다링디리
믿음이야 아즐가 믿음이야 끊어지겠습니까 나는
위 두어렁셩 두어렁셩 다링디리

대동강(大同江) 아즐가 대동강 넓은 줄 몰라서
위 두어렁셩 두어렁셩 다링디리
배 내어 아즐가 배 내어 놓느냐 사공아
위 두어렁셩 두어렁셩 다링디리
네 각시 아즐가 네 각시 음란한 줄 몰라서

위 두어렁셩 두어렁셩 다링디리

가는 배에 아즐가 가는 배에 엱었느냐 사공아
임을 배에 태운 사공에 대한 원망

위 두어렁셩 두어렁셩 다링디리

대동강 아즐가 대동강 건너편 꽃을
다른 여인을 비유

위 두어렁셩 두어렁셩 다링디리

배 타 들면 아즐가 배 타 들면 꺾으리이다 나난
임이 다른 여인과 사랑을 맺을 것이라는 불안감 표출

위 두어렁셩 두어렁셩 다링디리

← 3연: 사공에 대한 원망과 임의 변심에 대한 염려

위 두어렁셩 두어렁셩 다링디리
가는 배에 아즐가 가는 배에 실었느냐 사공아
위 두어렁셩 두어렁셩 다링디리
대동강 아즐가 대동강 건너편 꽃을
위 두어렁셩 두어렁셩 다링디리
배 타고 들어가면 아즐가 배 타고 들어가면 꺾을 것입니다 나난
위 두어렁셩 두어렁셩 다링디리

**어휘**

* **쇼셩경**: 작은 서울. 지금의 평양.
* **고외마른**: 사랑하지마는.
* **여히므론**: 이별할 바엔.
* **괴시란딗**: 사랑하신다면.
* **우러곰**: 울면서.
* **나난**: 의미 없이 흥을 일으키는 여음구.
* **럼난디**: 음란한 줄.

## 이것만은 꼭 익히자!

**포인트 1** **비유, 대구, 반복을 통한 의미 강조** (문항 23 관련)

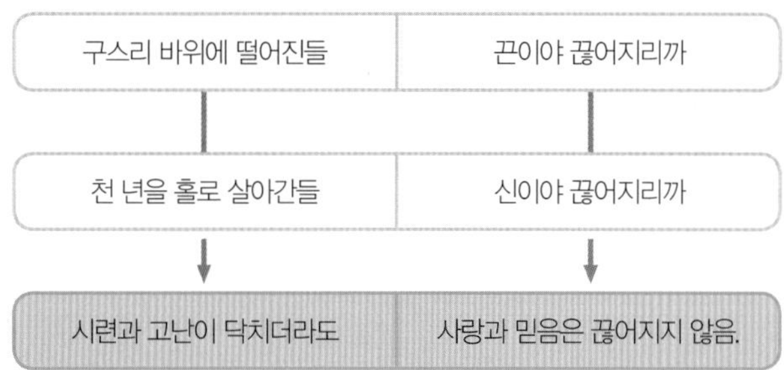

구스리 바위에 떨어진들
끈이야 끊어지리까
천 년을 홀로 살아간들
신이야 끊어지리까
시련과 고난이 닥치더라도
사랑과 믿음은 끊어지지 않음.

**포인트 2** **특정 소재('물', '배')를 활용한 시적 상황 비유** (문항 24 관련)

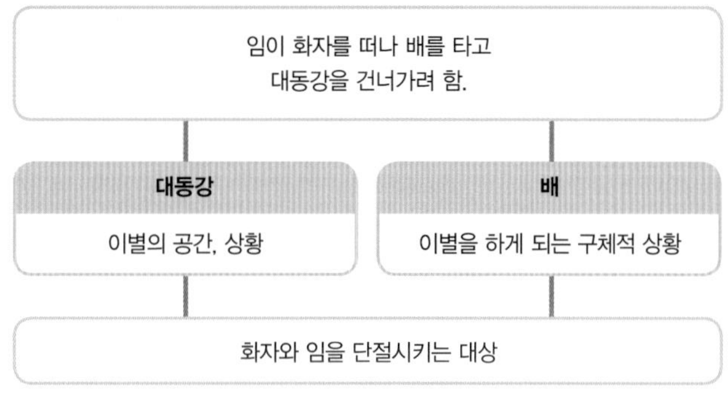

임이 화자를 떠나 배를 타고
대동강을 건너가려 함.
대동강
이별의 공간, 상황
배
이별을 하게 되는 구체적 상황
화자와 임을 단절시키는 대상

## EBS Q&A

**Q** 시구의 의미를 파악하려면 어떻게 해야 하나요?

**A** 시구의 중심 의미는 서술어를 먼저 살펴보는 것이 효과적입니다. 서술어를 통해 시구에 드러난 정서나 태도를 파악할 수 있습니다. 예를 들어 '괴시란ᄃᆡ 우러곰 좃겠나이다'에서 '좃겠나이다'를 통해 화자가 임을 따르겠다는 의지를 나타내고 있음을 알 수 있습니다. 또한 시구의 의미를 정리할 때에는 시구의 앞뒤 문맥을 살펴보는 것도 필요합니다. 앞서 언급한 '괴시란ᄃᆡ 우러곰 좃겠나이다'는 앞 행의 '닷곤 곳 쇼셩경 고외마른', '여히므론 질삼뵈 버리고'를 고려할 때, 임을 따르겠다는 화자의 애정과 함께 그로 인해 길쌈베를 버리며 사랑하는 서경을 떠나야 하는 화자의 심정이 함께 나타나 있음을 알 수 있습니다.

고전 시가 + 현대시 22~26번

# (나) 「배를 밀며」 _ 장석남

EBS 수능완성 250쪽

감상 포인트 이 작품은 배를 미는 행위를 통해 사랑을 떠나보낸 후의 슬픔과 그리움을 노래한 시이다. '배를 밀어' 본 경험에서 떠나가는 사랑을 떠올리며, 이별 후의 감정 변화를 잘 보여 주고 있다. 화자는 이별의 슬픔에서 벗어나려고 하지만 마음속에서 어쩔 수 없이 일어나는 그리움의 감정을 노래하고 있다.

주제 이별의 아픔과 이별한 임에 대한 그리움

배를 민다
사랑하는 사람을 떠나보내는 상황을 배를 미는 행위에 빗댐.
배를 밀어 보는 것은 아주 드문 경험
시간적, 공간적 배경
희번덕이는 잔잔한 가을 바닷물 위에
바닷물의 색을 비유적으로 표현
배를 밀어 넣고는

온몸이 아주 추락하지 않을 순간의 한 허공에서
몸이 바다에 빠지지 않을 순간
밀던 힘을 한껏 더해 밀어 주고는
이별의 마지막 과정
아슬아슬히 배에서 떨어진 손, 순간 환해진 손을
이별 상황에 대한 화자의 안타까움이 드러남. 이별에 따른 허전함과 공허함
허공으로부터 거둔다 ← 1연: 배를 밀어 본 경험에 대한 묘사

사랑은 참 부드럽게도 떠나지

뵈지도 않는 길을 부드럽게도 ← 2연: 사랑이 떠나갈 때의 느낌

「배를 한껏 세게 밀어내듯이 슬픔도
「 」: 이별의 슬픔을 이겨 내고자 하는 화자의 의지
그렇게 밀어내는 것이지」 ← 3연: 이별의 슬픔을 극복하려는 의지

배가 나가고 남은 빈 물 위의 흉터
이별에 따른 상처
잠시 머물다 가라앉고 ← 4연: 쉽게 잊힐 것이라 생각한 이별의 상처

그런데 오, 내 안으로 들어오는 배여
시상의 전환 이별 후에 밀려오는 사랑하는 사람에 대한 그리움
아무 소리 없이 밀려 들어오는 배여 ← 5연: 사랑을 떠나지 못한 화자의 마음

## 이것만은 꼭 익히자!

### 포인트 1 유추를 통한 시상 전개 (문항 24 관련)

| 배 | | 사랑 |
|---|---|---|
| 배를 밀어내는 행위 | 유추 → | 사랑을 떠나보냄. |
| 배가 나가고 남은 빈 물 위의 흉터 | | 이별로 인한 마음의 상처 |
| 아무 소리 없이 밀려 들어오는 배 | | 이별 후, 불현듯이 밀려오는 그리움 |

### 포인트 2 시상 전개에 따른 화자의 정서 변화

| | | |
|---|---|---|
| 아슬아슬히 배에서 손을 뗌. | → | 이별을 안타까워함. |
| 배를 한껏 세게 밀어내듯 슬픔도 밀어냄. | | 이별에 따른 슬픔과 상처를 극복하고자 함. |
| 아무 소리 없이 배가 밀려 들어옴. | | 이별 후의 그리움과 이별의 아픔이 다시 살아남. |

## EBS Q&A

**Q** 시상 전환이란 말은 무슨 뜻인가요?

**A** 시상이란 일반적으로 시에 나타난 생각이나 정서를 의미합니다. 시상의 전환은 시에 일관되게 흐르고 있던 생각이나 주된 정서가 크게 달라지는 순간을 의미합니다. 예를 들어 절망에서 희망으로, 슬픔에서 기쁨으로 정서가 바뀔 때 시상이 전환되었다고 이야기할 수 있습니다. 이 작품의 화자는 사랑하는 사람을 떠나보내고 이후의 슬픔을 극복하려는 모습을 보여 줍니다. 하지만 '그런데' 이후의 화자는 떠나보낸 사람에 대한 그리움이 불현듯 피어오르며 이별 후의 슬픔을 다시 느끼게 됩니다. '그런데'로 시작되는 5연에서 시상이 전환된다고 할 수 있습니다.

문학 이론 + 현대 소설 27~30번

# (가) 군중 심리와 집단 극화

EBS 수능완성 252쪽

감상 포인트 이 글은 군중 심리와 집단 극화에 대해 설명하고 있다. 사람들이 집단 내에서 다른 사람들의 선택을 따라 하게 되는 현상은 군중 심리와 관련이 있으며, 이러한 군중 심리는 때로 집단의 의사 결정이 극단으로 치우치게 되는 집단 극화 현상으로 이어질 수 있다. 이러한 현상들은 모두 집단이 가진 고유의 성격에 따라 다르게 나타날 수 있다.

주제 군중 심리와 집단 극화

사람들은 일반적으로 집단 내에 다수가 옳다고 주장하면 그들의 주장으로 기울어지는 경향을 보인다. 이는 르 봉이 말한 '군중 심리'와도 관련이 있으며, 상황에 따라서 강력하게 작용할 수 있다. 개인의 생각과 전혀 다른 선택을 하거나, 눈에 보이는 명백한 사실을 부정하기도 하며, 특히 다른 사람들이 많이 선택한 것을 따라 하게 되는 것이다. 이는 '다수에 속해 있어야 안전하며 그렇지 않으면 위험해질 수 있다.'라는 심리와 관련이 있으며 경우에 따라 합리적이지 못한 선택을 유도하기도 한다.

(르 봉이 말한 '군중 심리': 귀스타브 르 봉의 「군중 심리」 / 합리적이지 못한 선택: 바람직하지 않다는 것을 알면서도 군중을 따라 그것을 선택함.) ← 집단의 의사 결정과 군중 심리

이러한 경향은 때로 '집단 극화' 현상을 일으키기도 한다. 집단 극화란 집단의 의사 결정이 구성원 개개인의 평균치보다 극단으로 치우치게 되는 현상으로, 집단 내에서 추진되는 특정한 의견에 사람들이 휩쓸리게 되는 것을 말한다. 때로는 마치 집단 최면에 걸린 듯 많은 사람이 집단이 지시하는 데에 따라 행동하여 진실과 허위의 구분이 애매해지기도 한다. 이러한 경우 군중은 진실을 갈망하지 않게 되며 그들은 자신들의 마음에 들지 않는 증거 앞에서는 얼굴을 돌리고, 자신들의 마음을 끄는 오류를 따르게 된다.

(자신들의 마음에 들지 않는 증거: 진실을 뒷받침해 주는 증거 / 자신들의 마음을 끄는 오류: (진실의 여부와 관계없이) 집단의 주장과 관련된 것) ← 집단 극화 현상

이러한 현상은 집단 내의 권력 구조와 인간관계의 영향하에서 더욱 공고해지며 특히 폐쇄적이고 수직적인 집단일수록 더욱 강하게 나타난다. 「빙청과 심홍」은 군대라는 특수한 집단을 배경으로, 집단과 개인 사이에 일어나는 허위와 진실의 문제를 다루고 있다.

(개인: 신 하사를 가리킴. / 군대: 폐쇄적이고 수직적인 집단의 전형 / 집단: 신 하사와 우 하사가 속한 부대) ← 집단 내 권력 구조와 인간관계의 영향

## 이것만은 꼭 익히자!

### 포인트 1 군중 심리

사회 심리 현상의 하나로 여러 사람들이 집단으로 모였을 때 개별 주체의 일상적인 사고와 다르거나 혹은 같더라도 그 범위를 뛰어넘는 행동을 하게 되는 심리 상태를 말한다. 어떤 원소가 다른 원소를 만나 화합물이 되면 다른 성질을 나타내듯이 사람들도 군중이나 집단 속에서는 개인으로서의 행동과는 다른 행동을 하게 되는데, 이러한 자기 이상의 행동은 때로 사회적으로 위험하고 억제할 수 없는 집단 난동 등을 일으키기도 한다. 군중 행동을 야기하고 강화시키는 자극의 유형으로는 2가지를 들 수 있다. 첫째는, 군중 대부분이 느끼는 공통된 동인(動因)으로서, 예를 들면 화재가 발생했을 때 모든 사람이 그 위급으로부터 달아나려 하는 강한 동인 같은 것이다. 둘째, 동인과는 명확하게 구별해야 할 것으로 다른 사람이 동인에 쫓겨 하는 행동 그 자체를 보는 것이 동인이 되는 경우이다. 사람은 과거의 경험 속에서 다른 사람이 어떤 사태에 대하여 강한 반응을 나타내는 것을 보고 자기도 그와 마찬가지로, 또는 그보다 더 빨리 반응함으로써 보수와 강화(强化)를 받아 왔음을 체험한다. 이렇게 개인의 동인은 타인의 반응에 자극을 받아 상승하게 되어 결국은 군중의 흥분이 극에 달하게 되는 것이다.

군중 심리가 갖는 일반적 특징은 다음과 같다.

① 무명성(無名性): 군중 속에 일체화되어 자기의식을 잃는다.
② 무책임성: 개개인의 행동이 불분명하므로 책임 소재가 불분명하다.
③ 무비판성: 정보가 한정되어 있기 때문에 상상과 억측으로 판단한다.
④ 감정성: 동인과 반응의 상승 작용으로 격앙된 흥분 때문에, 또는 책임성과 비판성의 결여 때문에 감정적이 된다.
⑤ 암시성: 군중의 관심이 하나에만 집중되어 있기 때문에, 의식의 범위가 좁아지므로 외부에서 가해지는 영향에 대한 저항성이 아주 낮다.
⑥ 친근감: 무책임성 · 무명성 · 감정성 때문에 일체감과 친밀감을 느끼게 된다.

### 포인트 2 집단 극화

집단 극화는 집단을 이룬 뒤 개인들의 반응 평균이 집단을 이루기 전의 반응 평균과 동일한 방향에서 더 극단적으로 되는 현상을 말한다. 집단 토론 전 구성원들의 개인 의사 결정의 평균이 모험적인 경향을 가지고 있을 때 집단 의사 결정은 더 모험적으로 이행하며, 개인 의사 결정의 평균이 보수적인 경향을 갖고 있을 때 집단 의사 결정은 더 보수적인 쪽으로 극화된다. 집단 극화 현상에 관한 연구는 스토너(Stoner, 1961)가 MIT 석사 학위 논문에서 '선택 이행' 현상을 밝혀낸 데서 출발한다. 스토너의 연구 결과에 의하면 집단 토의 후의 결정은 집단 토의 전의 개인들의 평균적 반응보다 훨씬 위험한 쪽으로 나타났다. 모스코비치와 자발로니(Moscovice & Zavalloni, 1969)의 연구 이후로는 '선택 이행' 현상의 개념이 더 일반적인 '집단 극화' 현상의 개념으로 확대되었다. 즉, 집단이 개인보다 더 위험한 의사 결정을 내리는 경향을 '위험 쏠림' 또는 '모험 이행' 현상이라 하고, 반면에 집단이 개인보다 더 신중하고 보수적인 결정을 내리는 현상을 '보수 이행' 현상이라 불렀다. 이 두 현상을 합쳐 '집단 극화' 현상이라고 하는데, 이는 집단의 구성원들이 원래 선호하던 방향으로 자신들의 입장을 극단적으로 추구하는 경향이라고 정의할 수 있다.

## 배경지식 더 알아보기

■ **귀스타브 르 봉의 「군중 심리」**

귀스타브 르 봉의 「군중 심리」는 125년 전에 저술한 고전이지만 아직도 사회 심리학 분야에서 큰 영향력을 지닌 책으로 평가받고 있다. 당시의 시대상이 지금의 모습과 차이가 있는 만큼 인종이나 성별 등에 대한 묘사가 현재의 보편적인 시대관과 동떨어진 부분들이 있긴 하지만, 군중의 성격과 특징에 대한 노골적이고 날카로운 분석은 아직까지도 시사하는 바가 많다. 르 봉은 19세기 말 프랑스 혁명 이후, 사회 운동과 노동 운동을 통해 나타난 군중의 영향력을 보고 군중의 심리와 특성에 대해 분석한 군중 심리를 집필했다. 총 3부로 구성된 「군중 심리」에서는 군중의 심리 구조, 군중의 여론과 신념, 군중의 다양한 분류와 묘사를 다루며 군중들의 심리와 행동을 연구한 결과물을 담아냈다. 귀스타브 르 봉의 이론은 정신 분석학의 창시자 지그문트 프로이트, 융의 연구로 이어지며 히틀러의 나치즘, 무솔리니의 파시즘에도 큰 영향을 주었다.

문학 이론 + 현대 소설 27~30번

# (나) 「빙청과 심홍」_ 윤흥길

EBS 수능완성 252쪽

**감상 포인트** 이 작품은 군대를 배경으로, 권위와 억압으로 조작된 거짓 영웅의 이야기를 폭로하여 진실의 가치를 밝히고자 하는 인물의 이야기를 담고 있다. 우 하사를 영웅화하려는 집단적 시도에서 벗어난 신 하사의 행동을 통해 거짓과 진실의 의미를 묻고 있다. 신 하사는 기자들과의 인터뷰 자리에서 진실을 이야기했다가 구타를 당한다. 게다가 신 하사의 폭로를 아무도 주목하지 않는다. 작가는 '죽은 사람인 우 하사를 두고 즐긴 것이나 다름없다.'라고 말하는 신 하사를 통해 진실을 조작하고 왜곡하는 집단의 행태를 고발하고 있다.

**주제** 진실을 조작하고 왜곡하는 폭력적 조직의 행태 고발

**전체 줄거리** 군대 내 격납고에서 화재 사건이 발생하여 우 하사가 심각한 부상을 입자 그의 동료와 지휘관은 그가 사고 당시 전우를 구하는 등의 영웅적 활약을 했다고 그의 부상을 미화하고 조작한다. 평소에 별로 말이 없고 어수룩한 신 하사는 기자 회견장에서 진실을 말했다가 윗사람들에게 폭행을 당하고 아무도 신 하사의 폭로에 주목하지 않는다. 신 하사는 이미 죽은 사람이라 할 수 있는 우 하사를 두고 사람들이 즐긴 것이나 다름없다며 우 하사를 동정하여 그를 죽이러 가지만 이미 우 하사는 숨을 거둔 뒤였다. 신 하사는 자수를 결심한다.

건의서 내용을(조작한 우 하사의 행적을 토대로 훈장 수여를 건의한 내용) 소상히 밝힐 만큼 우 하사의 동기생들은 친절하지 않았다. 다만 도장을 지참하고 일렬로 주욱 늘어서게 한 다음 이렇게 말하는 것이었다.

"뒈지기 전에 불쌍헌 놈(사고로 다친 우 하사를 가리킴.) 호강이나 시키자구!"

그러나 우리는 우리가 찍는 도장이 장차 무엇에 소용될 것인지를(우 하사에게 훈장을 수여하자는 데 대한 동의. 진실을 조작하는 데 동참하는 것을 의미함.) 곧 알았고, 각자가 도장으로 확인해 준 내용의 엄청남에 경악을 금할 수 없었다. 우 하사의 동기생들은 술을 진탕 마시고는 비틀걸음으로 각 내무반을 돌면서 엉엉 소리 내어 울다가 우 하사의 이름을 부르다가 했다. 누구도 그들의 서슬을 꺾을 수는 없었다. 그들이 보이는 광란에 가까운 전우애는 누가 만약 입바른 소리라도 할라치면 당장에 때려죽일 것 같은 기세(우 하사와의 관계성에 바탕을 두고 집단 권력화됨.)였으며, 그들의 눈물겨운 노력이 대대 분위기를 점점 최면시켜 진실과 허위의 구분을 애매하게 만들어 놓았다. 목석이 아닌 이상 그것은 감동하지 않고는 못 배기는 신들린 상태였다. 우리 주위에 그런 인물이 있었던가 새삼스레 돌아다보아질 정도였다. 심지어는 건의서상으로 우 하사에 의해 구출된 것으로 지목된 세 명의 사병마저도 정말 자기를 구한 것이 우 하사 그 사람인 줄로 믿어 버릴 정도였다(집단 최면에 걸린 듯한 모습). 우리는 모두 합심해서 하나의 미담을 엮어 내었고, 그 미담 속에서 우 하사는 하루가 다르게 완벽한 영웅의 모습을 갖추어 나갔다.

← 우 하사 동기생들의 주도로 부대 내에 우 하사에 대한 영웅화가 이루어짐.

대대장(권력을 바탕으로 진실을 조작하는 데 앞장섬.) 또한 마찬가지였다. 전체 사병의 귀감이 될 영웅적인 하사관 한 명쯤 자기 휘하에 두었대서 조금도 손해날 일은 아니었다. 대대장의 확인을 거쳐 단본부에 제출된 우리들의 진정 내용은 일차로 단장을 감동시켰다. 그는 자기 권한으로 할 수 있는 모든 조처를 취했다. 우선 빈사의 하사관을 장교 병동에 입실시킨 다음 민간인 연고자가 영내에 거주하면서 간호에 임하도록 했다. 훈장은 시간이 걸리는 거니까 먼저 비행단 이름으로 표창장을 수여함으로써 아쉬운 대로 성의를 표시했다. 그리고 각 언론 기관에 연락하여 일단의 기자들을 초청해서 취재를 하도록 했다.

← 대대장의 주도로 우 하사에 대한 표창장 수여와 언론의 취재가 이루어짐.

(중략)

회견은(우 하사의 영웅화를 공식화하려는 시도) 예정된 순서에 따라 톱니바퀴가 물리듯 한 치의 오차도 없이 정연하게 진행되었다. 육하원칙에 의

해서 각자가 겪은 일들을 진술하는데, 누구를 막론하고 결정적인 순간에 가서는 한 개인의 경험을 떠나 우 하사의 행위와 교묘하게 결부시키는 화법들을 썼다. 기자들은 열심히들 기록을 하고 사진을 찍었다. 누가 봐도 결과는 만족할 만한 것임이 거의 확실해진 순간이었다.

본인이 직접 경험한 내용. 진실에 해당함.

우 하사를 영웅화한 내용. 허위에 해당함.

허위를 진실로 둔갑시키는 데 성공함.

"혼자서 간호를 전담하다시피 해 오셨다죠?"

여태껏 한쪽 구석지에 우두커니 앉아만 있던 신 하사에게 일제히 시선이 집중되었다.

신 하사에 의해 반전이 일어날 것이 예고됨.

"연일 수고가 많으시겠군요. 어때요, 신 하사가 보는 우 하사의 인간 됨됨이랄까 병상에서 있었던 일화 같은 걸 소개해 주실까요?"

자리나 메우는 역할이라면 몰라도 직접 입을 열어 뭔가를 조리 있게 설명해야 할 사람치고는 분명히 자격 미달이었다. 신 하사를 그런 자리에 끌어들인 그 자체가 애당초 잘못된 배역임이 뒤늦게 드러나기 시작했다. 신 하사는 꿀 먹은 벙어리였다.

평소 신 하사에 대한 평가

조작에 동참할 수 없어 내적 갈등을 보임.

"어떻습니까, 평소의 그답게 투병 생활도 영웅적입니까?"

"……."

"사고 당시 격납고 안에서 우 하사를 본 적이 있습니까?"

기자들은 쉽게 포기하지 않았다. 신 하사가 맡은 몫을 기어코 감당하게 만들 작정으로 그들은 번갈아 가며 질문을 던져 말문을 열게 하려 했다.

"예."

하고 마침내 신 하사의 입에서 대답이 떨어졌다.

"그때 우 하사가 뭘 어떻게 하고 있던가요?"

"불에 타고 있었습니다."

부대원들의 앞선 발언과 달리 진실을 담은 발언

신 하사가 입을 열었을 때 깜짝 반가워하는 표정이던 기자들은 이 예상 밖의 답변에 점잖지 못하게 웃음을 터뜨렸다. 이때부터 그들은 신 하사를 노골적으로 깔아 보기 시작했다.

"그가 불에 탔다는 건 우리도 압니다. 내가 묻고 싶은 건 그냥 불에 타기만 했냐는 겁니다."

"예."

회견장이 소란해졌다. 여기저기에서 웅성거리는 소리가 들렸다.

"좀 더 자세히 말씀해 주실까요? 불이 붙기 전에 우 하사는 무슨 일을 했습니까? 그리고 불이 붙은 다음에 어떻게 행동했습니까?"

아아, 가엾은 신 하사…….

신 하사의 돌발 행동에 대한 서술자의 평. 신 하사에게 닥칠 앞날을 예상한 것이라고 할 수 있음.

"작업이 거의 끝나 가던 참이었습니다. 우 하사는 작업복이 기름투성이였습니다. 펑 소리가 나더니 눈앞이 캄캄해졌다가 훤해졌습니다. 정신을 차리고 보니 우 하사가 불덩이가 되어서 훌쩍훌쩍 뛰고 있었습니다. 너무 갑자기 당한 일이라서 무슨 영문인지…….”

← 기자 회견이 조작된 내용으로 마무리될 즈음 신 하사가 사실을 말하려고 함.

그날 오후에는 누구나 다 그렇게 당했다. 일과가 끝나 갈 무렵에 격납고 안에 있었던 사람들의 공통된 이야기가 그랬다. 펑 하고 터지는 폭발음이 울림과 동시에 졸지에 주위가 불바다로 변하더라는 것이었다. 때마침 운 좋게 격납고 밖에 있다가 사고를 목격하게 된 사람들의 얘기는 격납고 안에 있던 사람들이 얼이 빠져 가지고 불길 속을 우왕좌왕하는 것도 무리가 아니었음을 뒷받침해 주었다. 순간적이었다는 것이다. 훈련 비행기 한 대가 착륙 자세를 잡은 채 내려오고 있었는데 그간 뜨고 내리는 비행기를 숱하게 보아 왔지만 불길한 예감과 함께 유독 그것만은 눈길을 끌더라는 것이다. 똑바로 자기를 겨냥하듯이 눈 깜짝할 사이에 접근해 오는 걸 보니 조종사가 낙하산 탈출할 때 조종석 덮개가 벗겨져 나가면서 꼬리 날개를 자른 흔적이 얼핏 눈에 띄었고, 그것은 바람을 가르는 쇳소리를 거느리면서 활공 비행으로 내려오다가는 활주로를 멀리 벗어나 퍼런 스파크를 튀기면서 용하게 주기장(駐機場) 빈터에 접지한 다음 휑하게 개방된 격납고 문 안으로 마치 골인하듯이 곧장 뛰어들더라는 것이다.

“신 하사가 목격한 것은 아마 쓰러지기 직전의 마지막 광경이었을 겁니다. 자아, 그럼 이것으로 회견을 모두 마치겠습니다.”

사회를 보던 정훈 장교가 서둘러 질문을 마감해 버렸다. 이렇게 해서 모처럼 마련한 기자 회견의 자리는 더 이상의 불상사 없이 끝마칠 수 있었다.

신 하사의 더 적극적인 폭로로 우 하사의 영웅담이 조작되었다는 사실이 드러나는 것을 말함.

회견이 끝난 그 직후부터 신 하사는 몹시 바쁜 몸이 되었다. 여기저기 오라는 데는 많은데 몸뚱이는 하나여서 그야말로 오줌 싸고 뭣 볼 틈조차 없어 보였다. 회견석상에서의 신 하사의 마지막 언급이 그만 단장과 대대장의 비위를 상하게 만들었던 것이다. 일단 그 양반들의 비위를 건드려 놓은 이상 신 하사가 온전치 못할 것임을 상상하기는 어렵지 않았다.

상사들에게 불려 가서 고초를 당하게 된 것을 의미함.

← 부대의 훼방으로 신 하사의 폭로는 미수에 그치고 신 하사는 그로 인해 고초를 겪음.

## 이것만은 꼭 익히자!

### 포인트 1 작품 전체의 구성

| | |
|---|---|
| 발단 | 신 하사는 비밀이 많은 친구로서, 신상에 관해 동기생들조차 알지 못하는 부분이 많았다. 일견 어수룩해 보이는 태도로 주위 사람들의 조소나 놀림이 있었음에도 불구하고 잘 참아 내고는 했다. 그런 그가 장기 복무를 지원해 하사가 된다. |
| 전개 | 어느 날 격납고에 폭발음이 들리면서 순식간에 불바다가 되었는데 신 하사의 말에 의하면 자신이 펑 하는 소리에 기절했다가 깨어 보니 우 하사가 온몸에 불이 붙어 있었다고 했다. |
| 위기 | 우 하사의 동기생들은 죽기 전에 호강이나 시켜 주자는 의도에서 사고 당시 그의 활약상을 조작한다. 불길 속에서 충분히 빠져나올 수 있는 시간이 있었음에도 불구하고 전우애를 발휘하여 사람들을 구했다는 것이었다. 대대장 역시 자기 휘하에 그런 병사가 있었다고 소문이 나는 것이 나쁠 것이 없다고 판단해 표창장을 수여하고 기자 회견을 개최한다. 사고 이후 우 하사는 특별 배려로 장교 병실에 입원까지 한다. |
| 절정 | 기자 회견이 열리자 사고 당시의 체험담을 이야기하는 자리에서 우 하사의 간호를 전담해 왔다는 이유로 인터뷰를 요청받은 신 하사는 자신이 본 것을 있는 그대로 대답하지만 그의 말은 묻혀 버린다. 그 후 신 하사는 상사들에게 불려 다니며 고초를 겪는다. 우 하사는 숨을 거두고 장엄한 장례식까지 치르게 된다. |
| 결말 | 신 하사는 사람들이 이미 죽은 사람이라 할 수 있는 우 하사를 두고 '즐긴' 것이나 다름없다며 자신이 그런 우 하사를 죽이러 갔으나 이미 그가 숨을 거둔 후였다는 내용의 편지를 남긴다. |

### 포인트 2 등장인물

| | |
|---|---|
| '나' | 소설의 서술자이자 관찰자. 신 하사와 동기생임. |
| 신 하사 | 일반병으로 들어왔다가 장기 복무를 자원하여 하사가 됨. 비밀이 많고, 동기생들도 그에 대해 잘 모름. 웬만한 것은 잘 참아 내는 성격이지만 한계를 넘었다 싶으면 물불 가리지 않음. |
| 우 하사 | 소설의 첫 문장 '아무도 우 하사를 존경하지는 않았다.'에서 알 수 있듯 성정이 좋지 않은 인물임. 격납고 폭발 사고로 전신 화상을 입고 병원에 입원하지만 결국 죽음을 맞이함. |

## 배경지식 더 알아보기

**■ 제목의 의미**

'빙청(氷靑)'은 얼음같이 차가운 파랑을, '심홍(深紅)'은 짙은 빨강을 의미한다. 광기 어린 열기와 차가운 진실을 의미한다고 볼 수도 있으며 소설의 내용처럼 겉과 속이 다른 인간 사회를 상징적으로 표현한 것으로 볼 수도 있을 것이다.

**■ 신 하사가 남긴 편지의 내용 중 일부**

"이미 불행해질 만큼 불행해진 우 하사를 두 번 죽이고 싶지는 않았던 겁니다. 우 하사는 전신이 불길에 휩싸였을 때 벌써 죽은 사람입니다. 그 후 부대 안에서 벌어진 모든 일들은 우 하사하고는 전혀 상관이 없는, 우 하사가 살아 있다는 가정하에 살아 있는 사람들끼리 펼친 일장의 쇼에 불과합니다. 산 사람들이 즐기는 놀이를 위하여 죽은 사람이 개처럼 질질 끌려다닌다는 건 도저히 용서할 수 없는 일입니다. 우 하사는 우 하사인 채로 죽어야 마땅합니다. 우 하사에서 더도 덜도 아니어야 합니다. 하루아침에 그를 영웅으로 떠받들면서 법석을 떨어대고 존경을 강요하는 건 불행하게 죽은 자에 대한 예의가 아니며, 오히려 그의 인간다운 죽음을 모독하는 처사입니다. 제가 우 하사에게 자기를 되찾아 주고 더도 덜도 아닌 우 하사 본래의 자격으로 잠들 수 있도록 이 모든 추잡스러운 놀음에 종지부를 찍으려고 결심하게 된 것은 바로 이런 이유 때문이었습니다. 하루라도 앞당겨 죽게 하는 것이 이런 상황 아래서는 적선이라고 확신했던 겁니다.(하략)"

**■ 윤흥길의 작품 세계**

윤흥길이 사회에 접근하는 방식은 냉소적이라기보다 치밀하고 엄격한 관조자의 입장에 가깝다. 엄격하게 절제된 객관적 묘사가의 자세를 견지함으로써 그의 시대 현실에 대한 관심이 추상적 관념으로 일탈하는 것을 봉쇄하는 것이다. 그의 이러한 관심은 집단 사회의 소외자로서의 밑바닥 인생들의 생태에 대한 추구로 나타나기도 하고 그러한 집단 사회의 부당한 횡포에 대한 고발 풍자로 나타나기도 하고, 그 집단 사회의 부조리와 대결해 나가야 할 개인으로서의 윤리 문제 추구로 나타나기도 한다. 평범한 한 인간을 엉뚱하게 영웅으로 조작해 냄으로써 자신의 명리를 위하려는 어떤 권위의 횡포 앞에 도전하고 나서는 인간의 모습을 그린 「빙청과 심홍」과 집단 사회의 횡포에 의하여 밑바닥 인생으로 전락한 한 인간이 차츰 그 집단의 압력에 대결해 나갈 자신의 윤리를 정립해 나가는 모습을 그리고 있는 「아홉 켤레의 구두로 남은 사내」는 마지막 유형이라고 할 수 있다.

실전 모의고사

# 5회

극
31~34번

## 「서동요」_ 김영현

EBS 수능완성 254쪽

**감상 포인트** 이 작품은 4구체 향가인 「서동요」의 배경 설화를 재해석하여 창작된 드라마 대본이다. 그동안 깊이 있게 다루어지지 않았던 백제의 역사 이야기를 작품의 주된 대상으로 삼아 백제가 지닌 과학 기술의 우수성을 부각하려 했다는 점에서 주목을 받았다. 제시된 부분은 왕이 된 장이 선화 공주와 혼인을 앞두고 있을 때, 복수심에 불탄 기루가 장을 습격해 두 사람이 사당에서 맞서는 장면이다. 기루와 장이 서로 대립하는 상황에서 장이 기루의 행동과 태도를 질책하며, 기루는 그러한 장의 질책을 통해 자신의 잘못을 깨닫고, 결국 장을 죽이는 것을 포기한다.

**주제** 장과 선화 공주의 사랑과, 고난을 극복하며 왕이 되는 장의 삶

**전체 줄거리** 백제 위덕왕과 무희인 연가모 사이에서 태어난 장은 위덕왕을 음해하려는 세력들로 인해 궁에서 나와 자신의 신분을 모르고 살아간다. 어머니 연가모의 부탁으로 백제 왕궁의 기술자 집단인 태학사의 일원이 된 장은 왕권을 탈취하려는 부여선 세력의 음모를 피해 목라수 박사 일행과 신라로 도망하여 '하늘재 학사'라는 기술자 공방을 차려 백제인임을 숨기고 살아간다. 그러던 중에 장은 우연히 신라 진평왕의 막내딸 선화 공주를 만나 사랑에 빠지게 된다. 신라의 화랑인 김도함은 선화 공주와의 결혼을 조건으로 '사택기루'라는 이름으로 하늘재 학사에 잠입해 백제의 기술을 빼돌리려 하는데, 장과 선화 공주가 서로 사랑하는 사이라는 것을 알고 충격을 받는다. 백제의 정치적 상황 변화로 인해 하늘재 학사 사람들은 다시 백제로 돌아오고, 장과의 관계가 폭로된 선화 공주는 궁궐에서 추방되어 장을 찾아 백제로 간다. 그 와중에 억울하게 집안이 몰락한 사택기루는 장을 원수로 생각하고, 부여선의 부하가 되어 장과 치열하게 대립한다. 선화 공주에 의해 자신의 신분을 알게 된 장은 온갖 고난을 극복하고 마침내 부여선을 물리치고 백제의 왕으로 즉위한 후 선화 공주와 결혼한다.

[앞부분 줄거리] 백제 위덕왕의 아들인 장은 왕권을 탈취하려는 세력의 음모를 피해 신라의 '하늘재 학사'라는 공방에서 자신의 정체를 숨기고 살아간다. 그러던 중 장은 우연히 신라 진평왕의 딸 선화 공주를 만나 사랑에 빠지게 된다. 한편, 신라 화랑 김도함은 선화 공주와의 결혼을 조건으로 '사택기루'라는 이름으로 '하늘재 학사'에 잠입한다. 그는 장과 선화 공주가 서로 사랑하는 사이라는 것을 알고 충격을 받게 되고, 자신의 집안이 몰락하게 된 것이 장 때문이라고 생각하며 장과 치열하게 대립한다.

**S#7. 사당 안(밤)**

두 사람의 힘겨루기가 있고, 어느 순간 칼이 바닥에 나뒹군다. 두 사람 모두 칼을 향해 돌진하는데…… 장이 먼저 칼을 집으려는데 뒤의 기루가 장을 때려눕힌다.

둘의 육박전이 이어지다가 다시 칼을 잡는 기루, 장의 목에 또다시 칼을 들이대고…….
장과 기루의 치열한 대립을 보여 줌.

기루: 너만 아니었으면 신라의 충신으로 살 수 있었어! 너만 아니었으면 선화 공주와 신라가 내 것이었어! 너만 아니었으면 존경하지 않는 부여선을 주군으로 받들지도 않았어!

장: …….

기루: 니가 내 자릴 뺏어 간 순간, 내게 남은 건 배신자의 길밖에 없었어. 그게 벗어날 수 없는 내 운명이 되었어! (하며 절규하는데)
배신자가 된 것을 장이 자신의 자리를 빼앗았기 때문이라고 생각함.

장: (가련한 듯 보고)

기루: 그러니 같이 가자! 나를 나락으로 빠뜨린 너를 데리고 가야 해! ← 자신의 몰락이 장 때문이라고 생각한 기루

장: (자신의 지난날을 돌이켜 보듯) 벗어날 수 없는 게 운명이 아니라, 피할 수 있는데도 그 길로 가는 게 운명이야!
힘들고 어렵지만, 소중한 것을 지키기 위해 맞섰던 자신의 과거를 회상함.

기루: ……!

장: 벗어날 수 없었다고? 넌 언제나 벗어날 수 있었어! 다만 처음부터 가고자 하는 네 길! 네 길이 틀렸을 뿐이야.

소중한 것을 지키기 위해 악행에 맞서야 함에도 이를 피해 버린 기루의 행동을 질책함.

기루: …….

장: 소중한 것을 위해서, 꼭 지켜야 할 것을 위해서, 죽을지도 모르면서 악행에 맞서는 길이어야 하고, 죽기보다 힘들 줄 알면서 지키는 연모여야 해!

기루: ……!

장: 네 자신의 영달을 위해 배신을, 악행을, 권력을 선택했으면서, 이제 와서, 벗어날 수 없었다? 그렇게 쉬운 변명이 어딨어?

기루: (바로 받아) 사람은 누구나 자신의 영달을 원해.

자신의 선택이 틀리지 않았음을 주장함.

장: 너처럼? 누구나 너처럼?

← 변명을 하는 기루를 질책하는 장

(중략)

**S#9. 사당 안(밤)**

기루와 장, 서로 뚫어지듯 보고 있는데…….

장: 넌 신라도, 공주님도, 하늘재 사람들도, 격물도, 니 인생도 진심으로 사랑하지 않았어.

자신의 목표와 이익을 위해 살아온 기루의 삶의 태도를 비판함.

기루: ……!

장: 필요에 따라 연모를 선택하고, 필요에 따라 나라를 선택하고, 필요에 따라 존경하지도 않는 주군을 따랐지! 니가 말하는 영달을 위해. 니가 가지고 싶은 자리를 위해. 마치 자리가 너인 것처럼……. 하지만 자리는 자리일 뿐 네가 아냐. 넌 자리만 흠모했지, 너를 진심으로 사랑한 적이 없어. 스스로를 존경하고 사랑했다면, 자리 따위를 위해 너를 그렇게 망가뜨리지 않아.

기루: ……!

장, 이제는 칼을 의식하지 않는 듯 담담해지고, 기루, 고통스러운데…….

장의 질책에 스스로의 삶을 부끄러워하며 괴로워함.

장: 내가 공주님을 만나기 위해 연지를 만들고 「서동요」를 만들던 시각에 넌 뭘 했어?

기루: (어린 기루가 진평왕에게 거래하는 장면이 회상으로 깔리면) …….

장: 넌 신라 황제에게 공주님을 놓고 거래를 했어. 설레고 가슴 뛰며 사랑을 해야 할 시각에 넌 계산을 하고 있었다구!

개인의 영달을 위해 선화 공주를 이용했던 기루의 행동을 비판함.

기루: …….

장: 그러고도 벗어날 수 없었다고? 벗어날 수 없었던 게 아니라 피할 수 있는데도 언제나 피할 수 있었는데도 넌 니 운명의 길을 걸어왔어. 악행의 길인 줄 뻔히 알면서도 그런 운명의 길을 니가 선택해 여기까지 왔다고!

기루의 선택에 따른 책임을 자신(장)의 탓으로 돌리지 말라고 충고함.

← 개인의 영달을 위해 살아온 기루의 삶의 방식을 질책하는 장

기루, 장을 노려보는데…….

장, 이제는 죽음도 각오한 듯 담담하게 앞을 본다.

장: 그러니 이제 마지막 선택을 해.

기루: …….

장: 죽이든지! 죽든지!

기루, 장을 내려칠 듯 손을 떨기 시작한다. 장은 그런 기루를 보고…….

기루는 떨고…… 장은 보고…… 기루는 떨고…… 장은 보고…….

갑자기 칼을 힘없이 놓아 버리는 기루.

장, 그런 기루를 보는데…….

기루, 장을 보더니…… 천천히 문을 향해 걸어가기 시작한다.

순간, 극단적 선택을 할 것임을 아는 장, 정신이 드는 듯 기루를 부른다.

장: 기루야! 기루야!

← 자신이 살아온 삶의 태도에 잘못을 느끼며 죽음을 결심하는 기루

## 이것만은 꼭 익히자!

**포인트 1** **선화 공주를 향한 장과 기루의 태도**

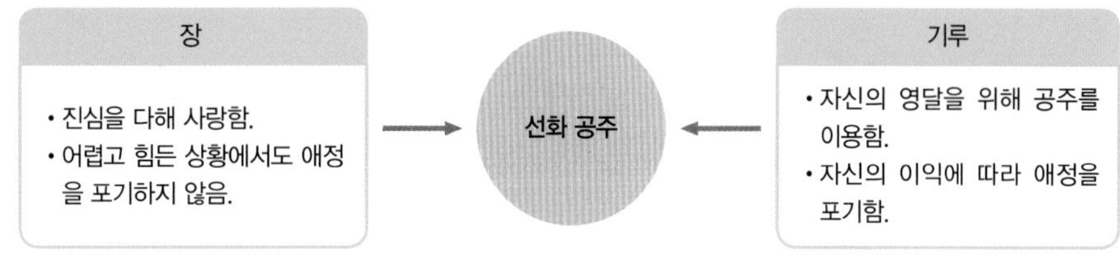

장
• 진심을 다해 사랑함.
• 어렵고 힘든 상황에서도 애정을 포기하지 않음.
선화 공주
기루
• 자신의 영달을 위해 공주를 이용함.
• 자신의 이익에 따라 애정을 포기함.

## 배경지식 더 알아보기

■ **4구체 향가 「서동요」**

신라 제26대 진평왕(眞平王) 때 지었다는 4구체 향가로 그 설화(說話)와 함께 『삼국유사(三國遺事)』권2 「무왕조(武王條)」에 실려서 전하고 있다.

[배경 설화]

제30대 무왕의 이름은 장(璋)이다. 그 모친이 과부가 되어 서울 남지변(南池邊) 가에 살았는데, 그 못 속의 용(龍)과 교통(交通)하여 장(璋)을 낳고, 아명(兒名)을 서동(薯童)이라 불렀는데, 그 도량(度量)이 넓어 헤아리기 어려웠다. 항상 마를 캐어다 팔아 생활(生活)을 하였으므로 사람들이 그를 서동(薯童)이라고 불렀다. 신라 진평왕의 셋째 공주인 선화가 아름답다는 소문을 들은 서동은 머리를 깎고 서라벌로 가서 마를 동네 아이들에게 먹이니 아이들이 친해서 따르게 되었다. 이에 동요(童謠)를 지어 여러 아이들을 꾀어서 부르게 하였는데 그 노래에 「선화 공주님은 남몰래 결혼하고 맛둥서방을 밤에 몰래 안고 가다」라고 하였다. 동요가 서울에 널리 퍼져 대궐에까지 들리게 되므로 백관들이 임금에게 간곡히 간하여 공주를 먼 곳으로 귀양 보내도록 했다. 공주가 떠나려 할 때 왕후는 순금 한 말을 주어 노자에 쓰도록 했다. 공주가 귀양처로 갈 때 서동이 도중에 나와 맞이하며 공주에게 절하여 모시기를 청했다. 공주는 그가 어디서 온지는 모르나 우연히 믿고 기뻐하여 따라가며 잠통(潛通)하였다. 그 후에야 서동의 이름을 알고 동요가 맞은 것을 알았다.

| | |
|---|---|
| 善化公主主隱 | 선화 공주님은 |
| 他密只嫁良置古 | 남 몰래 결혼하고 |
| 薯童房乙 | 맛둥서방을 |
| 夜矣卯乙抱遣去如 | 밤에 몰래 안고 가다 |

## EBS Q&A

**Q** **인물의 심리나 태도를 묻는 문항은 어떻게 해결하면 될까요?** (문항 33 관련)

**A** 사건이 진행되는 과정에서 인물의 심리 또는 태도를 묻는 문항이 종종 출제됩니다. 인물의 심리나 태도를 파악하기 위해서는 인물이 처한 작중 상황에 대한 이해가 선행되어야 하는 경우가 많습니다. 따라서 지문 속 중심 사건이 무엇인지 우선 파악하고, 그 과정에서 인물이 어떠한 생각을 갖고 그 생각을 어떻게 표현하는지를 파악해야 합니다. 특히 극 문학의 경우, 인물의 심정과 태도, 생각 등이 대사와 행동 연기를 통해 표출되므로, 대화의 맥락과 인물의 행동 연기를 파악하고 정리하는 것이 중요하다고 할 수 있습니다.

memo